跨文化传播论丛

国际新闻与传播研究

探索与前沿

姜 飞 刘 滢 主编 / 王宇琦 副主编

清华大学出版社
北京

图书在版编目（CIP）数据

国际新闻与传播研究：探索与前沿 / 姜飞，刘滢主编.— 北京:清华大学出版社，2022.10
（跨文化传播论丛）
ISBN 978-7-302-62013-6

Ⅰ.①国…　Ⅱ.①姜…　②刘…　Ⅲ.①国际新闻—传播学—研究　Ⅳ.①G210

中国版本图书馆CIP数据核字（2022）第191103号

责任编辑：张维嘉
封面设计：常雪影
责任校对：欧　洋
责任印制：曹婉颖

出版发行：清华大学出版社
　　　　　网　　　址：http://www.tup.com.cn, http://www.wqbook.com
　　　　　地　　　址：北京清华大学学研大厦A座　　邮　　编：100084
　　　　　社 总 机：010-83470000　　　　　　　　邮　　购：010-62786544
　　　　　投稿与读者服务：010-62776969, c-service@tup.tsinghua.edu.cn
　　　　　质量反馈：010-62772015, zhiliang@tup.tsinghua.edu.cn
印 装 者：大厂回族自治县彩虹印刷有限公司
经　　销：全国新华书店
开　　本：170mm×230mm　　　印　　张：30.75　　　字　　数：439千字
版　　次：2022年11月第1版　　　　　　　　　印　　次：2022年11月第1次印刷
定　　价：118.00元

产品编号：097378-01

序　一

解决当今国际舆论交锋中的"失语""挨骂"问题，是摆在我们面前一道极具紧迫性的难题。

究其原因，标准的说法是，话语权缺失，国际传播能力低下，而新闻传播学界、业界应当仁不让地担负起这一责任。正如做传播的人常说，在媒介化、信息化、互联网时代，"做了不说等于没做"，这足以彰显传播的重要性。既然如此，"失语""挨骂"，搞宣传、做媒体的人脱不了干系、推卸不了责任，抬不起头、说不起话，天经地义。然而，还有一句话，也就是各类新闻发言人总挂在嘴边的——"做得好才能说得好"。如果这样，问题就变得复杂些了，毕竟，与经济实力、国际地位比较，我们的知识体系和文化建设滞后，存在明显短板，也是不争的事实。

窃以为，解决"失语""挨骂"难题，从根上来说，是一个文化认同问题，即某一文化形态内部或文化形态之间对于同一性的相对认可。既然涉及跨文化传播，本文所指的文化认同，则侧重于不同文化形态之间的基本价值认可。所谓国际传播能力、国际话语权、话语体系、叙事方式等，都应以文化认同为前提，方才具有实质意义。

说到文化认同，我们实应有无可比拟的底气。作为不曾中断的最古老文明，中华文明绵延五千年而生生不息，在 21 世纪的今天，我们仍然正在使用数千年以来的同一种文字，能毫无障碍地阅读数千年前祖先留下的文献典籍，古今穿越，堪称一绝，不可思议！中华文明也是世界上最有感召力和影响力的文明之一，以其独特而极丰厚的底蕴，示范天下，辐射四方。我们有足够的理由傲视群雄，哪有不自信的道理？汤因比早就说过，人类的未来在东方，中华文明将引领世界。

然而，"地理大发现"，特别是近代以来，伴随几次源于资本增殖秉性的全球化浪潮，古老中国被迫裹挟其中，国门洞开，中华文明前所未有地面临"他者"的拷问、拷打、冲击乃至断裂，历经了刻骨铭心的"自我反省和否定""文化运动""全盘西化""大拆大卸"之后，从冲击到回应，从文化休克到文化适应。

如今，中国已凭借强大的经济实力和国际影响力，步入世界舞台中心，在历史上最接近中华民族伟大复兴。然而，维系一个国家社会结构的价值基础，不是资本的逻辑甚至法的理性，而是思想文化和伦理精神；仅有经济、军事等硬实力支撑不了一个大国的崛起，作为软实力核心的文化建设被摆到突出的位置，文化自信成为"四个自信"中"管根本"的基础。

文化如何重建？

在一个拥有极其深厚底蕴的古老文化地基上重构文化形态，毫无疑问，既要破解"东方主义"建构，摆脱"东方西方二元对立"的"西方中心论"魔咒，又要尊崇人类共同价值，融入全球命运共同体，力避"闭门造车""自说自话"。中华文化圈之亚洲"四小龙"等的强势崛起，《曼谷宣言》"亚洲价值观""亚洲可以说不"的高调推出，特别是中国特色社会主义的巨大成功，相当程度上意味着韦伯、列文森等关于儒家思想是经济形态和社会结构现代化阻碍因素等刻板成见的终结，印证了亨廷顿"东亚经济的成功有其东亚文化根源"的论断。

世界上从未出现也不可能出现某个单一的具有普世意义的文化和文明，人类历史不可能终结于某一形态模式，多元并存始终是其基本格局。资本的全球化绝不能夷平各国各民族的文化差异。每个民族都有与其他民族相区别的独特文化，没有任何一种文化或者模式可以通用天下，放之四海而皆准。正如鲁迅先生在《文化偏至论》中所表达的，无论东方文化还是西方文化，所有文化形态都是"偏至"的，都是不完美、不完善、有缺陷的，同时又各有其不可替代的独特价值。每一个"他者"都是建构自我意义的必备要素，文化认同正是在这一过程中得以实现。

"冷战"结束后的三十多年来，世界范围内尤其在东方，出现了一股回归传统文化的所谓"文化保守主义"浪潮。印度的"印度教民族主义"高涨，伊斯兰世界的原教旨主义抬头，等等，这一文化现象，颇耐人寻味，体现了不同文明、不同民族、不同国家的文化发展摆脱依附，从"文化自醒"到"文化自觉"的历程，反映了后冷战时代，新的文化认同结构变化的时代背景。

现阶段，对于我们，当务之急是回答"我是谁"，即从学理层面系统阐释业已获得世所罕见巨大成功的中国道路，以及与之相应的中国特色社会主义文化到底是什么的问题。

当然，这一文化形态的重建和形成，远非一日之功，"运动式"的"毕其功于一役"往往事与愿违，"细水长流""潜移默化"才是文化生成与传承的基本规律。然而，这并不意味着完善的文化形态得以重建后方可传播，才能"走出去"。事实上，文化形态的重建过程，就是一个与"他者"沟通的过程，一个传播的过程，一个让"他者""了解"自己、"理解"自己、"接受"自己的过程。这也是跨文化传播这一学科领域兴起以及备受关注的缘由。

跨文化传播和交往，是破除相互理解障碍、增进文化认同的重要手段和途径，在全球化、信息化时代，其重要性，怎么强调都不为过。

跨文化传播领域的研究，源于全球化的直接驱动，与资本全球扩张、殖民、两次世界大战以及战后民族独立、后殖民、现代化等深刻的社会变迁密切关联。创造一个世界市场，是资本概念的固有内涵。伴随着资本的扩张、财富的渴望、冒险家的勇敢、殖民者的贪婪，地球由几个分割的板块连接到了一起，变成一个整体，过去那种地方的、民族的历史真正成了"世界历史"。作为一门专门学问的跨文化传播学，兴起于20世纪40年代后期的美国，是战后世界格局变化和美西方持续全球扩张的产物。一批文化人类学家直接服务于美国政府对外政策的研究成果，成为跨文化传播学产生的标志。

20世纪80年代，跨文化传播学开始进入中国知识界的视野。作为一个交叉学科领域，跨文化传播学吸引了外国语言文学、新闻传播学、国际关系学、经济管理学等领域学术力量的关注，主要是外国语言文学和新闻传播学两个学科，分别称之为"跨文化交际"和"跨文化传播"。

北京外国语大学是国内最早开展跨文化传播研究的高校之一。跨文化传播是北外外国语言文学学科的题中应有之义，也是北外新闻传播学科的优势特色发展方向。近四十年来，北外依托外国语言文学学科的雄厚实力、区域国别研究的学术优势和中外文化交流与比较研究的丰富资源，围绕跨文化传播，展开全方位的研究，成果丰硕、特色鲜明，综合优势突出。博士专业建设方面，学校最初在英语语言文学专业设置跨文化传播研究，在德语语言文学专业设置跨文化交流、跨文化研究，在比较文学与跨文化研究专业设置跨文化与翻译研究、中外文化交流史、海外汉学研究等。国际新闻与传播学院围绕"国际传播"，开设有 11 个博士研究方向，包括跨文化传播、战略传播、全球传播、符号与文化传播、体育传播、传播效果评估研究、国际出版传媒研究、中外出版文化研究、政治传播、视听传播、艺术史与艺术传播等，形成完整体系。

在习近平总书记"5·31"重要讲话一周年之际，国际新闻与传播学院计划每年编纂一本《跨文化传播论丛》，集纳师生在跨文化传播研究中的最新成果，应时应势，很有意义。希望大家秉持"凿深井"的精神，心无旁骛，持久恒远，一年一年，坚持下去，铸成品牌。

北京外国语大学学术委员会主任　袁军

2022 年 2 月 28 日

序 二

2021 年 5 月 31 日，习近平总书记在中共中央政治局第三十次集体学习时强调，讲好中国故事，传播好中国声音，展示真实、立体、全面的中国，是加强我国国际传播能力建设的重要任务。近年来，随着中国综合国力、国际地位和影响力的不断提升，西方国家的主导地位遭遇挑战。逆全球化、极端主义、单边主义等思潮广泛活跃，增加了国际环境中的不稳定因素，而新冠肺炎疫情的全球大流行，进一步加剧了西方国家的发展焦虑。一些西方媒体由此妄图挑起国际舆论争端，以"武汉病毒"等标签污名化中国，通过将疫情问题"政治化"把中国推向国际舞台的风口浪尖，并大肆炒作涉台涉疆问题，以达到抹黑中国形象的目的。

便是在这一复杂的国际新形势之下，我国更需要直面来自国际舆论场所发出的挑战。随着世界范围内各种思想文化更为频繁的杂糅交融与交锋碰撞，我国国际传播的任务更加迫切、艰巨而重大。但长期以来，西方牢牢把握着国际舆论场的话语霸权，"西强我弱"的舆论格局并未从根本上改变，我国对外话语权的建设存在一定的滞后性，往往陷入"有理说不出""说了传不开""传开叫不响"的窘境，也导致了中国的国际话语权与国际地位极不匹配。

值此百年未有之大变局之际，习近平总书记所提出的加快构建中国话语和中国叙事体系，提高国际议题的设置、引导能力，全面提升国际传播效能，建强适应新时代国际传播需要的专门人才队伍，也即意味着明确了我国新闻传播学建设的重要性与必要性。新闻传播学的蓬勃发展能够建立起属于中国声音的学术话语体系与叙事理论体系，从而使中国在大国博弈中获得立足于中国实践与价值体系的理论指导，进而主动掌握话语地位与优势，化解中西方之间巨大的"话语逆差"，从西化的思维困境和话语藩篱中突围，扭转并打破"西强我弱"的舆论格局，构建良好的国际舆论与学术理论环境，真正让中国走向世界，让世界了解中国。

当前，中国特色新闻传播研究正如火如荼地进行。这深深根植于中国土壤，以马克思主义新闻观为指导思想，以人民性为工作导向，以用中国观点解决中国问题为学派渊源，以构建中国特色新闻学理论体系为学术目标，彰显中国特色、中国风格、中国气派的中国特色新闻学，必能响应时代的使命，跨越文化与地理的差异与隔阂，为中国故事的国际表达走出一条别开生面的道路。

习近平总书记在给北外老教授的回信中指出："深化中外交流，增进各国人民友谊，推动构建人类命运共同体，讲好中国故事，需要大批外语人才，外语院校大有可为。"回顾北外八十年来的风雨历程，厚重的历史与语言积淀能够为国家国际传播的需要提供坚实基础，八十年的辛勤耕耘也为向国家输送国际传播人才形成了得天独厚的优势。

独特的历史背景为北外刻印了深厚的国际传播基因。北外的前身是在中国人民抗日军政大学三分校俄文大队基础上创办的延安外国语学校。在当时极为艰苦的抗战条件下，北外仍然坚持办学，为党培养了一大批军事翻译人才与外语人才。北外也是中国共产党所创办的第一所外语类高校，从创办之初便受到老一辈无产阶级革命家的亲切关怀与指导。多年来，北外一直作为我国培养外语人才、外事翻译的主要基地，在为国家输送对外人才上做出了不可磨灭的贡献。

全面的外语教育为北外浇筑了卓越的国际传播实力。北外获批开设101种外国语言教学，欧洲语种群和亚非语种群是目前我国覆盖面最大的非通用语建设基地，同时也是教育部第一批特色专业建设点。八十年来，北外逐渐形成了以外国语言文学学科为主体，文、法、经、管等多学科协调发展的格局。在2017年全国第四轮学科评估中，外国语言文学一级学科评级为A+，位居全国榜首。学校秉承着延安精神，坚持为国家战略服务，据不完全统计，我校校友中先后出任驻外大使 400 多人，出任参赞 2000 余人。国家的对外传播工作中处处可见北外人的身影。

北外的国际新闻传播学科，在新时代的号召之下不断发展壮大。我校国际新闻传播学科的办学历史最早可追溯至 1981 年，三位北外毕业生参与中国日报社的创建为北外新闻传播学科的诞生埋下了火种。英语系于 1985 年创办国际新闻专业方向，2009 年国际新闻的本科专业被批准为教育部特色专业。2014 年 7 月 7 日，国际新闻与传播学院正式成立。目前，学院已经系统性建构了本科、硕士和博士的培养体系，拥有一级学科"新闻传播学"学术型硕士学位授予权和"新闻与传播"专业型硕士学位授予权，并拥有高校自主设置二级学科"国际传播学"博士学位授予权。

2021 年是北外国际新闻传播学科探索的四十周年。四十年来，学院践行着对教育教学的不懈追求，一心致力于为国家培养国际传播人才。国新院创办了"多语种国际传播实验班"，联合新华社协同培养，且率先开设了与英国博尔顿大学的中外合作办学"全媒体国际新闻"硕士项目，培养高层次、全视野、重实践的多媒体新闻传播拔尖人才。并且，2009 年起国新院开展的"国传班"项目作为中宣部、教育部国际新闻传播硕士培养的重要项目，深入挖掘学科特长，强化了以"多语种、小语种、复合型"为特色的新闻传播人才培养目标，招收来自全国各大高校的优秀大学生，为人民日报社、新华社等六家中央级主流媒体培养、输送了大批国际新闻传播高层次应用型人才。

如今，北外国际新闻与传播学院已经具备了系统完善的学科建设矩阵。学院已经形成了多语种、融媒体的新闻传播人才培养基地，且牵头 32 家重点高校发起"多语种国际传播教育联盟"；并成为跨文化传播史论的研究重镇，拥有多位该领域有影响力的学术带头人，形成跨文化传播研究集群效应，并充分依托多个学会和论坛开展学术交流建设，成功创办英文学术期刊《国际跨文化传播学刊》；同时还建设起了跨文化传播与管理人才创新平台，提前布局国际传播人才培养，创立了全球传播实验室，通过大数据追踪国际舆情动态。

值此四十周年之际，学院在学术研究、学术交流等多个方面也同时取得突破。学院教师在国家社科重大项目等各类科研立项上取得成功，"国际传播能力指数"项目获得阶段性进展，"融媒体实验室"的建设更是迎来了关键性突破。学院还与多家媒体机构和实验室开展深度合作，开办北外大讲堂"为公讲堂"系列讲座和外专讲座。我校新闻传播学科正在为立志从事国际传播事业的学子们打造更高更强的平台，积极培养新时代"讲好中国故事，传播好中国声音"的国际传播高手，力争为国际传播的人才队伍建设注入新鲜血液。

2021 年也是北外国际新闻与传播学院和艺术研究院合署联合办公的第一年，两院同时推进多项共建活动和共融举措，各项工作中成绩与荣誉收获颇丰，携手创造了新的辉煌。两院共同探索学科方向特色，新成立了艺术教育与传播中心、XR 互动媒介联合实验室、北外国新 I 影像工作室、"Z世代"创新传播中心、非物质文化遗产国际传播研究中心等五个中心。国际新闻与传播学院静待艺术的种子播撒、成长、绽放，艺术研究院也同样等待着国际传播的力量扎根于艺术的土壤。

本书为北京外国语大学国际新闻与传播学院和艺术研究院教师近两年内在国内外公开发表的学术论文集。论文涵盖跨国新闻史研究、国际传播实践前沿、传播战略研究、艺术传播研究、国际传播理论探讨等多个领域，涉及相关学科领域前沿研究议题，研究视角新颖、研究方法扎实、理论基础深厚，呈现出北京外国语大学国际新闻与传播学院的总体学术风貌，以及在国际传播、艺术传播领域的学术贡献，更体现了北外学术研究的严谨务实，兼容并蓄。本书的每一篇学术成果都来之不易，十分期盼能与新闻传播领域的专家、学者及学子们，以及任何对国际传播、跨文化传播感兴趣的读者实现一场跨越时空的学术交流与对话。

在新时代这一重要历史节点上，随着我国综合国力和国际影响力的不断攀升，站在国家软实力建构、国际话语权竞争的层面来说，"讲好中国故事，传播好中国声音"已经成为我国国际传播的根本要求。2021 年，恰逢中国共产党成立 100 周年，也是北京外国语大学建校 80 周年以及国际新闻与传播学院耕耘探索 40 周年。从这不平凡的一年出发，北外新闻传播学将在不久的未来，积极推进学科建设与学术话语体系、叙事体系的建构，为国家输送更多的国际新闻传播复合型人才，继续为国家传播战略服务，力图跨越地域、文化与社会的边界，联接中外，沟通世界，在国际舆论场中亮明中国观点，向世界展现可信、可爱、可敬的中国形象，让世界听到中国的声音。

北京外国语大学党委副书记　苏大鹏

2021 年 12 月 31 日于北京外国语大学

目　录

第一部分

跨国新闻史研究

心灵停滞的"异教徒"

——十九世纪晚期上海英文外报中国国民性知识话语生产初探

谢庆立

摘 要 十九世纪在华外报生产的中国国民性知识话语,已成为西方理解中国的一种文化资源。学界相关研究多集中在中国形象、思想史和新闻学层面,而在华外报生产的中国国民性知识话语被其他方面的研究所遮蔽。十九世纪在华外报生产的中国国民性知识话语,既是将近代西方观念中的中国形象转化为具象化存在的一种方式,也刺激了近代中国"改造国民性"的文化自觉。本文聚焦十九世纪后期在上海出版的《字林西报》(*North China Daily News*)、《晋源西报》(*Shanghai Courier and China Gazette*)与《上海文汇报》(*The Shanghai Mercury*)英文外报,以其有关"中国国民性"的评论与报道为研究对象,考察英文外报中国国民性知识话语的生产机制,梳理与分析这种知识话语所呈现的媒介图景,探究这种知识话语生产的内在逻辑、价值立场等问题。研究发现,英文外报有关"中国国民性"知识话语的生产,自始至终基于西方的价值立场,显示生产者视西方为中心的文化优越感。本文认为,上海英文外报中国国民性知识话语的生产过程,其实是赋予西方改造中国"合理化"内涵的过程,以传教士为代表的"中国国民性"知识话语生产主体,其动机是以基督教价值改造中国文化,继而在中国确立以西方价值为主导的文化秩序。

关键词 上海英文外报;中国国民性;知识话语

自十九世纪二三十年代,《广州纪录报》《中国信使报》《中国丛报》等英文外报相继在澳门、广州出版,这些报纸生产的中国国民性知识话语,把西方观念中的中国形象转化为具象化的感性存在。第二次鸦片战争前后,上海成了西方外报的出版中心,之后在此出版的《字林西报》(*North China Daily News*)、《晋源西报》(*Shanghai Courier and China Gazette*)与《上海文汇报》(*The Shanghai Mercury*)等英文外报,围绕中国国民性议题展开评论与报道,持续关注中国国民性问题。到十九世纪末,美国传教士明恩溥在《字林西报》"中国人的气质"专栏发表系列文章,此后又把这些文章以"中国人的气质"为题结集成书,在西方以多种文字出版,标志着在华英文外报中国国民性知识话语生产达到一个新阶段。作为西方认知中国的一种知识话语,外报所生产的中国国民性逐渐成为西方理解中国的知识资源,以后也成为近代中国文化自觉的一种思想资源。学界的相关研究多集中在中国形象、思想史和新闻学层面,近代西方在华外报与中国国民性知识话语生产这一突出问题,被学界其他方面的研究所遮蔽,相关研究成果鲜见。而对这一问题的研究,一方面可以更加清晰地廓清近代西方中国形象的知识来源,另一方面也有助于把握清末民初中国知识界"改造国民性"思想的源流及其历史脉络。基于此,本文从大众媒介与知识话语生产的视角,考察十九世纪七八十年代上海英文外报中国国民性知识话语生产的运作机制,梳理和分析中国国民性知识话语所呈现的媒介图景,探究中国国民性知识话语生产的内在逻辑、价值立场和这一知识话语所产生的影响等问题。

一、运作机制

十九世纪六十年代后,香港作为在华外报出版中心地的地位被上海取代。以英文报刊为例,1850 年《北华捷报》出版后的 9 年内,上海英文报刊只有 3 种,而在同一时期,香港新出版的英文报刊有 8 种。1861 年后的 30 余年,香港与上海的英文外报出版数量出现了反差:这一时期,香港出版英文报刊 8 种，而上海出版 31 种，占全国英文报刊出版总量的 55% 以上（"以中文报刊论，在 1861—1894 年间，香港新增 3 种，而上海新增 31 种，超过香港的 10 倍，且占全国中文报刊总数的 57% 以上"①），通过以上对比可以发现，上海已成为辐射全国的现代报刊传播中心，而"与香港相比，上海的地理位置和交通条件有得天独厚的优势：地处长江和东南沿海的交汇点上，经海上可以与沿海南北各港口交流，由长江溯流而上，又有广阔的腹地，可以与长江流域 100 多万平方公里的城市和乡村取得联系"。②

当时影响较大的英文外报有《字林西报》《晋源日报》《上海文汇报》等。1864 年 7 月 1 日，《字林西报》（*North China Daily News*）在上海租界内出版。该报得到了英国领事馆和租界工部局的支持。这份英文日报的出现，顺应了上海这个新兴商业都市的资讯需求。该报周一至周六每日出版，夜间印刷，清晨发行。出版初期，该报没有设置明确的栏目，经常刊登的内容有新闻、评论、文艺、读者来信、广告 5 大类内容。新闻一般刊登上海及其周边的社会新闻、中外冲突和中外交涉方面的新闻资讯；评论常常针对新闻进行评述和分析；文艺则刊登上海租界的文艺活动资讯。同时，该报还集中发表探讨中国问题的随笔。一些读者来信很有新闻性，对上海租界和中国其他地方的社会问题较为关注。《字林西报》新闻报道来源很广，得益于新闻信息网络的建立。除专门记者外，该报还利用沿海城市的侨民和深入内地的传教士作为通讯员，"《字林西报》馆在各内地省份如青海、甘肃、新疆、四川、云南等边远地区均设有通讯员，1872 年路透社在上海建立远东分社后，又一度获得独享该社电讯的特权，因而在新闻报道方面远远胜过国内出版的其他报刊"。③ 英文报纸的读者是西方在华侨民，"报纸关于中国事务的报道、评论直接影响外国人眼里的中国形象"。④

作为一张晨报，《字林西报》报道的新闻只能是昨天以前的新闻。在时效性方面，该报无法满足读者对当日新闻的渴求，所以在上海这样的新

---

① 方汉奇. 中国新闻事业通史 [M]. 北京：中国人民大学出版社，1992：305.
② 陈冠兰. 近代中国的租界与新闻传播 [M]. 北京：中国书籍出版社，2015：45.
③ 方汉奇. 中国新闻事业通史 [M]. 北京：中国人民大学出版社，1992：309.
④ 王敏. 上海报人社会生活 [M]. 上海：上海辞书出版社，2008：89.

兴都市，晚报的出版就很有必要。1868年，英国人休朗在上海创办了《上海英文晚报》（*Shanghai Evening Courier*），1873年6月，葡萄牙人陆睿罗（Da Corta）创办了《政风西报》（*Evening Gazette*）。1875年，曾当过《字林西报》主编的英国记者巴尔福（Frederic Henry Baifovr）把以上两种报纸合并出版，改名为《晋源西报》（*Shanghai Courier and China Gazette*）。在内容定位上，《晋源西报》与英国官方保持距离，贴近西方在华侨民的新闻需求进行报道，上海租界出现的问题常常为该报所关注，其报道与评论风格平易近人。英文《上海文汇报》（*The Shanghai Mercury*）1879年由英国商人克拉克（John D. Clark）创办，该报出版后很快成为《晋源西报》的竞争对手。十九世纪后期在上海租界出现的外报，对中国问题的评论一直存在偏见，"但这并不妨碍他们影响身处伦敦、巴黎和华盛顿的高层人士制定与上海租界息息相关的决策"。①

　　上海英文外报如何进行中国国民性知识话语的生产？目前直接的相关的资料并不多见，但我们可通过栏目设置、版面安排、有关议题与刊登的文章内容，以及所涉及的编辑、作者和读者等媒介元素，间接获知上海英文外报知识话语生产的相关信息。

　　与传教士办的中文报刊有所不同，上海英文外报的运作机制较为成熟。当时，《字林西报》《晋源日报》《上海文汇报》都拥有专门的编采人员、稳定的作者队伍以及相对稳定的发行量和读者群。商业性广告收入已成为报纸运营经费的主要来源，基本能够保证报纸的连续出版。而相对稳定的编辑队伍和作者队伍，又保证了新闻信息的及时生产和适时传播。上海英文外报的读者定位很明确，主要把西方侨民及其对象国读者作为接收对象，满足他们对于中国新闻资讯的需求。进入新闻生产环节，编辑着眼于多元矛盾交织的租界生活和乡村社会，为报纸寻找新闻素材和评论话题，同时以"通讯员"为触角，又把报道的视野拓展到中国内陆各省。报纸编辑不仅注意刊登有关中国社会各方面的新闻资讯，还常常依托相关新闻设置媒介议题，吸引西方侨民参与对如何改造中国人生活习性、如何提高中国人

---

① ［英］保罗·法兰奇. 镜里看中国 [M]. 张强，译. 北京：中国友谊出版社，2011: 57.

素质等问题的讨论。同时，编辑也常常鼓励读者发表不同意见。这样，上海英文外报有关中国国民性知识话语的生产不是单独进行的，一般是与报纸新闻资讯的生产与传播交织在一起的。因此，稳定的媒介运行机制，很大程度上还得益于以报纸为生产平台的读者参与，一定程度上保证了新闻资讯的丰富性和相关的中国国民性知识话语的鲜活性。值得注意的是，这些报纸还通过通讯员队伍，收集中国内地的有关中国国民性问题的新闻资讯，并把这些资讯纳入报道和评论的范畴，多层面地生产中国国民性知识话语。以《字林西报》为例，参与写稿的通讯员有外交官、商人、传教士，也有租界的管理人员、治安人员和一般侨民。他们常以自发投稿的方式，为报纸提供信息，或针对某些问题讨论发表意见。

相关的报纸栏目设置，对于中国国民性知识话语的生产而言，既是生产平台，又能起到知识话语生产的引导、示范效应。十九世纪七十年代，三家报纸都开设"读者之声"栏目，让读者参与中国人问题的讨论，以吸引读者提供稿件。据统计，1876—1879年《字林西报》"读者之声"共刊发760篇稿件，参与的作者先后有290余人；同期，《晋源西报》共刊登437篇稿件，参与的作者有279人；1879年的《上海文汇报》仅8个月就刊登读者来稿121篇，作者有80多人。其来稿量之大，读者中"通讯员"之多，是近代在华外报发展史上前所未有的。在读者通讯员参与的栏目中，租界侨民生活质量、华人劣根性、租界华人习性的改造被长期关注和讨论，这些无疑是报纸编辑精心设计的媒介议题。为深入讨论这些问题，有的报纸还设专门通讯员深入中国乡村进行考察，譬如英国传教士李提摩太（Timothy Richard）。1876—1879年，中国北方一些地区发生大饥荒，李提摩太以传教士身份，深入山西、陕西和山东农村采访，为这些报纸撰写大量的独家报道。1872年来华的美国传教士明恩溥（Arthur Henderson Smith）担任《字林西报》通讯员，他利用在天津、鲁西北传教的机会，广泛考察研究中国农村社会，为《字林西报》等报纸撰写新闻稿件。

1876—1879年《字林西报》《上海文汇报》《晋源西报》刊登的1300余篇文章中，涉及中国人话题的文章就有370篇，占四分之一还多，其主题内涵极为丰富，涉及社会变迁与文化冲突中的华人教育、行为规范、道德价值，以及中国民族性改造等问题。1888 年 2 月至 1889 年 8 月，《字林西报》专门为明恩溥开辟"中国国民性"栏目，这个栏目以探寻文化、政治和社会情景与中国国民性问题为主旨，先后刊登《面子》《勤劳》《拐弯抹角的才能》《礼节》《神经麻木》《漠视精准》《节俭》《仁慈》《漠视时间》《灵活的固执》《误解的才能》《多神论、泛神论和无神论》《保守》《智力混沌》《缺乏公共精神》《中国人的生命力》等 30 多篇专题文章，多层面地报道中国国民性问题。历时性观之，从十九世纪二三十年代以来《广州纪录报》《中国丛报》等英文外报对中国国民性的讨论，到十九世纪七八十年代《字林西报》《上海文汇报》《晋源西报》等英文外报对这一问题的深入探究，上海英文外报有关"中国国民性"知识话语的生产，无论在生产规模方面，还是在知识话语的系统性方面都达到了新的高度。

二、媒介图景

中国历史悠久，地域广大，人口众多，风俗民情千差万别，对西方在华大众媒介而言，全面建构中国国民性，并纳入知识话语的生产，可能不是一件容易的事。明恩溥主张从三个维度勾勒"中国国民性"面貌："他与其同胞的关系如何？他与自己的关系如何？他与其崇拜对象的关系如何？通过这三点，中国国民性立体图像就会被描绘出来了"。[①]他采用的是社会学观察方法，而这种方式也是上海英文外报报道中国经常采用的方式。譬如，从中国人与其同胞的关系这个维度进行考察，在华英文外报发现大多数中国人"缺乏公共精神"，中国城乡道路交通，就是中国人缺乏公共精神的典型例证，而这个问题在上海表现得尤为突出。总的来看，在十九世纪七八十年代上海英文外报里，"中国国民性"作为一种大众媒介建构的图景显得丰富多彩。报道者将"中国国民性"置于城市与乡村具体场景中，

---

① [美]明恩溥.中国的真实状况和需求.中国人的气质[M].刘文飞，刘晓旸，译.南京：译林出版社，2011.

多维度地呈现中国人共有的性格特质。

（一）公共意识的缺失

太平天国时期，上海租界为不被战火燃及的"保护区"，江浙等省难民纷纷涌入租界避难，租界华人很快超过外侨人口。人口的增多，自然导致公共交通压力增大。以英美租界为例，1865 年前后已修建 26 条租界内的主干道路，以后又以主干道路为基础，建成租界交通网络，但仍满足不了日益增长的交通需求。[①] 有意味的是，上海英文外报避而不谈交通秩序管理混乱的问题，其报道更多关注租界华人的公共意识问题，认为华人公共意识的缺失就是造成交通拥挤与公共秩序混乱的顽疾。当时，租界中有马车、轿子、人力车、独轮小车等交通工具，英文外报经常报道华人爱面子、讲排场，耻于步行和坐独轮车等现象；报道中的中国车夫不按照租界交通要求出行，自由散漫地行驶在道路中央；有身份的华人乘坐多人抬的轿子，旁若无人地占据道路，导致其他速度较快的车辆常常受阻，还不顾及租界内交通规则；华人车夫总是忙着看路边漂亮的女人，不管是否出现冲撞行人的危险。[②]《字林西报》曾刊登一位读者的来信说，一天他经过虹口，一辆人力车急速从身边冲过去，撞伤一个保姆，还差一点儿撞倒儿童。[③]还有一位读者反映，仅两天时间，他就见到 6 辆人力车冲撞行人。[④] 租界里的手推车众多，造成交通阻塞，也成为上海英文外报报道、评论的视点。有读者认为，人力车夫生活苦，收入低，老人和子女都需要赡养，值得同情；他们不懂得城市的生活规则，但可以进行教育改造。[⑤] 交通拥挤的根本问题在哪里？多数人认为，根源不在于租界的交通管理，而在于中国人缺乏公共意识，漠视交通规则。最好的方案是教育华人，以加快华人适应都

---

① 熊月之. 历史上的上海形象散论 [J]. 史林 , 1996, (3).

② 中国的车夫 [N]. *North China Daily News*, 1878-01-29.

③ 危险的道路 [N]. *North China Daily News*, 1878-09-20.

④ *Shanghai Courier and China Gazette*, 1878-09-18.

⑤ 手推车的双倍税 [N]. *North China Daily News*, 1877-06-07.

市生活的步伐。①

　　城市如此，而在广大的中国乡村地区，外报媒介视野里的华人更缺乏"公共意识"。1889年2月8日，《字林西报》刊登美国传教士明恩溥的文章，此文指出，"中国的一般百姓觉得只求自己的财产不受损失，而都对社会公共财产无责任心"。② 他认为，对公共事业漠不关心导致社会公共设施不断遭到破坏，"所有那些没人看管的公共财产，都成了百姓们盗窃的目标。不少铺路石头被人搬回家，城墙上的砖头也常常莫名其妙地消失。曾经有一座外国人建的公墓，由于没人看管，公墓围墙砖头被百姓拆得一块也不剩"。③ 作者认为，这不仅反映出中国人"公共意识"的缺失，道德素质也在不断下降。

　　十九世纪七十年代，《字林西报》《上海文汇报》《晋源西报》等英文报纸相继开辟"读者之声"栏目，鼓励读者反映上海租界社会矛盾，表达不同群体的利益诉求，并鼓励开展对问题的讨论。以1876—1879年的《字林西报》《晋源西报》为个案，近4年时间里，两种报纸先后刊载读者来信200多封，超过三分之一的"读者来信"反映租界华人无视公共交通秩序、不讲社会公德的行为，"中国人似乎习惯于大喊大叫地发出命令和评论，这种坏习惯是根深蒂固的""不少中国人遇到生气的事情大喊大叫，遇到非常激动的时候，总像狗一样狂吠一阵"。④ 租界是华洋杂居之地，其中华人居多，噪声扰民问题常常成为英文外报报道和评论的新闻点。有作者在报纸上发表文章，抱怨华人商铺一刻不停地营业，常常到深夜也不关门，叫卖声不断，吵得老人不能入眠。苦力半夜打架骂人，天还没有亮，垃圾车辆的隆隆声、人力车夫和手推车夫号叫着争抢生意，时常把人们从睡梦里吵醒。作者指责租界工部局："难道要把租界变成中国的县城吗？"⑤

---

① 交通规则 [N]. *North China Daily News*, 1877-06-07; 交通安全 [N]. *The Shanghai Mercury*, 1879-08-02.

② The Absence of Public Abence[N]. *North China Daily News*, 1889-02-08.

③ The Absence of Public Abence[N]. *North China Daily News*, 1889-02-08.

④ [美] 明恩溥. 社会台风. 中国人的气质[M]. 刘文飞, 刘晓旸, 译. 南京: 译林出版社, 2011: 194.

⑤ 街头的噪音 [N]. *North China Daily News*, 1878-01-26.

中国人为什么缺少"公共意识"、缺乏社会公德？明恩溥认为，是中国人的道德素质在下降。他发现，《诗经·小雅·大田》有"雨我公田，遂及我私"的诗句。[1] 在周朝鼎盛时期，那时的中国人先公后私，即便是老天下雨，也希望雨水先要降在公田。但如果在当今，都不希望雨水先降至公田里。[2] 事实上，这样就把问题简单化了。当时的中国人缺乏公共精神，一方面缘于基于小农经济基础的中国社会发展滞后，另一方面，封建专制土壤难以产生现代社会所需要的"公民意识"，"公共精神"与"社会公德"是社会发展到一定阶段才形成的价值规则和行为规范。相对而言，当时西方国家已步入资本主义社会，政治制度赋予了应有的公民权利，人们自然产生公共意识和遵守公共秩序的习惯。而中国是一个传统的农业社会，农业社会的松散、无组织性等，不可能让他们产生近代社会的"公共意识"。特别是在广大的农村地区，社会经济基础千年不变，"公共精神"也不可能凭空生发；而在当时华洋杂居的租界，农业社会成员的社会习性、人格心理都需要与环境磨合，短时间内难以重塑人格，适应近代社会规范。

（二）冷漠、残忍、无同情心

中国人如何对待自然生命，如何对待身边的同胞，这是上海英文外报经常谈论的话题。在上海英文外报中，中国人被描述为冷漠残忍的族类：不尊重生命、缺乏同情心。租界西侨喜欢养狗，有些狗丢了，成为野狗，常常遭路人追打，为此引起一些西侨的不满。1878年2月26日出版的《字林西报》发表《偷狗》一文，作者说，"狗是人类最有价值、最值得信赖的朋友"，没想到这些"人类的朋友"遭到残害，那些狗被人剥皮抽筋，这样被中国人吃掉了。1878年7月4日，《字林西报》发表《重要的话》，作者叙述："租界中的华人警察打死了一条野狗，被一位中国男孩捡走了，看来成为一顿美餐。"在西方人看来，吃狗是残忍的，只有华人才能做出来，这是一种很不文明的行为。当时，租界的辎重用牛马运送。西人发现，中

---

[1]　*North China Daily News*, 1889-02-08.

　[2]　*North China Daily News*, 1889-02-08.

国车夫把牛马当成无生命的工具。1878 年 4 月 2 日,《晋源西报》发表《虐待牲畜》一文,作者指出,那些拉水车,在没有载水的时候都很沉重,而装满水之后,车夫偏要坐在车辕上,拉车马不堪重负,累倒在路上;作者还指出,虐待牲畜的现象非常普遍,他常见肥胖的中国车夫,坐在超载的马车上挥舞着鞭子,马的头部和颈部被磨伤,鲜血直流。[①] 之后,《晋源西报》连续发表评论,批评中国人虐待牲畜的行为。

中国人对待牲畜毫无同情之心,对待自己的同胞会如何呢? 华人的麻木、冷漠、缺乏仁慈,成了上海英文外报的媒介景观。1889 年 5 月 8 日,《字林西报》刊发《同情心缺失》一文,列举了中国人缺乏同情心的表现。

一是对残疾人和老幼病人的态度。作者发现,中国人把有生理缺陷的人看成邪恶的化身,"正常人都应该避而远之",残疾人生理上的缺陷是因为他们的罪孽遭到了报应,残疾也会导致心理变态。他还发现,"那些残疾人,总会不断地被人提到他们的缺陷,中国人常用别人的缺陷称呼别人"。[②] 一般家庭对患病儿童和危重病人也缺少同情心,譬如对夭折的孩子通常不掩埋,把孩子的尸体放在乱坟岗上让野狗吃掉,防止死者变成"鬼"纠缠家人。二是虐待妇女。在广大的乡村,新人结婚时,人们以虐待新娘为乐,"把草籽谷糠之类的东西撒在新娘的身上取乐。新娘就像刚刚买回来的马一样,成了众人品头论足的对象",这说明他们对新娘的人格缺乏起码的尊重。女儿一旦嫁人,婆家可任意打骂媳妇,"所有的中国女孩子相当长一段时光都在婆婆的控制之下"。[③] 三是妇女儿童等弱势群体得不到法律保护。一旦遇到灾荒,妇女和儿童就像牲畜一样被随意拍卖,譬如1878 年的那场饥荒,"大路上,车辆络绎不绝,车上满载着被卖的妇女和孩子"。[④] 四是对生命的冷漠。作者指出,扶危济困鲜见,甚至"众人会对落水者袖手旁观":一艘外国船起火了,中国人站在岸上围观而不去施救;暴风雪席卷山东的寒冷之夜,山东潍县一家客栈的店主不让冻得半死的路

---

① 虐待牲畜 [N]. *The Shanghai Mercury*, 1877-08-08.
② The Absence of Sympathy[N]. *North China Daily News*, 1889-05-08.
③ The Absence of Sympathy[N]. *North China Daily News*, 1889-05-08.
④ The Absence of Sympathy[N]. *North China Daily News*, 1889-05-08.

人进门。① 作者指出，令人惊骇的是那些残酷的刑罚：许多通奸"犯人"遭受私刑；因偷盗、叛乱被处死的人很多，处死的方式异常残酷，譬如砍杀、凌迟、活埋等。在私塾，先生常常毒打学生。一位地方官员为了得到钱财，敲诈新入狱的囚犯，这两个犯人各挨 300 大板，被打得皮开肉绽。

中国人为什么缺少同情心？作者把问题归结于中国贫困。因为生存艰难，人们为获得生存资料而进行残酷的斗争，使中国人承受令人难以想象的苦难，以致对苦难麻木，造成心灵的缺陷。那么，应该如何改造中国人的心灵状态？作者从传教士的立场出发，把中国人看成心灵停滞的"异教徒"，指出"让基督教影响中国人，形成培育中国人心灵的土壤，最终会让心灵开花结果，接近上帝"。②

（三）"演戏"：人人不说真话，也不相信真话

在解剖中国国民性问题方面，《字林西报》的媒介话语最有代表性。该报曾发表文章指出，无论在日常交往还是在政治生活中，中国人善于"演戏"，以骗取社会承认，获得某些"体面"，因此"戏剧成为了他们的娱乐方式"，这样"在不同场合里，中国人往往把自己当作一个戏剧角色"。③久而久之，就形成了中国人重"面子"的文化心理和思维定式。中国人讲"体面"，其实质是掩盖动机和事实真相，以得体的方式说漂亮的话。中国人把面子看得很重要，譬如"一位地方官员犯了罪，他一再请求被斩首时允许身着官服，因为要保住面子"。④注重"体面"、习惯于不同场合"演戏"，导致"嘴巴张开，谎言诞生"的喜剧现实。那么，中国人为什么要说谎呢？说谎者是为了获得不说谎就得不到的好处。其恶果非常明显：人人不说真话，"同样也不相信真话"。⑤政治生活就是舞台，"那些不断颁布的告示就是简明的例子，各级官员发布的告示，措辞恰当，包罗万象。其中缺少唯

---

① The Absence of Sympathy[N]. *North China Daily News*, 1889-05-08.

② The Absence of Sympathy[N]. *North China Daily News*, 1889-05-08.

③ Face[N]. *North China Daily News,* 1888-02-10.

④ Face[N]. *North China Daily News*, 1888-02-10 .

⑤ The Absence in Sincerity [N]. *North China Daily News*, 1889-08-03.

一的东西——真实！政治家的虚伪言辞似乎是家常便饭，他杀了成千上万的人，却引用孟子这位圣贤的话。他把治理洪水的款项装进了自己的腰包，结果洪水淹没了全省，他却假惺惺地悲叹耕者失去了田地。他与人达成一项协议，他私下里会对朋友说，这只是一个欺骗性的权宜之计"。① 对那些好意帮助他们的外国人，中国人同样猜疑。譬如，"有个外国人去了他不常去的地方，人们会推断他是在考察这个地方的风水。如果他盯着这条河流看，可能在探测这个河流里有没有金子"。对西方人传播的科学与真理，中国人同样怀疑。"有个学者读了丁韪良的《天道溯源》后，仍怀疑地球绕太阳转的学说荒诞不经。"② 如此状态，将对中国的未来贻害无穷。即使改革也不会彻底，其结果就像"泥瓦匠把一个建筑的外墙马马虎虎地糊住"。③

（四）保守："中国国民性"的标志性符号

十九世纪的中国处于社会大变革时期，经历两次鸦片战争，中国人意识到必须学习西方先进的技术，觉醒的上层官僚主张对旧体制进行一些改良。但长期以来形成的天下中心意识，以及由此形成的文化，使多数中国人普遍具有文化保守心理。在上海英文外报的媒介话语中，"保守"已成为"中国国民性"的标志性符号。

1889 年 2 月 2 日，《字林西报》在"中国国民性"栏目里，一连用 3 个版面刊登美国传教士明恩溥的文章《保守》，作者列举个人的生活见闻，展现中国人思想保守、安于现状、不思进取的性格特质。他指出，中国人总是把新事物视为异端，接受新事物非经过斗争乃至流血不可。电报最初被引进到中国时，沿海某位巡抚给皇帝上书：当地人对此抱有敌意，以致电报线路无法铺设。然而，"中法战争迫在眉睫，眼看就要挨打，意识到保命要紧，于是就没人反对了。之后各省府迅速建了电报站点"。社会危

---

① The Absence in Sincerity [N]. *North China Daily News*, 1889-08-03.

② Mutual Suspicion[N]. *North China Daily News*, 1889-07-06.

③ Mutual Suspicion[N]. *North China Daily News*, 1889-07-06.

机加深，急需变革，而中国人因循守旧，甚至在社会变革面前"耍滑头"。原因何在？一位传教士认为，中国人生存的社会基础没有改变，"如果新的社会条件出现，其生活方式也会改善"。① 而几千年来，人们千篇一律地重复单调的劳作，保守习惯源于相同的心理动机，并深深扎根于中华文化心理。十九世纪最后的 20 年，是中国社会变革的关键期。如果一成不变，就会落后于世界先进的国家。应该说这位生活在中国的传教士敏锐地发现了近代中国社会变革中存在的问题。

（五）充满矛盾的"国民性"及其被"典型化"

上海英文外报注意将中国专制体制、多神信仰、传统道德，以及社会发展的滞后性等元素融入中国国民性知识话语的生产过程，最终塑造出复杂而又充满矛盾的"中国国民性"知识话语：中国人朴实勤劳而心灵冷漠麻木；生活节俭而近乎吝啬，以致丧失生活的乐趣；重"体面"讲礼节而又虚伪矫饰，善于逢场作戏而又忍辱负重；遵从道德秩序而又盲从权威、缺乏独立思考，充满奴性；仁慈而又残忍；真诚而又相互猜疑；信仰多神而又没有宗教情怀等。总之，"中国国民性"的特征鲜明：阴影与光亮并存，个性元素充满矛盾又能和谐共存。就"中国国民性"的阴影而言，其印象是肮脏、习惯于噪声、拖辫子、溺杀女婴、吸鸦片、歧视妇女、愚昧、自大、盲目排外等。总体上，"中国国民性"被灰暗的色调笼罩，显得怪诞离奇和丑陋不堪。这样的媒介图景已成为西方阐释中国政治野蛮、道德堕落的"佐证"。事实上，作为一种大众媒介的图景，"中国国民性"在生产过程中被娱乐化和漫画化了。譬如："中国的美女标准，首先要看脚，一种畸形的、挤成一团的只有三英寸长的小脚（中国女子从幼童时就开始用丝带缠足，长大成人后还裹住缠足带，中国美女身上捂脚的气味就可想而知了）。中国佬欣赏女子瘦骨伶仃，身上没有任何线条。我们英国人认为女性美最基本的特征是曲线，而中国佬的美女皮肤黄里泛灰，高颧骨、细小的猪眼，

---

① [美]明恩溥.漠视舒适和便利.中国人的气质[M].刘文飞，刘晓旸，译.南京：译林出版社，2011：109.

两道眉毛坚硬地横在扁平的鼻子上，拖长成椭圆形，干涩的头发上，抹着臭烘烘的猪油，平贴地梳到头顶上，绾成一个高结，插着银步摇，或者玉簪，有时还有一朵小甘蓝菜大小的人造花。"① 诸如此类，当"中国国民性"被置于混乱的交通、肮脏的宿舍、无孔不入的噪声等社会场景中，其形象性、鲜活性，加之以新闻叙事所需要的典型细节和典型情节，经过戏剧化处理，趣味性便大为增加，容易得到西方读者的认同，继而激发对"中国国民性"的再想象、再创造和知识话语的再生产。

三、内在逻辑与价值立场

（一）内在逻辑

知识话语生产动机往往是生产者内在思想逻辑的始点。那么，上海英文外报中国国民性知识话语生产的内在动机究竟是什么？

首先，要看到西方在中国的现实需要。十九世纪以来，西方国家试图在中国推进其势力，促使中国"打开国门"。经过两次鸦片战争，西方国家在对华外交、商业贸易、文化活动等方面不断遭遇中国的抵抗。十九世纪七十年代以来，中国民间抵抗基督教的声音越来越高，不断出现的"教案"表明西方文化无法征服中国。对他们而言，中国既是虚弱的，又是强大的。虚弱是两次战争证明了的，而强大则是中华文化固有的特性。这就像一个解不开的谜团，使西方感到十分困惑。人是现实社会关系的总和，中国国民性作为中国文化的产物与载体就成了一个值得研究的问题。而改造中国文化，就必须深入探究中国国民性。基于此，西方在华外报生产有关中国国民性知识话语就显得十分迫切。法国学者福柯指出，权力并非只作为管束我们的力量出现，而是交织在社会生活中，以产生快乐、知识形

---

① China the Chinese, by H. C. Sirr. Voli pp. 61-62. 转引自周宁 . 鸦片帝国 [M]. 北京：学苑出版社 , 2004: 169.

式而构成一种话语现实。① 因此，"没有知识不实施权力的，也没有权力不关涉的知识"。即知识建构权力，权力也建构知识。"知识从来与权力不可分，任何权力关系都与特定的知识相关，而任何知识都在创造一种权力关系。"②

其次，十九世纪的中国历史充满了戏剧性冲突，为在华外报中国国民性知识话语的生产提供了鲜活的材料。西方在华外交官、商人和一般侨民期待中国扩大对西方的开放，以使西方国家在政治、商业贸易等方面获得更多的利益；西方传教士渴望通过"基督福音"的传播，改变中国人的信仰，把"异教国家"变成"基督教国家"。而特别值得注意的是，西方传教士常借这段历史上出现的事件，谈论中国国民性与儒家文化问题，有意放大中国的阴暗面，夸大儒家文化的缺陷，甚至断言"儒学不能给人民以新生，也不能让中国人过更高尚的生活"。③ 他们批评中国儒学作为一种意识形态，将会成为奴役灵魂的思想工具，导致中国人"漠视人性中最深刻的精神真理"。④ 这些话语表明，以传教士为代表的"中国国民性"知识话语的生产主体，其动机是以基督教价值冲击中国传统文化，继而在中国确立以西方文化价值为主导的文化秩序。

如上所述，在十九世纪在华英文外报的话语系统中，中国的专制体制、缺乏对上帝的信仰、僵化的传统道德，以及滞后于西方社会发展的现实，最终塑造出复杂的、充满矛盾的"中国国民性"话语。

（二）价值立场

政治倾向、文化背景、利益诉求等因素，决定了英文外报中国国民性知识话语生产的西方价值立场。从这种意义上来说，英文外报对"中国国民性"的报道不是纯客观的"呈现"。以上分析表明，以大众传媒为平台的生产者的价值立场、利益诉求自始至终地渗透在生产与传播过程中，无

---

① Power/Knowledge, by M. Foucault, M. Brighton: Harvester. 1980, pp. 119. 转引自周宁. 鸦片帝国 [M]. 北京：学苑出版社，2004: 107.

② 周宁. 鸦片帝国 [M]. 北京：学苑出版社，2004: 111.

③ Polytheism, Pantheism, Atheism[N]. *North China Daily News*, 1888-10-04.

④ Polytheism, Pantheism, Atheism[N]. *North China Daily News*, 1888-10-04.

法原生态地呈现中国国民性媒介图景。大众媒体所报道的"中国国民性",很大程度上是西方观察者主观化的一种"媒介景观",其中蕴含着西方的意识形态和价值立场。

首先,无论是编辑还是作者,其本身都无法超越西方的观察立场,也无法超越自身活动的局限。在情感心理层面,他们对中国有一种天然的距离感:"中国社会就像在中国随处见到的一些风景,只要与它保持一点的距离,它表面上就显得非常美丽、魅力无穷。但如果走进这些风景,你就发现一些残破不堪、令人厌恶的东西,连空气中也弥漫着一种令人窒息的味道。尽管在西方摄影技术被称为'不带情感倾向的客观和公正',我可以说,没有一张照片能公正地再现中国的风景,因为在中国的摄影就不是这样,肮脏和臭味常常被摄影家忽略了。"① 这样的心理和认知,自然影响他们的新闻选择以及观察问题的视角与方法:"中国国民性这个话题涉及的范围如此之广,许多话题就不能不省略掉,选择出来的加以讨论的材料也不过是一个点,最后把这些点连为线条,或许可以描绘出中国国民性的基本轮廓。"

其次,"中国国民性"作为一种媒介话语,报纸本身的立场、倾向,决定了传播过程中的话语选择,决定了传播者采用何种话题,以及用什么样的材料来建构中国国民性。这样,编辑对大量的文本必须有所筛选和删减,报纸刊登出来的稿件不可能再是原稿,所删除的材料,往往是"与公众利益无关的内容"。② 现存报刊资料中,偶尔也能找到编辑选择、删除稿件内容的说明,虽然刊登了一些稿件,但编辑并不赞同作者的观点。③ 因此,在英文外报的媒介话语系统中,"国民性"不是一个普通的言语符号,而是"文明"的一种标杆。在华外报有意神化西方近代以来的科技进步、政治文明和经济发展。而相比之下,中国是停滞的、半野蛮的,因此需要西方的启蒙与拯救。而这种所谓的启蒙思想,不仅塑造了色调阴郁的"中国

---

① [美]明恩溥.中国的真实状况和需求.中国人的气质[M].刘文飞,刘晓旸,译.南京:译林出版社,2011.

② *The Shanghai Mercury,* 1879-07-14.

③ *The Shanghai Mercury,* 1877-07-28.

国民性"图景，同时也塑造出社会发展停滞、民族文化保守，并与西方社会形成鲜明对比的中国形象。

那么，如何改造中国国民性？英文外报常常撇开中国的文化背景，夸大基督教对人的灵魂救赎作用。在英文外报的媒介话语中，中国是一个没有真正信仰的"异教国家"，从发表的文章看，多数倾向于向中国直接传播"基督福音"，推进中国基督教化。1890年10月4日，《字林西报》发表《多神论、泛神论和无神论》，作者批评儒学缺乏终极关怀，阻碍中国人与上帝的精神交流，以至于中国人把所崇拜的神灵建立在假设之上，缺乏真正的灵魂层面的信仰。因此，"儒学不能给人以新生"[1]，只有基督教文化才能救赎中国，正如明恩溥所言，"用基督教文明疗治中国人的缺陷是一个很好的方案"，因为"基督教最美好的产物，就在于它创造了美好的人生，这种美好的人生从不少见"。[2] 基于此，英文外报所生产的"中国国民性"话语，以及由此塑造的停滞、落后、半野蛮的中国形象，不免带有一种明显的动机，那就是借助中国国民性话语的生产与传播，以证明西方文化宰制中国的某种"合理性"。因此，在华外报生产知识话语的过程，既是赋予西方改造中国"合理"内涵的过程，同时也是建构西方"文化霸权"地位的过程。

四、结语：中国国民性知识话语的影响

十九世纪在华英文外报生产的中国国民性话语，逐渐成为现代西方中国形象的一种知识来源。当代美国学者哈罗德·伊萨克斯曾以问卷的形式，调查美国人对中国人的印象，大多数美国人对中国人的看法是：无扩张性、无生气、屈从奴性，消极地接受新事物，疾病，乞丐，瘦骨嶙峋的儿童，缺乏温饱，文盲、无知、迷信、神经麻木等。值得思考的是，这些被调查

---

[1] Polytheism, Pantheism, Atheism[N]. *North China Daily News*, 1888-10-04.

[2] [美] 明恩溥. 中国人的性格 [M]. 乐爱国，张华玉，译. 北京：学苑出版社，1998：284.

者中，绝大多数没到过中国，其知识来源多是大众传媒对中国的报道和一些有关的出版物。作者还提到明恩溥 1894 年出版的《中国人的气质》一书，称中国人有顽强忍受艰苦工作和单调工作的能力，在世界其他民族中很少见。① 美国人何以形成有关中国人的印象？这位学者通过研究，发现西方大众传媒是美国人接受有关中国知识的主要途径。②

十九世纪英文外报生产的"中国国民性"知识话语，也曾吸引中国知识界的关注，为清末民初的文化改造运动提供了知识资源。以明恩溥在《字林西报》的连载和以后结集出版的《中国人的气质》为例，其影响可见一斑。戊戌变法失败，六君子惨遭保守派的屠戮，梁启超不久流亡到日本。《中国人的气质》日译本发行时，梁启超正在日本主编《清议报》《新民丛报》。1902 年，梁启超在《新民丛报》上一连多期，发表长篇论文《新民说》，称"凡一国之能立于世界，必有其国民独具之特质。上自道德法律，下至风俗习惯文学美术，皆有一种独立之精神"，他指出，"我国国民所最缺者，公德其一端。公德者何？人群之所以为群，国家之所以为国，赖此德焉以成立者也"③。中国何以自救？在梁启超看来，要建立现代民族国家，国民的公德建设至关重要，梁启超的这种观点明显受到了明恩溥的影响。同年，梁启超发表《新民议》一文指出，"欲探求我国民腐败堕落之根源，而以他国所以发达进步者比较之，使国民知其受病所在，以自警厉自策进"④，此中话语可见其思想受到《中国人的气质》一书的启发。1903 年 3 月，梁启超在《新民丛报》（第 27 号）上介绍《中国人的气质》一书，称此书"在美国重印一千百五十次"，欧美人欲了解中国，必阅读此书。同年，成为著名教育家的马君武在《政法学报》上发表《论公德》，文章中引述明恩溥有关中国人缺乏公共意识和社会公德的文字，提出要改造现实中国，须从改变中国人的习惯入手，使国民树立公德意识。20 世纪初中国新文化运

---

① ［美］哈罗德·伊萨克斯. 美国的中国形象 [M]. 于殿利, 陆昕, 译. 北京: 时事出版社, 1999: 130-134.

② ［美］M. G. 马森. 西方的中华帝国观 [M]. 杨德山, 译. 北京: 时事出版社, 1999: 65.

③ 王德峰, 编选. 国性与民德: 梁启超文选 [M]. 上海: 上海远东出版社, 1995: 46-47.

④ 王德峰, 编选. 国性与民德: 梁启超文选 [M]. 上海: 上海远东出版社, 1995: 38.

动及其展开的文学革命，就是以"改造民族灵魂"为根本任务，文学革命主将鲁迅在日本留学时期，就接触到日译本的《中国人的气质》。早年鲁迅与同学许寿裳经常讨论三个相互关联的问题："一，怎样才是最理想的人性？二，中国国民性中最缺乏的是什么？三，它的病根何在？"① 其思考一直贯穿在中国现当代文学创作的主题演变之中。鲁迅在他的小说里塑造了闰土、祥林嫂、阿Q等中国社会的典型人物，实际上贯彻了"国民性改造"思想。鲁迅的杂文主题也以一贯之，如批判中国人的瞒和骗、冷漠、看客心理、说谎、重面子、逃避现实、喜欢"做戏"等。由此可见，作为"他者"生产的"中国国民性"知识话语，其思想一旦传播到中国特定的环境，再经过中国特定阶段知识主体的选择与融化，很快转化为中国启蒙与救亡、民族复兴的思想资源，这恐怕是"他者"始料未及的。

■ 作者简介

谢庆立，北京外国语大学国际新闻与传播学院教授，博士生导师。

■ 来　源

本文原载于《新闻爱好者》2021年第2期。

---

① 钱理群，吴福辉，温儒敏，等. 中国现代文学三十年 [M]. 上海：上海文艺出版社，1987: 8-9.

《泰晤士报》战地通讯员之死与火烧圆明园

郑一卉

摘 要 在第二次鸦片战争中，《泰晤士报》战地通讯员鲍尔比被清廷处死，该报于近期刊文指出，特使额尔金下令烧毁圆明园是为了给这位通讯员报仇。本文认为，额尔金烧毁圆明园的主要目的是赢得国内舆论支持、使清政府尽快屈服和让英军尽早撤离，而不是给通讯员报仇。鲍尔比则是在狭隘的民族主义和名利之欲的驱使下，为侵略战争煽风点火。

关键词 圆明园；战地通讯员；第二次鸦片战争；《泰晤士报》

自 21 世纪以来，在第二次鸦片战争中被英法联军劫走的圆明园文物陆续回归中国。正是在这段时间，英国《泰晤士报》、BBC 等媒体刊登了《耻辱的宫殿，谁之过？》（以下简称《谁之过？》）等多篇文章讲述同一个历史故事：在第二次鸦片战争期间，《泰晤士报》派"特别通讯员"托马斯·鲍尔比（Thomas Bowlby）前往中国报道战事，不料被清廷扣为人质并死于狱中；此人与英国特使额尔金关系亲密，得知友人遇难，额尔金一是十分愤怒，二是担心不为他报仇会遭《泰晤士报》批评，于是下令火烧圆明园。[①]

---

① Bowlby C. Who's to Blame for the Palace of Shame[N]. *The Times*, 2015-01-23; Bowlby C. The Palace of Shame that Makes China Angry[N/OL]. BBC website, 2015-02-02[2020-03-25], https://www.bbc.com/news/magazine-30810596; Watkins H. China Marks Sacking of Palace by British, but Fails to Mention Murders[N]. *The Times*, 2010-10-18; The Full Story of Beijing's Old Summer Palace in Beijing Must Be Told[N]. *The Times*, 2010-10-18; Lewis L. How Death of Times Man Led to Sacking of Old Summer Palace[N]. *The Times*, 2009-02-27; Macartney J. China in Worldwide Treasure Hunt for Artefacts Looted from Yuan Ming Yuan Palace[N]. *The Times*, 2009-10-20; Bowlby R. A Times Man in War Torn China[N]. *The Times*, 2004-06-18.

这些文章引起了国内媒体的注意，《参考消息》翻译、转载了《谁之过？》并批评指出，"英媒文章为火烧圆明园狡辩：只是为一名记者报仇"，但没有提供证据证明英媒"狡辩"。[①] 笔者于近期获得了托马斯·鲍尔比的日记、信件、报道汇编，下文拟以这份档案为基础，并结合其他史料，探寻鲍尔比之死与火烧圆明园的联系。

一、《泰晤士报》与战地通讯员

在"维多利亚时代"，英国的经济、文化、政治发展迅猛，加上殖民军在世界各地攻城略地，为英国贡献了不少财富，英国国力因而空前强盛。也正是在这一时期，伦敦《泰晤士报》快速发展，发行量与日俱增，获得了向异国他乡派遣通讯员的经济实力。

1854 年，该报派拉塞尔（William H. Russell）前往克里米亚战场报道战事。抵达战场后，他写了一些批评性报道，但批评的不是战争本身，而是英军的伤员救助工作和战斗组织工作。换言之，他希望英军改正错误并赢得战争，而不是停止战争。

批评军队的报道会引发军方以及政府的不满，《泰晤士报》主编德莱恩（John Delane）顶住压力将报道刊发，既是为了维护国家利益，也是为了实现自己的政治目标。他与政府意见不合，这些批评性报道载于报端后，英国民怨沸腾，首相被迫辞职。[②] 新一届政府上台后，他积极与之合作，在报纸上造舆论支持新首相。新内阁发起了镇压印度民族大起义的军事行动以及第二次鸦片战争，德莱恩再次派通讯员前往印度和中国战场。此时，他需要通讯员为英军唱赞歌。

德莱恩派往印度的通讯员还是拉塞尔。从总体上看，他没有辜负德莱

---

① 英媒文章为火烧圆明园狡辩：只是为一名记者报仇 [N/OL]. 参考消息，2015-01-28[2020-07-23]，http://www.cankaoxiaoxi.com/mil/20150128/643181.shtml.

② Coates T. How The Times Went to War with a Government over Crimea[N]. *The Times*, 2009-10-31.

恩的期望，与驻印度的英军军官相处融洽、合作愉快，将英军成功镇压印度"暴民"的消息传回国内。但是，英国殖民政府对被俘起义者施加酷刑，这让有人道主义情怀的拉塞尔心生不满，于是提出了一些批评。①

《泰晤士报》派往中国的第一个通讯员是乔治·库克（George Cooke）。此人也没有令德莱恩失望。他积极地为第二次鸦片战争造舆论，并在报道中和后来出版的书中称，自己对中国没有同情心，"即使是为了中国人的利益，广州也必须被攻陷"。不过，库克在中国待了不到一年就辞职不干，与押解两广总督叶名琛的英军一道去了印度。② 此时拉塞尔也在印度，英中战事正酣，但德莱恩没有把他派往中国。

德莱恩派往中国的第二个通讯员就是名不见经传的托马斯·鲍尔比。他做过几年律师，但似乎不太成功。他打破伦常，通过迎娶其父第二任妻子的富有姐妹（sister）取得了财富，但因投资失败，财富损失殆尽，于是开始为《泰晤士报》工作。③ 渴望获得名利的他理应比较"听话"，但德莱恩还是不太放心。1860 年 4 月，鲍尔比离开伦敦前往中国，不久后，德莱恩给鲍尔比写了一封有威胁意味的信，奉劝他抛弃对和谈的幻想，要求他为攻占北京造舆论，"如若不然，对于此次远征以及对于你自己而言，结果都将是十分糟糕的"④。

1860 年 9 月 18 日，他与几十个英法将士一道前往通州，为谈判做准备。这一行人被清军俘虏，几周后，鲍尔比死于狱中。如果没有被俘，他很可能在侵略军的保护之下进入紫禁城，"采访"清朝皇亲国戚。

---

① Mathews J. The Father of War Correspondents[J]. *Virginia Quarterly Review*, 1945, 21(1): 122-123.

② Cooke G. *China: Being "The Times" Special Correspondence from China in the Years 1857-1858*[M]. London: G. Routlegde & Co, 1858: 309, 395.

③ French P. *Through the Looking Glass: China's Foreign Journalists from Opium Wars to Mao*[M]. Hong Kong: Hong Kong University Press, 2009: 46.

④ Bowlby T. *An Account of the Last Mission and Death of Thomas William Bowlby*[G]. London: private print, 1906: 393.

二、鲍尔比的报道和"友情"

鲍尔比原本与此次远征最高领导人额尔金伯爵（James Bruce, 8th earl of Elgin）并不相识，但在动身之后不久，他就得到了额尔金的接见，而这可能是因为额尔金比较重视新闻媒体，希望利用鲍尔比造舆论。根据外国学者的研究，额尔金是个"新闻迷"，经常花大量时间读报，除了读《泰晤士报》，还读上海、香港以及欧洲大陆出版的报纸。[①] 根据额尔金的日记，库克在两年前为《泰晤士报》所写的中国战事报道已让他对该报有了好感。[②]

见面之后，两人与一些英法将领一道乘船前往中国，途中遭遇了行船事故，鲍尔比就此事写下了他此行第一篇报道。报道称，有几个乘客慌乱逃离，但额尔金镇定自若，坚持让其他人先走。报道还强调，那些慌乱逃跑的乘客既不是英国人也不是法国人。这篇报道显然有助于塑造额尔金以及英法联军的形象，德莱恩在收到报道后回信表扬了鲍尔比，称其写作水平高于拉塞尔和库克，此后鲍尔比与额尔金形影不离，还曾在额尔金的卧室过夜。额尔金将他引荐给使团的全体人员，他们表示愿意给鲍尔比提供任何帮助。[③] 抵达中国之时，额尔金已非常信任鲍尔比，他写道："天气宜人，将士都很健康。不用赘述，我相信你可以在《泰晤士报》上看到详情，因为'我们自己的通讯员'就在隔壁，他正在写信。"[④]

鲍尔比没有辜负德莱恩的期望和额尔金的信任。库克在第二次鸦片战争初期呼吁英军占领广州，鲍尔比则更甚，还未抵达中国就开始为攻占北京造舆论。根据他的日记，从伦敦到通州这一路上，他只正式访问了一个

① Ringmar E. *Liberal Barbarism*: *The European Destruction of the Palace of the Emperor of China*[M]. London: Palgrave Macmillan, 2013: 126.

② Walrond T(ed). *Letters and Journals of James, Eighth Earl of Elgin*[G]. London: John Murray, 1872: 216.

③ Bowlby T. *An Account of the Last Mission and Death of Thomas William Bowlby*[G]. London: private print, 1906: 393, 29-33.

④ Walrond T(ed). *Letters and Journals of James, Eighth Earl of Elgin*[G]. London: John Murray, 1872: 334.

中国人，即在新加坡见到的"中国佬"（Chinaman）胡亚基（英人称其为"黄埔先生"）。胡告诉他，英国若想实现目标，就应对北京实施"决定性的打击"。他将这个观点写进报道，也就是告诉英国公众，就连"中国佬"也希望英军攻克北京。1860年9月2日，鲍尔比收到了从伦敦寄过来的《泰晤士报》，上面刊载了两篇强烈支持进军北京的社论。鲍尔比读过之后感到欣慰，因为这两篇文章"与我所写的所有东西论调一致，将起到给额尔金大人撑腰的作用"。

鲍尔比在为进军北京造舆论的同时隐瞒了英法联军的恶行。他在日记中写到：英国海军士兵和军官都疯狂地抢劫，甚至连自己人都抢，但指挥官无意阻止；法军洗劫了一个村子，有女人被枪刺刺死，"我从未见过这么野蛮的人……求上帝永远不要让他们踏上英国的土地"；醉酒的英国军人半夜闯进了他的房间，扬言要割他的喉咙。但他发回英国的报道没有记录这些事。他在一篇报道中称，抢劫者主要是英法联军雇佣的中国苦力，未见到一个英军士兵参与抢劫，法军则是抢夺了"不干净的动物"。[1]

额尔金与鲍尔比相处融洽，除了是因为可以互相利用，还可能是因为两人对中国和中国人看法基本相同，都充斥着民族中心主义偏见。额尔金认为："在低等种族当中生活是可怕的"[2]；"愚笨、拐弯抹角、多疑、虚张声势……是这个国家处理事务的普遍特点"[3]。鲍尔比则写到："好奇和贪婪是中国佬的两个主要特征"；一旦谈好价钱，中国苦力"就像绵羊或驴子一样跟了上来"。[4]

---

① Bowlby T. *An Account of the Last Mission and Death of Thomas William Bowlby*[G]. London: private print, 1906: 13, 29, 79, 93, 230.

② Bruce J. *Extracts from the Letters of James, Earl of Elgin, Etc. to Mary Louisa, 1847-1862*[G]. London: private print, 1864: 45.

③ Walrond T(ed). *Letters and Journals of James, Eighth Earl of Elgin*[G]. London: John Murray, 1872: 357.

④ Bowlby T. *An Account of the Last Mission and Death of Thomas William Bowlby*[G]. London: private print, 1906: 99-100.

三、鲍尔比之死与焚毁圆明园的命令

额尔金是不是像《泰晤士报》所说的那样，是为了给鲍尔比报仇和安抚《泰晤士报》而下令烧毁了圆明园呢？

额尔金绝非感情用事之辈，而是一个能分清轻重缓急的政治家，如果他特别重视与鲍尔比的友情，就应该在鲍尔比被俘之后想方设法去营救，而不是等到鲍尔比被处死之后再去报仇。鲍尔比不是唯一的人质，与他一同被俘的还有不少英法军官，其中不乏重要人物，例如通晓华语的要员、谈判主角巴夏礼（Harry Smith Parkes）以及额尔金的私人秘书。在清廷以这些要员以及鲍尔比的性命为要挟之时，额尔金没有退让半步。1860年10月9日，巴夏礼等要员被清廷释放，鲍尔比仍生死未卜。额尔金觉得，部分人质获释就可以证明不妥协策略是正确的，于是信心满满地向联军发出公开信称："冒险将国家利益置于个人安危之上，实际上更保证了被囚同胞的安全……鲍尔比先生……很快就会归来。"①

额尔金因害怕遭《泰晤士报》批评而火烧圆明园的说法也不可信。《泰晤士报》主编一直支持额尔金和由他主导的远征，不太可能因一个临时雇用的通讯员被战场上的敌人杀害而大幅转变态度。《谁之过？》一文用以证明此说的唯一证据是一则传闻：额尔金意欲摧毁圆明园，但法方认为不妥，额尔金便对法军指挥官说："如果我不替《泰晤士报》的通讯员报仇，该报会如何说我？"此事载于英军军官亨利·诺利斯（Henry Knollys）回国后出版的回忆录。仔细阅读就会发现，诺利斯写的是，法军指挥官蒙托邦（Cousin de Montauban）回国后宣称，额尔金曾对他说过这样的话，而不是诺利斯亲耳听见额尔金口出此言。而且，诺利斯觉得额尔金不可能因忌惮报纸批评而下令烧毁圆明园，他写道："的确很难相信，我国如此高尚的外交官（额尔金）会因为担心失去一个舆论机构的支持而展开如此严厉

---

① Walrond T(ed). *Letters and Journals of James, Eighth Earl of Elgin*[G]. London: John Murray, 1872: 363.

的报复行动，无论这个机构的影响力有多大。"①他之所以不相信，是因为蒙托邦回到法国后因洗劫圆明园而遭到批评，他觉得蒙托邦讲这番话是为了把责任推到额尔金身上。

在迫使清廷签订《中英北京条约》、远征目标达成之后，额尔金才给《泰晤士报》主编德莱恩写了一封短信通告鲍尔比的死讯。信中有一些替自己开脱的说辞：鲍尔比是自愿去通州的；他曾向鲍尔比表示"如果你被关进牢笼，我就不得不去救你出来"（实际没有去救）。但他没有向德莱恩表示，火烧圆明园是为了给他麾下的通讯员报仇。实际上，这封信根本没有提及圆明园。②

额尔金下令火烧圆明园的一个目的或许是赢得国内的舆论支持。英国议会反对发动对华战争，但首相与其治下的政府一意孤行，未经议会同意就派额尔金远征中国。巴夏礼在战争初期写道："我们的处境肯定很尴尬，但我们不能回退，只有继续进行下去，激起人们的恐惧，我们才能取得成功。"而清廷将英国"和平使者"扣为人质一事若载于报端，便能激起英国公众的恐惧与愤怒，使对华战争获得舆论支持。英国学者称，清廷扣押英法人质事件见诸报端后，"英国全国上下陷入了反华爱国主义的狂热"③，当人质的死讯传到英国以后，火烧圆明园就成为"合理选择"，因为这既顺应了要求"复仇"的舆论，又能展现英国政府惩罚"野蛮人"的能力。④从这个角度上看，鲍尔比等人质之死或许正是《泰晤士报》和额尔金所需要的。

《泰晤士报》在1860年圣诞节发表的社论比较清楚地讲述了烧毁圆明园的另一个目的：要达成目标，就必须通过行动摧毁中国皇帝的威信，让傲慢的中国政府屈服，让他们知道我们才是北京的主人。摆在英军面前的

---

① Grant J, Knollys H. *Incidents in the China War of 1860*[M]. London: William Blackwood and Sons, 1875: 222.

② Bowlby T. *An Account of the Last Mission and Death of Thomas William Bowlby*[G]. London: private print, 1906: 403.

③ [英] 蓝诗玲. 鸦片战争 [M]. 刘悦斌，译. 北京：新星出版社，2015: 350.

④ Ringmar E. *Liberal Barbarism: The European Destruction of the Palace of the Emperor of China*[M]. London: Palgrave Macmillan, 2013: 132.

选择有二：一是夺取和占领紫禁城，二是摧毁皇家园林圆明园。[①] 额尔金没有选择前者是因为，不欢迎西方势力的太平天国正在中国南部攻城略地，英法联军若攻占紫禁城则可能使清廷崩溃，而这会使英国远征的目标——签订长期有效的协议、获得巨额赔偿、保障其在华特权——化为泡影。摧毁具有象征意义的皇家园林则不会让清廷崩塌，但可以打击其精神、摧毁其抵抗意志[②]，有助于实现自己的目标。

何时撤军也是额尔金必须考虑的问题。蒙托邦将军的私人秘书回忆称，八里桥会战之后，"联军必须尽快与恭亲王做个了结……道路和运河已结冰，严寒对于联军十分不利"[③]，而火烧圆明园显然有助于尽快与清廷"了结"。

四、鲍尔比的战地通讯员身份

《泰晤士报》等英国媒体挖出这个尘封已久的往事反复发文，并质问"谁之过"，无非是想强调中国人杀害了无辜的英国记者，有错在先，英军后来火烧圆明园情有可原或理所当然，但这其实是在按当今的观念评判过去，即利用当代人对记者职业以及杀害记者的行为的认知来评判一个半世纪以前的战地通讯员之死，贴上"非正义"的标签，进而抢占道德高地。

首先，在当代人眼中，战地记者是平民而非战斗人员，交战方杀害他们有违道义，但将战地记者认定为"不直接属于军队组成部分的随军人员""可享受战俘待遇"的《海牙第二公约》1899年才颁布，在第二次鸦片战争之时，保护战地记者还远未成为西方国家的共识。值得一提的是，

---

① Bowlby T. *An Account of the Last Mission and Death of Thomas William Bowlby*[G]. London: private print, 1906: 397.

② 王开玺. 英军焚毁圆明园原因辨析 [J]. 北京师范大学学报（社会科学版），2003, (3): 26.

③ [法] 皮埃尔·马蒂埃. 从巴黎到八里桥 [M]. 陈丽娟，陈沁，译. 上海：中西书局，2013: 66.

鲍尔比与拉塞尔一样配有枪支①，还在被清军围困之时掏出枪准备射击。

其次，在十九世纪中期的英国，报刊通讯员还不是一个稳固的职业，"战地通讯员"则大都由报社临时聘用，与报社只有短期供稿关系。得知鲍尔比被俘之后，《泰晤士报》发表了一篇"头条文章"，但鲍尔比的名字没有在文章中出现。此文的第一句话是："我们很遗憾地宣布，虽然我们正翘首盼望下一封来信，但可能收不到对中国近事的详细报道了。"②这或许意味着，对于该报而言，损失的不过是一个能提供消息的人罢了。

再次，在那时的中国，新闻业还处于萌芽期，朝野皆知、影响广泛的现代报刊还没有出现，清廷官员可能没有听说过"通讯员"这个行当，甚至可能不知报刊为何物，自然不会给予鲍尔比区别对待。负责收监鲍尔比等人的刑部尚书赵光认为，他所羁押的是"英法文武兵将三十余人"。③

最后，鲍尔比之死并未让英军将领对带通讯员行军一事心生担忧，相反，自此往后，许多英国殖民军将领都开始邀请报刊通讯员同行，其中原因不言自明。一位西方新闻人于1900年评论说，没有通讯员英国军队便不会前进。④

总之，鲍尔比不是当代人眼中的那种战地记者，清廷将其杀害一事并不光彩，但也不能被视为违反国际法的行为或"严重的反人类罪行"。⑤他未像现代西方新闻神话所鼓吹的那样，以客观、中立为准绳，力图讲述全部真相和阻止战争，而是在狭隘的民族主义和名利之欲驱使下，为本国发动的侵略战争呼与鼓。虽然他在英军点燃圆明园之前已去世，但是他以及他身后的《泰晤士报》起到了为烧毁三山五园的大火煽风的作用。

---

① 拉塞尔不仅携带枪支，还穿着类似于英军军服的服装。参见 Simkin J. William Howard Russell[Z/OL]. 2015-02[2020-06-07], http: //spartacus-educational. com/Jrussell. htm.

② Bowlby T. *An Account of the Last Mission and Death of Thomas William Bowlby*[G]. London: private print, 1906: 332, 361.

③ 赵光. 赵文恪公自定年谱遗集 [M]. 台北：文海出版社，1966: 260.

④ An Interview with Ching[N]. *Washington Times*, 1900-12-17.

⑤ 段秀杰. 联合国人权理事会主席强烈谴责杀害战地记者行为 [N/OL]. 2002-09-19[2020-08-01], http: //media. people. com. cn/GB/40606/8074834.html.

五、结语

托马斯·鲍尔比是世界上最早从事战地报道的记者之一，也是最早进入中国的外国记者之一，还可能是世界历史上第一个死在战场上的新闻人，但他缺乏了解、理解中国的意愿，戴着"有色眼镜"一瞥，就写下了所谓"代表文明和正义的英军摧垮不可理喻的野蛮人"的新闻故事，然而，随着英帝国的衰落与殖民主义的退潮，这些故事便逐渐失去了光彩。

《谁之过？》一文的作者是托马斯·鲍尔比的后代、BBC 记者克里斯·鲍尔比（Chris Bowlby）。他在文中写到：火烧圆明园一事，在英国几乎无人知晓，但中国人却记得很清楚；额尔金当年将托马斯·鲍尔比等被清廷处死的英人葬于北京安定门外的俄国墓地，他去此地寻找祖先的坟墓，发现墓地已经变成青年湖公园高尔夫球练习场。[①] 他的意思是，自己作为英国人，已将清廷杀害自己祖先一事看淡，中国人也应该忘记火烧圆明园一事，解开"圆明园情结"。可是，一直到了 1927 年，即托马斯·鲍尔比去世 67 年以后，英人在上海租界所办的英文报纸《北华捷报和最高法院与领事公报》仍在发表文章悼念托马斯·鲍尔比等"光荣死者"，谴责中国人 1860 年的"邪恶行径"。近年来，包括克里斯·鲍尔比在内的英国新闻人又发表了多篇"缅怀"这位战地通讯员的"旧闻报道"，而这或许意味着他们仍没有解开"日不落帝国情结"。

有趣的是，《北华捷报和最高法院与领事公报》称，英国使馆为了更好地纪念鲍尔比等人，在不久之后就将他们的棺椁迁出了俄国墓地，葬在北京城内一块"永远属于英国"的墓地。[②] 也就是说，克里斯·鲍尔比可能因为忙于造舆论，没有仔细查证，所以找错了地方。

---

① Bowlby C. The Palace of Shame that Makes China Angry[N/OL]. BBC website, 2015-02-02[2020-03-25], https://www.bbc.com/news/magazine-30810596.

② British Memorials in Peking[N]. *The North-China Herald and Supreme Court & Consular Gazette*, 1927-08-20.

■ 作者简介 ━━━━━━━━━━━━━━━━━━━━━━━━━━━━━━━━

郑一卉，北京外国语大学国际新闻与传播学院教授，博士生导师。

■ 来　　源 ━━━━━━━━━━━━━━━━━━━━━━━━━━━━━━━━

本文原载于《文化与传播》2020 年第 9 期。

桑格尔夫人在中国：东方主义、国际节育思潮与精英主义的碰撞 *

焦霖

摘　要　桑格尔夫人 1922 年来华访问，被认为是近代中国节育思想的开端。学界多从中国知识分子的节育话语来分析桑格尔对中国的影响，本文另辟蹊径，参照桑格尔夫人自己中国之行的记录，中国知识分子与其交往中形成的共识与偏差，以及桑格尔夫人通过史沫特莱在中国参与的节育实践，来论述桑格尔对中国节育运动影响的复杂性与多面性。桑格尔在华的所见所闻，使她把在中国推广产儿制限的目标放在了拯救中国之危急存亡的目的上，而鲜少提及具有女权意义的女性的自决。桑格尔夫人的产儿制限工作充满了种族主义和精英阶级优越感，这种思想在中国，甚至在全世界的主流思想领域中都未受到挑战，因此限制了它的女权意义。同时本文提出，桑格尔对中国节育运动的意义超越了思想和话语层面，作为国际女权运动者，桑格尔也积极参与了中国的产儿制限运动。

关键词　桑格尔夫人；节育；中国；精英主义；史沫特莱

在中国近代节育史上，玛格丽特·桑格尔夫人于 1922 年来华访问，占有重要的位置。桑格尔作为 20 世纪全球节育运动的重要组织者，足迹踏遍全球，不仅引领了英美的节育运动，还是印度、日本等国节育政策的

---

* 本文受中央高校基本科研业务费专项资金资助（项目批准号：2017QD011），系项目的阶段性成果。

推动者。1922 年，桑格尔在北京、上海进行讲学、交流，引起了知识分子对于该问题的广泛讨论，使节育问题从私密议题演化成了公众议题。

目前关于桑格尔在中国的活动的研究，多集中于她在中国的宣讲和她的思想对中国的影响。部分学者非常高地评价了桑格尔的对华影响：桑格尔带来了西方的节育知识，引发了中国"节制生育"的思潮，是西风东渐之使者；[①] 她为中国的妇女解放做出了贡献，是一位杰出的女权主义者和活动家。[②] 此外，学者也反思了桑格尔在华影响的局限性，我国台湾学者吕芳上从女性自决与国家介入的角度来分析"产儿制限"话语，指出"产儿制限"话语并没有在根本上赋予妇女自主决定生育的权利，而是透过国家主义的思考，将权力赋予了国家；[③] 同时，桑格尔夫人的理念基本上停留在思想层面，对于中国社会的实践影响不大。[④] 现有的研究对桑格尔夫人对于知识分子的接受理念的影响讨论得比较深入，但缺乏在中西交流的过程中的"东方主义"视角。此外，以往学者往往忽略掉的一点是，"妇女"在产儿制限的话语中不是一个同质性的群体，产儿制限也不仅仅和妇女相关，它同时关乎生病的、贫穷的、孱弱的种种"不适宜"生育的人群。

在这一点上，美国学者对于桑格尔的研究明确地带有美国学术界的中心议题"种族"与"阶级"的视角，值得我们在研究桑格尔的在华活动和影响时借鉴。在肯定桑格尔为女性争取生育权的同时，自 1980 年以后，学界对于桑格尔的精英白人女性立场开始了更多的反思，认为桑格尔的"节制生育"的运动没有考虑到有色人种、少数族裔和下层阶级生存状况，桑

---

① 梁景和 . 五四时期"生育节制"思潮述略 [J]. 史学月刊 , 1996, (3): 49-53, 68；杨发祥 . 当代中国计划生育史研究 [D]. 杭州：浙江大学 , 2003: 32-34.

② 张倩红 . 试论玛格丽特·桑格的节育理论及其对中国的影响 [J]. 河南大学学报（社会科学版）, 1992, (4): 87-94 ；吕洪艳 . 试析 20 世纪 30 年代美国女性节育行为的转变 [J]. 外国问题研究 , 2018, (3): 84-90.

③ 吕芳上 . 个人抉择或国家政策：近代中国节育的反思——从 1920 年代《妇女杂志》出版产儿制限专号说起 [J]. 近代中国妇女史研究 , 2004, (12): 195-230.

④ 宗琦 . 意义的输入：《申报》视野下的山额夫人 [D]. 南京：南京大学 , 2012.

格尔倡导的生育权的自由，只是一部分人的自由；① 美国学者竹内德米尔吉
（Aiko Takeuchi-Demirci）在其新书《避孕外交：美国和日本的生育政策与
帝国野心》中提出，尽管桑格尔和日本女权活动家的出发点是人道主义的
立场，但由于其所持精英主义立场，使得产儿制限运动最终在美国和日本
都沦为为剥夺底层妇女的生育权正名的口实。也正因为这些女权主义者并
未对女性的生育权本身进行更多的探讨，生育的决策权最终落在了国家手
中，而生育的主体——女性——在这一过程中被边缘化了。② 这两位美国
学者的研究，提供了考察桑格尔在中国经历的另一个视角，即种族、阶级
与女权运动之间的复杂的交叉性。

　　本文希望在已有研究的基础上，从东方主义、女权主义和种族阶级的
视角重新考察桑格尔夫人 1922 年的来华访问，及她日后于 20 世纪 30 年
代为在中国推广节育而做出的努力。本文首先讨论桑格尔夫人的对华印象，
及其导致的她在华宣讲时有选择性地宣传产儿制限的原因；其次，桑格尔
夫人的产儿制限思想主要的一大目标是使"劣种"不再得到繁殖，而这与
当时中国男性知识分子的"救国图存"思想不谋而合；最后，桑格尔除了
讲学之外，还积极地推动产儿制限在中国的实践，这个推动，是通过她在
中国的雇员和友人艾格尼丝·史沫特莱实现的。

一、桑格尔和中国知识分子："东方主义"与"自我东方主义"

　　桑格尔在日记中记载了 1922 年的中国之行，她在中国的所见所闻所
感形塑了她对中国问题的判断，即产儿制限工作的必要性出于中国众多的

---

① DAVIS A. Racism, Birth Control and Reproductive Rights, in: LEWIS R and MILLS S eds., *Feminist Postcolonial Theory*: *A Reader*. New York, London: Routledge, 2003 (originally published in 1982); SANGER A. Eugenics, Race and Margaret Sanger Revisited: Reproductive Freedom for All? in: *Hypatia*, 2007: 22(2): 210-217.

② TAKEUCHI-DEMIRCI A. *Contraceptive Diplomacy*: *Reproductive Politics and Imperial Ambitions in the United States and Japan*[M]. Stanford: Stanford University Press, 2018.

人口和衰落的国力。从日本途经沈阳之后，桑格尔在 1922 年 4 月 11 日乘火车抵达北京。她对北京的第一印象十分糟糕，并在日记中写道：

> 北京简直是世界上最糟糕的城市。我不喜欢这里。都是灰，灰，灰！墙里还是墙！①

桑格尔在北京短暂地停留了七天，这个古城并没有给她带来古老文明的震撼；相反，多亏她的中国向导英文很好，否则她认为自己可能扛不过在北京的七天。让她惊骇又压抑的是，北京的苦力太多了，成千上万。②乞丐也太多了，衣衫褴褛。③桑格尔游历了明十三陵，来回将近二十英里的旅途是靠苦力抬轿子完成的。她在轿子上既沮丧又恐慌，不断地拷问自己："如果一个两千年的文明，最终给予居住者的是这样的生活，那么古老的文明又有什么用处呢？"④和鲁迅笔下的国人相似，桑格尔也感到了中国人的忙碌与麻木。她写道："坊间传言张作霖的部队已离北京不远，但似乎没人在意。日本人将山东归还给了中国，正在撤军，似乎也没人在意。"⑤中国人似乎只关注他们的日常生活，毕竟在桑格尔看来，这些人满足生存已经不易，再无暇顾及时事新闻了。

---

① SANGER M. 16. Journal Entry, in KATZ E, HAJO C M and ENGELMAN P C, eds., *The Selected Papers of Margaret Sanger, Volume 4, Round the World for Birth Control 1920-1966*, Urbana: University of Illinois Press, 2016: 108.

② SANGER M. 16. Journal Entry, in KATZ E, HAJO C M and ENGELMAN P C, eds., *The Selected Papers of Margaret Sanger, Volume 4, Round the World for Birth Control 1920-1966*, Urbana: University of Illinois Press, 2016: 108.

③ SANGER M. 17. Journal Entry, in KATZ E, HAJO C M and ENGELMAN P C, eds., *The Selected Papers of Margaret Sanger, Volume 4, Round the World for Birth Control 1920-1966*, Urbana: University of Illinois Press, 2016: 109.

④ SANGER M. 17. Journal Entry, in KATZ E, HAJO C M and ENGELMAN P C, eds., *The Selected Papers of Margaret Sanger, Volume 4, Round the World for Birth Control 1920-1966*, Urbana: University of Illinois Press, 2016: 109.

⑤ SANGER M. 17. Journal Entry, in KATZ E, HAJO C M and ENGELMAN P C, eds., *The Selected Papers of Margaret Sanger, Volume 4, Round the World for Birth Control 1920-1966*, Urbana: University of Illinois Press, 2016: 109.

随后桑格尔访问了上海，上海给桑格尔留下最深刻的印象，同样是中国人的辛苦劳作和底层人恶劣的生存条件。所有的人都在工作，男人、女人和孩子。坐在上海的黄包车上，桑格尔认为让骨瘦如柴的工人去拉那些大腹便便的有钱人，是可耻的景象。① 一如既往地像同情纽约的女工一样，桑格尔也表现出了对中国工厂女工的同情。在上海参观纺织厂时，她震惊于八九岁的女孩已经成为女工。女工妈妈带着婴儿在机器旁哺乳，然后把婴儿放在机器旁的篮子里，继续工作。空气里只有纺织的灰尘，让人难以呼吸。桑格尔在这里看到了西方社会的影子，看到了工业化带来的对女童和女性的剥削。② 桑格尔在日本也见到大量的女工如同工业革命开端时的英美女性一样，是资本剥削的最底层。然而桑格尔并未从社会结构、阶层分化、福利机制的角度思考这个问题，这一切悲剧的来源，桑格尔认为是，中国已经到了人口能够承受的极限了。

回到纽约后，桑格尔在卡耐基音乐厅作了以《中国和日本的产儿制限》为题的演讲，桑格尔将她在中国的一切见闻和感悟，那无尽的灰尘、数不清的舞女、苦力们的痛苦生活、困守在一片迷雾中的工厂女工……都汇聚在了以下对中国的描述中：

> 这个伟大的帝国，已经倒在了灰烬中。中国，这个世界艺术、哲学和智慧的神秘源泉，因为黄种人中最恶劣的那一部分无限度地繁衍，而导致衰亡。任何一个到过中国的人都能理解这个现状。在那里大量的人们生活得还不如动物。他们吃、睡，在拥挤的街道上和不见天日的小巷里繁衍。成千上万的人没有立锥之地。他们被迫生活在河岸边的驳船上。……烈日下，可见到我们高贵的人类中那些可怜的无药可

① SANGER M. 19. Journal Entry, in KATZ E, HAJO C M and ENGELMAN P C, eds., *The Selected Papers of Margaret Sanger, Volume 4, Round the World for Birth Control 1920-1966*, Urbana: University of Illinois Press, 2016: 114.

② SANGER M. 20. Journal Entry, in KATZ E, HAJO C M and ENGELMAN P C, eds., *The Selected Papers of Margaret Sanger, Volume 4, Round the World for Birth Control 1920-1966*, Urbana: University of Illinois Press, 2016: 115-116.

救的样本。……我想起那个难忘又难以言状的景象，在上海的中国人居住区，一个匍匐在地的麻风女人，破布蔽体，她同样患病的孩子们从阳光照射下的一个黑暗的洞穴里爬出来，爬上那个一动不动的肉体……惊骇于这一景象，我们继续往前走，跟在我们身后的是一群饥饿的、赤身裸体的行乞儿童，有些是盲童，另外一些患有无法言状的疾病。这就是遵照无限增长和繁殖的古老信条带来的后果。这就是像牲畜一样地盲目遵从本能、不对自然进行干预带来的惩罚。①

桑格尔表现出的情绪，一是对劳苦民众的同情，二是对古老文明衰落的惋惜与忧虑。和当时大多数的西方人一样，桑格尔通过将美国和中国的情形对比，看到中国当时的凋敝、困苦：中国是一个晦暗的国家，中国的底层人是"黄种人中最恶劣的那一部分"，他们像动物一样生存繁衍，只保留着动物的本能，而没有任何超越自然的追求和精神。桑格尔在国立北京大学的演讲中讲道："如果世界各国里都没有'生育制裁'的政策，便都不能算是文明国……凡儿童不到他应当工作的年龄而使之工作，在各文明国里都认为是一件极不道德的事。"② 如此讲来，中国当然不能算作文明国。

萨义德在他的《东方学》里指出，近代西方人对东方的描述是在西方殖民全球造成的权力框架之下的。西方人将东方他者化，描述成非理性的、衰落的文化体。③ 桑格尔对中国的描述和判断，陷入了这种"东方主义"式的认知模式中。从而否定了这个国家的一切先进的可能，否定了它两千年的历史，欧美代表先进，中国代表落后。她认为中国不需要宗教，需要

① SANGER M. *Birth Control in China and Japan*, speech delivered on October 30, 1922 in Carnegie Hall, New York. https://www.nyu.edu/projects/sanger/webedition/app/documents/show. php?sangerDoc=101865.xml(Accessed on January 23 2019).

② 小峰，矛尘. 生育制裁的生么与怎样：美国珊格尔夫人在北大讲演，胡适之教授翻译 [J]. 妇女杂志，1922, (6): 126, 128.

③ [美]爱德华·W. 萨义德. 东方学 [M]. 王宇根，译. 北京：生活·读书·新知三联书店，1999.

的是西方的科学、卫生和产儿制限。[①] 桑格尔尽管声明无意于强迫让所有国家都关注产儿制限问题，但她事实上自觉承担了"拯救"这个古老东方国家的责任。

中国知识分子对待桑格尔的态度，则展现出了一种"自我东方主义"的趋向。在反思萨义德的"东方主义"的理论中，近年来学者注意到，不仅仅是西方人会将东方他者化，东方人自身也会将自身他者化，以此来满足包括东西方人在内的对于东方的想象。[②] 桑格尔夫人来华后，多家报刊对其思想和活动进行了报道，包括《妇女杂志》《妇女评论》《申报》《医事月刊》《学灯》等，甚至桑格尔离开多年后，《玲珑》仍有对她的述评。胡适、蔡元培、周建人、章锡琛、金仲华、张梓生等男性知识分子纷纷关注、翻译或报道了桑格尔的思想。他们在"产儿制限"这个问题上，带有"自我东方主义"的想象。尽管周建人知道，产儿制限在美国遇到了种种阻碍，性保守的美国文化认为避孕是淫秽的表现，美国联邦法中禁止避孕方法的传播，桑格尔夫人自己也无法逃脱宣传避孕带来的牢狱之灾。[③] 但他仍然认为，产儿制限在中国是"近年的事"，而"在欧美实已有很长的历史"。[④] 张梓生写到，"法国的社会，从上中流到下流，都采取'二儿制'"，而对美国的描述，则夸张到"进来上流及中流的社会，几乎没有一个不行避娠的"。[⑤] 换言之，在"五四"知识分子看来，欧美国家在节育问题上大大先进于其他国家，中国则是远远落后的，而事实上却不尽然。实际上，在中国，自清末以来就有知识分子表达对产儿制限的需求。[⑥] 在亚洲国家

---

① SANGER M. *Birth Control in China and Japan*, speech delivered on October 30, 1922 in Carnegie Hall, New York. https://www.nyu.edu/projects/sanger/webedition/app/documents/show.php?sangerDoc=101865.xml(Accessed on January 23 2019).

② YAN G, SANTOS C A. "CHINA, FOREVER"：Tourism Discourse and Self-Orientalism, *Annals of Tourism Research*, 2009, (2): 295-315.

③ 高山 (周建人). 产儿制限运动的由来 [J]. 妇女杂志 , 1922, (6): 119-120.

④ 周建人 . 再讲产儿制限与性道德 [N]. 晨报副刊 , 1925-04-11: 2-4.

⑤ 梓生 . 欧美各国产儿制限的现状 [J]. 妇女杂志 , 1922, (6): 121-122.

⑥ 张仲民 . 另类的论述——杨翥《吾妻镜》简介 [J]. 近代中国妇女史研究 , 2007, (15): 195-210.

如印度、日本，也有相当数量的精英阶层的人士支持"产儿制限"。[①] 相反欧美多国也曾颁布法律禁止宣传"产儿制限"。这种对自身落后的"自我东方主义"式的想象，促成了知识分子对于"产儿制限"的急迫性的需求。

二、"劣弱"的人与强制节育：谁需要产儿制限？

从中国知识分子对桑格尔的翻译和报道来看，知识分子认识到节育有着双重的重要性，一是解放妇女，二是救亡图存。然而几乎在所有的论述中，解决国家和社会问题的重要性和急迫性都高过妇女解放，此为一例：

> 盖所谓性欲，有两种要素。一是属于种族保存的本能的，一是属于男女生活的快乐的。而在这两种要素中，男女生活的快乐，比种族保存的本能，更为重要。向来说男女生活的快乐，不过助成种族保存的本能的一种作用，实在是非常的误解。我们试看一切动物，只因种族保存的本能而营生殖，一交尾之后便受胎，并没把性欲当作快乐的精神生活的。人类却是不然，人类是把快乐，就是把男女的生活，当作精神的快乐，享乐那同食欲一样的性欲的必然，不得不依早婚以求性欲的满足，且不得不依自由以制限产儿……人类的生活，须受社会的保护，所以非作成优良的国民，这性欲的爱护也便不能保全。[②]

在此文中，《妇女杂志》撰稿人张梓生将妇女解放中的重要组成部分——性解放和种族保存问题进行了比较。虽然他首先指出性的愉悦比种族的保存对于个人来讲更加重要，但最后的落脚点却是国家社会的保护是性欲的前提。换言之，种族保存是性解放的基础，比性解放更迫切。

关于桑格尔夫人带来的"女权主义"与"民族主义"之间的矛盾张力，

---

① Advocate of Birth Control: Mrs Margaret Sanger Passes Through Shanghai, *The North China Herald*. 1936-03-11: 442.

② 梓生. 欧美各国产儿制限的现状 [J]. 妇女杂志，1922, (6): 122.

学者多认为"女权主义"最终让位给了"民族主义"，知识分子们的讨论最终还是认为为了民族国家可以让渡妇女的自由。[①] 然而，中国知识分子的关于产儿制限的女权意义的讨论，多是在桑格尔之前写作的基础之上的。通过考察桑格尔夫人在中国的演讲，会发现桑格尔夫人在华期间并没有直接提到女权问题，她更加关注的是如何通过产儿制限，来解决中国的人口压力和贫困。在这一问题的讨论上，桑格尔夫人的观点充斥着当时世界流行的精英主义和种族主义。

桑格尔夫人在她的自传里提到，她之所以冒着监禁的风险来宣传普及"产儿制限"，是因为她看到了太多家庭因子女众多而陷入贫困。桑格尔夫人的"产儿制限"理论与实践的一个重要目标，是改造人种，而改造人种在桑格尔夫人的论述中，并未有太多的国家主义色彩。换言之，桑格尔夫人意欲改良种族，是站在人类的立场上看待，人类的种族需要改进。在她看来，并不是所有的人都最迫切地需要"产儿制限"的方法，而恰恰是她描述中的"劣弱""没有希望"的"不适宜的分子"需要进行产儿制限。而那些最"优良""壮实"的人需要繁衍后代。

桑格尔夫人在国立北京大学的演讲中，一再强调产儿制限的意义：一是减少人口数量，以消灭战争、瘟疫等灾难；二是使那些"最适宜的"人生产后代，从而提高人口的质量。她认为不加限制的生育是一种"妇人之仁"，而不是真正解决国际乃至世界问题的方法。她认为当时流行的人道主义是一种"假仁假义的慈悲心理"：

> 不配生存者也生存，不当繁殖者居然也繁殖。种类必是一天比一天的衰弱，而且大祸的发生一定是免不了的了！[②]

桑格尔夫人认为，只要家庭规模变小，就能战胜贫穷。在她看来，西

---

① 吕芳上. 个人抉择或国家政策. DAVID M. "The Task is Hers": Going Global, Margaret Sanger's Visit to China in 1922, *Asia Perspectives*, 2016, (1): 75-99.

② 小峰，矛尘. 生育制裁的生么与怎样：美国珊格尔夫人在北大讲演，胡适之教授翻译 [J]. 妇女杂志，1922, (6): 127.

方传教士带到中国来的救援根本上是一种廉价的慈善，他们想解决溺婴的问题，但却只能带来更多的问题。他们虽然拯救出大量被遗弃的婴儿，结果只是发现第二年上海滩的舞女增多了。欧美的慈善机构和宗教机构投入大量的资金在中国从事慈善事业，在她看来都是感情用事。① 她尽管也同情童工，但她认为慈善救济是不能解决问题的。问题的根本是人口过多。立法禁止童工也只是治标不治本，必须要引入产儿制限，限制儿童的产生数量，才是问题的根本。②

尽管桑格尔夫人对底层民众带有人道主义式的同情，她的解决方式却是雷霆万钧式的强制绝育。作为优生学的信仰者，从1919年年末开始，桑格尔夫人主张，对于底层民众，可以采取必要的手段使她们绝育。③ 在北京的演讲中，她讲到，可以使用X光线绝育法和切断输精管、输卵管绝育法来对待那些不适宜生育的人：

这两种方法可以叫做军事的行动，用以防止不配生育而要生育的低能和神经病者的生育的。他们不能禁欲，只好用这个方法强迫他们不能生育。这原来是消极的方法，结果却很有益处。④

虽然她自认为是"极主张且极敬仰个人自由的人"，产儿制限也能给妇女带来一定程度上的自由，但从根本上来说，她对个人生育自由的权利

---

① SANGER M. *Birth Control in China and Japan*, speech delivered on October 30, 1922 in Carnegie Hall, New York. https://www.nyu.edu/projects/sanger/webedition/app/documents/show. php?sangerDoc=101865.xml(Accessed on January 23 2019).

② 小峰, 矛尘. 生育制裁的生么与怎样：美国珊格尔夫人在北大讲演, 胡适之教授翻译 [J]. 妇女杂志, 1922, (6): 127-128.

③ DAVIS A. Racism, Birth Control and Reproductive Rights, in: LEWIS R and MILLS S eds., *Feminist Postcolonial Theory: A Reader*. New York, London: Routledge, 2003 (originally published in 1982); SANGER A. Eugenics, Race and Margaret Sanger Revisited: Reproductive Freedom for All? in: *Hypatia*, 2007: 22(2): 352-367.

④ 小峰, 矛尘. 生育制裁的生么与怎样：美国珊格尔夫人在北大讲演, 胡适之教授翻译 [J]. 妇女杂志, 1922, (6): 131.

是否认的。她不认为所有的人都应该生育，生育应该是健全人的特权：

> 我们现在把生产儿童看作一种义务，看作碰运气的事，我希望将来会成为一种特别的权利：使配生育的人才能生育，而且应有一种严格的裁制。

裁制的标准她列了四条：

> 第一，凡是有可以遗传的病的父母不许生育。所谓可以遗传的病，比如白痴、神经病等。……第二，暂时有重病的人不应该生育。如有肺病和心脏病之类。……第三，女子至少到二十三岁才可以生育儿童，不能再小。……第四，母亲如在过她苦工的生活，没有休息的时间，也不应该生育。因为这种母亲生下的孩子，发育不完全，胸襟也不发展。[①]

可以看出，桑格尔夫人对避妊的人种学意义，是从阶级角度出发的。依照以上标准，她所同情的中国女工都应该被剥夺生育权。精神病人、肺病和心脏病都被列入了应该禁止生育之列。耐人寻味的是，从阶级、种族和疾病的角度否认了个体生育权后，优生学在欧洲最广泛的实行者，是纳粹德国的身体实践。从结果上来看，产儿制限最终会产出桑格尔夫人认为的最健全的儿童。她拿荷兰举例，在推广产儿制限的方法后，荷兰陆军调查发现每个男子的身高长了四寸。[②]这对于急切想改造人种的中国知识分子来说，无疑是一大福音。

反观中国知识分子，对于桑格尔的精英立场几乎全盘接受。他们反复

---

① 小峰，矛尘. 生育制裁的生么与怎样：美国珊格尔夫人在北大讲演，胡适之教授翻译 [J]. 妇女杂志，1922, (6): 129.
② 小峰，矛尘. 生育制裁的生么与怎样：美国珊格尔夫人在北大讲演，胡适之教授翻译 [J]. 妇女杂志，1922, (6): 130.

翻译、引用、论证人口的"量"不重要，更重要的是人口的"质"。[①]

　　社会中上流及中流的国民，因为有教育经济的保证，能够晓得避妊的方法，行产儿的制限，生优良的子女，施以充足的教育，因此不致毁损夫妇性欲的快乐。然在下层的人民，却不可能。社会的人口，常须赖健全的分子维持，像现在的由下层社会维持着，甚为危险。他们的生活状态，为着十分贫苦，子女陷于营养不良，加之没有施充足教育的资力，反增加无教育的人民。这样渐渐使国民恶化，是现代社会的倾向。低能儿、神经异常者、精神病者、酒精中毒者、色情狂等资质恶劣者便是他们代表的产物。这是在人种卫生上，可为深忧的事情。[②]

　　这里张梓生的精英立场一览无遗。在他看来，中上层阶级的国民因为经济基础好、教育程度高，具备节制生育的知识和条件。上层社会的人天然地对子女有更多的"责任感"，因此能够自觉做到节制生育。张梓生在这里完全忽略了在节制生育的讨论中，知识分子也曾指出，中国社会人口众多的一个重要原因是多妻制，而在中国社会能负担得起多妻的男性，大多出于中上层社会，而下层社会的人则没有相应的资源和认识水平。在他看来，下层社会的人是和"低能儿、神经异常者、精神病者、酒精中毒者、色情狂等资质恶劣者"等同的。任由底层社会这些对子女没有责任感的人进行生育，则会导致民族衰微。换言之，张梓生并未讨论下层社会民众的生存条件和造成社会分层的社会结构问题，而认为下层社会的人的存在本身就是社会问题，这一人群若不能进行节育，则会通过繁衍导致更为可忧的人种危机。

　　在解决这个问题的方法上，张梓生也和桑格尔夫人如出一辙：

① 陈海澄. 产儿制限运动 [J]. 妇女杂志, 1922, (6): 134-144.

② 梓生. 欧美各国产儿制限的现状 [J]. 妇女杂志, 1922, (6): 122.

想去救济这个，不可不努力行产儿制限去阻止下层社会的多产，造成优良的国民。因此就有行避妊的必要。尤其是下层人民，因为没有教育，不晓得避妊法，因多产自苦；所以教授他们避妊法，使他们免去贫困，实为社会改良、人种改良的一种大运动。①

在全球节育、全球优生的潮流之下，中国的知识分子热情地学习、接受并大力宣传了桑格尔夫人的节育理论。在这些节育话语中，解放女性的目标固然重要，但要解放的是那些"适宜生育"的"优种"女性，同时限制不适宜生育的"劣种"阶层。包括桑格尔在内的美国、欧洲、日本和中国的知识分子都认为"劣种"人群需要社会强制进行节育。② 这场席卷全球的产儿制限运动，带有鲜明的精英主义的上层阶级立场。迫于美国的资本主义经济发展、日本的军事扩张、中国知识分子的"救国"理想，这个精英主义的视角在当时并未受到挑战，而是在全世界形成了一定程度的节育共识。

三、史沫特莱：桑格尔的中国联络员

除了宣讲节育的理念和方法，桑格尔夫人还曾通过她在中国的联络员史沫特莱推动中国的节育运动。尽管她的节育理念带有精英主义和种族主义的立场，她的实践却带有国际女权主义所倡导的国际姐妹情谊。1922 年，桑格尔在北京时，在写给友人的信中，信心满满地写道："再给我们六个月，

---

① 梓生. 欧美各国产儿制限的现状 [J]. 妇女杂志 , 1922, (6): 122.

② DAVIS A. Racism, Birth Control and Reproductive Rights, in: LEWIS R and MILLS S eds., *Feminist Postcolonial Theory*: *A Reader*. New York, London: Routledge, 2003 (originally published in 1982); SANGER A. Eugenics, Race and Margaret Sanger Revisited: Reproductive Freedom for All? in: *Hypatia*, 2007: 22(2): 352-367.

我们将在中国掀起一场革命！"① 在卡耐基音乐厅的演讲中，她激动地表示："我们不是孤独地在战斗。"这个判断出于中国知识分子对节育问题的热情以及中国出版业的超高效率给她带来的震撼。桑格尔在国立北京大学演讲后，与蔡元培等北大的知识分子共同探讨中国的产儿制限问题，第二天他们的讨论就登上了报纸，她的宣传册也被翻译成中文派发。② 她因此认定，节育工作在中国大有可为。

在桑格尔夫人的宏大国际节育计划中，中国是重要的一环。在桑格尔1922 年的环球访问中，除了中国，她还踏足了日本、朝鲜、斯里兰卡、也门、埃及、西班牙、意大利、法国、英国、瑞士等国家和地区。③ 这次环球访问后，桑格尔夫人认为全世界各国都迫切需要产儿制限的方法和工具，尤其是承受着巨大人口压力的亚洲各国。回到美国后，她和各国关心这个问题的活动者保持联系，并给他们提供指导和财力、物力上的帮助。在日本，桑格尔夫人与加藤静枝保持了一生的联络和友谊，加藤静枝最终成为日本战前和战后推动产儿制限的最重要的妇女活动家和政客。然而中国的产儿制限的活动并不如桑格尔想象得那么容易推进。在中国，她似乎没有发现一位能够和她产生共鸣的中国女性，能够持续不断地在中国普及产儿制限的方法和实践。

桑格尔的旧识史沫特莱，成了她在中国联络最为密切的对象。史沫特莱以报道延安、同情支持中国革命在我国为人熟知，然而她和桑格尔夫人对中国底层社会的节育运动做出的努力却鲜少有研究提及。史沫特莱 1916年结识了桑格尔，1918 年至 1919 年负责管理桑格尔主办的《产儿制限评论》

---

① SANGER M. 18. Journal Entry, in Esther Katz, Peter C. Engelman and Peter C. Engelman, eds., *The Selected Papers of Margaret Sanger, Volume 4, Round the World for Birth Control 1920-1966*, Urbana: University of Illinois Press, 2016: 111.

② SANGER M. *Birth Control in China and Japan*, speech delivered on October 30, 1922 in Carnegie Hall, New York. https://www.nyu.edu/projects/sanger/webedition/app/documents/show. php?sangerDoc=101865.xml(Accessed on January 23 2019).

③ KATZ E, HAJO C M and ENGELMAN P C., eds., *The Selected Papers of Margaret Sanger, Volume 4, Round the World for Birth Control 1920-1966*, Urbana: University of Illinois Press, 2016: 38.

（*Birth Control Review*）并为其撰稿。1919 年后，史沫特莱赴德国投身社会活动。为了推动节育事业在全世界的发展，桑格尔雇用了当时担任记者的史沫特莱，由她来负责德国节育运动的宣传和实践。①

史沫特莱以《法兰克福日报》记者身份来到中国后，仍然和桑格尔保持着密切的通信联系，从 1929 年开始，她在写稿之余在北京、上海、南京等地开展节育运动。她得知产儿制限在日本已经上升为国家问题后，向南京国民政府卫生部游说，建议将产儿制限列为国策。② 当然，她的游说并不成功。

史沫特莱的节育运动带有鲜明的左翼色彩。在中国考察一段时间后，她发现中国极端的贫富差距导致了产儿制限问题在不同地区的巨大差异。她对桑格尔抱怨，"上海节育联盟"里的医生都非常富有，以至于不知道穷人需要什么。在和"上海节育联盟"的一位王姓女医生交流中，史沫特莱无法克制自己的情绪，和她争吵了起来。史沫特莱建议王医生为工厂女工提供产儿制限的服务，而这位王医生一口拒绝了，她认为未婚女性或者仅仅生育过一两个孩子的女性，都不应该使用避孕措施。避孕措施只能给已婚、已生育两个以上子女的女性使用，并且避孕措施不应该广泛宣传，甚至不是所有的医生都应该知道如何避孕。这位富有的、衣着体面的王医生坐在她上海的豪华办公间里，对史沫特莱说产儿制限会带来性道德的败坏，因此需要道德高尚的医生来判断是否给患者使用。尽管史沫特莱指责她不仅仅是医生，还是道德警察，不去理会妇女是否想做母亲的意愿，王医生显然对她说的话不以为然。③ 这也侧面说明，当时中国的中上阶层的

① KATZ E, HAJO C M and ENGELMAN P C., eds., *The Selected Papers of Margaret Sanger, Volume 4, Round the World for Birth Control 1920-1966*, Urbana: University of Illinois Press, 2016: 128.

② SMEDLEY A. 54. From Agnes Smedley, in: KATZ E, HAJO C M and ENGELMAN P C., eds., *The Selected Papers of Margaret Sanger, Volume 4, Round the World for Birth Control 1920-1966*, Urbana: University of Illinois Press, 2016: 236-237.

③ SMEDLEY A. 66. From Agnes Smedley, in: KATZ E, HAJO C M and ENGELMAN P C., eds, *The Selected Papers of Margaret Sanger, Volume 4, Round the World for Birth Control 1920-1966*, Urbana: University of Illinois Press, 2016: 286.

妇女，也并非都认同生育是妇女的个人抉择，而认为生育必须符合社会主流的性道德，且生育是一种国家责任的个人体现。

史沫特莱对代表富人社会的"上海节育联盟"非常失望，于是将自己的工作目标拓展到了中国的工人和农民阶级。她要求桑格尔夫人向她捐赠500件子宫帽，她安排护士在上海的工人区派发和指导使用。① 史沫特莱还注意到了很多中下层妇女面临的特有的问题，而这些操作上的问题，是那些在《妇女杂志》《妇女评论》发表"产儿制限"空论的男性知识分子们从未提及的。她对桑格尔说，中国的工人妇女并不适合使用阴道灌洗器，因为大多数情况下她们和家人居住在一个狭小的空间中，没有空间能够灌洗。② 在一些贫困的农村地区，人们需要买水来满足洗衣做饭洗漱的日常需求，很多穷人甚至并不洗脸，遑论用买来的水来灌洗阴道了。而在这样的地区教育民众"精子"和"卵子"的知识，史沫特莱认为无异于痴人说梦。③

出于反宗教、反资本主义的立场，史沫特莱逐渐开始认定，在中国，只有革命消除了中国的资产阶级、地主阶级以及帝国主义者，才有可能实现产儿制限的工作；否则，产儿制限的诊所仍然只能是为中产以上的阶层服务的。④ 1932年日军占领上海后，史沫特莱全身心成为一名战地记者，搁置了产儿制限的工作。⑤ 到了延安后，史沫特莱更将工作重心放在了报道延安的情况上，尽管她坚持给桑格尔写信，并且继续寻求桑格尔的帮助，

① SMEDLEY A. 66. From Agnes Smedley, in: KATZ E, HAJO C M and ENGELMAN P C., eds, *The Selected Papers of Margaret Sanger, Volume 4, Round the World for Birth Control 1920-1966,* Urbana: University of Illinois Press, 2016: 286.

② SMEDLEY A. 66. From Agnes Smedley, in: KATZ E, HAJO C M and ENGELMAN P C., eds, *The Selected Papers of Margaret Sanger, Volume 4, Round the World for Birth Control 1920-1966,* Urbana: University of Illinois Press, 2016: 287.

③ SMEDLEY A., 58. Excerpts from Agnes Smedley, in: KATZ E, HAJO C M and ENGELMAN P C., eds, *The Selected Papers of Margaret Sanger, Volume 4, Round the World for Birth Control 1920-1966,* Urbana: University of Illinois Press, 2016: 255.

④ SMEDLEY A., 58. Excerpts from Agnes Smedley, in: KATZ E, HAJO C M and ENGELMAN P C., eds, *The Selected Papers of Margaret Sanger, Volume 4, Round the World for Birth Control 1920-1966,* Urbana: University of Illinois Press, 2016: 255-256.

⑤ MACKINNON J R and MACKINNON S R. *Agnes Smedley: The Life and Times of an American Radical*, University of California Press, 1988: 159-164.

给延安妇女发放子宫帽。但在延安推行节育并未取得好的效果，仅仅在很小的范围内私密地流传，而这段经历也不被亲历延安的人们提起。①

桑格尔在 20 世纪 30 年代后期也不得不承认，在中国，因为贫穷和缺少有相关知识的医生，新式避孕法很难在底层民众中普及。② 但她仍然和洛克菲勒基金会、上海节育指导所保持联络，也通过其他访问中国的英美人士来推进中国的产儿制限工作。她在 20 世纪 30 年代、40 年代和 50 年代多次试图再次来华，但由于她的健康条件、侵华战争的爆发、联络不畅等原因，都未成行。在国内女权主义者关注婚姻、体育、社会解放等问题时，桑格尔和史沫特莱为沟通美国女权运动者与中国政府、中国革命者和中下阶级的女性做出了贡献。

四、结语

桑格尔夫人的思想，并非可以用"妇女解放"来简单概括，她对中国的态度，夹杂着人道主义、东方主义和精英阶层的立场。对于桑格尔夫人来说，控制人口和女性生育自决是一个硬币的两面。在她看来，最应该被限制生育的是那些种族中的"不良分子""病者"及"低能的人"。实现人口控制的方式是限制这些人的生育，而这在根本上是和"生育自决"自相矛盾的。桑格尔夫人意欲把底层妇女从无休止的生育带来的痛苦中解放出来，然而吊诡的是她运用的方法是限制她们的生育行为，从根本上否定她们的生育权利，试图从人口上减少这个阶级的数量。因此，"产儿制限"是白人精英知识分子倡导的以精英为中心的人口控制。这一方案和二十世纪二三十年代中国的"强种"论述不谋而合。中国男性知识分子的"产儿制限"的论述，是以"妇女解放"自居的男性知识分子们的强国谋略。而

---

① 刘小莉. 史沫特莱与中国左翼文化 [M]. 杭州：浙江大学出版社，2012: 162.

② SANGER M. 125. To Eleanor A. Hawarden, in: KATZ E, HAJO C M and ENGELMAN P C., eds., *The Selected Papers of Margaret Sanger, Volume 4, Round the World for Birth Control 1920-1966*, Urbana: University of Illinois Press, 2016: 495.

广大妇女的主体性，在此论述中成为若隐若现的远景。只有在史沫特莱给桑格尔的信中，这些妇女的切身困境才清晰可见。

20世纪上半叶，种族问题成为世界性的问题。在世界各国不断交战、帝国主义在全世界范围内殖民第三世界国家、移民大规模产生的过程中，德国、日本等国家以捍卫世界上最优种族为名，大规模地进行种族清洗、侵略，美国因捍卫白人主体的"纯洁性"而将东亚移民拒之门外，中国等饱受侵略战争之苦的国家和地区，则力图寻找改良种族的救国之方。而这些大事件依赖着当时人类对"种族优劣性"的一种根本信仰，种族主义一方面为殖民主义正名，另一方面被殖民国家内化为种族焦虑，也参与到了"种族优化"的竞争中。尽管产儿制限在中国、美国和日本有着不同的语境，但在第一次世界大战的阴影下，在世界局势不稳定的情境中，三个国家的知识分子形成了希望通过节育达到优生的共识。

桑格尔对中国节育的贡献，超出了思想层面的影响力，通过与史沫特莱合作来参与到中国的节育运动中，是她信奉的国际主义的女权主义的实践。本文从多角度重新考察了桑格尔夫人来华的经历、影响以及其对中国节育工作实践做出的贡献，说明了桑格尔夫人在中国的工作的多面性与复杂性。

■ 作者简介

焦霖，北京外国语大学国际新闻与传播学院讲师。

■ 来　　源

本文原载于《全球史评论》2019年第1期。

《道德经》：影响世界的中国智慧

何明星

摘　要　《道德经》是中华传统文化的精髓，在漫长的历史中不断被翻译、介绍、传播到世界各地。它不仅影响了欧美现代哲学、心理学、文学艺术，甚至也关系到现代物理学等相关理论的发展与完善。迄今为止，《道德经》的翻译语种已经超过了50种，《道德经》的再版热成为21世纪以来一个重要的文化现象。

关键词　《道德经》；文化传播；中华文化

2017年，英国伦敦连续发生多起恐怖事件，整个英国上下充斥着一种忧虑而又无可奈何的情绪。就在人们对于每天必须经过的地铁、广场等公共空间提心吊胆之时，一则来自中国《道德经》的名言——"天下莫柔弱于水，而攻坚强者莫之能胜"——被很多人反复咀嚼着、思忖着。这则古老的中国名言，犹如一盏明灯，启迪了很多人：对付暴力的最好态度就是以柔克刚，而不是以暴易暴。

事情起因是：在伦敦地铁线上，有一个名叫欧维尔的地铁站，其中的一名工作人员十分喜欢中国的《道德经》，所以经常在告示栏里抄写一些名言警句，以此来鼓励、安慰南来北往的地铁乘客，每天一个"金句"也感动了很多行人。有人曾在社交媒体上感叹："欧维尔地铁站的工作人员完全可以得到新年大奖！要论鼓舞人心，他们比政客们强多了。"

《道德经》是中华传统文化的精髓，不仅哺育和滋养了中华民族的心灵，也在漫长的历史中不断被翻译、介绍、传播到世界各地，历久弥新。今天，《道德经》已经成为世界各国人民共同的精神财富，特别是成为鼓励人们克服、消除恐怖主义所带来负面情绪的东方智慧。

一、迄今为止,《道德经》的翻译语种已经超过了 50 种,《道德经》的再版热成为 21 世纪以来一个重要的文化现象

《道德经》最早被介绍到欧洲的明确历史记录是 1788 年,当时,西方传教士将该书翻译成拉丁文,作为礼物献给伦敦皇家学会。《道德经》真正受到西方学者的关注是在 19 世纪,法国汉学家雷慕莎将"道"阐释为希腊语中的"罗格斯"。此后,雷慕莎的学生儒莲于 1841 年完成了第一部带有注释的法译本《道德经》,开始将"道"翻译成为"通道"(way)。

1868 年,第一个英译本《道德经》出现,不过最为权威的译本当属传教士理雅各在 1861 年至 1885 年编译的五卷本《中国经典》[①],确定了《道德经》的基础概念和标准词汇翻译,这一版本一直延续到 20 世纪。20 世纪后半叶,《道德经》在欧美的翻译蔚为大观,出现了许多颇受欧美读者欢迎的英译本。

通过检索全世界图书馆联机书目平台,笔者发现,迄今为止,《道德经》在全世界图书馆依然流通的语言版本有 45 种,版本数量累计达到 1500 多个,较之于 2009 年河南社科院丁巍教授的统计,多出了 300 多个版本,新发现了 7 个语种的译本,这 7 个新语种分别是:旁遮普语、南非荷兰语、古吉拉特语、马其顿语、克罗西亚语、加泰罗西亚语、乌尔都语。如果加上之前的女真语、满语,《道德经》的翻译语种已经超过了 50 种。

再版数量是衡量一本图书的思想被不同时代的人们所接受的重要指标,再版次数越多,越能够说明该书的思想具有跨越不同时代的穿透力。本次检索,也对再版数量进行了统计。笔者发现,此次 45 个语种的 1500多个版本,许多都是老版本的再版,而且有些是中国大陆读者不太熟悉的译本。如 2007 年出版的古吉拉特语《道德经》,就是 1971 年新德里版本的再版;2007 年丹麦语译本的《道德经》,是 1997 年哥本哈根版本的再版,之后 2009 年又再版。《道德经》的再版热成为 21 世纪以来一个重要的文

---

① ［英］理雅各 (James Legge). 中国经典 [M]. 上海:华东师范大学出版社, 2011.

化现象，仅 2010 年至 2017 年的 8 年中，就新增了 136 个版本，涉及语种 16 种。由此可见，《道德经》是迄今为止世界传播范围最广的中国图书之一。

二、《道德经》影响了欧美现代哲学、心理学、文学艺术，甚至现代物理学等相关理论的发展与完善

一本图书影响力的形成，通常是由专家、学者（舆论领袖）的评价延伸到普通读者的，他们的评价和态度，与翻译语言、再版数量一样，是评估一本图书影响力的重要指标。

通过对学术期刊专业数据库 JSTOR 的检索，笔者发现，截至 2018 年 3 月 30 日，仅英语、德语、法语、西班牙语等欧美语种关于《道德经》的研究图书、研究文章就有 7100 多种（篇），其中专业图书为 1093 种，专业书评有 916 篇，研究文章达到了 4129 篇，其他题材有 959 种。这个数据，是迄今为止中国图书在欧美学术界展现影响的最高纪录。

特别值得关注的是，刊发《道德经》书评、研究文章的学术期刊，均为西方学术界最有影响力的专业期刊，如创办最早、至今有 300 年历史的《华裔学志》，英国最为知名的东方研究机构伦敦亚非学院的《亚非学院学刊》，美国夏威夷大学东西方哲学研究中心的《东西方哲学》，迄今为止世界影响最大的美国亚洲研究协会（AAS）的《亚洲研究》，哈佛大学的《中国季刊》等。

《道德经》是 20 世纪以来欧美学者关注度最高的一本书，并深深影响了欧美现代哲学、心理学、文学艺术，甚至现代物理学等相关理论的发展与完善。美国新泽西州立罗文大学韩爱国教授通过研究发现，德国后现代哲学家海德格尔的名著《存在与时间》，其主要思想就来源于中国的道家。有充足证据显示，海德格尔甚至曾经翻译过《道德经》和《庄子》的部分章节；德国心理学家荣格的心理分类理论就直接来源于道家的阴阳之说；美国著名的过程派哲学家怀海德就吸收了《道德经》中"道法自然"的观点，认为宇宙是一个不断自我调整的自足系统。《道德经》的影响甚至延

伸到现代西方自然科学领域，美国物理学家卡普拉在其名著《物理学之道》中高度评价了中国道家的观点，并认为"道家的哲学思想体现了基本的科学态度，并像现代科学一样揭示了自然现象之间相互关联、相互作用、不可分割的本质"。

除了这些如雷贯耳的欧美学者，还有一批在欧美学术界享有盛誉的华裔学者，如曾经在美国夏威夷大学达特茅斯学院任中国哲学教授的陈荣捷先生、美国俄勒冈大学东亚系杜润德教授、布朗大学宗教学教授罗浩先生等一大批著名的中国哲学研究专家，均发表了大量关于《道德经》的研究文章，这些文章以及书评通过专业学术期刊得以广泛传播，影响了很多普通读者对于《道德经》的接受与反馈。

2017年，企鹅兰登旗下的 Vintage 出版社推出的英译本《道德经》纪念版，获得了诸多读者的好评。该书的译者为华裔学者冯家福及其妻子简·英格里希，该本最早由美国纽约克诺夫（Knopf）出版社于1972年出版，此后不断再版几十次。

冯家福1919年出生于上海，自小受到良好的私塾教育，后来毕业于西南联大，1947年在美国宾夕法尼亚州获得硕士学位。他曾在美国成立了若干个道家研究中心，并四处讲学，其道家思想研究融入了西方文化元素。他的《道德经》英译本不仅获得了西方学术界的高度评价，而且也受到欧美读者的喜爱。

截至2018年3月30日，共有86621人对冯家福的《道德经》英译本进行了评价，读者留言达到3536条，这是迄今为止读者评价数量最多的一本中国图书。绝大多数读者认为，冯家福和简·英格里希的译本通俗易懂，如诗般的语言清晰流畅，展现了原汁原味的中国道家文化。还有相当一部分读者认为，《道德经》的永恒智慧在今天的现实中得到了实实在在的应用。

总之，通过翻译语言、版本数量和专业人群、普通读者的人数统计，我们可以这样定论：《道德经》堪称有史以来在世界上影响最大的一本中国图书，创造了外译语种最多、版本最多、专业评价与研究数量最多、读者评价数量最多的历史纪录，迄今为止尚未被超越。这本图书所主张、倡导的人与自然世界和谐共生的观念将继续传播下去，并被更多的人所接受。正如伦敦市民通过对"上善若水"的理解调解自身情绪一样，《道德经》在 21 世纪的今天，依然是人类社会发展的指路明灯。

■ 作者简介

何明星，北京外国语大学国际新闻与传播学院教授，博士生导师，中国文化走出去效果评估中心执行主任。

■ 来　　源

本文原载于《人民论坛》2018 年第 20 期。

第二部分

国际传播实践前沿

China: The Moral Foundation of the Co-operative Spirit

Zhang Xiaoying and Martin Albrow

Abstract: China's mainstream English media, such as *China Daily*, *Global Times*, CGTN, Xinhuanet.com/English and China.org.cn/English, have emphasized global co-operation in combating COVID-19 crisis, instead of contributing to the blame game and politicizing the issue. What is the rationale behind this co-operative spirit? This chapter traces it back to three main Chinese philosophical traditions—Confucianism, Daoism, Mohism—to identify the sources of its theoretical framework. It argues that the co-operative spirit as represented in China's English media is essentially grounded in the ancient Chinese political-cultural values of Confucianism, Daoism, Mohism which have all contributed in different degrees to the idea of *Tianxia* (天下) as one family, taking "*ren*" (仁), "*shangshanruoshui*" (上善若水) and "*jianai*" (兼爱) as its core values, and maintaining a human-centered orientation.

Keywords: cooperative spirit; China's English media; COVID-19; moral foundation; human-centered orientation

China's mainstream English media, such as *China Daily*, *Global Times*, CGTN, Xinhuanet.com/English and China.org.cn/English, have been calling for global co-operation in combating COVID-19 crisis, instead of engaging in the blame game and politicizing the issue. What is meant by co-operation?

This chapter adopts a broader sense of co-operation which eschews a Western winners-and-losers concept and underscores the principle of inseparability of one and many, the worldview in traditional Chinese culture. The concept of co-operation, in a broader sense, can be seen as the philosophical ideal underpinning world citizenship.

This chapter traces the concept back to three main Chinese philosophical traditions of Confucianism, Daoism and Mohism to identify the sources of the theoretical framework for co-operative spirit. It argues that the co-operative spirit exhibited in China's English media is essentially grounded in the faith of these ancient Chinese political-cultural values, which have all contributed, to a greater or lesser degree, to the idea of *Tianxia* (天下) as one family. The three different schools of thoughts all maintain a human-centered orientation, emphasizing the values of "*ren*" (仁), "*shangshanruoshui*" (上善若水) and "*jianai*" (兼爱) (see discussion later in the chapter).

We will start with a comparative study of the concept of co-operation between Chinese and Western philosophical culture. Then the ancient Chinese political-cultural values of Confucianism, Daoism and Mohism will be explored. Finally, we will identify the representation of the three main Chinese philosophical traditions in the China's English media, *China Daily*, *Global Times*, CGTN, Xinhuanet.com/English and China.org.cn/English, in combating COVID-19 through both a quantitative and qualitative analysis of the media texts between January and June, 2020.

Western and Non-western Interpretations of Co-operation

In the Chinese context, co-operation consists of two words "*he zuo*" (合作). According to Chinese hieroglyph character, the first word "*he*" (合) in the oracle bone script, the earliest known form of Chinese writing, looks like a food container with a cap above and a vessel below. Its original meaning is closing, implying that the cap and the vessel match each other well and stay in harmony with each other. The second word *"zuo"* (作) looks like the shape of a standing collar in the oracle bone script and bronze script, writing on Chinese ritual bronzes such as bells and tripodal cauldrons from the Shang Dynasty (1600 BC-1046 BC) to the Zhou Dynasty (1046 BC-256 BC). Moreover, in the lesser seal character, an ancient style of calligraphy adopted in the Qin Dynasty (221 BC-206 BC), the left side of *"zuo"* (作) looks like a person and the right side means "sudden". The original meaning of the word *"zuo"* (作) thus suggests that a person stands up suddenly, with the implication of rising or flourishing. In short, *"he zuo"* (合作) together refers to social interactions characterized by harmonious relationships that serve the purpose of making all flourish.

However, co-operation is described differently in the West. In his co-published book *Cooperation in Primates and Humans: Mechanisms and Evolution*, German professor of zoology and anthropology Peter Kappeler defines cooperation as "social interactions characterized by costs to an actor and benefits to other conspecifics" (Kappeler and van Schaik, 2006).This definition embodies current mainstream Western thinking, highlighting co-operation of individuals of the same species and dualism between benefactor and beneficiaries. It is in line with game theory, as pioneered by professor John Von Neumann from Princeton University where the interests of the players contradict each other totally, and one person's gain is always the loss of the other.

The contrast between China and the West in respect of their approaches to co-operation is profound. Whereas co-operation is a clear and natural corollary of the core value of harmony in Chinese culture, in the modern West the pervasive influence of individualism means the starting point for any common venture or shared activity is to ask, "What is in it for me?"

The usual historical reference point for the origin of Western individualism is the religious Reformation of the 16th century in Europe. This removed the controlling social and political power of the Roman Catholic Church from large parts of Europe that it had held in its grasp for the previous millennium. The Church had claimed to mediate between the believer and God, but the Protestant Reformation declared that the believer had a direct and personal relation to the Creator.

One consequence of this religious revolution was a personal anxiety to prove oneself in the eyes of God. Max Weber famously pointed to this as a key factor in the origins of Western capitalism. Economic success was reassuring and correspondingly became a sign of personal salvation.

Another result was political chaos, to which there were two main responses. The contemporary observer of the religious wars of the 17th century, Thomas Hobbes, asserted that since individuals were basically self-interested only a strong sovereign state could provide for the order needed to prevent continuing conflict.

But many sought to escape these conflicts by fleeing to the new lands recently discovered across the oceans. The United States grew out of the series of colonies founded by religious believers hoping to create a new life for themselves. They had to band together for basic economic and security reasons surrounded as they were by uncomprehending and frequently hostile native peoples. But this cooperation for common purposes was strictly secondary to their deeper religious motivations and personal convictions.

The classic, still regarded as definitive, account of the early drivers of American ideology is that of the 19th century French nobleman Alexis de Tocqueville. In his *Democracy in America* he described the outlooks of the early settlers in New England in this way:

Each individual is assumed to be as educated, virtuous and powerful as any of his fellows. Why then should he obey society, and what are the *natural limits of such obedience? He obeys society not because he is inferior to those who direct it, nor because he is incapable of ruling himself but **because union with his fellows seems useful to him*** (our emphasis) (De Tocqueville, cited in Mayer, 1994, p 66).

Clearly co-operation was strictly the consequence of a more basic self-interest, or what the great authority in the new political economy, Adam Smith, called self-love. This 18th century intellectual development was focused on finding a point of agreement between the ever increasing demands and power of a centralising state and the individualism that was driving trade and capitalism. One could have thought, as indeed the French physiocrats did, that the union of state and economic interests would be a possible way forward, but Smith's answer is epitomised in the well-known passage of his *The Wealth of Nations*.

It is not from the benevolence of the butcher, the brewer, or the baker, that we expect our dinner, but from their regard to their own interest. We address ourselves, not to their humanity, but to their self-love, and never talk to them of our own necessities, but of their advantages (Smith, 2003, pp23-24).

Out of their trading interest, out of self-love, arose a division of labour dictated by the market and this has been a fundamental principle for Western economic thinking ever since.

But it would be a mistake to assume that the individualism of the modern period meant that co-operation had been ruled out from the earliest days in the West. The ancient origins of Western thought in Greece and through until the Reformation relied on Aristotle's declaration that human beings were essentially social and made to live in communities. In other words close to the time that

Confucius was stressing human social relations in ancient China, in the West too there was an equivalent emphasis on the social nature of human beings.

It was those ancient roots that were evoked again in the 19th century by Karl Marx and socialists in many Western countries. It was a theme that persisted into mid 20th century when one of us used to go with his mother to shop at the local co-operative society grocery store. It was part of the co-operative movement that had grown in popularity in the country ever since its founding in 1844, though today it is a shadow of its past.

But what Western socialism illustrates in its advocacy of co-operation is precisely opposition to the dominant forces in a capitalist economy based on self-interest. Indeed socialist campaigning for co-operation to combat those forces both recognises and contributes to the conflicts that have been pervasive in the West throughout the modern period, culminating in the two world wars of the last century. To this day self-interest and conflict continue to predominate over appeals to co-operation as the ideas that shape Western public discourse and outlook on world affairs.

Yet in contrasting the West with China in respect of their different emphasis on co-operation it is worthwhile to take account of their vastly different history and culture. In particular from the outside looking in the real contrast between the two is between contradiction and harmony. Another observer of America from a European standpoint in the early 19th century summed it up effectively when discussing slavery.

By the time Harriet Martineau, an early feminist and English traveller in the United States in the 1830s was writing, slavery had largely been abolished in Europe but was still legal in America, even though she pointed to no less than 800 societies there for the abolition of slavery. You shouldn't, she wrote, judge the nation by the one side or the other, but by the conflict between them: "Europe now owes to America the justice of regarding her as the country of abolitionism, quite as emphatically as the country of slavery" (Martineau, 1837, p 249).

What was true of the United States then is equally true today, and of the West as a whole. It is a mass of contradictions, of conflicts managed, even perpetuated through institutions, as much as resolved by them.

China too finds life pervaded by binary principles, as between human beings and nature, male and female, but they co-exist in creative interaction. In the West two sides engage with each other in conflict as much as in co-operation, disengage in a compromise, only to resume a contest for dominance at a later date.

The Moral Foundation of Co-operative Spirit in Chinese Philosophical Tradition

1. Confucianism

The key concept in Confucianism is *ren* (仁). It is the highest moral principle, moral standard and moral state of the human. Centering on the concept of *ren* (仁), Confucius (551 BC-479 BC), born in the Age of Spring and Autumn, has established a system of ethical thought, with a set of connected concepts such as family reverence, loyalty, forgiveness, appropriateness, conscience, courage, courtesy, magnanimity, sincerity, diligence and kindness. *Ren* (仁) is such a central term that it is mentioned 109 times in the *Analects of Confucius* and actually all the twenty chapters of the book dwell on "*ren*" (仁).

The Age of Spring and Autumn (770 BC-476 BC) witnessed the moral degradation of the society. Rites and rituals collapsed and elegant music disappeared. Confucius suggested that the rulers should govern their country by restoring rites of Zhou Dynasty (1046 BC-256 BC). As Duke Jing of Qi asked about how to govern a country, Confucius said: "Rulers, subjects, fathers and sons should observe their respective rites" (Cheng, 2007, ch 12, p 120). To restore these rites one must develop *ren* (仁) first, because it would be hypcritical to observe rites without *ren* (仁). In the words of Confucius: "If a man has no *ren* (仁) what can his propriety be like?" (Cheng, 2007, ch 3, p 19). Confucius's ethical system with *ren* (仁) as its core spirit thus aims to restore rites and rituals and maintain a cohesive social order.

The Chinese character for *ren* (仁) is composed of two parts. The left part means "person" and the right part means "two". From this character we see *ren* (仁) means mutual love between two persons. In chapter 12 of the *Analects of Confucius*, there is a dialogue about *ren* (仁) between Confucius and his student Fan Chi, when the student asked about *ren* (仁), the Master said, "It is to love all men" (Cheng, 2007, ch 12, p 124). In chapter 17, Zi Lu, one of Confucius students, asked Confucius about *ren* (仁). The master said, "he who could practice five things wherever in the world would accomplish *ren* (仁). " "What are they?" , Zi Lu asked. The Master said, "courtesy, magnanimity, sincerity, diligence and kindness. He who is courteous will not be humiliated, he who is magnanimous wins the multitude, he who is sincere is trusted by others, he who is diligent succeeds in all he undertakes, he who is kind can get good service from others" (Cheng, 2007, ch 17, p 175).

According to Mencius, Chinese Confucian philosopher, *ren* (仁) originates from a spontaneous feeling of compassion and commiseration within the human heart-and-mind (*xin*, 心). For example, when a woman sees a child on the verge of falling into a well, she would rush over to save the child as if it was her own child. By doing so, the woman has developed compassion and commiseration into *ren*(仁).

How to approach *ren* (仁)? According to Confucius, the practice of *ren* (仁) starts from oneself, family, work place and then extends toward the wider society. In chapter 1 of the *Analects of Confucius*, the Master said "family reverence is the root of ren (仁)" (Cheng, 2007, ch 1, p 1).And family reverence starts from oneself. In chapter 6, Zigong asked the Master, "What do you think of someone who gives extensively to the common people and provides aid to the multitude? Would you say he has possessed ren (仁)?" The Master answered, "He is far more than having ren (仁). He must be a sage. Even Yao and Shun could not have done as much. A person of ren (仁) is one who helps others establish what he himself wishes to establish and to achieve what he himself wishes to achieve. To be able to correlate one's own feelings with those of others may be the way to approach ren (仁) " (Cheng, 2007, ch 6, p 59).

What is a man of ren (仁) like? In chapter 13, Fan Chi asked about ren (仁). Confucius said, "Be respectful to parents, be conscientious in official affairs. Be loyal and honest to friends" (Cheng, 2007, ch 13, p 133).A man of ren (仁), in the first place, must practice these three basic moral principles. In another chapter, Confucius explained that "fine words and insinuating appearance are seldom associated with ren (仁) " (Cheng, 2007, ch 1, p 2). From this we can see that a person of ren (仁) must place high value on inner cultivation. Inner cultivation is more important than words and appearance.

Ren (仁) has something in common with the notion of love in Christianity, but meanwhile there is a difference between them. On the one hand, they share similarities in the promotion of the doctrine of universal love in the first place, encouraging people to connect to the source of all human love. On the other, they are different in terms of the nature of love. Confucian ren (仁) stresses hierarchical order, with love starting from oneself, family, work place and then to the wider society, and with rulers, subjects, fathers and sons observing their respective rites to develop mutual respect and trust so as to establish a harmonious social order. However, Christian love is first of all the love of God as God loves all and then the love of your neighbors who have helped you in the name of God.

2. Daoism

According to Laozi's Daoist cosmogony, *Dao* (道) is the very origin of the universe. *Dao* (道) is both Nonbeing and Being. In its original state, *Dao* (道) is formless, thus Nonbeing. When it takes on form but still remains undifferentiated, it becomes Being or the chaotic One. One bifurcates into *Tian* (天) and *Di* (地), which in turn form the interaction of *Yin* (阴) and *Yang* (阳), the two opposite principles in nature. When *Yin* (阴) (female) and *Yang* (阳) (male) exchange their vital energy (*Qi*) and copulate, the Two generates Three, a number symbolizing plurality. This process multiplies generation after generation, generating all things. Thus all things in the world consist of *Yin* (阴) and *Yang* (阳) elements. Harmony emerges when the vital energy or *Qi* (气) of *Yin* (阴) and *Yang* (阳) interacts and converges. As chapter 42 of *Daodejing* wrote:

> *Dao gives birth to One;*
> *One gives birth to Two;*
> *Two gives birth to Three;*
> *Three gives birth to Ten Thousand things;*
> *All things have Yin on their back and Yang in their embrace;*
> *The Qi of the two converge and become harmony* (Wu, 2013, p 102).

As we are living in a world of opposite energies, Laozi teaches us how to establish ourselves and manage to get along in the world. It is his fundamental principle not to be rude, arrogant and overbearing but to be good, humble and soft instead. This becomes the ultimate standard of value.

Laozi further explains what is the highest good. He sees water as the embodiment of the highest good. Water, from Laozi's point of view, is one of the symbols of humility and competence. Being morally good without accomplishing anything amounts to "good for nothing". Being competent without a good heart is fundamentally flawed. All in all, water symbolizes the highest good because it is capable of accomplishing things but keeps itself in a low profile, taking no credit for its accomplishment. Chapter 8 of *Daodejing* gave a detailed description of water and those people who are like water:

> *The highest good is like water;*
> *Water brings good all things and does not contend;*
> *It goes to places which most people detest;*
> *And is therefore akin to Dao.*
>
> *Stay low key;*
> *Keep a broad mind;*
> *Treat people kindly;*
> *Speak in good faith;*
> *Rule with good policy;*
> *Serve with good competence;*
> *Act with good timing* (Wu, 2013, p 20).

"The great virtue is like water" (上善若水) thus becomes Laozi's philosophy of life. He described it to be "akin to *Dao*", a symbol of humility, the origin of the universe, and the source of power. In chapter 78 of *Daodejing,* hementioned water again: "Nothing in the world is softer than water, yet nothing can better attack the strong than water." (Wu, 2013, p 176) Laozi believed in the power of humility and humbleness.

3. Mohism

Mohism was founded by Mozi in the early Warring States. As one of the most important figures in Chinese history, Mozi was often linked with Confucius from the Warring States period (475 BC-221 BC) to the beginning of the Han dynasty (206 BC-220 AC).

The cornerstone of Mohism is *jianai* (兼爱), commonly known as universal love in the West. However, this translation is misleading if we truly understand the original meaning of *jianai* (兼爱). Mozi started with the learning of Confucianism but later abandoned it finding its ritual rites too trivial, complex and costly. Therefore, he established Mohism, advocating *jianai* (兼爱) as the very core of his thought, and economy of expenditure and exalting the worthy as two main pillars. Besides, his thinking includes reverence for the sky, the sprits, uniformity on the one hand and anti-fatalism, anti-music, simplicity in funerals on the other. *Jianai* (兼爱) is thus better translated as inclusive love or impartial love to avoid Christian connotation.

There are three basic arguments in support of the principle of *jianai* (兼爱). First, *jianai* (兼爱) brings social order. According to Mozi, the cause of social disorder is the lack of mutual love (*xiangai*, 相爱) :

Feudal lords each love their own state but do not love other states. Therefore, they attack other states in order to benefit their own state. Disorder in the world is entirely this and nothing else. If we examine this, from what source does it arise? In all cases it is due to lack of mutual love (Johnson, 2010, p 133).

Mozi thus encouraged the love of others. If people could learn to love others like they love themselves, they would mutually benefit. In his words, if there is inclusively mutual love in the world, then there is order, whereas, if there is exchange of mutual hatred, then there is disorder. This applies at all levels of society, at family, in the community and between states. In this sense, *jianai* (兼爱) is equal treatment of each other without distinction.

Second, *jianai* (兼爱) benefits the world. For a man of *ren* (仁), his way to conduct affairs is to promote what benefits the world and eliminate what harms it. What harms the world? Mozi wrote:

> ...*if states attack each other, if houses usurp each other, if people harm each other, if there is not kindness and loyalty between rulers and ministers, if there is not love and filiality between fathers and sons, if there is not concord and harmony between older and younger brothers, then this is harmful to the world* (Johnson, 2010, p 137).

Lack of mutual love, or loving oneself to the exclusion of others, is at the root of all these problems. That everyone must love others is the only solution. In Mozi's words: "It can be changed by the methods of inclusively mutual love and exchange of mutual benefit" (Johnson, 2010, p 139).

Third, *jian* (兼), meaning inclusive, is a way to Mozi. That draws our attention to the comparison of "inclusive" and "discriminating" or "partial". In his own words: "Inclusiveness is the means of changing discrimination" (Johnson, 2010, p 147). If people are "inclusive" rather than "discriminating", then they will regard others as they do to themselves. So, if "inclusiveness" is established, there is great benefit to the world; conversely, if "discrimination" is established, there is great harm to the world.So we must certainly distinguish and name those in the world who love people and benefit people because it is their inclusive love which gives rise to the world's great benefits.

How can *jianai* (兼爱) be put into practice? From what the sages in the ancient times wrote on bamboo and silk, what they carved in metal and stone, what they engraved on [ceremonial] plates and bowls to hand down to their descendants of later generations, Mozi came to know that the first four sage kings personally practiced it. He cited the story King Wen of the Zhou Dynasty in the *Great Oath* (*Tai Shi*) which saying: "King Wen was like the sun and the moon, creating light and bringing its brightness to the four regions and to the western lands" (Johnson, 2010, p 157).To Mozi's interpretation, this speaks of the wide extent and greatness of King Wen's inclusive love of the world being like the sun and moon, which illuminate all parts of the world without discrimination. This was King Wen's "inclusiveness" and is what Mozi means when he speaks of "inclusive", taking King Wen as his model.

It is worthy noting that Mozi saw *jianai* (兼爱) as ren (仁), but there is a nuance between the two. The former emphasizes the practice of love without distinctions while the latter stresses hierarchical order, with the practice of love toward oneself and then extends beyond the self-world. The concept of *jianai* (兼爱) is undifferentiated love.

The Co-operative Spirit in China's English Media in Combating COVID-19 Crisis: An Overview

This chapter selects five major English media outlets in China as the object of study. They are *China Daily, Global Times*, CGTN, Xinhuanet.com/English and China.org.cn/English, official media outlets at the national level, all devoted to building connections between China and the rest of the world. The emergence of these English media outlets is a significant sign of China's opening-door policy since the early 1980s, and of China embracing the world in the hope of promoting global communication and co-operation worldwide.

China Daily was established in 1981 with the assistance of *The Age,* Australian daily newspaper published in Melbourne. Originally it was targeted at foreigners in China such as business people, students, tourists, diplomats, etc. Now as the biggest national English-language newspaper, *China Daily* has developed into a multi-media platform including newspapers, websites and apps with a strong presence on Facebook, Twitter, Sina Weibo and WeChat, serving more than 200 million readers all over the world. It takes "Connecting China Connecting the World" as its mission.

Global Times was founded in 2009 with the purpose of helping the readers better understand China. It is well-known for its innovation. As it puts its website: "from the day it was launched, the *Global Times* tentatively broke away from the journalistic tradition seen as normal in the Chinese media landscape, which avoids touching upon conflict and confrontation. It, however, distances itself from the other extreme namely, designed provocation that is common in Western media's China reportage."

CGTN, China Global Television Network, was launched in 2016. It is the international division of CCTV, which—along with CNR (China National Radio), and CRI (China Radio International)—are now collectively known as the China Media Group. CGTN seeks to report the news both in China and around the world from a global perspective. It seeks to provide more balanced reporting with a focus on nations, regions, and stories that are often under reported by other international media. Its slogan is "See the Difference".

Xinhuanet, established in 1997 by Xinhua News Agency, is a comprehensive service-oriented news information portal, the most influential online medium in China and the Chinese language website of world influence. Xinhuanet has 31 local channels and releases global news and information 24 hours daily in English, French, Spanish, Russian, Arabic, Japanese, Korean, German, Tibetan, Uygur, Mongolian. It leads by far other domestic online media organizations in originality and re-posting rates concerning major news events. It speaks for China and of China, with the modest hope to become a news website that is thinking globally and acting locally.

China.org.cn, published in 2000 under the auspices of the State Council Information Office and the China International Publishing Group (CIPG) in

Beijing, is the authorized government portal site to China. It offers broad access to up-to-date news about China, with searchable texts of government position papers and a wealth of basic information about Chinese history, politics, economics and culture in English, French, Spanish, German, Japanese, Russian, Arabic, Korean and Esperanto.

This study has collected a total of 65,600 news items relating to COVID-19 pandemic in these English media outlets during a six-month period from January to June, 2020, entering the key words of COVID-19, coronovirus and Xinfadi, the market in Beijing where new COVID-19 cases were found in June 2020. By further entering the key word new operation, 7,525 news items were obtained, accounting for 11.5% of the total number of pieces (Table 1, Chart 1, Chart 2).

Table 1: The number of news related to COVID-19 and the number of news related to co-operation in each media platform

Media	*China Daily*	*Global Times*	CGTN	Xinhuanet. com/English	China.org. cn/Engish	Total
Number of news relating to COVID-19	8,530	8,130	6,490	30,150	12,300	65,600
Number of news relating to co-operation	1,657	1,249	699	2,618	1,302	7,525

Source: *China Daily*'s New Media Lab

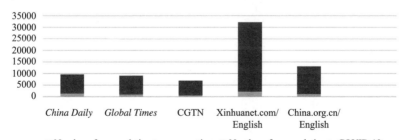

■ Number of news relating to co-operation　■ Number of news relating to COVID-19

Chart 1: The number of news related to COVID-19 and the number of news related to co-operation in each media platform

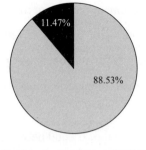

Chart 2: The ratio between news relating to co-operation and news relating to
COVID-19

In an interview with Dr. Zhou Shuchun[①], publisher and editor-in-chief of *China Daily*, he explained why co-operation is an important message to get across to the global audience. First, co-operation has been the basic principle of China's diplomacy and international strategy; Two, emphasizing co-operation is to take the moral high ground in the interest of China and that of the world as a whole; Three, co-operation is the manifestation of traditional Chinese cultural thoughts.

In an interview with Liu Jiawen[②], vice president of Xinhuanet.com, he also emphasized the influence of traditional Chinese philosophical thoughts on media and journalistic practice in China. In his eyes, co-operation means two or more countries take concerted actions to solve an existing problem or reach a common goal. With regard to the COVID-19 crisis, he deems it necessary for all countries to co-operate for it is not possible for a single country to deal with it successfully.

Liu pointed out that traditional Chinese culture features collective interests before individual interests, stressing not only the principle of not imposing on others what you yourself do not desire, but also kindness, inclusiveness and

---

① Interview with Zhou Shuchun via WeChat ... (September 28, 2020)
② Interview with Liu Jiawen via WeChat ... (September 28, 2020)

compassion etc. Most journalistic practitioners, especially those involving in global journalism, have high moral standards, prioritizing collective interests, being conscious of other's perspectives, having a kind and friendly nature, and exhibiting self-reflection and introspection ability.

The Co-operative Spirit in China's English Media in Combating COVID-19 Crisis: A Textual Analysis

The co-operative theme is a frequent occurrence in the reports on COVID-19 crisis by the selected five media. They have expressed the idea and wish of co-operation with all parts of the world.

CGTN was calling for global co-operation in the manufacture of ventilators. Zhu Min, former deputy managing director of the International Monetary Fund (IMF) was quoted as saying that China has embraced initiatives that call for global cooperation. He said, "During the pandemic outbreak, ventilators became a rare product everywhere. Many countries started to buy them from China, yet the whole manufacture of ventilators probably requires work from 140 companies at the cost of 50,000 RMB (7,070 U.S. dollars) each. Thus we need companies from China, South Korea, the United States, Switzerland, and many others to work together." [1]

China Daily quoted Gao Fu, director of the Chinese Center for Disease Control and Prevention, to express the fond wish of co-operation with the international community. He told media that he has been in touch with arriving WHO experts on epidemic response measures as he coordinated research efforts in Hubei province and oversees developments in vaccines and drugs. Gao said

---

[1] Experts endorse multilateral cooperation in post-COVID-19 era, https://news.cgtn.com/news/2020-06-24/World-experts-endorse-multilateral-cooperation-in-post-COVID-19-era-RAml5Ir2vK/index.html.

China has always upheld transparent, open and responsible principles when handling such situations and is actively seeking and expanding co-operation with the international community.[①]

China Daily reported on the strong traditional ties between China and ASEAN members. Although the COVID-19 outbreak will affect China-ASEAN cooperation in different fields in the short term, Sino-ASEAN cooperation may not suffer in the long run since China's strict measures to contain the outbreak is producing results and an increasing number of industries in Chinese provinces and cities are resuming production. *China Daily* further explained that some ASEAN member states have vowed to jointly fight the epidemic with China despite being affected by the novel coronavirus outbreak, thanks to their long-established friendship. And although the World Health Organization has declared the coronavirus outbreak a public health emergency of international concern, ASEAN members have expressed confidence in and support for China's measures to contain the epidemic.[②]

CGTN also reported on China's ties with other Asian countries. Chinese State Councillor and Foreign Minister Wang Yi was quoted as saying in a phone call with Rasit Meredow, deputy chairman of the Cabinet of Ministers and minister of Foreign Affairs of Turkmenistan that "unity and co-operation are the best weapons to overcome the pandemic" .Wang Yi said that "China is willing to strengthen communication and co-operation in international affairs with Turkmenistan, firmly support each other, and safeguard the common interests of both sides." [③]

---

① China, WHO collaborating to conquer disease, http://www.chinadaily.com.cn/a/202002/17/WS5e49d110a310128217277e7f.html.

② China-ASEAN won't be affected in the long run, http://www.chinadaily.com.cn/a/202002/27/WS5e56ff16a31012821727a9a4.html.

③ Wang Yi calls unity and cooperation "best weapons" to overcome pandemic, https://news.cgtn.com/news/2020-06-28/Wang-Yi-unity-and-cooperation-best-weapons-to-overcome-pandemic-RHgErbiujK/index.html.

Sino-European co-operation is also a frequently occurring theme. For example, CGTN pointed out that "maintaining frank and honest exchanges and keeping open-minded to divergences" laid the prerequisite for meaningful co-operation between China and Europe. However, CGTN stressed harmony of differences by saying that "focusing on co-operation by no means suggests that both sides should or would neglect the disagreements." ①

Another example is *China Daily*'s report on President Xi Jinping's telephone conversations with French President Emmanuel Macron and German Chancellor Angela Merkel ahead of the Lunar New Year. Xi expressed the hope that "China stands ready to work with the international community to effectively curb the spread of the pneumonia cases caused by a new strain of coronavirus to uphold global health security, and China and Germany could become partners who depend on each other despite their ideological differences" .②

China.org.cn/English quoted the Chinese ambassador to the UK Liu Xiaoming as saying that "When Brexit is done and COVID-19 is over, China and the UK will continue deepening co-operation in areas such as financial services, trade and investment." ③

There are also reports calling for co-operation with Africa. Xinhuanet. com/English quoted the white paper "Fighting COVID-19: China in Action" released by China's State Council Information Office saying that China has so far sent medical supplies to over 50 African countries and the African Union, dispatched medical experts to the continent, and held several video conferences to share its anti-epidemic experience. China will offer more assistance to African

---

① Cooperation remains the theme for Sino-European relations, https://news.cgtn.com/news/2020-06-24/Cooperation-remains-the-theme-for-Sino-European-relations-RzMpQa2dqM/index.html.

② Global ties vital to fight coronavirus, https://www.chinadaily.com.cn/a/202001/23/WS5e28a12ea310128217272db4_3.html.

③ China, UK to deepen cooperation in financial services, trade, investment after Brexit, http://www.china.org.cn/world/2020-06-21/content_76186377.htm.

countries in the fight against COVID-19, and continue to do all in its power to offer support.[1] *Global Times* interviewed the Chinese Ambassador to Sudan Ma Xinmin who told the reporters that "China and Sudan are close friends and strategic partners, who over the years have supported and helped each other. And we once again stand shoulder to shoulder in the fight against the COVID-19 pandemic." [2]

The wish of co-operation with Latin America is clearly expressed in the *Global Times* report on Chinese communities in Brazil. According to the report, in spite of COVID-19 infections, the Brazilian government insisted on keeping its economy going instead of preventing the virus' spread. This approach triggered social concerns, especially among Chinese living in Brazil who are aware of the dangers of the disease. Despite their anxiety, Chinese communities in Brazil have been participating in virus mitigation and have great expectations for China-Brazil co-operation in vaccine development. Cheng Pu, chairman of the Brazil-China Cultural Communication Association, told *Global Times* that Chinese members of the association have donated a million masks and other protective products to local governments, medical institutions and police, and sent 8,000 basic food baskets to Brazilians living in poverty.[3]

With regard to the co-operation with the US, *China Daily* first of all emphasized its importance to the world as well as China by saying that "When America sneezes, the world catches a cold." [4] The newspaper further said that "while it is hugely important that the Chinese economy is restarting and

---

① Expert hails China-Africa partnership to combat COVID-19, http://www.xinhuanet.com/english/2020-06/19/c_139152031.htm.

② China provides new medical supplies to Sudan to bolster anti-coronavirus fight, 2020/6/19 https://www.globaltimes.cn/content/1192144.shtml.

③ Brazil-based Chinese merchants assist locals despite own epidemicloss, 2020/6/19https://www.globaltimes.cn/content/1192139.shtml.

④ US needs to step up COVID-19 response, http://www.chinadaily.com.cn/a/202003/05/WS5e60a01ea31012821727c9bb.html.

contributing to global supply chains, it is equally important the American economy remains robust. The US administration must follow the lessons from China and other Asian countries now and significantly increase virus protection and detection, or the world economy will get sick. Political issues need to be put aside and maximum cooperation must be the mantra." [1]

Only a few examples of the co-operative spirit as represented in China's English media are illustrated here. Co-operation has been the prevalent idea throughout the reports of the five media organisations. The notion of co-operation is not just a media discourse, but rather a true and natural expression of thoughts and feelings of the Chinese nation and its people who have been steeped in Chinese philosophical traditions such as *ren* (仁), water-like virtue (*shangshanruoshui,* 上善若水) and *jianai* (兼爱).

Conclusion

Confucianism, Daoism and Mohism are considered the spiritual homeland for Chinese people, especially the intelligentsia. As a central element of cultural and civic life in Chinese history, the ideas of these major philosophical schools have shaped the soul and character of the Chinese nation, and deeply rooted in the hearts of the Chinese people. As Cheng Yuzhen, professor of Chinese language and literature at Beijing Foreign Studies University, commented: "we cannot steer away from the *trajectory of thinking of influential ancient Chinese philosophers*, for their thinking has become the intrinsic spirit of our nation." (Cheng, 2018, p 90)

Confucius said: "Is *ren* (仁) far away from us? You only have to want it and it will come." (Cheng, 2007, p 70)

---

[1]　US needs to step up COVID-19 response, http: //www. chinadaily. com. cn/a/202003/05/WS5e60a01ea31012821727c9bb.html.

■ 作者简介

章晓英，北京外国语大学国际新闻与传播学院教授，阿尔巴尼亚地拉那大学孔子学院中方院长；马丁·阿尔布劳，英国威尔士大学荣休教授，英国社会科学院院士，知名社会学家，著有《中国在人类命运共同体中的角色》。

■ 来　　源

本文原载于 Seneviratne, K. & Muppidi, S. R. (Eds.). *COVID-19, Racism and Politicization: Media in the Midst of a Pandemic*. Cambridge Scholars Publishing, 2021.

体育媒介化：从媒介体育到体育重大事件

魏伟　尚希萌

摘　要　兴起于欧洲的媒介化研究是近年来传播学研究领域的热点。媒介化是一个较为宏大的概念。体育媒介化理论的提出不仅让媒介化和传播学研究日渐成为体育学研究的重要内容，也让体育日益成为媒介化与传播学研究的核心部分。本文提出：初度体育媒介化是从体育媒介化的雏形体育媒介向次级形态媒介体育转变，深度体育媒介化的具体表现形态是体育重大事件；这一学术概念建构于超级媒体、媒介事件和重大事件等一系列概念基础之上，与全球化、商品化、数字化、新闻专业主义和体育专业主义等相互结合、彼此渗透；新冠肺炎疫情可能是后深度体育媒介化生成的诱因之一，进入该时期后，体育媒介化可能呈现去全球化、去人格化和高度数字化等特征。

关键词　体育传播学；体育媒介化；媒介体育；体育重大事件；后深度体育媒介化

从传统意义上来看，体育传播（新闻）研究具有较为明显的边缘属性。它既是体育学研究中的"其他"学科，也是新闻传播学研究中的"其他"学科。[①]但随着 21 世纪最初十年媒介化研究的逐渐兴起，这种状况在国际学术界似乎正在得到根本性的转变。从体育学的视角来考察，与全球化、商业化相提并论的媒介化在体育资本中所占的比重已经令人刮目相看。以奥运会和世界杯的受关注度和收益为例。根据国际奥委会官方发布的报告，

---

① 魏伟. 重访体育新闻学研究的基本特性 [J]. 成都体育学院学报 , 2019, 45(1): 21-27.

2018 年平昌冬奥会市场收入中 73% 来自电视转播权费用，18% 来自奥林匹克 TOP 计划，其他收入和其他权益各占 5% 和 4%；全球电视观众达到 19.2 亿人次，占全球电视总人口的 28% 左右。[①]2016 年里约夏奥会的市场收入中 74% 来自电视转播权费用，18% 来自 TOP 计划，其他收入和其他权益各占 4%；全球电视观众达到 52 亿人次，占全球电视总人口的 99%。[②]如果考虑到 TOP 计划和其他权益中有相当一部分也是来源于泛体育媒介化的强大吸引力，那么体育媒介化在奥运市场收入中的占比将会更加惊人。根据国际足联公布的官方数据，观看 2018 年俄罗斯世界杯的家庭电视受众达到 32.62 亿，户外和单一数字媒体受众达到 3.1 亿，合计 35.7 亿。[③]如果以单次观赏为单位来计算的话，那么俄罗斯世界杯的总观赏人数突破 500 亿人次（见图 1、图 2）。

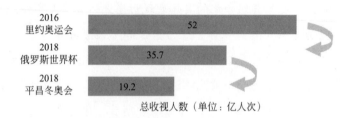

图 1　近年来奥运会、世界杯收视人数

数据来源：国际奥委会、国际足联官方报告

---

① IOC. International Olympic Committee Marketing Report Pyeong Chang 2018[EB/OL]. [2021-01-25]. http://iocmarketingreport. touchlines.com/pyeongchang2018/18-1: 18.

② IOC. International Olympic Committee Marketing Report Rio 2016[EB/OL]. [2021-01-25]. https://stillmed.olympic.org/media/Document%20Library/OlympicOrg/Games/Summer-Games/Games-Rio-2016-Olympic-Games/Media-Guide-for-Rio-2016/IOC-Marketing-Report-Rio-2016.pdf#_ga=2.72905811.1997411761.1587174412-661366093. 1573392338: 18.

③ FIFA. More Than Half the World Watched Record-breaking 2018 World Cup[EB/OL]. [2021-01-25]. https://www.fifa.com/worldcup/news/more-than-half-the-world-watched-record-breaking-2018-world-cup.

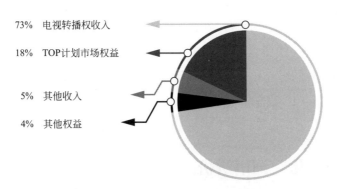

73%　电视转播权收入

18%　TOP计划市场权益

5%　其他收入

4%　其他权益

图 2　2013—2016 年国际奥委会收入来源

数据来源: 国际奥委会官方报告

体育媒介化带来的直接和间接效益甚至开始直接提升体育传播（新闻）研究在体育学和传播学研究中的影响力。传播学的六大国际组织——国际传播学会（ICA）、国际媒介与传播学会（IAMCR）、美国全国传播学会（NCA）、新闻与大众传播教育协会（AEJMC）、广播电视教育协会（BEA）和世界传播协会（WCA）相继于近几年成立了体育小组，国际体育研究组织和体育类学术期刊中体育传播研究的比例也在逐渐提升。在一定程度上，体育媒介化理论的提出让体育中的一部分内容能够突破意识形态的壁垒，超越国际政治、经济、文化等领域，成为全世界关注的核心点。体育媒介化研究有望逐渐去边缘化，成为体育学研究的重要内容。同时，当代体育也在不断提升媒介化发展的程度，让媒介化研究的重要性得到彰显。体育日益趋向成为媒介化和传播学研究的核心内容。

近半个世纪来，在国际传播学界，实证主义的质性研究和量化研究占据主导地位。这不仅体现在国际学术期刊和学术会议中，实证主义研究压倒多数，也体现在这类研究对于世界各国和地区传播学界的深远影响上。但缘起于欧洲的媒介化研究却将传播学研究引入另一个轨道，"媒介化转向"正成为传播学研究的重要趋势之一。其标志性事件是 2008 年时任国际传播学会会长的英国学者索尼娅·利文斯通（Sonia Livingstone）所作的题为《万事万物的中介化》的主旨报告。利文斯通指出，"中介化"（mediation）是"影响现代生活多个层面的新的、互动的、网络化的传播方式"①，实际上等同于随后学术界普遍使用的"媒介化"（mediatization），论文的中文摘要便将主题译为"一切皆是媒介化的"。自此，以北欧和德国学者为代表的媒介化研究学派开始登场，该学派成为当前欧洲传播与社会研究中的一门"显学"。②

一、"媒介化"词语辨析

从媒介化研究的进程来看，媒介化研究学派比较注重传播学的批判思维传统，与哲学和文化研究的联系较为密切。"媒介化"一词出现的时间虽早，但由于之前的媒介化与今天的媒介化在内涵和外延上的不同，真正意义上的传播学媒介化转向开始的时间相对较晚。

（一）"媒介化"一词的历史变迁

"媒介化"一词早在 20 世纪 70 年代末便已出现，但那时的媒介生态显然与 20 世纪 90 年代中后期随着全球化与商业化发展开始勃兴的媒介环境不可同日而语。因此，真正意义上的"媒介化"进程是 20 世纪末、21 世纪初兴起的。学者们的密集研究表明，媒介化研究日趋成为当代传播学领域的重要组成部分，是"媒介力量重要性的增长点"③，也日益成为一种"无处不在的媒介研究"的新兴力量。④ 王琛元认为，媒介化经历了变迁、敏感性概念和范式三个发展阶段。⑤ 德国学者舒尔茨（Winfried Schultz）将媒

① LIVINGSTONE S. On the Mediation of Everything: ICA Presidential Address 2008[J]. *Journal of Communication*, 2009, 59(1): 1-18.

② 戴宇辰. 走向媒介中心的社会本体论？——对欧洲"媒介化学派"的一个批判性考察 [J]. 新闻与传播研究, 2016, (5): 48.

③ LIVINGSTONE S. Foreword: Coming to Terms with "Mediatization" [C]// LUNDBY K. *Mediatization: Concept, Changes, Consequences*. New York: Peter Lang, 2009: Ix.

④ HJARVARD S. The Mediatization of Society: A Theory of the Media as Agents of Social and Cultural Change[J]. *Nordicom Review*, 2008, 29(2): 105-134.

⑤ 王琛元. 欧洲传播研究的"媒介化"转向：概念、路径与启示 [J]. 新闻与传播研究, 2018, (5): 5.

介化与传媒所引发的社会变迁相关联，用延伸、替代、融合和适应四种方式来定义媒介化[①]，探究了媒介化在宏观层面的社会影响。丹麦学者延森用布鲁默式的界定性和敏感性来区隔媒介化理论，他从制度化、霸权、社会结构化、技术动量和嵌入式传播等层面探讨了媒介化理论的概念化方式。[②]专司媒介化研究的丹麦学者夏瓦（Stig Hjarvard）的理论源自英国社会学家安东尼·吉登斯。他提出，媒介化是一个文化与社会的主要组成部分和媒介逻辑匹配的过程。[③] 德国学者赫普（Andreas Hepp）的媒介化理论延展到行动者网络理论、现象学社会学、符号互动论和社会建构主义，他认为媒介对于人类传播的作用是塑造性的，由具象化和体制化两个部分组成。[④]挪威学者伦德比（Knut Lundby）在制度化和社会建构的基础上，将传统的媒介环境学理论也纳入媒介化理论中，使媒介化理论成为具有一定的时空跨度的系统研究。[⑤] 侯东阳和高佳在对媒介化理论的梳理中，从物质化、制度主义和社会建构主义三种维度展开。其中制度主义包含媒介作为独立的制度、媒介逻辑和直接与间接媒介化三种类型，社会建构主义包括元过程、塑型力和媒介化对社会的建构过程三种类型。[⑥] 这一系列研究为媒介化的"全面登场"奠定了坚实的理论基础。

（二）媒介化与中介化的区隔

由于"媒介化"（mediatization）一词在英文中与"中介化"（mediation）

① SCHULTZ W. Reconstructing Meditization as An Analytical Concept[J]. *European Journal of Communication*, 2004, 19(1): 87-101.

② [丹麦] 克劳斯·布鲁恩·延森. 界定性与敏感性：媒介化理论的两种概念化方式 [J]. 新闻与传播研究, 2017, (1): 113-125.

③ [丹麦] 施蒂格·夏瓦. 文化与社会的媒介化 [M]. 刘君，等，译. 上海：复旦大学出版社, 2018: 21.

④ HEPP A. Mediatization and the "Molding Force" of the Media[J]. *Communication*, 2012, 37(1): 1-28.

⑤ LUNDBY K. Introduction: Mediatization of Communication[C]// LUNDBY K. *Mediatization of Communication*. Berlin: De Gruyter, 2014: 5.

⑥ 侯东阳，高佳. 媒介化理论及研究路径、适用性 [J]. 新闻与传播研究, 2018, (5): 27-45.

同源，而且"媒介化"一词以前经常与"中介化"混用，导致部分理论在后期的文献梳理中比较容易混淆。媒介化与中介化的差异也是学者们的聚焦点之一。英国文化传播学者西尔弗斯通（Roger Silverstone）在《论中介与传播的社会学》（*The Sociology of Mediation and Communication*）中指出，大众传媒的勃兴与大众社会的形成相辅相成，其扭曲了人际交往这一基本社会过程的原有形态；"中介化"与"媒介化"在此基础上意义相通，两者密不可分。① 他认为，中介化是审视制度化的传播媒介所涉及的符号在社会生活中流通的过程②，其信息传播技术的驯化理论（domestication）实际上成为了媒介化理论的重要支柱。利文斯通认为"mediatization"是一个奇怪的词，因此她坚持使用"mediation"来指代媒介化。她认为媒介化是日常实践和社会关系日益由中介技术和媒介组织所型塑的元过程，中介化是两个相区分的元素、成分或过程之间的连接。③ 英国学者库尔德利（Nick Couldry）认为媒介化是一个更为宏观的概念，但其无法提供长于中观和微观考察的中介化带来的传播的复杂性。④ 唐士哲认为中介化仅彰显媒介成为广义上重要的社会环境的代理者，媒介化更集中在媒介形式如何"介入"当代生活的不同层面，特别是建制化的社会实践。⑤ 其将媒介化与全球化、商业化并举，视为可影响社会建构的元过程，视角较为宏观。潘忠党的梳理恰恰相反，他认为"媒介化"是一个单一线性的历史演变机制，突出媒体淡化机制；"中介化"的概念更加开放，更突出机制。⑥ 德国学者杜尔施

---

① SILVERSTONE R. The Sociology of Mediation and Communication[C]//CALHOUN C, ROJEK C, TURNER B. *The Sage Handbook of Sociology*. London: Sage, 2005: 188-207.

② SILVERSTONE R. *Media and Morality: On the Rise of Mediapolis*[M]. Cambridge: Polity, 2007: 109.

③ LIVINGSTONE S. On the Mediation of Everything: ICA Presidential Address 2008[J]. *Journal of Communication*, 2009, 59(1): 1-18.

④ COULDRY N. Mediatization or Mediation? Alternative Understanding of the Emergent Space of Digital Storytelling[J]. *New Media and Society*, 2008, 10(3): 373-391.

⑤ 唐士哲. 重构媒介？"中介"与"媒介化"概念爬梳 [J]. 新闻学研究, 2014,（秋季）: 26.

⑥ 潘忠党. "玩转我的 iPhone，搞掂我的世界"——探讨新传媒技术应用中的"中介化"和"驯化"[J]. 苏州大学学报（哲学社会科学版）, 2014, (4): 156.

密特（Jörg Dürrschmidt）甚至认为中介化与媒介化之争是英语与斯堪的纳维亚语族和德语两个独立的话语社群之间的一场较量。① 郭恩强从西美尔、吉登斯和波斯特有关中介化思想的社会思想史视野梳理了中介化与媒介化的关联，提供了更为宽广的研究思路。② 徐桂权和雷丽竹在考察了兴盛于美国、加拿大的媒介环境学、法国的媒介学和欧洲大陆的媒介化研究之后，认为三者之间有着密不可分的关联，可以作为互联网时代"泛媒介"现象的不同理论支撑。③ 综上所述，媒介化与中介化之间并非单纯的线性承继关系，而是你中有我，我中有你。相比于中介化，媒介化的概念更趋于宏观和与体制的关联。

（三）媒介化研究的特性

与实证研究所指代的中观和微观研究相比，媒介化研究一般对应的是社会变迁、全球化和商业化等宏大主题，因此其服膺宏观研究，且具备跨学科的开放视角。用夏瓦的话来说，媒介化研究是能够使人加深理解媒体是如何对文化和社会变迁做出贡献的一种跨学科研究方法。④ 德国学者克洛茨（Friedrich Krotz）提出，媒介化是以往媒介研究的升级版，因为过去的研究是一种去情境化的社会现实，忽视了历史、文化和社会关联，不可避免地导向技术决定论，媒介化理论则注重将社会媒介化进程人性化，从媒介伦理层面避免技术决定论。⑤ 库尔德利和赫普从媒介考古学

① DÜRRSCHMIDT J. Introduction: Globalization and Mediatization as Mediating Concepts[C]//DÜRRSCHMIDT J, KAUTT Y. *Globalized Eating Cultures: Mediation and Mediatization*. Cham: Palgrave Macmillan, 2019: 8.

② 郭恩强. 在"中介化"与"媒介化"之间：社会思想史视阈下的交往方式变革 [J]. 现代传播, 2018, (8): 67-72.

③ 徐桂权, 雷丽竹. 理解"泛媒介"时代：媒介环境学、媒介学与媒介化研究的三重视角 [J]. 现代传播, 2019, (4): 55-60.

④ HJARVARD S. Doing the Right Thing. Media and Communication Studies in a Mediatized World[J]. *Nordicom Review*, Supplement, 2012, 33(1): 27-34.

⑤ KROTZ F. Ethics of Mediated World: A Framing Introduction[C]//EBERVEIN T, KARMASIN M, KROTZ F, et al. *Responsibility and Resistance: Ethics of Mediatized Worlds*. Wiesbaden: Springer, 2019: 13-30.

的视角，指出了媒介化浪潮的三个阶段：机械化（mechanization）、电子化（electrification）和数字化（digitalization），并且提出了深度媒介化和多样化的呈现方式。① 赫普和哈斯布林克（Uwe Hasebrink）认为，深度媒介化是一个长期的过程，对不断变换的媒介环境的研究不得不借助德国社会学家埃利亚斯的型构社会学理论来观照。② 赫普进一步系统地阐释了深度媒介化的概念，认为这是数字媒体和社会深层基础设施在发展到一定程度以后与社会无处不连接的媒介化的高级阶段，与它相连的是算法、数据和数字基础设施。③ 在深度媒介化时代要面临的主要问题不是某一种媒介的出现，而是媒介的多样性，即在当前媒介环境中我们面对的各种相互关联的媒介。④ 这些可能是新媒体时代媒介化研究不得不面对的现实问题。与此同时，戴宇辰还关注到科学技术研究中的行动者网络理论（ANT）与媒介化的关联性⑤，证实了媒介化理论的开放性。

如今，媒介化研究日趋向纵深化发展，而且随着全球化进程的曲折发展和国际经济、文化发展错综复杂的格局，媒介化研究也开始放低身段，从宏观层面逐渐下延。意大利学者马佐莱尼（Gainpietro Mazzoleni）提出，社会的媒介化进程已经不可逆转，媒介的影响力已经渗透进了政治、经济和文化等诸多社会机制，媒介逻辑衍生出的影响力和效果肉眼可见。⑥ 相对应的，瑞典学者克里斯滕森（Miyase Christensen）和扬松（André

① COULDRY N, HEPP A. *The Mediated Construction of Reality*[M]. Cambridge: Polity, 2017: 34-56.

② HEPP A, HASEBRINK U. Reaching Transforming Communications in Times of Deep Meditization: A Figurational Approach[C]//HEPP A, BREITER A, HASEBRINK U. *Communicative Figurations: Transforming Communication in Time of Deep Meditization*. Cham: Palgrave Macmillan, 2018: 15-48.

③ HEPP A. *Deep Mediatization*[M]. Abington: Routledge, 2020: 3-6.

④ 常江，何仁亿. 我们生活在"万物媒介化"的时代——媒介化理论的内涵、方法与前景 [J]. 新闻界 , 2020, (6): 4-11.

⑤ 戴宇辰. "旧相识"和"新重逢"：行动者网络理论与媒介（化）研究的未来——一个理论史视角 [J]. 国际新闻界 , 2019, (4): 68-88.

⑥ MAZZOLENI G. Mediatization of Society[C]//DONSBACH W. *The International Encyclopedia of Communication*. Malden: Blackwell, 1995: 3047-3051.

Jansson）提出"去中介化"概念，他们认为当代社会媒介化与世界主义的重新嵌入是一个曲折演进的过程，在这个过程中去中介化乃至去媒介化都是不可避免的。[①] 戴宇辰对欧洲的媒介化研究发展进程进行了批判性回顾，对过分推崇媒介逻辑和简化媒介与社会互动关系的研究倾向展开反思。[②] 可以看出，媒介化研究既受全球化、商品化、城市化等其他社会经济文化宏观因素的影响，也受媒介技术嬗变和人们在适应这些技术变革过程中的诸多中观和微观因素的流变的影响。因此，作为研究者，要关注的不能仅仅只是不同形式的媒介之间对于传播活动的效力，还必须跳出媒介作为一种传播工具的认知范式[③]，从更全面的、跨学科的视角去考察媒介化进程。

二、初度体育媒介化：从体育媒介到媒介体育

从严格的意义上来讲，从媒介开始影响体育的那一天起，体育中介化就开始了，这可以被视为体育媒介化的雏形。但体育媒介一开始往往只是体育文本的伴随文本，处在体育赛事的框架边缘。如果把体育媒介化分为初度和深度的话，那么体育媒介可以被视为初度体育媒介化的雏形。随着全球化和经济自由主义的勃兴，体育与媒介的深度结合滋生了"媒介体育"这一新形态。从历史的维度来考察，体育媒介化的肇始——体育媒介时代与现代奥林匹克运动的复兴和职业体育的逐渐兴盛有着密切联系。

（一）体育媒介化雏形：体育媒介形态

对大众体育媒介的关注是体育新闻学研究的天然起点。因此，在体育

[①] CHRISTENSEN M, JANSSON A. *Cosmopolitanism and the Media: Cartographies of Change*[M]. New York: Palgrave Macmillan, 2015: 105-129.

[②] 戴宇辰. 媒介化研究：一种新的传播研究范式 [J]. 安徽大学学报（哲学社会科学版），2018, (2): 150.

[③] 戴宇辰. 媒介化研究：一种新的传播研究范式 [J]. 安徽大学学报（哲学社会科学版），2018, (2): 150.

新闻（传播）研究肇始时，对体育报纸和杂志这些平面媒体的研究自然而然成为核心。十九世纪末，新兴的现代奥林匹克运动会和职业体育成为当时的报纸媒体提高发行量和提升影响力的重要内容。相对应的，媒体也扩展了体育赛事的传播范围，彰显了其社会地位。

体育媒介对于奥运会的介入从一开始就广泛而且有力。现代奥林匹克运动会的创始人、第二任国际奥委会主席皮埃尔·德·顾拜旦被前国际奥委会主席萨马兰奇称为"为奥运而生的伟大作家和具有天赋的记者"①，他自己创办过月报《运动评论》（*La Revue Athlétique*），"希望借此提升法国民众对部分体育项目的兴趣"。② 深谙新闻报道巨大能量的他自然期望有更多的媒体来报道新生的现代奥林匹克运动。为了说服希腊政府举办首届奥运会，当时他参观了许多报纸的编辑部，先后说服了一些有影响的名流。除去希腊《信使报》，几乎绝大多数参赛国，包括部分没有参加奥运会的国家和地区都对首届奥运会进行了报道。上海的英文报纸《字林西报》也以消息的形式报道了雅典奥运会的赛况。③ 世界上真正意义上的第一份体育日报《米兰体育报》（*La Gazzetta dello Sport*）就诞生在 1896 年 4 月 3 日——雅典奥运会开幕前 3 天。尽管意大利官方没有参加首届奥运会，却有一个业余跑者埃罗尔蒂以个人身份参加了马拉松比赛。埃罗尔蒂传奇的参赛故事就出现在《米兰体育报》对奥运会的报道中。④ 这使得现代奥林匹克运动会从创办伊始就成为媒体的宠儿，一些媒体也因为对奥运会的报道扩大了影响力。值得一提的是，"国际奥林匹克委员会"（IOC）的现用名就是 1897 年的法国报纸《小勒阿弗尔报》（*Le Petit Havre*）用来代替冗长的"奥林匹克运动会国际委员会"（International Committee for the Olympic Games）

---

① SAMARANCH J, SAMARANCH M. Introduction[C]//IOC. *The Olympic Movement and the Mass Media*. Lausanne: International Olympic Committee, 1996: 9.

② COUBERTIN P. *Introduction*[D]. COUBERTIN P, TIMOLEON P, POLITIS N, et al. *The Olympic Games in 1896*. Athens: Charles Beck Publisher, 1897: 3.

③ 魏伟.《字林西报》奥运会报道始端及内容变化特征研究 [J]. 北京体育大学学报，2020, 43(6): 53-64.

④ CANAVVO C. One Hundred Years of Olympism[C]//IOC. *The Olympic Movement and the Mass Media*. Lausanne: International Olympic Committee, 1996: 22.

之后，被国际奥委会在 1901 年正式采纳的。[①]

与现代奥运会的报道并行不悖的，是职业体育的发展同样受到了体育媒体的垂青。体育媒体甚至"塑造"了一些具有早期媒介化特性的职业体育赛事。1903 年，法国《队报》（*L'equipe*）的前身《汽车报》（*L'auto*）为了提升报纸的影响力和专业性创立了环法自行车赛，并建立了较为成熟的媒体与体育赛事的联动机制。20 世纪 50 年代，《队报》聘请了前法国足球队主教练加布里埃尔·阿诺担任专栏评论员。在阿诺的推动和《队报》的直接影响下，法国足球甲级联赛和欧洲冠军杯足球赛（欧洲冠军联赛的前身）相继诞生。这种媒介与职业体育的共生关系直到 20 世纪末才开始被学术界关注，其媒介化形式直到 21 世纪才开始被重视。[②] 其实在那时，体育媒介化已经具备雏形，只是与今天的复杂表现形式有很大的差异。随着广播电视媒体的涌现并先后成为体育媒体的主宰者，体育新闻（传播）研究逐渐实现研究对象的多元化。

（二）体育媒介化次级发展形态——媒介体育形态

"媒介体育"这个概念是 1998 年文内尔（Lawrence Wenner）在其编撰的论文集《媒介体育》（*Mediasport*）中提出的。[③] mediasport 这个合成词深刻诠释了媒体与体育之间密不可分的关联，在较长时间内成为了体育媒体发展的关键词。如果要考察媒介体育这一初度体育媒介化的源头，不难发现部分学者早已预见到了历史形态的变迁。媒介化研究学者普遍公认的重要理论起源是美国学者阿尔萨德（David Altheide）和斯诺（Robert Snow）提出的"媒介逻辑"（media logic）这一概念。在同名著作中，两位学者专门撰写了"媒介体育"（media sport）一章，对当时电视开始逐渐主宰体育

① PARIENTÉ R. The Olympic Phenomenon and the Journalists[C]//IOC. *The Olympic Movement and the Mass Media*. Lausanne: International Olympic Committee, 1996: 11.

② MITTAG J, VONNARD P. The Role of Societal Actors in Shaping a Pan-European Consciousness. UEFA and the Overcoming of Cold War Tensions[J]. *Sport in History*, 2017, 37(3): 332-352.

③ WENNER L. MEDIASPORT[C]. London: Routledge, 1998.

的现象进行了文化层面、经济层面和体育本体论的阐释。[①] 这是目前可见的、最早的有关媒介体育的论述之一，也证明了媒介体育与媒介化研究的深厚渊源。体育似乎是理解媒介化的理想场域，对此澳大利亚学者哈钦斯（Brett Hutchins）指出，体育领域似乎被媒介化研究的初始研究遗忘了，考虑到职业体育与大众媒介在 20 世纪发展出的共生关系，这是一个令人震惊的疏漏。[②]

自媒介体育的概念提出以后，学者即围绕其开展了多层次探讨。郝勤认为，体育新闻传播研究从早期作为配角和附件的体育媒介，到 20 世纪 60 年代以东京奥运会的卫星转播为肇始，20 世纪 80 年代洛杉矶奥运会的商业模式为代表，20 世纪 90 年代 B-SKY-B 创立英超转播新模式为成熟标志，媒介体育已经取代体育媒介成为体育新闻传播研究的关键词。[③] 郭晴和郝勤提出了媒介体育的生成和生产方式，并且提及媒介体育具有的商业性和跨文化性等特征；这一论述已经初步具有体育媒介化的特征。[④]

英国文化传播学者迪肯（David Deacon）和斯坦耶（James Stanyer）表达了对媒介化研究的忧虑。他们认为，媒介化有可能就是一个时尚概念，是一种普遍的、简化的概念框架。[⑤] 体育传播领域里的研究似乎支持了这种论断，因为不断出现的各种概念基本上都是旧瓶装新酒。在文内尔"媒介体育"概念的基础上，张德胜等提出了媒体体育的三种模式，由浅入深分别为媒体建构体育、媒体介入体育和媒体控制体育，并且提出媒体体育的终极目标是打造体育—媒体产业链。[⑥] 该研究充分论证了媒体对体育的

---

① ALTHEIDE D, SNOW R. *Media Logic*[M]. Beverly Hills: Sage, 1979: 217-235.

② HUTCHINS B. "We don't Need no Stinking Smartphones!" Live Stadium Sports Events, Mediatization, and the Non-use of Mobile Media[J]. *Media, Culture and Society*, 2016, 38(3): 420-436.

③ 郝勤. 从体育媒介到媒介体育——对体育新闻传播发展的思考 [J]. 体育科学, 2018, 38(7): 22-24.

④ 郭晴, 郝勤. 媒介体育：现代社会体育的拟态图景 [J]. 体育科学, 2006, 26(5):21-24.

⑤ DEACON D, STANYER J. Mediatization: Key Concept or Conceptual Bandwagon?[J]. *Media, Culture and Society*, 2014, 36(7): 1032-1044.

⑥ 张德胜, 张钢花, 李峰. 媒体体育的传播模式研究 [J]. 体育科学, 2016, 36(5):3-9.

能动效力，但对于体育对媒体的重要作用（或者说反作用）言之寥寥。魏伟考察了电视与体育之间的神话关系、体育的电视化生存和电视的体育化生存[①]，但研究并没有将媒介化上升到社会文化宏观层面的高度。事实上，媒介化的重要特征正在于与全球化、商品化、城市化、数字化等一系列当代社会发展的特性紧密结合在一起。

伴随媒介技术与组织的不断发展及市场演进，媒介体育的概念也开始被学者们添加各种元素，成为形态各异的"变体"。美国传播学者萨特·贾利（Sut Jhally）早在 1984 年就提出了"体育媒介复合体"（sports/media complex）的概念[②]，这个概念虽然较之"媒介体育"更为冗长，但它似乎更明确地指出了体育与媒介之间的融合关系。当然，贾利没有预料到体育媒介复合体在 20 世纪末和 21 世纪初的发展轨迹。报业集团、广播电视和新媒体巨头的合并浪潮同时带来的还有媒介资本与职业体育的深度融合。时代华纳公司总裁泰德·特纳（Ted Turner）在拥有《体育画报》《时代周刊》《人物》和《财富》等顶级平面媒体，CNN、HBO、TNT、TBS 等有线电视台和超级电视台的同时，还控股 MLB 亚特兰大勇士队和 NBA 亚特兰大老鹰队。三任意大利总理的媒体巨头贝卢斯科尼（Silvio Berlusconi）拥有意大利最大的私营传媒集团菲宁韦斯特集团，旗下有意大利 5 频道，意大利电视 1 台、4 台和蒙达多利出版集团，此外他还长期担任 AC 米兰足球俱乐部的主席。媒介资本与体育资本的深度融合造成职业体育人和媒体人的双重困扰，他们甚至对自己领域的专业主义开始产生忧虑。[③]

贾利提出的"体育媒介复合体"的概念还有很多变异体。英国体育学者马奎尔（Joseph Maguire）根据其商品属性将"体育媒介复合体"改称

---

① 魏伟. 重访电视与体育的"天作之合"：从布尔迪厄说起 [J]. 成都体育学院学报，2015, 41(2):33-39.

② JHALLY S. The Spectacle of Accumulation: Material and Cultural Factors in the Evolution of the Sports/Media Complex[J]. *Insurgent Sociologist*, 1984, 12(1): 41-57.

③ 魏伟. 去专业主义与反专业主义：体育新闻的两种极端倾向 [J]. 武汉体育学院学报，2019, 53(6): 28-37.

为"媒介体育产品复合体"（media/sport production complex）[①]，这种复合体着重经济效益和社会效益的扩大化。澳大利亚学者洛弗（David Rowe）根据其文化属性将其改称为"媒介体育文化复合体"（media/sports cultural complex）[②]，这种复合体要从体育当中获取物质和文化的双重资本。洛弗后来又把这个概念改为另一个合成词"媒介体育景观"（mediasportscape）[③]，指涉 21 世纪最初 10 年媒介体育呈现出的一系列新景观：西方体育媒介市场饱和后开发东方市场、依靠东方运动员的加盟来改变欧美职业体育赛事传统格局的"文化劳动力的新国际分区"[④]、体育迷群文化的重要变化等。经济和文化利益的双重攫取不得不使研究者从媒介本身的构成和体制等问题出发来进行考察，这就回答了前述的迪肯和斯坦耶的忧虑。

媒介体育在发展到一定形态之后，学者开始思考其自身存在的各种问题。文内尔本人后来运用阿尔都塞的后马克思主义理论中的"质询"（interpellation）理论反思了自己先前提出的概念。[⑤] 文内尔指出，"媒介体育质询"是对媒介体育消费叙事的解构，也是自己之前十多篇有关"媒介叙事伦理中的肮脏理论"研究的延续；他还指出，"在当代超商品化的形式中，媒介体育景观的意识形态轮廓和伦理敏感性主导着与体育相关的文化意义"。在这里，他运用了洛弗"媒介体育景观"的概念，实际上是对先前自己提出的"媒介体育"的部分修正。贺幸辉通过访谈，指出文内尔的思想从 20 世纪 80 年代的"被媒介化的体育"到 20 世纪 90 年代的"媒介

① MAGUIRE J. Globalization, Sport Development, and the Media/Sport Production Complex[J]. *Sport Science Review*, 1993, 2(1): 29-47.

② ROWE D. No Gain, No Game? Media and Sport[C]//CURRAN J, GUREVIECH M. *Mass Media and Society*, 3rd edition. London: Edward Arnold, 2000: 346-361.

③ ROWE D. Media and Sport: The Cultural Dynamics of Global Games[J]. *Sociological Compass*, 2009, 10(3-4): 543-558.

④ MILLER T, LAWRENCE G, MCKAY J, et al. *Globalization and Sport: Playing the World*[M]. London: Sage, 2001: 4.

⑤ WENNER L. The Mediasport Interpellation: Gender, Fanship, and Consumer Culture[J]. *Sociology of Sport Journal*, 2013, 30(1): 83-103.

体育"再到 21 世纪的"传播与体育"。① 显然，这里的"被媒介化"（mediated）指的是被中介化的媒介化雏形时代。鉴于"媒介体育"这一概念已经得到学术界广泛认同，本文将其视为初度体育媒介化的次级发展形态。值得一提的是，文内尔和比林斯（Andrew Billings）在编纂《体育、媒介与重大事件》一书时，要求每一章的作者都充分考量媒介化进程中体育重大事件更为广泛的影响力，并且得出了"以体育为中心的媒体奇观远远不止体育本身"②的结论。但这本论文集最重要的贡献，是让体育媒介化研究与体育重大事件紧密地结合起来。

三、深度体育媒介化：体育重大事件

从体育媒介到媒介体育，体育媒介化的发展凸显出结构上与功能上的双重递进。但媒介体育这个次级发展形态似乎已经无法解释新千年之后出现的诸多理论和实践问题。体育媒介化进入了深度发展阶段，其主要表现形态就是体育重大事件。体育重大事件与媒介体育之间虽然不存在逻辑上的天然的承继关系，但体育重大事件显然是媒介体育发展到一定阶段以后呈现出的更高级别形态。

赫普在提出深度媒介化这一理念时，明确指出了其远远不止政治经济学这一种研究路径，至少还有作为媒介的过程、型构和重构等一系列研究路径。③ 体育媒介化概念，其实是在"超级媒体""媒介事件"等先在概念引入及媒介化的概念真正成熟之后才提出的。"体育重大事件"这一概念的提出是"重大事件"的概念被锚定之后体育学者们的自发行为。事实证明，"体育重大事件"很可能是"重大事件"概念中最核心的部分。本文将其

① 贺幸辉.美国学者劳伦斯·文内尔学术思想史研究：从"媒介体育"拓展为"传播与体育"[J].体育与科学，2020,41(1):34-42.

② BILLINGS A, WENNER L. The Curious Case of the Megasporting Event: Media, Mediatization and Seminar Sports Events[C]//WENNER L, BILLINGS A. *Sport, Media and Mega-events*. Abingdon: Routledge, 2017: 3-18.

③ HEPP A. *Deep Mediatization*[M]. Abington: Routledge, 2020: 3-6.

界定为深度体育媒介化，它是全球化、商业化、体育专业主义和新闻专业主义等元素成熟之后呈现出的形态。

（一）超级媒体与媒介事件诸概念的引入

美国学者迈克尔·里尔（Michael Real）是传播学界最早开始关注职业体育现象的学者之一。早在 1975 年他就对美式橄榄球超级碗展开了神话学的研究，提出超级碗是"一场集体狂欢的美国意识形态奇观"[①]，1984 年他又率领多国学者对 1980 年莫斯科奥运会和 1984 年洛杉矶奥运会展开跨文化研究[②]，是国际体育传播领域的重要先行者。在关注到奥运会和奥斯卡颁奖典礼等的时间可预知、结果未知、叙事夸张等特性后，他通过文化研究的路径提出了"超级媒体"（super media）的概念，开始关注这些超越日常生活常规表现的"超级事件"下的媒体是如何做出异乎寻常的呈现的。这一点从他把奥运会称为"全球奥林匹克事件"（global Olympic event）就可见一斑[③]。超级媒体理念成为里尔和文内尔后期有关超级碗的媒介化研究的核心主张。

对于媒介事件的观念问题，美国学者卡茨（Elihu Katz）从 1980 年起就开始给予关注。[④] 他与戴扬（Daniel Dayan）合著的《媒介事件：历史的现场直播》成为媒介事件理论走向成熟的标志，他们把媒介事件比喻为传播盛大的节日，并且提出了加冕、征服和竞赛三种媒介事件的形式。事实上，类似奥运会这样的全球事件，并不仅仅只有竞赛这一种直观形式，也包含了加冕和征服。因此，"崇尚秩序及其恢复"[⑤] 状态的媒介。事件是阐

---

① REAL M. Super Bowl: Mythic spectacle[J]. *Journal of Communication*, 1975, 75(1): 31-43.

② REAL M. *Global Ritual: Olympic Media Coverage and International Understanding*[M]. Paris, 1985: UNESCO.

③ REAL M. *Super Media: A Cultural Studies Approach*[M]. Newbury Park: Sage, 1989: 222.

④ KATZ E. Media events: The Sense of Occasion[J]. *Studies in Visual Anthropology*, 1980, 6(3): 84-89.

⑤ [美]丹尼尔·戴扬, [美]伊莱休·卡茨. 媒介事件：历史的现场直播 [M]. 麻争旗, 译. 北京：北京广播学院出版社, 2000: 36.

释体育赛事，尤其是奇观体育赛事的重要理论武器。

在"超级媒体"和"媒介事件"概念的引导下，学者们开始关注体育中介化（媒介化）的具体表征。美国学者苏珊·伊斯特曼（Susan Eastman）等人提出了重大体育事件（megasporting event）的概念①，他们着重强调的是体育重大事件具有议程设置的功能，会根据周期来预先排定比赛日程。除非出现诸如新冠肺炎疫情这类特别重大的突发事件，一般而言，重大体育事件可以为媒体提供详细的比赛议程和转播议程，以吸引到访观众和媒体受众的关注。英国学者汤姆林森（Alan Tomlinson）和杨（Christopher Young）在里尔"奇观体育"的指引下，将奥运会和男足世界杯认定为"全球体育奇观"（global sports spectacle）②，他们认为全球体育奇观具有全球影响力、媒介化到达率和重大收益等特征。"重大体育事件"和"全球体育奇观"两个概念时常见于相关研究中，但其影响力不及"体育重大事件"。

（二）重大事件概念的引入

毫无疑问，全球化是推动 20 世纪末到 21 世纪初体育高速发展的重要动力。那时体育全球化的表征还没有呈现出当下的电子化、社交化、移动化、人工智能化等技术特征。澳大利亚学者米勒等在论述体育与全球化的问题时，曾经谈到了一个 GGATaC 的概念，指体育全球化呈现出的特点主要有全球化（globalization）、政府化（governmentalization）、美国化（Americanization）、电视化（televisualization）和商品化（commodification）。③

① EASTMAN S, NEWTON G, PACK L. Promoting Prime-time Programs in Megasporting Events[J]. *Journal of Broadcasting & Electronic Media*, 1996, 40(3): 366-388.

② TOMLINSON A, YOUNG C. Culture, Politics, and Spectacle in the Global Sports Event: An Introduction[M]//TOMLINSON A, YOUNG C. National Identity and Global Sports Events: Culture, Politics, and Spectacle in the Olympics and the Football World Cup. Albany: SUNY Press, 2006: 1-14.

③ MILLER T, LAWRENCE G, MCKAY J, et al. *Globalization and Sport: Playing the World*[M]. London: Sage, 2001: 4.

体育媒介化在运行到上半场时，密集呈现出与上述特征紧密相关的元素；体现在当代体育媒介生态中，即体育重大事件。

对于重大事件的定义，学者之间存在不少争论。这一概念最早见于英国学者维特（Stephen Witt）在卡尔加里冬奥会前的 1987 年一次国际学术会议上提出的"重大事件和重大吸引力"的概念[①]。有关"重大事件"的定义，美国学者毛瑞斯·罗切（Maurice Roche）在《重大事件与现代性》中的论述得到了广泛的认同，他认为重大事件最好被理解为"大规模的文化（包括经济和体育）事件，具有戏剧性的特点、大众吸引力和国际影响力"[②]。

在此基础上，瑞士学者穆勒（Martin Müller）提出了一个重大事件区分表。他运用了一系列复杂的指数来区分媒介事件，依照媒介事件是否达到百亿美元和十亿美元的影响力来进行阐释。媒介事件按照访客吸引力、媒介化到达率、成本和变革性影响力四个变量的大小，被顺次分为巨型事件（giga-event）、重大事件（mega-event）和主要事件（major event）。[③]按照他的分类，夏季奥运会是当代媒介事件中唯一的巨型事件；欧洲足球锦标赛、世界杯足球赛、世博会、亚运会和冬季奥运会属于重大事件；APEC峰会、欧洲文化之都项目、英式橄榄球世界杯、美式橄榄球超级碗、英联邦运动会、世界大学生运动会和泛美运动会属于主要事件。其中，APEC峰会、欧洲文化之都项目等政治、经济、文化事件虽然在某一方面具有非凡的影响力，但无法在至少三个指标上具有重要影响力，因此只能列为第三级事件。这一分级可能存在部分争议，尤其是将世界杯足球赛这一全球收视人群超过 35 亿人次[④]的事件排除在巨型事件之外值得商榷。德国学者菲特（Matthias Fett）指出，世界杯历史上有两大标志性事件：1990 年意大利世界杯让赛事进入重大事件阶段；2010 年南非世界杯让赛事进入巨型事

① WITT S. Mega-events and Mega-attractions[J]. *Tourism Management*, 1988, 9(1): 76-77.

② ROCHE M. *Mega-event and Modernity*[M]. London: Routledge, 2000: 1.

③ MÜLLER M. What Makes an Event a Mega-event? Definitions and Sizes[J]. *Leisure Studies*, 2015, 34(6): 627-642.

④ FIFA. More Than Half the World Watched Record-breaking 2018 World Cup[EB/OL]. [2021-01-25]. https://www.fifa.com/worldcup/news/more-than-half-the-world-watched-record-breaking-2018-world-cup.

件阶段。① 越来越多的有关重大事件的研究趋向于将 FIFA 世界杯列为巨型事件。不难发现，在三个级别的重大事件中，体育赛事所占比例远远超出政治、经济和文化事件。

（三）体育重大事件概念的提出

在厘清"重大事件"概念之后，学者们开始尝试界定体育重大事件的内涵和外延。美国学者罗伯茨（Kenneth Roberts）在罗切的研究基础上提出，某些体育项目之所以被定义为"重大"是因为其具有"非延续性"，是不同寻常的、国际性的，而且只是组成成分比较庞大。他强调的体育"重大事件"是能够吸引数以亿计的国际受众和制作的体育事件。② 英国学者霍尔内（John Horne）和曼岑莱特（Wolfram Manzenreiter）提出衡量体育重大事件的四个特征是"卓越的竞赛、可预见的事件、用于历史性比较机遇和对体育传统意义的超越"，因此"未经中介化（媒介化）的重大事件是自相矛盾的说法"③，这充分表明体育重大事件与媒介化的重要关联。正如加拿大学者格鲁诺（Richard Gruneau）和霍尔内提出的，体育重大事件"已经常态化，似乎成为当代生活节奏的自然化特征，是现代性节日视野的开拓，正如季节的变化所预料的那样"。④ 几位学者的梳理让体育重大事件这一理论的内涵和外延更加清晰。对体育重大事件的研究也越来越向纵深方向发展。

也许是对上述概念和界定标准心存疑虑，文内尔和比林斯在编纂《体育、媒介与重大事件》时干脆又创造出"重大媒体体育事件"（megamediasport event）一词，以此来区隔深度媒介化之前的"媒介体育"等概念。无论文

① FETT, M. The Game Has Changed—A Systematic Approach to Classify FIFA World Cups[J]. *International Journal of Sport Policy and Politics*, 2020, 12(3): 455-470.

② ROBERTS K. *The Leisure Industries*[M]. New York: Palgrave Macmillan, 2008: 108.

③ HORNE J, MANZENREITER W. An Introduction to the Sociology of Sports Mega-events[J]. *The Sociological Review*, 2006, 54(s2): 1-24.

④ GRUNEAU R, HORNE J. Mega-events and Globalization: An Introduction[C]// GRUNEAU R, HORNE J. *Mega-events and Globalization: Capital and Spectacle in a Changing World Order*. Abingdon: Routledge, 2016: 1.

字游戏如何生成，作为深度体育媒介化的体育重大事件的界限和意义是相对稳定的，但不同赛事之间的媒介化差异也是显著的。

无论参照任何标准，夏季奥运会都毫无疑问是当今世界最具影响力的、层级最高的体育重大事件之一。根据英国学者汤姆林森的考察，参与报道夏季奥运会的数以万计的记者，"全力推动一种全球媒体机器，使奥运会本身在国际奇观舞台上成为与媒体平等的合作伙伴。从这个意义上说，最大的国家和国际体育重大事件已经被媒介化了，它与媒体机构一道为跨国、全球体育日程的升级做出贡献"。① 冬季奥运会这个夏奥会的"表亲"在时间上与夏奥会实现切割，通过体育媒介化的不断升级，借助多届奥运会"打包"的电视转播权费用和奥林匹克 TOP 计划从优雅的业余主义跻身豪华奢侈的全球重大事件。②

与之相对应的是，世界杯足球赛因为只有 32 个国家和地区（2022 年卡塔尔世界杯之后会增加到 48 个）参与决赛阶段比赛，因此没有被穆勒列入巨型事件，但这并不影响其难以匹敌的媒介化进程。这个媒介化特性突出从而导致消费主义和文化霸权的"漩涡式"媒介事件，甚至加剧了整个全球媒介化的进程，它也因此导致民众更加关注媒体在其全球成功战略中所起到的中心作用。③

体育重大事件的媒介化进程同样呈现出相同的样态和发展路径。网球四大满贯赛事中历史最悠久的温布尔顿网球公开赛即便有相对保守和陈旧的一面，但无论是现场的还是被媒介化的，都是媒介化的体验，所以它呈

---

① TOMLINSON A. Twenty-eight Olympic Summers: Historical and Methodological Reflections on Understanding the Olympic Mega-event[C]//WENNER L, BILLINGS A. *Sport, Media and Mega-events*. Abingdon: Routledge, 2017: 51-68.

② MARKULA P. Twenty-two Olympic Winters: The Media and the (non-)Making of the Games[C]//WENNER L, BILLINGS A. *Sport, Media and Mega-events*. Abingdon: Routledge, 2017: 69-84.

③ HAYNES R, BOYLE R. The FIFA World Cup: Media, Football, and the Evolution of a Global Event[C]//WENNER L, BILLINGS A. *Sport, Media and Mega-events*. Abingdon: Routledge, 2017: 85-99.

现出的绝大部分是当代媒介化的逻辑而不是"温网逻辑"。^①高尔夫球界四大满贯赛中的美国高尔夫球大师赛则罹患上了"奥古斯塔国家高尔夫球场综合征"^②，让近乎"完美"的球场与媒介呈现出现了明显的脱节，它实际上是深度媒介化的真实表征。有着"美国春晚"之称的美式橄榄球 NFL 超级碗，用里尔和文内尔的话来说，是"超级语境"下经过"超级炒作"、符合超商品化的"超级逻辑"的和具有当代神话色彩的"超级景观"^③，它所呈现出的一切几乎都服膺深度媒介化的特性。北美棒球联盟 MLB 总决赛世界系列赛是美国例外主义的表征，它是被贴上"美国国球""国家消遣""美式爱国主义"等诸多标签的媒体仪式的另一种深度媒介化形式。^④美国大学生篮球联赛 NCAA"疯狂三月"的全球化扩张实质上展示的是一种以实现"美国梦"为隐喻的软实力策略^⑤，但它巧妙地利用了全球化带来的世界各地学生球员资源，以美国大学为单位实现了身份认同和深度媒介化。由 ESPN 一手打造的极限运动会更是一个纯粹的媒介化商品。它吸引的是具有高消费潜力的年轻而有活力的群体，以搜索和创造"X 一代"来服膺它的全球化战略^⑥，从一开始少人问津到全世界众多大城市竞相申办、盛况空前，这是传统亚文化靠近主流文化的体育化再现，是深度体育媒介

① KENNEDY E, HILLS L, JOHN A. Wimbledon: A Megamediasport Tradition[C]// WENNER L, BILLINGS A. *Sport, Media and Mega-events*. Abingdon: Routledge, 2017: 130-141.

② MILLINGTON B, WLISON B. The Masters Tournament: Media Mega-event, the Environment and the Emergence of Augusta National Syndrome[C]//WENNER L, BILLINGS A. *Sport, Media and Mega-events*. Abingdon: Routledge, 2017: 142-155.

③ REAL M, WENNER L. Superbowl: Mythic Spectacle Revisited[C]//WENNER L, BILLINGS A. *Sport, Media and Mega-events*. Abingdon: Routledge, 2017: 199-219.

④ BUTTERWORTH M. The World Series: Baseball, American Exceptionalism and Media Ritual[C]//WENNER L, BILLINGS A. *Sport, Media and Mega-events*. Abingdon: Routledge, 2017: 218-231.

⑤ DENHAM B. The NCAA Basketball Championships: March Madness Goes Global[C]// WENNER L, BILLINGS A. *Sport, Media and Mega-events*. Abingdon: Routledge, 2017: 232-246.

⑥ THORPE H, WHEATON B. The X Games: Re-imagining Youth and Sport[C]// WENNER L, BILLINGS A. *Sport, Media and Mega-events*. Abingdon: Routledge, 2017: 247-261.

化的另一种表征。

（四）深度体育媒介化的引入

基于全球化勾连度的不断提升，深度体育媒介化实际上呈现出的是体育全球化、商业化、市场化、城市化、体育专业主义和新闻专业主义的高度融合和相互渗透。欧洲足球联赛，美国 NBA、MLB 等职业赛事不仅充斥着来自世界各个国家和地区的运动员、教练员、比赛官员，俱乐部的资本运作方式也日益呈现多元化。来自汉堡的德国乙级足球联赛俱乐部圣保利队拥有来自世界各地边缘群体的球迷，麦克卢汉的"地球村"概念在职业体育领域真实存在。丹麦学者弗兰德森（Kirsten Frandsen）可能是体育传播领域较早开始系统关注体育媒介化的学者之一。她坚持认为，体育与媒介之间的关系为整个媒介化研究提供了一个必要条件的范例。"体育媒介化必然会受到文化领域的问题和社会文化背景的高度影响。体育媒介化是一个相互关联、全球化和商业化发挥重要作用的特殊问题。"[①] 她对于体育媒介化的态度是积极的，因为这场变革"使媒介不仅只是大众消费的内容提供者，同时也成为各种层次的个体运动员和体育组织在公共或半公共空间制造或生产体育实践内容和表征的传播资源，并且与更大或更小的语境的组织活动产生互动"。[②] 深度体育媒介化塑造了体育媒介化与全球化、商业化、市场化、城市化、体育专业主义和新闻专业主义之间高度杂糅的关联，以体育重大事件的形式呈现和再现当代体育媒介景观。

四、后深度体育媒介化时期：世界媒介体育格局的重构

如果说以重大体育事件为代表的深度体育媒介化是全球化高级阶段的产物的话，那么 2020 年新型冠状病毒肺炎疫情的突然暴发，将对整个世

---

① FRANDSEN K. Mediatization of Sports[C]//LUNDBY K. *Mediatization of Communication*. Berlin: Mouton de Gruyton, 2014: 525-543.

② FRANDSEN K. *Sport and Mediatization*[M]. Abingdon: Routledge, 2020: 3-13.

界格局产生深远影响。英国学者霍尔内根据政治社会学学者弗兰克·帕尔金（Frank Parkin）的三层意义系统理论和斯图亚特·霍尔（Stuart Hall）的编码解码理论提出，对于体育重大事件的解读有"相信自己可以从体育重大事件中获利的主导性解读、怀疑体育重大事件的商榷性解读和挑战体育重大事件意识形态修辞的对抗性解读"三种方式。[1] 学者们在完成了表层现象的前两阶段解读后，会不由自主地进入第三阶段，即对抗性解读。加拿大学者格鲁诺和康普顿（James Compton）从新涂尔干主义的社会学观点出发，提出了在社会发生重大变化时，媒介仪式和媒介事件可能会面临激烈的动荡和冲突[2]，从而刺激新型格局的出现。西方占据主导地位的当代世界体育格局和世界媒介体育格局，在整体发生重大变化的情况下，可能也会相应产生重大变革。具体来说，深度体育媒介化在新冠肺炎疫情之后可能呈现出去全球化、去人格化和高度数字化等一系列特征。

（一）去全球化

英国政治哲学家格雷（John Gray）认为，新冠疫情会加速已经持续多年的去全球化进程。迅速瓦解的不仅是过去的"超全球化"，还有"二战"后建立的全球秩序和地缘政治格局。[3] 去全球化将是深度体育媒介化在疫情之后一段时间内的必然走向，甚至在局部可能出现反全球化的极端趋势。去全球化的特征当然具有一定的偶然性，但在偶然性的背后也隐藏着必然性。世界范围内的贫富差异加剧，民族主义、民粹主义的抬头是去全球化发生的重要背景。一场突如其来的疫情，让全球化的进程遭受了前所未有的重大打击。不少专家学者认为，这场疫情可能成为构建世界新格局的分水岭。华裔经济学家文贯中指出，这场大疫意味着 1990 年以来的这一轮

① HORNE J. Sports Mega-events: Mass Media and Symbolic Contestation[C]//WENNER L, BILLINGS A. *Sport, Media and Mega-events*. Abingdon: Routledge, 2017: 19-32.

② GRUNEAU R, COMPTON J. Media Events, Mega-events and Social Theory: From Durkheim to Marx[C]//WENNER L, BILLINGS A. *Sport, Media and Mega-events*. Abingdon: Routledge, 2017: 33-47.

③ GRAY J. Why This Crisis is a Turning Point in History[J/OL]. [2021-01-25]. Newstatesman, https://www.newstatesman.com/international/2020/04/why-crisis-turning-point-history.

全球化无法再以现有的国际治理框架继续下去。全球化事实上已经停摆。疫情对经济全球化和地缘政治必定发生重大影响。①

新型冠状病毒肺炎疫情沉重地打击了体育重大事件。2020年东京奥运会延期一年举行，对于世界各地的其他体育赛事的打击也是毋庸置疑的。许多重大体育事件和主要体育事件不得不随之调整赛程。欧洲冠军联赛和各国足球联赛、北美四大职业联赛、网球大满贯赛和众多ATP、WTA分站赛的延迟或取消，让历久不变的全球体育赛程遭受了前所未有的冲击。冲击带来的结果是部分媒介化程度较低的体育赛事可能直接面临生存危机。始创于1984年的瑞士女排精英赛在2020年2月突然宣布永久停办，与其说是组委会宣布的竞技水平和财政状况欠佳使然，毋宁说是其无法适应深度体育媒介化的需求，影响力日渐下滑，甚至无法跻身主要体育事件行列的现状使然。这一赛事的突然"断档"可能会引发多米诺骨牌式的崩塌，网球大满贯赛事之一的2020温网因新冠肺炎疫情被迫取消，大量中小型赛事要么被取消，要么限制参赛规模，要么限制观众入场。疫情给体育迷、体育组织及社会三个层面都带来了不可忽视的影响，也给学界的研究提出了很多新课题。②2022年北京冬奥会由于东京奥运会的推迟无疑将受到影响，这是国际奥委会主席巴赫提出"高峰到高峰"的重要原因。当然，并非所有影响都是负面的。以往OBS数十辆大型奥运数字转播车要从欧洲分别开往举办城市，现在却因为从东京奥运到北京冬奥会时间的接近而不必再往返于欧亚之间。③

此外，目前重大体育事件的全球化和媒介化进程已经接近顶峰。随着疫情期间各个国家和地区之间在应对措施和信息沟通方面产生的各种"误

① 文贯中，马国川. 文贯中：若错过时间窗口，中国现代化进程将中断 [EB/OL]. [2021-01-25]. https://www.sohu.com/a/387047251_331838.

② MASTROMARTINO B, ROSS W, WEAR H. Thinking Outside The "Box": A Discussion of Sports Fans, Teams, and the Environment in the Context of COVID-19[J]. *Sport in Society*, 2020, 23(11): 1707-1723.

③ XIMENG S, WEI W. Interview With Xu Jicheng, Director General of the Media Operation Department,Beijing 2022 Olympic and Paralympic Winter Games[J]. *International Journal of Sport Communication*, 2020, 13(4): 655-662.

会"甚至"对抗"，"西方文明的面纱正被无情地掀开"，高度融合和杂糅的体育媒介化进程也难免受到冲击。譬如，由各个国家和地区的精英组成的奥运会电视转播团队和男足世界杯转播团队可能因为成员国的断航，以及信任度和依存度降低而变成极少数甚至单一国家组成的团队。已经签订的巨额电视转播权合同可能由于赞助商的业绩下滑遭受沉重打击。美国部分职业联盟在疫情期间降低运动员薪金已经可以看出事态前景。网球巨星费德勒和WTA的创始人比利·简·金在2020年4月提出将ATP和WTA合并为一个统一的网球组织，但响应者寥寥；以德约科维奇为首的部分球员还伺机成立了新的球员工会组织。[①]这一系列行为并没有让网球世界在短期内复苏，反而加剧了其分裂。不少学者分析认为，德约科维奇在2020年美国网球公开赛期间因击中司线被直接判负，就与他的"叛逆"行为有直接关联。全球市场一荣共荣、一损俱损的格局可能会面临空前挑战。在这种前提下，世界媒介体育格局将迎来重新洗牌。从目前的情况来看，体育媒介化程度高的重大事件受到的冲击相对有限，体育媒介化程度低的体育事件可能将不得不直面生存危机。

（二）去人格化

去人格化并不是新冠肺炎疫情之后出现的新格局，而是随着新媒体技术和媒介融合程度的提升而不断提升的"赋魅"景观。去人格化的出现实际上是体育赛事本身以追求公平公正为由提出的，但技术取代人来执法甚至参与比赛却正在超出公正性的本意。北美美式橄榄球联盟NFL前教练唐·舒拉（Don Shula）提出，只要电视观众愿意看到一次判罚是不正确的，总有镜头会支持他们的意愿。[②]这其实隐喻了追求绝对公平公正的传播技术其实只能是一种理想。

---

① KING K. Professional Tennis's Constellational Response to COVID-19[J]. *International Journal of Sport Communication*, 2020, 13(3): 344-351.

② SCHULTZ B, WEI W. Sports Broadcasting: History, Technology, and Implications[C]// PEDERSEN P. *Routledge Handbook of Sport Communication*, New York: Routledge, 2013: 137-145.

随着 VAR 技术在 2018 年俄罗斯世界杯的全面启用，电子技术，尤其是电视转播技术反哺于体育赛事的电子技术已司空见惯，并日益成为当代体育赛事中不可或缺的一部分。人们习惯于接受鹰眼、门线技术和 VAR 技术带来的"上帝式"的审判，甚至反过来将其用于评判裁判员和司线员的表现。[①] 过往比赛中裁判员享有的"绝对"权威早已被电子技术所取代，这几乎成为当代媒介体育赛事的一个"终极"神话。[②] 裁判员、运动员、教练员和体育迷之间的传统关系由于电子技术的介入发生了深刻的变革，人格化和人本主义越来越淡漠。

与此同时，随着媒介化的不断深入，体育赛事本身也在发生质变。[③] 网球迷们边有节奏地鼓掌边等待鹰眼判罚的结果，排球比赛中冗长的鹰眼判罚时间可能让随后的发球和攻防都受到影响，VAR 技术的使用基本上摧毁了传统足球在时间上的线性发展，使比赛被切割为各种情绪弥漫和节奏失控的碎片。媒介化技术的运用会让体育赛事去人格化的特征益发明显。在高额利益的驱使下，运动员和教练员不惜以身试法，这使得兴奋剂检测和性别检测成为过去几十年国际重大体育比赛中不得不面对的重要部分。在后深度体育媒介化时代，佩戴电子表和通话耳机的裁判员已经率先成为半人半机器的"赛博人"，植入各种医疗器材和辅助提升运动成绩的装置或设备让部分运动员也成为事实上的"赛博人"。今后，对运动员的"赛博人"检测有可能成为现实。去人格化可能使体育赛事本身和媒介体育都陷入主体模糊甚至主体沦丧的风险，作为传统体育比赛意义中绝对主体的人和人格化都将面临前所未有的挑战。

（三）高度数字化

数字化程度的不断加深是深度体育媒介化的另一个重要特质。弗兰德

---

① 魏伟. 解构当代媒介体育赛事的权力迷思：基于约翰·费斯克的视角 [J]. 上海体育学院学报, 2019, 43(1): 72-79.

② 魏伟. 解读神话：南非世界杯电视转播的符号学研究 [J]. 中国体育科技, 2011, 47(2): 47-51.

③ 魏伟. 重访电视与体育的"天作之合"：从布尔迪厄说起 [J]. 成都体育学院学报, 2015, 41(2): 33-39.

森曾经专门探讨过由技术上不断提升的数字化带来的体育机构的媒介化进程，这种媒介化进程呈现出由上至下和由下至上两种不同途径。^①深度体育媒介化在进入后新冠肺炎疫情时代后，数字化程度将会不断加剧，算法、大数据、全息化甚至人机合一等技术的运用会渐渐主宰原有的体育媒介化进程，深度影响重大体育事件的形态。AI 技术的不断升级使得人机之间的学习从人向机器流动变为双向甚至反向流动。AlphaGo 在先后击败李世石和柯洁两位世界顶尖棋手之后，其进阶产品 AlphaGo Zero 不再学习人类下棋的思维，而是直接通过研究围棋基本规则，创造出了大量职业棋手无法想象的棋路，反而成为指导棋手对弈的"阿尔法狗流"，但职业棋手普遍很难理解它的棋路，因为其"已经完全超越了人类的知识和想象"。^②这种现象在 AI 技术日新月异的时代可能会越来越普遍。

与此同时，深度体育媒介化将使受众的体育观赏体验不断得到提升。以波德里亚"超真实"和"内爆"的理论来考察，媒介和真实都发生了"内爆"，虚拟现实的广告板甚至可以根据不同国家和地区来上映不同语言文字的版本，还有游泳、田径等项目中的世界纪录实时动态线、VR 转播中的 360度视角沉浸式体验^③等，云端转播甚至让不少转播人员不必亲临现场。以跳远比赛的转播为例，通过媒介技术可以让观众看到运动员是否踩线，起跳脚与踏板的距离，听到运动员进入沙坑后与沙接触的声音；这是现场观看比赛的观众甚至记者都无法体验的"超真实感"。深度体育媒介化让这种体验不断升级。

但深度体育媒介化也会加深体育受众对于电子化和数字化的依赖感。这种"依赖感"出自当代媒介体育赛事的"终极神话"，但这层神话其实是脆弱的。世界杯主转播商——瑞士盈方公司旗下的 HBS——在转播中不断增加的反向机位提供了越来越多与过去转播"同轴"原则下截然不同的

① FRANDSEN K. Sports Organizations in a New Wave of Mediatization[J]. *Communication & Sport*, 2016, 4(4): 385-400.
② 刘海龙. 传播中的身体问题与传播研究的未来 [J]. 国际新闻界 , 2018, (2): 37-46.
③ 魏伟 . 波德里亚符号政治经济学视域下的奥运会 [J]. 符号与传媒 , 2020,（秋季）: 109-127.

结果，位于新泽西的 NBA 视频回放中心经常要在数十台机位提供的画面中反复选择，因为不同机位提供的影像有可能是相互矛盾的。这从一个侧面证明了电子技术本身的无力和"无能"，深度依赖解读的特性其实折射出的是电子化和数字化神话的脆弱。①

弗兰德森认为，以社交媒体 App 形式出现的休闲体育和曾经一度被边缘化的电子竞技都将在深度体育媒介化时代发挥重要作用，成为体育媒介化发展的高级形态。② 新媒体和融合媒体形式的多样化，以及在深度体育媒介化时代新媒体和融合媒体融合程度的加深或降低都会成为学界关注的焦点问题。③ 这种高度数字化的进程不会受到去全球化和去人格化等特质的影响，其发展趋势是不可逆的。

随着后深度体育媒介化时期的逐渐来临，全球化的消散似乎很难避免，世界媒介体育格局重构的可能性也很大。一些低级别的非主要和主要媒介体育事件可能就此走向衰亡。重大体育事件和巨型体育事件可能面临重新洗牌。一些国家和区域内的职业体育赛事的重要性可能会更加突出，过往国家和地区之间关联度强的国际重大体育事件可能由盛及衰，各区域和国际体育媒介组织内的对抗和冲突可能加剧。《欧洲体育社会学学刊》社论指出，在这场新冠肺炎疫情之后，至少有五大方面的议题需要在短时间内得到讨论④，几乎涉及体育人文社会学研究领域的绝大部分议题。大量体育学术期刊开始以专刊的方式探讨可能出现的各种新局面。在后新冠肺炎疫情时代，体育媒介化的格局面临重新洗牌，有关体育重大事件和体育媒介化的研究，甚至整个体育传播学研究都不可避免地需要重新展开。

---

① WEI W, XIMENG S. Illusion or Reality? ——A Semiotic Phenomenology Analysis of the "Electronic Justice" of Contemporary Sports Events[C] // *Paper of IAMCR Tampere 2020 Conference Media, Communication and Sport section*, 2020.

② FRANDSEN K. *Sport and Mediatization*[M]. Abingdon: Routledge, 2020: 3-13.

③ 魏伟. 重访体育新闻学研究的基本特性 [J]. 成都体育学院学报, 2019, 45(1): 21-27.

④ EVANS, A, BLACKWELL, J, DOLAN, P, et al. Sport in the Face of the COVID-19 Pandemic: Towards an Agenda for Research in the Sociology of Sport[J]. *European Journal for Sport and Society*, 2020, 17(2): 85-95.

五、结语：中国体育媒介化研究的发展

媒介化研究在中国的发展起步较晚，虽然以"媒介化"为主题词的研究早在 20 世纪末就已经出现，并且在 21 世纪初达到第一个巅峰期。但那时的"媒介化"概念跟今天的"媒介化"概念在意义上有较大出入，所以需要严格区分开来。真正意义上的体育媒介化研究直到 2010 年之后才开始，2015 年之后迎来兴盛期。今天，以德国和北欧学者为主的媒介化研究在中国传播学界也开始拥有相当数量的拥趸，中国学者不仅积极推介媒介化学派的各种学说，还在此基础上推动媒介化在中国语境下的分析和研究。

国际体育传播学界对于体育媒介化的研究在 2015 年之前量小力微，几乎找不出比较有影响的作品。① 2015 年之后才开始勃兴。当下，国内体育传播学界对于体育媒介化的研究还处在初级阶段。尽管有部分研究被冠以"体育媒介化"的名头，但那不过是媒介体育和体育中介化时代留下的印迹。有关体育媒介化的研究不仅在数量上寥寥无几，在深度和广度方面更是乏善可陈，存在大量的学术空白点。如果说对媒介体育、体育媒介复合体还有部分研究涉猎的话，那么国内对于体育重大事件的媒介化研究才刚刚起步。有关体育媒介化中国特色发展的研究可望成为今后较长一段时间里传播学、体育学、社会学等领域学者重点关注的领域。

■ 作者简介 ━━━━━━━━━━━

魏伟，北京外国语大学国际新闻与传播学院教授，博士生导师，国际体育传播与外交研究中心主任；尚希萌，北京外国语大学国际新闻与传播学院博士研究生。

■ 来　　源 ━━━━━━━━━━━

本文原载于《上海体育学院学报》2021 年第 45 卷第 7 期。

---

① 魏伟. 近年来国际体育传播研究的转向和趋向 [J]. 体育科学，2016, 36(5): 10-17.

凝视理论视域下"AI 换脸"应用中的自我展演行为研究

邓秀军　刘梦琪

摘　要　社交媒体平台的自我展演无处不在，从文字、图像到动态视频，自我展演行为越来越多地与视觉文化相结合。凝视，则是这种自我展演的主要动力，展演行为人不断地遭遇凝视，也在享受这种凝视。"身体"作为一种自我展演的媒介，在凝视中被不断地解构并重构。火爆一时的"AI 换脸"技术应用"ZAO"，为展演主体在群体互动中的角色自我建构提供了技术支撑和能力补偿，将"换脸"这一自我展演行为置于社交网络平台的凝视场域，在满足用户社交需要和关照需求的同时，也导致权力关系的动态博弈与自我认知异化的风险。在满足用户社会交往和自我观照等需求的同时，消解和重构了传受之间的权力关系，也导致了用户身体自主性的迷失和自我认知的异化。

关键词　"AI 换脸"；自我展演；凝视；拟剧理论；人工智能

　　自我展演（self-presentation）是一种带有主动性的自我展现与自我表演。自我展演中"展演"（presentation）一词也被翻译为"呈现"，戈夫曼（Goffman）在《日常生活中的自我呈现》中提出了拟剧理论，认为社会是一个剧院，人在日常生活中的自我呈现实际上是一种角色表演，其中的"呈现"行为并不是一种客观存在，而是一种带有主动性的展现或表演。[①]

[①]　Erving Goffman. *The presentation of self in everyday life*[M]. New York: Anchor Books, 1959: 1.

霍根（Hogan）对戈夫曼的拟剧理论进行了拓展，认为线上的自我展演可以分为共时性的情境式表演和异时性的展品展览，提出当下社交媒体中的展演行为包含了即时聊天的情境式表演和状态更新的展品展览两个方面。[1]社交网络平台如同一个偌大的云端剧院或线上个人展览馆，演绎着被塑造的虚拟人格，展出着被认知建构的网络形象。这些展演行为的主要动力就是被人观看，或者说是被"凝视"。萨特（Sartre）在《存在与虚无》中提出了凝视（gaze）的概念，认为凝视是一种个体或群体看待其他个体、群体或自身的行为。[2]社交媒体中自我展演行为的动力，来自于自我与他人、主体与客体间无处不在的凝视。

"AI 换脸"（AI-powered face changing）的实质是一种基于人工智能的人体图像合成技术，又被称为深度伪造技术（deepfake），它是"深度学习"（deep learning）与"伪造"（fake）的合成词汇。[3] 2019 年，国内一款利用此技术为用户提供"AI 换脸"的应用"ZAO"在短时间内风靡社交圈，该应用的宣传口号是"仅需一张照片，出演天下好戏"。"ZAO"以视频链接等方式，在国内的主流社交平台传播开来。用户只需上传自己的正面照片，就能将自己的脸更换到影视剧或娱乐片段中的演员身上，由后台合成换脸短视频，并支持用户将自己"出演"的视频片段分享到微信、微博等主流社交媒体平台中。从图片走向视频，从美图滤镜走向"AI 换脸"，人工智能技术的介入无疑是智能时代下新技术与身体媒介相结合的一种新型实践。不断被美化和符号化的身体，既是智能时代下自我展演的一部分，也成为社交传播中碎片化的自我本身，引起了大众对数字伦理、媒介隐私权的担忧与讨论。

---

[1] Bernie Hogan. The presentation of self in the age of social media: Distinguishing performances and exhibitions online[J]. *Bulletin of Science, Technology & Society*, vol. 30, no. 6, 2010: 377.

[2] Jean-Paul Sartre. *Being and nothingness*[M]. Simon & Schuster, 1993: 252-257.

[3] Brandon, John. *Terrifying high-tech porn: Creepy "deepfake" videos are on the rise*. Fox News[EB/OL]. Retrieved 20 February 2018. https://www.foxnews.com/tech/terrifying-high-tech-porn-creepy-deepfake-videos-are-on-the-rise.

一、"AI 换脸"中的行为主体：角色狂欢与建构性自我表达

心理学的大五人格理论（Five Factor Model）将人格分为开放性（openness）、责任感（conscientiousness）、外倾性（extroversion）、宜人性（agreeableness）、神经质性（neuroticism）五种。"AI 换脸"应用中自我展演的主体，可分为喜爱表现自我的外倾性主体与羞于在日常生活中表现自我的内向型主体，展演行为的动因，可分为参与群体狂欢与表露隐藏型人格，自我展演的目的多指向获得感与自我表达。[①]"情绪的不稳定性、自恋性、羞涩心理、自尊和自我价值等元素，构成了自我展演的动因。拥有高神经质性和低责任感的人格特质是自我展演主体的一种典型特征。"[②] 在社交平台的分享与传播中，"AI 换脸"视频的主体往往分为两种不同的人格特质，即偏向低责任感的外倾性主体与具有高神经质性的内向型主体。

（一）外倾性人格的狂欢化角色扮演

"AI 换脸"本质上是一种角色扮演，用户通过"换脸"满足自身不在场的角色代偿心理。"换脸"的含义在于遮蔽自己的脸，用其他的物体或意象覆盖在自己的脸上，从而进入另一种展演情景。人类自原始部落时期就开始以面具（mask）的形式隐藏原本的自己，期许获得超乎寻常的个人能力。"面具是世界上很多国家和民族共生的一种文化现象。人类早期出于对神灵鬼怪和大自然的敬畏，把面具看成是与超自然威力的精灵交往的一种工具。"[③] 在艺术文化发展进程中，蒙面、扮相、变脸等元素，成为东西方戏剧文化中重要的艺术展演形式。

---

① Costa, P. T., Jr. & McCrae, R. R. *Revised NEO Personality Inventory (NEO-PI-R) and NEO Five-Factor Inventory (NEO-FFI) manual.* Psychological Assessment Resources, 1992.

② A. Nadkarni, S. G. Hofmann. Why do people use Facebook? [J]. *Personality and Individual Differences*, vol. 52, 2012: 243.

③ 许之敏. 面具与文化 [J]. 中国美术馆, 2008, (4): 106.

有关"换脸"的自我展演，最先使用的是增强现实技术（AR），诸多美图软件陆续开发了各式各样的"换脸滤镜"，将各类特效与镜头内的人脸融合，或者将同处于镜头中的两张脸进行面孔互换。国内的"AI换脸"最早运用于图片，2017年建军节来临之际，《人民日报》客户端与腾讯的"天天P图"应用合作推出H5小游戏"军装照"，利用静态的AI换脸技术，将用户的脸合成于不同样式的军装照中。同年，国外的社交新闻平台Reddit出现了一个名为"deepfakes"的账户，该账户以动态"AI换脸"的形式将女明星的脸更换到成人色情视频中，随后陆续出现了FakeApp等"一键换脸"的简化应用，"换脸"对象的范围不断拓展，各国政要、名人明星等公众人物的"脸"成为这项新型人工智能应用的狂欢对象。

作为国内首批将"AI换脸"技术融于视频的简化应用，"ZAO"的页面版块分为推荐、混剪、影视综、图集、穿搭几部分，内容模式分为"演"与"试"。其中"演"的类型包括"演女神""演男神"等，"试"的类型包括"试穿搭""试发型"等。总体来说，"ZAO"应用内换脸视频的内容趋向可分为三种，即美化趋向、娱乐趋向与试装趋向。"ZAO"中的自我展演行为是：用户通过自拍或上传自己的头像，选择想要"演"或"试"的视频片段，将合成后的视频通过链接的方式在社交平台上进行分享与传播。

由此可见，"AI换脸"中自我展演的部分主体拥有偏向低责任感的外倾性人格，这类主体多热衷参与群体性的狂欢。大五人格理论中，责任感人格包括自律、谨慎、克制等特质，外倾性人格包括热情、社交、果断、冒险等特质。[①]"AI换脸"技术最初应用于对公众人物的恶搞和娱乐，当简化应用进入自我展演的领域，不具备谨慎克制性格特征且热衷于尝试新鲜事物和参与式社交的人群，往往容易忽略换脸应用涉及的个人隐私权等潜在问题，快速被裹挟到群体性的狂欢之中，制作与分享自己的换脸视频

---

① G. Seidman. Self-presentation and belonging on Facebook: How personality influences social media use and motivations[J]. *Personality and Individual Differences*, vol. 54, 2013: 403.

进行新奇的自我表达与自我构建。

（二）内向型人格的建构性自我表达

在社交平台上分享与传播自己"AI 换脸"视频的行为，既是一种自我构建，也是一种自我表达。自我构建的概念最早由 Markus 和 Kitayama 于1991 年提出，指的是"个体在认知自我时，会将自我放在任何参照体系中进行认知的一种倾向。人们或是将自我看作与他人相分离的独立实体，或是将自我置于社会关系网络的一部分"[①]。与美图滤镜等自我美化软件不同，"AI 换脸"应用的用户只需上传一张照片，选择想要"出演"的影视剧片段，就可以观看系统生成的换脸视频。

网络社交平台中的展演行为是一种建构受众的自我表达。阿伯克龙比和朗斯特针对 20 世纪末的新媒体环境提出了展演范式，即"传统的单向媒体环境中，'观看'的体验是核心行为；而新媒体环境中，'展演'是建构受众的核心和关键"[②]。与传统媒体的媒体核心环境不同，社交网络平台赋予了用户更大的权限，让普通个人能够有机会来进行自我展演，"AI 换脸"这个新技术应用为用户的自我展演剧目提供了新奇的表现方式。

"AI 换脸"的自我展演中，包括拥有高神经质下的内向型隐藏人格的用户，他们偏向借助线上的社交平台展现现实生活中隐藏的部分自我，进而建构那个想象中的自我形象。大五人格理论中，内向型神经质性人格包括压抑、脆弱、情绪不稳定等特质，"具有神经质性特质的人，往往会将Facebook 作为自我展演的安全场所，展演一种隐蔽的自我和理想中的自我"[③]。这类人在日常生活中看似内向木讷，却渴望以互联网为出口，找到某种呈现和表达隐藏自我的新型展演方式。在"AI 换脸"的自我展演行为中，

---

① 刘艳 . 自我建构研究的现状与展望 [J]. 心理科学进展 , 2011, (3): 427.

② 陈彧 . 从"看"到"炫"——粉丝再生性文本中的自我展演与认同建构 [J]. 现代传播 , 2013, (11): 155.

③ G. Seidman. Self-presentation and belonging on Facebook: How personality influences social media use and motivations[J]. *Personality and Individual Differences*, vol. 54, 2013: 404.

这类展演主体多热衷于分享自己偏向娱乐搞笑的换脸视频，试图从某种角度重构自己的社交形象，展现自己部分隐藏的开放性、外倾性人格特质。

二、"AI 换脸"中的行为动因：群体凝视感知下的社交期待

"AI 换脸"的自我展演行为是在自觉和不自觉的凝视感知下实施的。要么是使用换脸应用的用户想跳脱自我既有身份，从"他者"视角凝视自己的"别样"角色；要么展演者本来就是从被凝视的臆想出发，使用换脸应用建构一个新的自我形象，进而展示给别人看。凝视理论（gaze）的发源与视觉文化有着分不开的关系，从古希腊的视觉至上原则，到在西方长期占重要地位的视觉中心主义，凝视理论经历了持续的发展与演进。存在主义哲学家萨特着重于对"注视"的研究，认为"注视"是"我"与他人关系的重要媒介，只有被看和被见证才是存在的。拉康的镜像阶段论将凝视与自我的概念结合起来，指出婴儿从镜子中认出自己的那一瞬间就形成了自我意识，由此颠覆了肉体与心灵的二元论，建构了凝视的多元主体价值体系：主体在用眼睛注视客体，客体则凝视着主体，客体世界折返的目光就是凝视，所以凝视是无处不在的。福柯则赋予了凝视一种权力的探究视角，认为知识信息的差异赋予了凝视以权力，同时，凝视也是一种监视，是一种规训与权力共谋催生的社会交往行为。[①]

（一）自我认知建构中的观照需求

具有"用户自主和关系主导"特性的社交网络平台，可以被看作一个自我展演的人际互动场域，从文字到图片、视频，再到"AI 换脸"应用的出现，技术更新迭代，凝视隐匿在这些不同形式的自我展演中，这之中包含着主体与客体、自我与他人之间的关系。若将网络社交下的自我展演，

---

① 朱晓兰．"凝视"理论研究 [D]. 南京：南京大学，2011: 36, 100.

看作具有主观意识的人输出到网络平台的某种互联网文本（文字、图像、视频），那么这些文本便承载着自我与他者的双重凝视，自我展演的主体即是自我凝视中的客体，也是他者凝视中的客体（见图 1）。

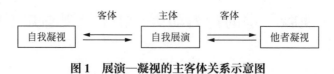

图 1　展演—凝视的主客体关系示意图

"AI 换脸"的自我展演首先是一种认知建构中的自我凝视。"AI 换脸"中的自我凝视是显性的，相比通过美图自拍来自娱或迎合他人，"AI 换脸"中自我展演的主体更加关注的是自己的脸置于不同场景中的陌生化"奇观"。在"AI 换脸"应用中，我们第一次在"他者"化的场景中生成了全新的自己，我们的脸得以从《还珠格格》跳到《情深深雨濛濛》，从古装场景跳到科幻未来。通过对自我展演素材的制作、编辑、发布，每个人的智能终端电子屏幕都成了拉康的镜子，我们则变成社交网络世界里的婴儿，辨认着屏幕里的自己，并对其产生一种自我认同。从某种程度上来说，这个处于视觉奇观中的自己是"刚刚出生的"，在后台 AI 视频的生成过程中，自我展演的主体以一种类似婴儿看镜子的心态，期待着自己的"新生"。

对于用户的自我认知建构而言，"AI 换脸"的自我展演同时也是一种"他者"凝视。"AI 换脸"的用户将自己的换脸片段分享在社交平台上以期他人的观看与互动，这种观看和审视的背后，总是潜藏了他人的视角。他人视角的第一层含义在于，自我展演的主体会不知不觉地以"他者"的目光反观自身，认为自己在社交平台上分享的内容，正在被某个或某些他人观看。萨特强调说，"凝视不是指别人的目光，不是指看见别人的目光在盯着我，而是说我觉得有某个他人在凝视我，就是说，这个他人的凝视不一定是一种实际的观看，而是存在于主体的想象中的"[①]。他人视角的第二层含义在于，当"AI 换脸"的视频被分享在社交平台的对话框里，或被展

① 吴琼. 他者的凝视——拉康的"凝视"理论 [J]. 文艺研究 , 2010,(4): 35.

演在社交网络的信息流中供他人浏览时，他者的凝视总是藏于电子屏幕背后，且是无处不在的。他者的凝视行为或通过点赞、评论等形式得以显露，或只是悄无声息地发生。

（二）群体互动中的社交需求

"AI换脸"应用中的自我展演，为社交平台的群体性凝视营造出一个新奇的媒介事件。与滤镜美图等以个人形象为主要改造对象的应用不同，"AI换脸"应用仅提供有限数量与类型的场景模板，用户除了自拍或上传自己的照片之外，只能在应用所提供的场景范围内实现一键换脸，不同用户换脸视频的效果呈现较高的相似性和重复性。因此"AI换脸"建构了一个角色的相近或相似场景，供特定圈层的用户群体来进行人际互动和角色比照。

正是基于观看与被看的感知和意识，通过"AI换脸"应用进行自我展演的人群，仿佛在参与一个共时性的传递游戏，展演主体的行为动机往往来自于观看了他人的换脸展演行为，而展演主体在观看自己换脸视频的同时，也不断参照着他人的展演行为及其效果。"ZAO"在平台设置中充分强调应用的社交属性，用户除了能够在各个社交平台分享自己的换脸视频外，还能在应用首页点击"合演"版块，通过微信或QQ账号添加好友，邀请好友一起"出演"视频换脸片段。除此之外，用户还可以制作自己的面部表情包，将换脸效果融于动态图片，在其他社交平台上分发使用。

"AI换脸"热潮可以被看作一场线上社交世界的万圣节狂欢。尽管"AI换脸"下自我展演的实质是一种去个性化的表达，但这些相似却不尽相同的展演内容，却恰好满足了展演主体在同一媒介事件下共通的社交需求，在热点媒介事件下的观看与被看中，一个个互联网ID背后的社交孤岛由此产生群体性的互动与勾连。

三、"AI 换脸"中的权力关系：凝视的享受者与享受的凝视者

"AI 换脸"中身体与脸的分离与再结合，可以被视为当下身体传播技术下新兴的呈现方式。"AI 换脸"应用掀起的这波娱乐的喧嚣背后，隐含着的是看与被看的权力关系。

福柯率先从权力视角研究凝视理论。在《临床医学的诞生》中，福柯将医生对病患的观察称为凝视，医生所拥有的医学知识使医学的凝视带有权力的属性[①]；在《规训与惩罚》里，他进一步提出了"监视"的概念，他以边沁（Bentham）的"圆形监狱"为灵感，提出"全景敞视主义"，认为监狱瞭望塔上的人可以通过凝视来监视四周的犯人，被凝视的犯人无法看到瞭望塔上的人，在压力之下，被监视者自身渐渐产生了一种自我监视，这之中的凝视过程实质上隐含着一种权力机制。[②]凝视关系中，观者占据着主体的位置，观看者被赋予了"看"的特权，也通过"看"确立了自己的主体地位。在沦为"看"的对象的同时，被观看者会体会到观者眼光带来的权力压力，并通过内化观者的价值判断进行自我物化。[③]

从 PS 修图到 AR 滤镜，再到"AI 换脸"，身体的展演作为自我展演的一种重要方式在新技术的发展下不断发生演进，自我展演的主体主动将自己投射在各种凝视交织的社交场域里，使得凝视中的权力关系面临新的格局。

（一）凝视的享受者：技术赋权的反凝视

在自拍与美图软件已不再稀有的今天，技术赋权始终是一个无法回避的研究视角。技术曾被认为是中性的，但一直以来，有诸多观点指出技术

---

① [法] 米歇尔·福柯. 临床医学的诞生 [M]. 刘北成，译. 南京：译林出版社，2001.
② [法] 米歇尔·福柯. 规训与惩罚 [M]. 刘北成，杨远婴，译. 北京：生活·读书·新知三联书店，2019.
③ 赵一凡，张中载，李德恩. 西方文论关键词 [M]. 北京：外语教学与研究出版社，2006.

非中立，认为技术是为了满足人的欲望而不断演进更迭的。"美图是一种技术赋权，它让普通个体也拥有了让自己的形象得到美化并以此谋求社会空间中的存在感的可能。"[①] 在"ZAO"的应用平台中，这种技术的赋权则显得更加直接，任何一个普通的用户都能将自己的脸投射在明星的身体上，仿佛置身于自己熟悉和喜爱的影视剧场景中。

用户使用"AI 换脸"应用，是在凝视意识和感知下的一种自我展演行为，这种行为本身就蕴含了对凝视的认可和响应。在自我欣赏与主动分享的过程中，"AI 换脸"技术在解构现实身体的同时，也完成了网络世界里的自我重构。由此看来，新技术下的自我展演似乎指向了凝视的反面，即"反凝视"。反凝视也可以被看作一种认同的凝视，带有拉康镜像理论中的认同色彩。比如"明星凝视"中，自我和他者并不是看与被看的监视关系，在粉丝对明星的凝视中，主体与客体是交叉重叠的。[②] 除此之外，"AI 换脸"中的自我建构似乎更多地带有自我娱乐的性质，"换脸"的过程既是向外的自我展演，也是向内的自娱自乐。技术赋予了用户在自我展演中自我改造的权力，自我展演观看者的权力似乎被削弱了，权力机制似乎在此处渐隐。

（二）享受的凝视者：在凝视中被凝视

从读图时代走向视听时代，从 PS 修图、美颜磨皮、AR 滤镜，到如今兴起的"AI 换脸"，新技术看似在不断为自我展演赋权，然而，"赋权"的核心不在于"权"，而主要在于"赋"，即被赋予权力的人身后，仍然有实施"赋权"行为的主体。从某种意义上来讲，技术本身即是权力，自我展演的主体仍然受制于技术。诸如"ZAO"这样以技术为核心的应用，其技术开发团队不仅是技术的实际拥有者，同时也是应用使用规则与条款的制定者，他们可以制作内容模板，设定分享传播机制，这个过程本身已经实现了一种权力的构建。正如《一九八四》中的"Big brother is watching

---

① 彭兰 . 美图中的幻像与自我 [J]. 现代传播，2018, (12): 14.

② 朱晓兰 ."凝视"理论研究 [D]. 南京：南京大学，2011.

you"所表述的那样，"ZAO"因侵犯用户隐私权而被诟病的霸王协议恐怕只是问题的表面，这之中真正的规训已经存在于既定的技术框架里。

除此之外，社交媒体中的自我展演行为逃不出他人凝视的权力框架。一方面，每个人都可以通过点赞、评论他人，行使自己凝视的权力；另一方面，个体在自我展演中期待收到点赞、评论等形式的反馈，不断在脑海中想象与模拟着他人的凝视。"微信用户发朋友圈、刷朋友圈的过程，就是一个向他人展示自我的同时，也是接受他人自我展示的过程，大家在不知不觉中成为朋友圈中的'凝视者'与'被凝视者'。"[①] 如果说把权力的凝视与被凝视的场域比作边沁设计的全景敞视监狱，那么躲在屏幕背后的人，就像全景敞视监狱中瞭望塔里的人，每一个个体都是一座瞭望塔，社交媒体平台不过是诸多瞭望塔集合的场域，权力的凝视只不过隐藏在了自我展演行为中个体虚设的主动性背后。

四、"AI 换脸"中的自我认知风险：身体拟像中的迷失与异化

随着人工智能技术的迅猛发展，当下世界范围内的深度伪造技术已经可以达到真假难辨、以假乱真的效果，利用人工智能技术"换脸"或"造脸"，无异于在互联网"克隆"一个人。"AI 换脸"技术迈向成熟的背后，不仅隐藏着传播伦理的危机，还隐含着现实世界里个体对自我的认知的风险。

（一）身体的拟像：自主性的迷失

"AI 换脸"中的自我展演可以被看作一种具体而显性的拟像（ simulacra ）。拟像的概念来自波德里亚在消费社会基础上创建的拟像学说："今天，全部系统都跌入不确定性，任何现实都被代码和仿真的超级现实

---

① 任小宇，赵亮 . 凝视与被凝视：基于凝视理论的微信朋友圈研究 [J]. 中国冶金教育，2019, (1): 116.

吸收了。以后，仿真原则将代替过去的现实原则来管理我们。目的性消失了，我们将由各种模式生成。不再有意识形态，只有一些仿像。"① "AI 换脸"所形成的影像没有客观的所指，仅是一种存在于数字世界中的能够无限复制的电子图像，这就是波德里亚"拟像"概念的一种现实性诠释。人类早期的传播仅存在于身体的在场之中，随着印刷技术、互联网技术的发展，文字、图像等具有指代性符号价值的媒介一定程度上取代了单一的身体传播方式，造成了身体的缺席。②

如果说美图软件着眼于以他人凝视的视角构建拟像、满足自我期待的话，"AI 换脸"应用则更加强调自我展演主体自身的欲望投射。用户通过"AI 换脸"技术将自己的脸更换到影视场景中角色的身体上，将自己身体的缺席扭转为部分的在场（媒介技术所提供的），满足一部分自我观看的欲望，这种基于拟像构造的想象中的满足，本质上却是虚无和匮乏的，因为凝视本身印证的正是一种欲望对象的缺席与匮乏。"凝视所诱发、携带的幻想，是欲望的投射，观看主体希望沿着缺席（欲望对象的匮乏）到达在场（欲望的满足），但我们所能达到的只是欲望本身——那个掏空了的现实的填充物。"③ 随着人工智能技术与身体传播的不断结合与发展，人们对自我的拟像和拟像中的自我产生了更多改造与构建的欲望，仿佛拟像才是网络社会里真实的那个自我，互联网之外的那个自我逐渐走向匮乏，网络与现实生活中自我认知的边界趋向模糊。

（二）技术的殖民：自我认知的异化

人工智能技术为自我展演提供了革新的空间，"AI 换脸"技术可以被看作自我技术中新的应用与实践，但这同时也意味着自我异化的风险不断加深。自我技术是福柯提出的四种技术中的一种，主张个体通过自我技术

---

① [法] 让·波德里亚. 象征交换与死亡 [M]. 车槿山，译. 南京：译林出版社，2006.
② 刘明洋，王鸿坤. 从"身体媒介"到"类身体媒介"的媒介伦理变迁 [J]. 新闻记者，2019, (5): 77.
③ 戴锦华. 电影理论与批评 [M]. 北京：北京大学出版社，2007.

构成为主体。自我技术的核心在于"关注自我"，"它使个体能够通过自己的力量，或者他人的帮助，进行一系列对他们自身的身体及灵魂、思想、行为、存在方式的操控，以此达到自我的转变，以求获得某种幸福、纯洁、智慧、完美或不朽的状态。"①"'自我'能够是'自我构成'，而不仅是'被构成'的，因而'自我的技术'对个体的自我创造就十分重要。"②萨特曾说过"他人即地狱"，认为无论是虚拟不在场的注视还是真实的注视，都是会使人异化的一种凝视。虽然福柯认为自我技术是具有积极主动性的，但新技术的更迭演进使人们越来越陷入一种主动的自我异化中。"新媒体时代的自我技术不仅推动了个体的'自我关注'意识，更重要的是，将这种自我关注置于前所未有的互动环境中，人们每一种自我呈现与表达，都可能被其互动环境所监视、评价，这些反馈随时会反弹回个体。"③

类似"ZAO"这样的一键式的"AI 换脸"应用，往往会在算法中叠加角色原本的骨骼特征，用户的脸得以被美化，从而产生"原来我可以如此好看"的心理暗示。"换脸"后的自我展演主体却没有意识到，换脸视频中的脸已不再是自己的脸，这不仅是一张陌生的脸，还是一张伪造的脸。"AI 换脸"使数字世界里自我形象的异化更加显性，这种深度伪造技术（deepfake）不仅使身体与脸彻底分离，还重构了一张实质上不属于任何真实世界里的人的脸，使展演中的自我完成了一种从里到外的深度异化。"AI 换脸"视频的自我展演行为，只能在社交层面上维护或重构展演主体的某种性格特质，却并不能够重构一个生动的自我形象。

五、总结与展望

"AI 换脸"中自我展演的主体包含两种不同的人格特质，偏低责任感

---

① [法] 米歇尔·福柯. 自我技术 [M]. 汪民安，编. 北京: 北京大学出版社，2016.

② 周祥林. 福柯晚期思想的伦理关怀 [J]. 湘潭大学学报（哲学社会科学版），2010, (4): 128.

③ 彭兰. 自拍: 一种纠结的"自我技术" [J]. 新闻大学，2018, (5): 46.

外倾性主体的展演行为是一种狂欢化的角色扮演，高神经质性内向型主体的展演行为则是一种建构性的自我表达。"AI 换脸"中的自我展演行为不仅是群体互动中的社交需求，也是展演主体在自我认知建构中的观照需求。除此之外，"AI 换脸"中的观看与被看中蕴藏着权力关系的相互转化，随着人工智能技术的发展，不断演进中的自我展演行为，容易造成展演主体自主性的迷失和自我认知的异化。

虽然"AI 换脸"应用"ZAO"曾在苹果应用商店火速登榜，但随之而来的有关隐私权等的诸多问题，成为社会关注的焦点。很多用户在"ZAO"的官方账号下留言，认为自己的隐私权和肖像权受到侵犯，要求应用删除自己已上传的面孔信息；也有用户表示，"ZAO"单一的换脸模式和同质化的场景模板让新奇感过后的用户丧失兴趣，热情骤减。"AI 换脸"的自我展演在各类社交平台里爆发式地复制，又断崖式地消止。

数字媒体技术解构了用户真实的身体，也冲击了人们的自我认知。无论是"美图"还是"AI 换脸"，自我展演不断被美化，却无处不充斥着零散的身体符号与碎片，无限趋向某种同质化的未来。"AI 换脸"中的自我展演表面上看似是一种自我表达的强化和他者凝视的弱化，但这之中他人的权力凝视始终无法消散，权力机制也并未因此改变。看似强劲的自我表达背后，自我认知却走向迷失与异化。"'眼见为实'的时代已经一去不复返，无论文字、图像还是视频，都可以被轻而易举地编辑和伪造，而无论欧美国家还是中国的互联网法律体系，都尚未就此实现针对性的立法。"[①]

面对全方位爆发的激烈争议，"ZAO"在一周之内更新了自己的用户协议，修改了用户肖像权与隐私权的相关条款，并承诺应用后台不会存储用户个人面部识别特征的生物信息。除此之外，为确保用户的信息安全，应用内部设置了真人验证环节，以确保他人的照片不被盗用。采取修补技术漏洞的方式弥补对用户权益的冲击，固然能解决新技术应用当下面临的功能质疑，却始终无法弥合用户自我展演所导致的负面社会影响。

在当下智能传播热潮汹涌的大环境下，"AI 换脸"应用所引发的媒介

---

① 常江 . 互联网与真实的边界 [J]. 青年记者，2019, (28): 92.

隐私与媒介伦理的问题并不是个案。从技术演进的脉络来看，"AI 换脸"技术的出现和采用只是自我展演与身体传播在新技术演进下的一个片段，随着传播技术的不断革新，虚拟现实、沉浸式传播等技术将会越来越多地投入实践应用中。虽然当下"逆全球化"的声音不绝于耳，但新冠肺炎疫情大范围暴发等全球性公共事件仍推动着互联网技术去回应和满足人们跨越时空的交往需求。身体的意义将挣脱时空和既定模式的束缚被无限延展，自我展演的空间和方式逐渐走向多元。在媒介技术与自我展演行为的交替演进中，自我展演的主体动因和行为模式会经历什么样的变迁路径？凝视意识和感知是否会一直存在？展演中的权力关系和自我认知会发生什么样的变化？这些都将是智能传播有待进一步探讨的问题。

■ 作者简介

邓秀军，北京外国语大学国际新闻与传播学院教授，博士生导师；刘梦琪，华中科技大学新闻与信息传播学院博士研究生。

■ 来　　源

本文原载于《现代传播》（中国传媒大学学报）2020 年第 42 卷第 8 期。

西方跨国媒体的文化译转性以及协商路径

——基于外媒中国雇员的访谈

吴梅红　姜飞

摘　要　鉴于跨国媒体在国际关系立体多元化交流中有着历史性、深远性价值，中国国际传播研究与实践亟须直面跨国媒体，首要任务是对西方主流媒体建立客观、全面、立体的认知。本文研究者借由对外媒驻华分社中国籍资深雇员的深度访谈，从翻译的文化学派理论出发，研究该群体在中外媒介信息和文化方面发挥的跨文化"译转者"和文化协商作用，探索与外媒交流合作的正确方式以及中国国际传播能力建设的现实路径。

关键词　译转性；异化翻译；文化资本；国际传播能力

一、问题的提出

在人类技术文明突飞猛进的背景下，2020 年却见证了全球主流媒体关系的历史性怪现象。一些国家决定将另外一些国家的跨国媒体视为"外国使团"，限制驻站人数，压缩传播空间，并对一些颇有影响力的全球性社交软件进行经济上的打压。更有甚者，一些跨国主流媒体将新冠肺炎疫情政治化，进行污名化传播，日益偏离其早期主张，许多报道呈现出客观现实和主观评价之间的巨大张力，引发全球性传播舆情和传播信任危机。这再次引发了学界的深入思考：跨国媒体究竟该承担何种社会、政治和文化角色？同时，日益走近世界舞台中心的中国该如何面对这些跨国媒体，中国的"走出去"媒体该如何自处？

首先，我们依然无法回避和忽视的问题是，任何国家和地区的媒体的国际信息报道对他国形象建构都具有巨大的影响力。根据学者 Zhu 和 Boroson 的研究，媒体对国际报道的议程设置效果优于国内报道，原因是大部分的受众并没有与国际事务相关的直接经验。[①] 换言之，西方受众对中国的感知和理解很大程度上天然受制于本国媒体的新闻框架。如果媒体对中国的报道以负面为主，则受众看待中国的观点总体趋向负面。其次，我们还早应自觉的是，西方媒体的所作所为似乎与其所宣称的完全客观、公正地报道事实有很大出入，部分媒体政治化倾向明显，同时囿于记者认知的局限或者成见，有些报道甚至违背了事实。但这是否可以涵盖所有西方媒体？如何在新时期看待和对待这种现象？最后，难以否认，我们对西方媒体缺乏全面而深刻的了解，对其涉华议程和态度缺乏纵向的历史观察和梳理。下一步还需要超越其作为媒体的一元属性而认识到其多面性，从而开放对跨国媒体的认知和处置的空间想象，或可在超越认知局限之后，有效推动双方的跨文化对话与合作。

针对上述问题，近年来，学术上对西方媒体的研究常从其涉华报道出发，以新闻框架、议程设置、话语分析等为分析手段或者视角，诠释其对中国国际形象建构的作用和影响，得出的结论以负面和消极居多；[②] 而从实践角度看，中国从官方到民间机构到普通个体一直在努力探索如何与西方主流媒体建立对话机制与合作关系，但囿于研究和实践之间的巨大的认知张力，探索之路困难重重。

鉴于通过传播内容分析、新闻框架分析、话语策略分析来研判传播立场和研究传播主体的诸多文献已经做出了突出的贡献，考虑到传播主体的

---

① Zhu J-H, Boroson W. Susceptibility to Agenda Setting: A Cross-Sectional and Longitudinal Analysis of Individual Differences[M]. In McCombs ME, Shaw DL & Weaver DH (Eds). *Communication and Democracy: Exploring the Intellectual Frontiers in Agenda-Setting Theory*. London, UK: Routledge, 1997: 69-84.

② 研究者多从国别（如美国、英国、德国等）、媒体（如《纽约时报》《泰晤士报》《经济学人》等）或者主题（如抗击新冠肺炎疫情、国际减贫报道等）出发研究不同国家、不同媒体基于某个涉华报道主题的新闻框架、议程设置、话语分析、传播效果等，由此分析外媒对中国国际形象建构的影响。

政治资本、社会资本属性，信息传播的场域属性，跨国媒体的文化译转属性，要建立对跨国媒体的客观、全面、立体的认知，以为中国与西方主流媒体各个层面上的对话与合作寻求通路为落脚点，似乎存在着一个新的研究切入点——寻找既熟悉西方媒体机构历史文化、报道规律与现实需求，长期浸润于西方媒体内部，同时又了解中国国情，具有本土化视角的对象，通过对他们的访谈，点明不同资本属性的边界，跨越信息传播的场域界限，探索全球政治和全球传播复杂生态下实现跨国媒体合作破冰的可能性。

　　为此，本研究将采访对象聚焦为西方主流媒体驻华分社中国籍资深雇员[①]（前/现任），采用深度访谈法，从跨文化传播视角出发，在翻译的文化学派相关理论支撑下，将外媒的中国籍员工视为中外媒介信息与文化的"译转者"。他们在将中国文化译转、介绍给作为"文化他者"[②]的西方主流媒体的同时，作为深度"在场"的一群人，也将外媒作为译转对象，向中国"读者"解释外媒立场、观点及做法，呈现并创造某种跨文化协商与调解的空间。这契合了"如何实现不同文化之间的理解、合作、共存、共荣的可能与机制"的跨文化传播研究目标[③]。为了保证采访能最大限度地获取信息，尊重受访者的工作纪律要求，遵循学术一般惯例，本研究对部分受访者供职的媒体以描述代替媒体名称，对受访者以编号的方式进行匿名保

[①]　关于国际跨国媒体驻华机构的中国籍雇员，目前尚未发现有研究将其纳入研究范畴。我们只能从部分官方文件中找到这个群体的只言片语。例如，2006年国务院颁布的《北京奥运会及其筹备期间外国记者在华采访规定》提出，"外国记者因工作需要可以聘请中国公民'协助采访报道'"。关于此群体其他的研究文献搜索未获得。另，考虑到受访者的代表性，本文选择受访对象的标准为在外媒有十年以上工作经历，并且已经达到一定层级（如总监、主播）的中国籍员工。受访者数量虽然不多，但涉及西方跨国主流媒体十余家，包括路透社、《泰晤士报》、《金融时报》、《华尔街日报》、彭博社、英国独立电视台等。

[②]　"文化他者"是跨文化传播研究领域的研究对象，特指大写的 Other。Cultural Other 指来自其他文化背景（种族）中的作为该种文化代表的主体，可能是一个人，也可能是一个组织。姜飞.从学术前沿回到学理基础——跨文化传播研究对象初探 [J].新闻与传播研究, 2007, (3): 31-37. 这里指实现跨国空间和文化置换后的西方主流媒体。

[③]　姜飞.从学术前沿回到学理基础——跨文化传播研究对象初探 [J].新闻与传播研究, 2007, (3): 31-37.

护（见表 1），并且在采访中尽可能以关注西方媒体的共性代替对某一家媒体个性的讨论，以求发现普遍性的规律。

表 1　受访者相关经历

受访者编号	主要工作经历描述
1 号受访者	曾于路透社工作 14 年，最初为中文助理，后担任路透社电视部财经主播
2 号受访者	曾于芬兰国家电视台、英国《泰晤士报》、英国独立电视台担任中文助理，现为《南华早报》记者
3 号受访者	美国《华尔街日报》中国区资深销售总监，在外媒工作十余年
4 号受访者	所在媒体创办于 1843 年，出版物深受全球政界与商界领袖欢迎。4 号受访者为该集团中国区高级管理者
5 号受访者	现为英国一家世界著名的国际性金融媒体（1888 年创办）中国区的整合销售业务总监。曾就职于美国《福布斯》杂志等，在外媒工作十余年
6 号受访者	现为美国彭博通讯社中国区资深销售总监，在外媒工作十余年

二、研究工作定义以及相关文献综述：跨文化传播视角下的翻译

（一）文化的“译转性”点出了跨国媒体的文化角色

译转性，对应英文 translational，最早由当代著名后殖民理论家霍米·巴巴（Homi K. Bhabha）提出。他认为，“文化作为一种生存战略既是‘跨国性’的（transnational），又是‘译转性’的（translational）”。之所以说它是跨国的，是因为当前的后殖民话语就是基于文化置换（displacement）的独特历史背景，即不管是处于奴隶制或契约关系的“中间状态”（middle passage）、文明传播的“出航”（voyage out）、“二战”后第三世界人民向西方的大量移民，还是在第三世界内外所发生的经济、政治上往来的避难，其实都发生

了文化的置换。文化又是译转性的。因为这种文化空间换位的历史——现在又配之以带有领土野心的全球性的媒体技术——致使"文化如何表意"，以及"通过文化究竟是什么被表示出来"，变成一个非常复杂的问题（the question of how culture signifies，or what is signified by culture）。① 一种文化通过空间置换而被译转之后，"已绝非把 A 物体挪到 B 处后物理性质等没有变化的 A 物体"，而是实现了文化的转化和超越。因此，"辨别跨不同文化经历所形成的符码的伪装性和相类似性就变得很关键"。② 这个过程消解了"文化"意义的确定性，但也"增强了对文化建构和传统创造的意识"。③ 学者还指出跨文化背景下媒介与文化、意识形态、主体的建构的关系，译转性体现在外来文化本土化过程中，也体现在两种意识形态的博弈之中，以及主体对另一种文化符号的解码和媒体对文化的译转特性中。④

巴巴的文化"译转性"的提出以及后来学者的阐释均是在后殖民语境下进行的，但是对于本研究——西方主流媒体自身的文化在跨越边界进行传播的过程中，实现空间的重置后（transnational）如何进行表意、转化与超越（translational）——同样具有重要的借鉴和建构作用。研究的重点依然是对"文化如何（借由媒体）表意"以及"究竟是什么被（媒体）表示出来"的回答。

（二）翻译的文化转向点明了跨国媒体的工作语境

翻译研究的文化转向始于 20 世纪 90 年代，并随着全球化的浪潮迅速发展。翻译的文化学派超越了文本间的对比，站在语境、社会与历史等更

---

① 姜飞. 跨文化传播的后殖民语境 [M]. 北京：中国人民大学出版社，2005: 157; Bhabha, H. K. *The Location of Culture* [M]. UK and New York, NY: Routledge, 1994: 172.

② 姜飞. 跨文化传播的后殖民语境 [M]. 北京：中国人民大学出版社，2005: 158.

③ 姜飞. 跨文化传播的后殖民语境 [M]. 北京：中国人民大学出版社，2005: 158.

④ 姜飞. 大众传播媒介介入跨文化传播过程的路径 [J]. 新闻研究导刊，2010, (1): 60-63.

高的层面研究翻译与文化的互动。[①]美国翻译理论家尤金·奈达（Eugene Nida）指出，真正的翻译"双文化甚至比双语更重要，因为词语只有在其作用的文化背景中才有意义"。[②]文化翻译必然避不开文化不可译的异质成分，而翻译的过程在很大程度上是文化异质性的协商与对话的过程。

需要指出的是，本文所涉及的译转者的"翻译"亦非文本之间的互译，而是两种文化间的转化和超越，即外媒文化与我们所熟知的中国媒体文化有何不同，如何看待甚至利用中外媒体文化的异质性服务于中国发展的现实需要。换言之，中外媒体文化异质性带来的可对话和可调解空间在哪里？

（三）异化翻译法与归化翻译法显影了跨国媒体文化译转的机制

异化和归化两种翻译方法由德国著名翻译家施莱尔马赫（Friedrich Schleiermacher）提出，"要么译者尽可能让作者安居不动，让读者去接近作者；要么译者尽可能让读者安居不动，让作者去接近读者"。[③]施氏主张异化翻译法（foreignizing translation），即翻译要让读者充分感受到异域特征的存在，致力于将不懂原作语言的读者带向作品，积极再现原作者的意图，保留原作品的精神，其目的是在"文化他者"的基础上塑造文化的自我认同。[④]与之相反，归化翻译法主张将作者引向读者，采用明白晓畅的风格，让翻译适应读者的语言习惯和文化理解力，可视为征服"他者"、驯化外来文本的过程。深受西方批评话语、解构主义理论影响的美国翻译学家韦努蒂（Venuti）进一步阐释了异化与归化的翻译策略，认为归化翻译"是用暴力置换外国文本的语言及文化差异"，而异化翻译则限制了

---

① 刘军平．西方翻译理论通史 [M]．武汉：武汉大学出版社，2009: 416.

② 叶颖，张传彪．论对外新闻翻译中译者的主体性 [J]．山西大同大学学报（社会科学版），2008, 22(6): 66-69.

③ Lefevere, A. (ed. & trans). *Translating Literature: The German Tradition from Luther to Rosenzweig*[M]. Assen: Van Gorcum, 1997.

④ 岳琪．从翻译学史的角度看施莱尔马赫的异化翻译观 [J]．文化学刊，2018, (1): 179-181; 蒋骁华，张景华．重新解读韦努蒂的异化翻译理论——兼与郭建中教授商榷 [J]．中国翻译，2007, (3): 39-44; 谭福民，张志清．施莱尔马赫的异化翻译观述评 [J]．西安外国语大学学报，2018, (3): 103-106.

这种暴力，"是一种文化干预"，强调对外来文化的尊重，彰显异国文化的差异。[1]

从跨文化的角度出发，两种文化的交往，是突出"他者"的异质性，还是强调相似性，是求同还是存异？在将西方媒体的文化进行跨文化译转的过程中，异化翻译可以理解为将中国受众引向外媒，使其了解外媒在属性、文化、理念、操作等方面与中国的显著差异性，强调对异质性的了解、尊重甚至是为我所用，而非驯化。当然，事实上西方主流媒体是不可能被驯化的。但异化和归化并非二元对立，二者之间没有绝对的分界线。在异化的过程中，随着人们对外媒理解的加深，逐渐尊重，有可能反过来影响外媒对中国的认知，某种程度上也是对"文化他者"的积极干预，从而为协商与调解留下更多积极的空间。

（四）文化资本的概念再现了跨国媒体文化译转的原理

皮埃尔·布尔迪厄（Pierre Bourdieu）于 1979 年提出文化资本（法文：le capital culturel）的概念。他认为，资本是积累的劳动。当这种劳动具有排他性并且被行动者占有时，会转化成"占有社会资源"。[2] 资本表现为四类，即经济资本（economic capital）、社会资本（social capital）、文化资本（cultural capital）与象征资本（symbolic capital）。[3]

翻译承载着各民族间文化交流的重任，是文化资本流通和积累的重要途径之一。正是文化资本"使翻译明显地实施建构文化的功能"，通过策略翻译"使一个文化语境中的文本渗透到另一文化的文本或概念中"。[4]

[1]　刘军平 . 西方翻译理论通史 [M]. 武汉：武汉大学出版社 , 2009: 442.

[2]　[法] 皮埃尔·布尔迪厄 . 文化资本与社会炼金术——布尔迪厄访谈录 [M]. 包亚明 , 译 . 上海：上海人民出版社 , 1997.

[3]　Bourdieu, P. The Forms of Capital[M]. In J. Richardson(Ed.) . *Hand-book of Theory and Research for the Sociology of Education*. New York, NY: Greenwood Press, 1986: 241-258.

[4]　Bassnett, S. & A. Lefevere. *Constructing Cultures: Essays on Literary Translation*[M]. Shanghai: SFLEP, 2001: 7.

由于"文化资本可以通过翻译进行传播和调节"[①]，国际主流媒体在新闻生产与社会声望等领域积累的象征性资本，可以通过译转者的"翻译"行为，在跨文化空间迁移后依然实现向经济、社会与文化资本的转化。而译转者的本土文化背景和资源，即译转者资本，使其成为外媒文化资本在本地流通的不可或缺的建构者。译转者资本是文化翻译场域内的行动者依据一定的规范参与构建或维护场域内与场域间社会结构的工具。

三、译转者文化翻译场域：多种力量杂糅带来空间的译转性

要考察译转者的行为，就必须将其置于特定的社会场域。国际媒体"译转"不是简单的文字转换行为，是两种文化在"第三空间"[②]里协商的实践。协商就意味着要跨越文化的障碍，目的是走向对话与调解。在西方跨国媒体的文化翻译场域内，多种力量杂糅，增加了协商的空间和调解的张力。

以"译转性"为生发点构建的媒介与意识形态、文化、行动主体之间的多维"译转"关系，包括本土主流意识形态与外来意识形态在媒介中的"译转"，体现为外媒进入中国后在编辑属性与商业属性之间的平衡与协商；外来文化本土化过程中的"译转"，体现为国际媒体涉华报道在本土视角与全球基调之间的坚持与妥协；主体（个体）面对新的文化场域时，通过媒

---

① Lefevere, A. Translating Practice(s) and the Circulation of Cultural Capita: Some Aeneids in English[M]. In Bassnett, S. & A. Lefevere(Eds.). *Constructing Cultures: Essays on Literary Translation*. Shanghai: SFLEP, 2001:41-56.

② 霍米·巴巴提出了后殖民语境下的文化翻译思想，认为异域文化的"他性"与本土文化的"同性"之间存在着一个"第三空间"（the third space）。他认为，两种文化相遇时不可能保持各自文化的纯粹性，只有在"第三空间"里，"文化的差异和话语的意义才能得到阐释"，并且一种文化的身份或特征只存在于与他文化交往过程中形成的一个"非此非彼、亦此亦彼的看不见摸不着"的中间地带里（倪蓓锋 . 论霍米·巴巴的文化翻译 [J]. 中央民族大学学报（哲学社会科学版），2011, (5): 128-132.）。而翻译的作用在于交换不同语言的异质因素，消解这个空间的权威性，从而为新意义的生成开创了可能。

介对文化符码的"译转",形成场域内外的自律与他律。

（一）国际媒体编辑属性与商业属性的平衡与协商

以往关于国际媒体的研究大多从其编辑属性出发，考察国际媒体如何凭借所积累的文化资本和象征资本对他国形象进行"他塑"。而实践层面上对西方媒体的诉求，大多是从内容合作出发，希望提升某一事件或者品牌的国际影响力。两者均未突破对国际媒体传统的一元属性的视阈，考察的是其相对封闭的编辑属性，而其商业属性的价值被严重低估。除新闻采编部门外，西方主流媒体驻华机构都建立了庞大的整合销售团队，负责寻求与中国本土市场的合作机会。"编辑是独立的部门，负责为媒体建立国际声望，是媒体的影响力因子，CEO不能干涉编辑业务；外媒的CEO主管行政和商务，向董事会负责，做不好会被炒掉，主要目标是让媒体'活'下去，因此可以把外媒看得更加立体化，因为它需要商业利益，需要生存。"（3号受访者）"Editorial（编辑业务）很难改变，因为人家都有甚至上百年的历史，一直都这么操作。但business（商业）可以实现共赢。"（1号受访者）由此可见，与国内媒体作为党和国家的喉舌定位不同，英美主流媒体大部分为私营，首要任务是让媒体生存下去，因此在商业合作方面为译转者们让渡了更多的可调解空间。正如沃尔夫（Wolf）所指出的，通过建立各种新的联系且行动者不断进行着重译（re-interpretation）的"调解空间"倾向于质疑现存的秩序并对多重语境化的可能性保持开放性。①

（二）国际媒体涉华报道在本土视角与全球基调之间的坚持与妥协

西方主流媒体派驻中国的记者和编辑大多比较熟悉和关注中国，以保证其在中国能够顺利开展采编业务。"他（路透社驻华记者和编辑）一定

---

① Wolf. M. The Location of the "Translation Field". Negotiating Borderlines between Pierre Bourdieu and Homi Bhabha[M]. In Michaela Wolf & Alexandra Fukari(Eds.) *Constructing a Sociology of Translation*. Amsterdam: John Benjamins Pub. Co., 2007: 109-119.

是中文流利，才能够在中国当记者。"（1号受访者）"很多是在中国长期生活，而且在中国受过教育的，比如说有的人在中国读过博士，读过 MBA，中文非常流利，住在平民大杂院。"（5号受访者）有研究表明，关于异国的直接经验主要来自旅游经历或者文化联结（cultural connection）。旅游是物理性"在场"，而文化联结代表了不同国家人民之间精神与情感的接触与交流。这样的异国经历可以增强跨文化敏感性以及对异域文化的鉴赏力，并影响到其全球感知力与洞察力。[①]"做一些他们自己感兴趣的话题，比如文化、生活等。他们写的东西并不都是负面的，有些是记者以个人视角去观察、描写中国发生的变化，比如有的人从数据、产业结构或者对中国的投资这些大的变量出发，有的人可能就是从身边一个人的生活变化去写。如果找几篇这样的报道对比一下，你可以看到没有那么妖魔化的。"（5号受访者）但是，作为跨国分支机构，中国本土的报道必须与跨国媒体的全球基调保持大致的同步，特别是在敏感问题上，来自驻华媒体的报道框架必须是在总部大的框架内进行。"像西藏这样的敏感性问题，不同的记者也会有不同的观点，他们也（观点）打架。但是他们知道，如果他们 defend 中国政府的话（为中国政府说话），那样的报道总部是不会采用的。"（1号受访者）但在一些相对不敏感的区域，这种可调解的空间会更大一些。"会有一个全球调性。他们（总部与中国本土的编辑部）每周都在开会讨论报道选题、内容、方向等问题，同步认知，尽量求同存异。总部会群发邮件传达一些政策，比如说疫情期间不要使用哪些字词的表达，哪些词不对或者不要用。中国的编辑室也会权衡什么新闻应该报，什么不能报，什么还没到报的时候。"（6号受访者）

由此可见，西方主流媒体涉华报道存在着本土视角与全球报道框架之间的冲突与协商，并且在坚持与妥协中重构两种文化语境，以实现外媒文化在空间置换后本土化进程中的译转。

---

① Yashima T. The Effects of International Volunteer Work Experiences on Intercultural Competence of Japanese Youth[J]. *International Journal of Intercultural Relations*, 2010, 34(03): 268-282.

（三）场域内外的自律与他律

因吉莱里（Inghilleri）指出，翻译现象应被置于经济、政治与更广泛的社会因素构成的权力场中。[①] 场域所具有的独立性是相对的，它们要受到其他场域的影响。而每一个场域都是围绕相反的两极构成的：他律极和自律极。[②] 译转者所在的场域亦是如此。他律极代表该场域外部的力量，主要是政治、经济力量；自律极代表场域特有的具体资本，特别是媒体的文化资本与象征资本。新闻作为一种特殊的文化资本，与经济资本和社会资本相比，处于被支配的地位，决定了新闻场是一个高度他律性的场域。2020 年美国在政治、经济等各个层面上对中国的污名化与打压以一种直截了当的方式折射到两国的媒体关系上，也让美媒驻华分支面临的本土发展环境趋向紧张。"对我们的业务影响很大，基本上中国客户就不怎么用美国媒体了。这个没有办法。你总不能让一个人一边骂你，你还给人家送点钱，那不太现实了。"（6 号受访者）

"传媒秩序从来是政治秩序的副产品，是经济秩序的延伸……传媒是在商业利益和新闻价值之间找平衡，在媒体使命与文化责任之间走钢丝，在国家利益与世界趋势之间寻方向。"[③] 这正是外媒中国籍雇员所在的译转场域高度他律性的另一种表述。

四、译转者意义生产规范：在共同守约中消解译转的不确定性

翻译规范是"译者个体在翻译场域中不断习得的标准"[④]，可视为译者

---

① 转引自陆志国．布迪厄社会学理论视角下的翻译研究：回顾与反思 [J]. 解放军外国语学院学报，2020,(3): 51-58.

② [美] 罗德尼·本森，[法] 艾瑞克·内维尔．布尔迪厄与新闻场域 [M]. 张斌，译. 杭州：浙江大学出版社，2017: 5.

③ 单波，刘欣雅．国家形象与跨文化传播 [M]. 北京：社会科学文献出版社，2017: 86.

④ 刘晓峰，马会娟．社会翻译学主要关键词及其关系诠释 [J]. 上海翻译，2016,(5): 55-61.

在特定翻译情境下的行为指南，是一种社会化的行为。由于译转者是"处于文化重合中间地带的杂合的主体"①，其意义生产的过程需要遵守相应的规范，而规范不仅规定了译转者行为的边界，也有利于在共同守约中消解文化异质性带来的不稳定性。

（一）尊重编辑独立，商业利益不能染指传统采编业务

编辑独立是西方主流媒体构筑媒体公信力的基石，也是外媒中国籍雇员必须恪守的职业规范。"负责新闻采编的记者站与商业部门之间是有防火墙的。两个部门不能在一起沟通，比如'某个公司是我们最大的广告投放商，报道要留有情面'，这个是绝对不允许的。一旦有人越界了，那就是丑闻。"（1号受访者）"基于商业合作的内容生产会非常严格地与记者站的新闻生产划分边界。所谓的'软文'，我们叫 bespoken content，就是定制化的内容，或者是 advertorials（付费广告/软文广告）。我们会严格区分，在终端呈现时会直接标注这是 advertorials。"（5号受访者）"如果是定制内容，我们会明确告诉读者这是 sponsored（赞助内容）。"（4号受访者）

此外，在跨国媒体工作的员工，不论什么国籍，都有行为"禁区"，以防止触碰"编辑独立"的红线。"接受对方财物馈赠相当于自断行业前途，得不偿失，这在行业内是很大的丑闻，中国员工也是。曾经有一位中文助理因为不了解或不在意规定收了被报道企业一架无人机，被劝退了。"（3号受访者）

（二）多元文化融合共处，但场域内不输出个人价值观

由于译转者工作的空间往往是两种甚至多种文化交融，出于对不同文

---

① Wolf. M. The Location of the "Translation Field". Negotiating Borderlines between Pierre Bourdieu and Homi Bhabha[M]. In Michaela Wolf & Alexandra Fukari (Eds.) *Constructing a Sociology of Translation*. Amsterdam: John Benjamins Pub. Co., 2007: 118.

化背景的员工的尊重，一般不允许员工在工作场域内输出与工作无关的带有价值观的信息。"有一次，一位香港的同事在一个工作组群里发了一张'香港警察打市民'的图片。我当时很气愤，但令我感到欣慰的是，那张照片下面没有任何人发表评论。一般我们在群里发的与文化和生活相关的图文，底下都有很多评论。但是那张照片下没有人跟帖，说明那个香港记者逾界了，而且这种行为在这个场域里并不受欢迎。"（3 号受访者）

对于译转者而言，外媒对全球雇员包括中国本土雇员的规定以及特定的职场场域有形 / 无形的规则 / 习俗均对译转者行为规范产生影响。规范强调对这些社会化结果的遵守与适应，也赋予了译转者在守约的前提下进行新的意义生产的可能性。

五、译转者文化调解策略：异化翻译彰显译转主张

在对译转者工作场域协商空间及其作为行动主体所遵循的规范讨论的基础上，我们似乎可以超越传统的政治话语下的意识形态分析，从文化译转性的维度，理解西方跨国媒体在华媒介实践并进一步提出调解策略。

（一）异化翻译策略尊重中外媒体文化的异质性

中国有着跨文化的特殊性，更多地偏向以文"化"人的同化策略，失落了"和实生物"的智慧。[1] 与归化翻译试图从内容到形式将源语文本"完全本土化"[2] 不同，异化翻译策略倡导尊重差异，承认翻译是两种文化在传播通道上的平等对话关系。正如法国著名翻译学家安托瓦纳·贝尔曼（Antoine Berman）所说，翻译需要"在自己要的语言空间里，作为他者来接受他者"，这样才更接近翻译的伦理目标。[3]

---

① 单波，刘欣雅 . 国家形象与跨文化传播 [M].北京：社会科学文献出版社，2017：3.

② 刘军平 . 西方翻译理论通史 [M].武汉：武汉大学出版社，2009：123，433.

③ 安托瓦纳·贝尔曼 . 翻译和文字，或远方的客栈 [M].巴黎：伊瑟，1999：74.

　　如果我们把这一伦理目标置于本文的翻译情境中就会发现，译转者亦倾向于提倡以更加宽容的态度对待西方主流媒体，消除归化的幻想，在存异的基础上展开跨文化的对话与调解。"外国媒体写一个新闻是有价值观在驱动的，就是它有一个 what（发生了什么）和 so what（意味着什么 / 如何理解与看待），而 so what 完全是价值观。而中国很多报道是在尽量淡化价值观，也就是尽量不是非黑即白。国外是一定会往某一种价值观靠的。"（2 号受访者）"作为中国人，我们确实觉得他们有偏见，但他们是在西方新闻生产的操作规范内进行的。比如报道中涉及的观点他们是有 source（新闻来源）的，而且是至少 2~3 个 sources 来反复确认才能将报道发出去。"（1 号受访者）"你没有办法让所有人站在一个角度去理解同一件事情，所谓'双标'我觉得是个伪命题，因为大家都有自己的标准。"（5 号受访者）"大的媒体机构，在每个不同的国家、不同的地方有不同的分支机构，有不同的老板，处理事情的方式和角度可能都不一样。所以要考虑到这样的差异性，不要一概而论。"（1 号受访者）

（二）译转者资本决定调解的张力

　　在西方跨国媒体的驻华机构，中文助理一般指受雇于媒体的中国籍新闻助理，其日常工作包括辅助外籍记者编辑搜集素材、联系采访和语言翻译等。作为一种结构化的倾向性特质，中文助理会自觉在指定的框架内完成素材的搜集和其他工作。"很多外媒记者其实是已经有一个报道框架，或者说观念，他只是让中文助理从某个角度寻找素材。比如记者觉得中国环境保护做得不好，那他让助理收集的资料可能就是关于中国如何破坏环境方面的，中文助理是不太可能反转过来的。"（1 号受访者）但这并不意味着中文助理无法对外媒的报道呈现带来正面的影响。"如果这个中文助理更有能动性，他可以再给外媒记者另外一组数据，让对方看到中国环境保护方面的进步。"（1 号受访者）"有些外媒记者初来乍到，根本不了解中国，真正影响报道的其实是中文助理。我们会告诉他们当下热点是什么，哪些值得报道。我们是外媒工作不可或缺的一环。"（2 号受访者）另一个典型的案例是："曾经有一位荷兰媒体驻华记者不断编造中国不堪的新闻，他的中文助理写信到媒体总部揭发。总部调查核实后，那个荷兰记者被辞退了。"（3号受访者）但正常情况下，"中国助理不会想用自己的价值观去影响受雇的外媒，而是将其视为一份工作，在工作中提升专业技能"（3号受访者），并且"过度敏感的选题（外媒）一般不会让中文助理参与，也是出于保护中文助理的考虑"（1号受访者）。

除了中文助理外，跨国媒体的中国销售团队肩负着将外媒品牌本地化的责任，并借助本地化的资源在一定程度上实现文化间的调解。"我们会根据本地化需求提出一些建议，这是我们这个群体给到他们的一个正面影响，会让他们看到中国的读者、消费者在消费他们的内容时，特别是在新媒体时代，用了什么新的方式，有什么新的诉求，可能是他们原来的模式里没有的，然后需要他们一起去做一些本地化的再创作去适应这些新需求。"（5号受访者）

六、研究思考与启示

（一）西方媒体的文化译转前提是对外媒文化异质性的理解与尊重，在此基础上寻求协商机制，可在内容与商业合作之间寻找调解空间

在寻求与国际媒体合作时应摒弃以结果为导向，尽可能寻找与外媒价值判断和工作规范的契合空间。例如："国外的财经媒体最主要的目标是挣钱，选择新闻的标准一是能够帮助客户增长财富，二是帮他们规避风险。一般性新闻他认为是没有价值的。合作的前提是他认为你的内容有价值。"（3号受访者）"如果你的工作方法和目的跟对方不一样，比如你是以结论为导向去搭建你的故事、逻辑和脉络，那跟外媒的工作标准完全是不一样的，这是没有办法合作的。"（5号受访者）此外，多位受访者均表示，应该以更加开放和自信的心态看待外媒的报道。"要以更开放的态度去接受，知道他们的游戏规则，知道他们怎么报道的，不能说一点你不好就接受不

了，这个是因为他们认为新闻本来就是要报道与众不同的东西。而'与众不同'很多是偏负面的。"（1 号受访者）

此外，应清醒地意识到与国际跨国媒体在商业维度上的合作张力巨大，空间也相对开放。中国企业的内容定制服务会以国际媒体的商业合作部门为媒介，与外媒的商业内容制作团队直接对接。外方制作团队会根据中方"甲方"的需求，以外国受众乐见的方式制作内容，传播中国企业的品牌与价值观，只是这部分内容在传播过程中会明确标注为 advertorials（广告），或者 sponsored content（赞助内容），以区别于媒体编辑部门的新闻生产。"我们商业部门提供的 advertorial（广告）的内容一样是有价值的。我们面对的客户都是面向全球市场的中国企业，他们在自己专业领域内甚至比外媒记者更专业。与他们从商业维度合作开发内容，我觉得对外媒制作团队来说都是很好的提升。"（5 号受访者）"只要内容做得足够精良，海外受众不会太在意是否是'定制服务'，他们会被内容和企业的价值观吸引。"（4 号受访者）

（二）西方媒体长期积累的文化资本持续影响他国文化的建构，提示我们要善于在他文化中塑造与重塑中国国际形象，讲好中国故事道长且阻

毋庸置疑，国际媒体在塑造中国国际形象中发挥了极其重要的作用，但"他塑"的结果并不乐观。无论是对有"出海"需求的企业还是对中国各地政府，在寻求与国际媒体合作的过程中，迫切需要改变传统思路，不要以己度人，而应该了解并尊重他文化的差异带来的不同传播语境。"不要总盯着外媒报道那点曝光度，因为新闻是易逝的，而且每个报道主题不同，时间不确定，不能形成系统的叙事。"（6 号受访者）要采取"营销"策略打好组合拳，注重他语境下的传播策略和效果，积极重塑中国政府与企业的国际形象。

此外，讲好中国故事在国内已凝聚共识，但如何讲，讲什么，仍然需要确立更加清晰的内涵与框架。"可以选择那些与西方文明共享的价值观，

也可以围绕一些有争议的价值理念进行话语输出，增进海外受众对中外差异的了解，进而促进理解。重点是，传播的目的不是为了让别人认同你、说你好，而是能理解你在某种情境下为什么这么做，为什么是这个反应。"（3 号受访者）此外，内容的输出需要顶层设计，要基于整体而统一的调性，"比如中国人友善、热爱劳动、热爱和平、崇尚集体主义等。确立了这些基调后，形成系统化叙事，才能慢慢让国际社会更了解中国"（3 号受访者）。

（三）重视译转者主体性发挥，在充分判断形势和政策许可的范围内考虑适度优化对其的管理，有利于译转者在工作场域内外进行更有价值的意义再生产，为进一步协商与调解赋能

中国对外媒驻华机构中文助理的管理依循的是 2008 年颁布实施的《中华人民共和国外国常驻新闻机构和外国记者采访条例》，规定外国记者因工作所需而要聘请中国公民的需求由外事服务单位负责，且被雇用的中国公民的工作性质为"协助采访报道"。[①] 受制于"协助采访报道"的限制，中文助理不论能力高低，一般只能从事搜集资料、翻译、联络等非主流业务，无法对外媒报道的角度和效度起关键性影响。"因为规定中文助理不能独立报道，所以无法署名，相当于你干了很多活，然后你是无名英雄。我们的地位没有被承认，所以很多人回到体制内媒体或者干别的去了，但是也有人会继续留在外媒。"（2 号受访者）"如果他（中文助理）可以当记者的话，他的主动权就更大了。他们肯定是更了解中国的，对中国更有情感的，会选取一些更平衡的方式去报道中国。"（1 号受访者）

七、研究存在的问题

首先，本文从西方主流媒体跨文化"译转性"出发，以翻译作为文化交流的媒介和促进文明交流的中间人，试图跨越文化障碍，使两种文化在

---

① 胡莹. 驻华外国记者和新闻机构管理制度研究 [D]. 重庆：西南政法大学, 2018.

"第三空间"中从冲突走向协商与调解。因此，本文的采访对象，即"译转者"倾向于采用异化翻译策略，进行意义的再生产。但是正如罗宾森（Robinson）所指出的，异化翻译作为一种文化理念，含有"精英主义意识"（elitism）[①]。换言之，异化翻译的译者和对象是受过良好教育的文化精英，其对受译文化的理解和欣赏与普通大众的审美意趣必然存在一定的差距。因此，西方主流媒体的异化翻译是否适合中国普通民众并为其所理解和接纳还有待时间的检验。

其次，本文的主要采访对象为 6 位在外媒工作的资深中国籍雇员。虽然在确定采访对象时已充分考虑了其工作（过）的媒体的国际地位（媒体代表性）、工作年限（资历）、职务（信息地位）等因素，且后面的采访已出现不少同质化的回答，但是如果能进一步扩大采访群体，特别是将外籍驻华记者、编辑也纳入访谈，提供多维视角，或许会让研究的思路更加开阔。这也是后续研究努力的方向。

总之，翻译作为一种"意义"的生产方式，跨越了文化边界，使他者与自我相生相息。西方主流媒体在跨文化空间中的文化译转性研究才刚刚起步，尽管两种文化的冲突在所难免，但协商与调解的空间也极具张力，需要的只是直面问题的勇气与水滴石穿的研究动力罢了。

■ **作者简介**

吴梅红，北京外国语大学国际新闻与传播学院副教授；姜飞，北京外国语大学国际新闻与传播学院院长，教授，博士生导师。

■ **来　源**

本文原载于《新闻记者》2021 年第 8 期。

---

① Robinson, Douglas. *What is Translation? Centrifugal Theories, Critical Interventions*[M]. London, UK: The Kent. State University Press, 1997: 99-101.

2018 年度中国电影在国际传播中的问题与对策

毕苏羽　杨卓凡

摘　要　电影一直是跨文化交流的重要载体，在中国文化"走出去"的大背景下，大量中国优秀的电影作品也开始走出国门，在海外收获了喜人的票房成绩，同时也让世界感受到了中国文化。在此背景下，随着中国电影产业的发展与国家政策的落实，中国电影海外传播取得了长足发展，包括海外华人群体观众数量的增长、影片类型的拓宽等。同时，国际性电影节数量增加整体表现平平，中国电影在国际电影节上获得的关注越来越多，但创作质量难复当年盛景。从电影市场大国到电影产业强国，从电影价值观输出到国家形象建构，中国电影所面临的机遇与挑战并存，问题与发展策略也在互动中生成。本文将关注点聚焦于中国电影在国际传播中面临的主要问题，并尝试提出相应对策，以期未来更好的表现。

关键词　中国电影；国际传播；问题；对策

当下中国处于和平发展的大背景下，在促进本国文化积极融入全球化大潮的世界发展主流过程中，我们面临着多重机遇和挑战。努力夯实本国文化基础，积极推动中国文化"走出去"，增强中国文化的影响力至关重要。从宏观政策支持到行业产业配合，我国从 2000 年至今，多次出台政策和指导意见，全面构建中国文化"走出去"的强大政策体系。2005 年，中共中央办公厅、国务院办公厅印发《关于进一步加强和改进文化产品和服务出口工作的意见》；2006 年，国务院办公厅转发财政部等部门《关于鼓励和支持文化产品和服务出口的若干政策》；2014 年，国务院印发《关于加快发展对外文化贸易的意见》等。这些政策的出台，为中国文化"走出去"提供了政策支持。党的十八大以来，随着中国国家实力和国际影响力持续增强、文化传播理念进一步创新，中国文化"走出去"的步伐迈得更加稳健。在 2014 年 10 月召开的文艺工作座谈会上，习近平总书记提出期望："文艺工作者要讲好中国故事、传播好中国声音、阐发中国精神、展现中国风貌，让外国民众通过欣赏中国作家艺术家的作品来深化对中国的认识、增进对中国的了解。要向世界宣传推介我国优秀文化艺术，让国外民众在审美过程中感受魅力，加深对中华文化的认识和理解。"[①]五年来，无论是文学、影视、戏剧，还是文物展览，越来越多的文化精品走出国门，以各自的方式讲述中国故事，传播中国智慧，成为世界了解中国的窗口和丰富文化外交、推动文明互鉴的重头戏。

电影一直是跨文化交流的重要载体，在中国文化"走出去"的大背景下，大量中国优秀的电影作品也开始走出国门，在海外收获了喜人的票房成绩，同时也让世界感受到了中国文化。2018 年 3 月，新一轮政府机构改革将国家电影局划归中宣部管理，主要职责包括"管理电影行政事务，指导监督电影制片、发行、放映工作，组织对电影内容进行审查，指导协调全国性重大电影活动，承担对外合作制片、输入输出影片的国际合作交流等"。[②]在此背景下，2018 年度中国电影国际传播与往年相比，一方面保持了全球化进程中的整体性，另一方面也呈现出新的特征与问题。从整体性来看，随着中国电影产业的发展与国家政策的落实，中国电影海外传播取得了长足发展，包括海外华人群体观众数量的增长、影片类型的拓宽等。国际性电影节数量增加整体表现平平，中国电影在国际电影节上获得的关注越来越多，但创作质量难复当年盛景。从电影市场大国到电影产业强国，从电影价值观输出到国家形象建构，中国电影所面临的机遇与挑战并存，问题

---

① 向世界展现一个多彩的中国——十八大以来中国文化走出去述评 [N]. 光明日报，2017-09-11.

② 中央宣传部统一管理新闻出版、电影工作 [N]. 新华网，2018-03-21.

与发展策略也在互动中生成。

一、2018年度中国电影在国际传播中存在的问题和挑战

2018年，中国电影本土市场热度不减，尽管海外市场依然难以回归早年武侠片的票房胜景，但在海外传播的商业片呈现出新特征。国际媒体、电影节、影评人给予中国电影较多关注，但送展或入围作品整体质量有待提升。合拍片2018年呈现回落态势，给行业带来更多思考。2018年，中国电影"走出去"依旧主要依靠中国电影海外推广总公司、中影集团等国有企业以及民营企业进行海外发行，同时依靠戛纳、柏林、威尼斯、北京、上海、东京、釜山等国际性电影节进行市场交易，与此同时，相关文化交流活动异彩纷呈，在助力中国电影"走出去"方面贡献力量。

电影作为媒介的重要形式，除了审美与娱乐的属性，同时具有传递信息的社会功能。观众可以从电影中"洞见在别处看不到的被隐藏起来的社会方面"。[①]当前，不少学者呼吁中国电影不应"唯票房论"，应着重提升影片质量，并弘扬正确的价值观念与审美观念。当中国电影面对海外受众传播时，"文化折扣"更是一个多次被提及但却一直存在的问题，并引发社会对当前中国电影价值观、表达方式等问题的思考。

（一）中国电影海外受众突破华人群体任重道远

中国电影在英语国家较难打开局面之时，政府以及学者纷纷提出"以点带面"或"另辟蹊径"的策略观点。"普天同映"计划自2016年开展以来，取得有效成果。2018年进入全球票房前300的中国电影有6部，包括《红海行动》《唐人街探案2》《捉妖记2》《西游记之女儿国》《超时空同居》和《解忧杂货铺》，目标受众均为海外华人群体，6部影片均是在华人聚集区

---

① [美]罗伯特·C.艾伦，[美]道格拉斯·戈梅里.电影史：理论与实践[M].李迅，译.北京：北京联合出版公司，2016：203.

与国内同步上映。"普天同映"计划 2016 年由政府倡导在全球开展，该计划整合社会资源和资本力量，由 CMC（华人文化产业投资基金）与海外主流院线制定长期放映战略合作机制：从 2016 年春节开始，在美国、加拿大、英国、法国、德国、西班牙、澳大利亚、新西兰、日本、新加坡、马来西亚、泰国等十几个国家的五十余个城市同步上映国产贺岁大片，影片放映以华人聚集区为突破口，逐渐带动外国观众聚焦中国电影。目前，计划以每年放映不低于二十部的国内同步上映影片为目标，逐步扩大放映数量，争取覆盖更多国家和城市，为中国电影开拓出一条符合国际电影市场规律、由点及面、逐步扩大、富有实效的"走出去"之路。该路径具有可靠模式参照，时任国家广电总局电影局局长的张宏森在"中国电影普天同映"海外工作会议上说："要充分借鉴印度电影依靠印裔观众拉动海外观众的成功经验。印度电影、韩国电影都是沿袭这个模式。根据一些测试和观察，每当国产电影在华人聚集区进行商业放映时，外国观众占比高时可以接近 20%，没有低于过 10%。"[1] 近些年，印度、韩国在老挝、柬埔寨、泰国、缅甸、越南等地大力投资建影院、设院线、抢阵地。张宏森指出："如果我们不进入、不出手，未来的三五年之内，东盟十国的电影市场有可能被印度和韩国抢走了，所以现在我们必须要去把这个阵地和渠道拿下。"[2] "普天同映"一方面取得切实成效，另一方面在一定程度上也说明中国电影真正走进海外观众市场仍然任重道远。

包括北美在内的多数海外市场中，非英语电影的市场占有率非常有限。其中较有影响力的法国、墨西哥、印度等国商业电影在海外的主要受众也是本族裔人群，票房表现平平，但艺术电影的票房表现仿佛好于华语电影。其中韩国商业类型片《与神同行》（1、2）在北美发行量、票房数额都与票房靠前的华语电影相似，难以获得美国本土受众的现象级关注。在戛纳电影节获得金棕榈奖的日本艺术片《小偷家族》海外市场表现稍显突出，

---

[1] 姬政鹏 . "中国电影普天同映"海外工作会议在京举行 [N]. 中国电影报 , 2016-12-07. 1.

[2] 姬政鹏 . "中国电影普天同映"海外工作会议在京举行 [N]. 中国电影报 , 2016-12-07. 1.

甚至远远高于本年度华语商业片在北美的票房。可见，艺术与商业、社会效益与经济效益事实上并不是完全背道而驰的，二者如何结合往往建立在创作者、发行者的专业水平之上，这也是当前中国电影产业与好莱坞电影甚至日本电影产业的差距所在。表 1 反映了 2018 年部分亚洲电影在北美的票房情况。

表 1　2018 年部分亚洲电影在北美票房情况①

片名	北美票房（美元）	院线数量	发行方	上映时间
《唐人街探案 2》	1 983 984	115	华纳兄弟	2018 年 2 月 16 日
《红海行动》	1 543 547	55	WGUSA	2018 年 2 月 23 日
《超时空同居》	746 933	32	WGUSA	2018 年 5 月 25 日
《与神同行 1》	1 908 823	35	WGUSA	2017 年 12 月 22 日
《与神同行 2》	1 200 246	47	WGUSA	2018 年 8 月 1 日
《小偷家族》	3 313 513	60	木兰花	2018 年 11 月 23 日
《燃烧》	718 991	27	WGUSA	2018 年 10 月 26 日

"据统计，华狮公司发行的华语电影平均在北美 10 块银幕上映，平均票房为 26 万美元。WGUSA 发行的华语电影平均在 28 块银幕上映，平均票房为 37 万美元。据华狮公司创始人蒋燕鸣的介绍，目前华狮在北美发行的区域主要是华人聚居，尤其是华人学生聚居的地方，西方观众的比例只占 15%。"② 华狮在北美面对好莱坞巨鳄生存不易，在发行推广方面也更多针对华人圈定制，如微信、微博、华人街海报等。要想突破华人受众圈，还需要更成熟的发行推广机制与运营模式。

除了面向广大海外观众的专业成熟的发行推广体系，更需要可以被海外观众接受的电影内容。2018 年《我不是药神》作为一部现实主义、黑色幽默的当代社会题材电影在国内既收获了口碑，又收获了票房，更因为其故事来源于真实事件而引起国内外媒体的关注，但该片并未在北美发行，

---

① https://www.boxofficemojo.com.

② 彭侃，谈洁. 北美市场的当代华语电影：历史、现状与未来 [J]. 电影艺术，2018, (6).

由此可见《我不是药神》是专门为国内观众打造的本土电影。2018年国产电影共1082部，其中新上映电影504部，而真正进入大众视野的国产影片凤毛麟角。

中国电影呈现井喷式生产规模，此时更应冷静思考电影创作质量是否与数量增长相匹配。电影，无论题材还是类型，无论历史背景还是叙述方式，都暗含着文化、民族乃至国家的价值观。而叙事体系与价值取向向来是不可割裂的，譬如哪里有好莱坞电影，哪里便有美国价值观。"电影海外观众在观看电影的同时会感受到文化、价值观念等各种意识形态上的冲击。这些冲击在某些程度上可以增加电影吸引力。"① 当我们向好莱坞学习类型叙事时，很容易将夹藏在其中的美国价值观也全盘拿来，在满足观众娱乐诉求与审美体验的同时，也丧失了我们自己的文化价值观。如何建立具有中国特色的价值观体系，既可以引导国内受众又可唤起海外受众共鸣，是中国电影在全球化时代长久发展的关键所在。

党的十八大正式提出社会主义核心价值观，社会主义核心价值观是中华民族优秀传统文化的升华，将引领中国特色社会主义文化建设。党的十九大报告明确指出我国社会主义核心价值观的丰富内涵与践行要求，同时提出坚持和平发展道路，推动构建人类命运共同体。电影作为文化产品，包含了故事情节、人物情感、精神思想等诸多层面，价值观是其最深层的部分，构成了电影的内核，影响着受众对一种文化、一个民族、一个国家的价值判断与行为选择。约瑟夫·奈指出"软实力"是一种源于文化和价值观念的但在太多情况下被忽略的吸引力。电影作为文化软实力的具体形态之一，价值观是电影的核心和灵魂，同时也是其重要源泉和动力，在电影诸要素中居于核心和主导地位。然而反观每年大批量"生产"的国产电影，国人自己尚难辨其价值观所在，被海外观众所接受就更无从谈起。2018年，一部由亚裔演员阵容创作的好莱坞电影《摘金奇缘》获得惊世瞩目，其女主吴恬敏更是登上《时代》周刊封面。《摘金奇缘》的逆袭被视为外来文化在北美获得广泛认可的现象级事件。吴恬敏在分享成功背后的感言时说：

---

① 胡燕娟.电影传播中传受双方的文化冲突解读[J].大众文艺，2009,(13): 101-102.

"说到底，驱使人们、感动人们的是真相、故事和人性……如果你能确保你所有的作品都有深度，即使是像浪漫喜剧这样轻松有趣的东西，你也能把它做好。"①

（二）合拍片的成长与烦恼

2018 年美国电影在中国市场的票房高达 28 亿美元，而中国电影在美国的票房仅有一千多万美元。一方面，2018 年中国电影对外输出数量有所回落，另一方面，合拍片数量也大幅减少。

合拍片的存在的根本是以市场营利为驱动，以获取国内外受众为目标。2018 年度合拍片中表现较为突出的是《巨齿鲨》与《妖猫传》。《巨齿鲨》在北美票房表现良好，但归根结底是一部由中方出资的好莱坞影片，除李冰冰之外，没有中国电影痕迹。《妖猫传》是由中日合拍的现象级年度影片，从针对不同国家市场的宣发策略，到中日重量级创作团队的"强强联合"，都更像是一部可圈可点的、真正意义上的合拍片。

成功的合拍片在叙事类型、制作形态与宣发策略上均基本符合好莱坞模式。"好莱坞商业类型片，总结下来有八要素：蓝本改编，明星制，笑料，悬念，闪回，省略，电影音乐与幸福的结局。"②《巨齿鲨》改编自美国作家史蒂夫·艾尔顿的同名小说，《妖猫传》改编自日本作家梦枕貘的流行小说《沙门空海之大唐鬼宴》，像其他奇观电影一样，电影蓝本或耳熟能详或来自经典 IP，其卖点主要是视听盛宴，拥有大制作、大明星和大市场。《巨齿鲨》相比《妖猫传》受众更广泛，凭借科幻冒险题材的强制作吸金全球，不过基本看不出是一部中国电影。2017 年年底上映的合拍片《长城》虽然主创团队基本来自中国，但除导演张艺谋之外，演员阵容缺乏国际知名度，也反映出中国在李小龙、成龙、巩俐、章子怡等之后，缺少国际级明星的现状。中国电影明星体制的滞后发展，一定程度上牵制了中国电影的国际

---

① 王笑楠.年度华语电影的海外传播 [M]//2019 中国电影艺术报告.北京：中国电影出版社,2019:133.

② 王旭东.拍,好电影！卖好,电影！[C].北京电影学院影视金融班 BFF,2016-10-03.

化，更不能作为合拍片的海外卖点创造影响力。

2018 年中国合拍片数量回落、合作模式进一步细化，这一方面让我们看到了中国电影产业整体滞后，难以与好莱坞势均力敌、完美合作的现状，另一方面也让我们看到了合拍片在资本融合、创作生产、发行推广方面的稳步成长。

（三）电影节现热象但创作水平有待提高

随着国家大力推进与其他国家的文化交流，各种以其他国家、城市命名的电影节越来越多，中国电影在国际性电影节亮相获奖的新闻接踵而至，但进一步了解便可发现，一些新兴电影节主办方均是中国或海外华人民间机构，不免受到"自娱自乐"的指摘。但值得肯定的是，随着中国电影市场高速发展，中国与其他国家的交流越来越密切，国际电影节的产生具有非常重要的时代意义，为中国电影"走出去"提供了尝试性的探索。

此外，2018 年中国电影在国际 A、B、C 类主流电影节上曝光率不减，入围作品数量也基本与往年持平，其中贾樟柯的《江湖儿女》进入第 71 届戛纳国际电影节主竞赛单元，张艺谋的《影》、蔡明亮的《你的脸》进入第 75 届威尼斯国际电影节非竞赛展映单元。此外，青年导演作品频频亮相电影节，包括胡波的遗作《大象席地而坐》、毕赣《地球最后的夜晚》、章明的《冥王星时刻》；藏族题材作品也再次得到国际社会的关注，包括万玛才旦的《撞死一只羊》、拉华加的《旺扎的雨靴》；中国女性导演作品亦可称为本年度国际电影节的亮点之一，包括杨明明的《柔情史》、竹原青的《星溪的三次奇遇》。上述多部优秀处女作在国际电影节的涌现，背后必然有发行公司的努力。过去十年，中国国产小成本处女作很难进入国际电影节，很难进入海外艺术影院，唯一通道是欧洲营销公司。而近些年，中国电影销售公司在国际往来大潮中乘势而起，不仅把海外电影买回中国放映，更将优秀的中国小众电影销往国外、送进国际电影节，甚至参与融资、联合制作等，为中国电影"走出去"开拓了畅通途径。但该途径的操作尚处于刚刚起步阶段，需要非常专业的国际团队运营：首先，要熟稔国际电影节的时间节奏、品位定位、申报流程，从而定制合理的推广策略；其次，要想方设法进入专业选片人、影评人、发行商的视野；最后，如果入围或参展，更要对接事无巨细的落地工作。近些年有一个不成文的规定，如果一部影片可以卖到 60 个以上的国家，则可以判定其是一部质量优秀的作品，包括作者电影。但在当下，海外电影"走进来"与中国电影"走出去"在数量上还不成正比，需要政府、创作者、销售推广机构付出更多的努力。

当我们冷静地回顾 2018 年中国电影在国际电影节上的表现，会发现张艺谋、贾樟柯、王小帅、娄烨等第五、第六代导演作品近些年仍然保持较高质量，新生代创作作品在国内外并未受到高度评价。但新生代已经出现，需要国内外社会给予中国电影创作与产业更包容的心态、更充分的信心和成长发展的时间。

综上，2018 年度中国电影商业片（含合拍片）与艺术片的海外传播稳步向前，"普天同映"计划取得稳步成效，但需要中国电影创作、发行水平及时跟进，以便有效带动外国观众。中国电影产业整体水平制约了"合拍片"的发展，2018 年合拍片数量下滑的同时也暴露出"合拍"的问题。由中国主办的国际性电影节蓬勃发展，但被国际认可需要更多努力与时间积累。中国销售方在主流国际电影节崭露头角，各大电影节重视中国电影市场，交易市场显现蓬勃景象，中国新生代导演作品在各大国际电影节亮相，但与第五、第六代导演作品相比，质量尚有差距。中国电影海外传播的进步，彰显了中国电影整体气候的上升；中国电影海外传播过程中暴露的问题和挑战，也反映出中国电影产业的发展现状和提升空间。

二、中国电影在国际传播中的对策思考

文化作为一个国家软实力的重要体现，越来越成为国际竞争的核心。越来越多的国家把提升文化软实力确立为国家战略，文化竞争全面升级，文化版图正在重构。随着资本、信息、人员的自由流动，跨国、跨文化的

身份认同和文化建构已经成为全球传播的重要组成部分。"全球化与跨文化传播"已成为当今时代的一个关键词，成为华语电影置身其中的宏大现实语境。电影作为一种文化产品，其社会存在方式的多样性决定了影视艺术的多重本质属性：电影是一种大众传播媒介，一种艺术形式，一种影像语言，一种意识形态国家机器，一种文化产业。这恰恰很好地阐释了电影的功能、属性和在跨文化传播中的特殊作用。越来越多的人走进电影院，通过电影这种艺术形式认识中国；也有越来越多的电影人和创作群体利用电影将中国文化介绍给世界。电影，已经成为文化传播链条中的重要载体。当代华语电影如何真正打入国际市场？如何如实地向世界呈现当今中国社会？如何多角度完美呈现中国优秀传统文化？如何全面提升中国电影的国际影响力？中国电影人，不论学界、业界，面对中国电影国际传播中的诸多问题，在不断发问的同时，也在不断地寻求有效的对策和可行的解决方法。

（一）注重市场适应性，突破类型，拓展中国表达多元样态

随着国际文化交流与沟通的日益加深，文化多样性成为当今世界的基本特征之一，电影作品也不例外，被卷入文化多样性的浪潮之中。因此，文化产品创作在体现本国价值观与主流思想的同时，还必须考虑传播对象国的地域特点与接受程度。"超越追踪金钱流动的规则，同时强调电影生产、发行、放映和接受的语境、文本、互文性，潜在文本等方面。"[1] 要注重市场适应性，加强跨文化研究的深度和广度，提升精准定位的能力。应加强分众意识，先调研后输出，根据各区域受众特点提供符合该区域传播特点的传播方案，将民族性与国际性相融合，拓展中国表达的多样性。

探索中国电影国际传播中影响传播效果的区域性差异，不应自说自话，将自己认定的中国元素盲目加到电影语言中。文化差异包括语言、意识形态、价值观等，落实到电影内容创作上，则可以直观地在影片的叙述传递上显现。对此，学界和业界应始终携手并肩，紧密合作，将电影类型进行

---

① 张英进. 多元中国：电影与文化论集 [M]. 南京：南京大学出版社，2012: 5.

传播学层面的细分，加大精准传播力度，以获得有效的海外观影市场和较为稳定的观众群体。

一方面，根据连续三年《中国电影国际传播年度报告》中对北美地区、欧洲地区和周边国家地区的调研报告，将不同传播目标区域的受众特点加以细分，做到"先调研后输出"，提升传播的精准度，降低无效传播的发生概率。该报告显示：北美地区受众对融入武侠元素的新型动作片和战争片表现出浓厚兴趣，对中国文化的认知集中在"以人为本"和"家庭至上"，主要受众群体仍集中在华裔和非裔；对中国电影塑造的良好经济、政治、安全、国民形象表示认可，在文化层面上有所欠缺，内涵有待增强。对周边国家地区来说，对中国社会价值观中认同较高的元素是"爱国情怀""重视家族代际关系"和"崇尚集体意识"，在中国人文情感认知方面，南亚认知度最高，东亚认知度最低。周边国家受众普遍认为，中国电影思想内涵低于制作水平。欧洲地区受众对中国文化认知主要倾向于"传统道德"和"现代意识"，而对"传统道德"的认知程度相对更高。海外观众对于中国电影中呈现出的以人为本、爱好和平等观念的认同程度越高，越容易认知更具现代意识的中国文化；而那些关注中国电影中家庭观念、集体主义等方面的观众，更愿意将中国文化与传统道德相连。将以上研究作为出发点，中国电影研究学界在国际传播的主题上可以拓展到更宽更广的不同领域，为中国电影制定有效的海外传播策略提供理论基础。

另一方面，中国电影创作群体应不断尝试"新类型、新方法、新表达"的创作理念，跳出盲目追求"大制作""大效果"的桎梏，积极将中华文化底蕴和思想精华注入影片，在中国影片制作技术不断成熟的前提下，坚守中国电影的文化价值体现，提高影片质量水平，提升影片内涵和立意，将文化差异纳入创作与传播思想，拓展输出类型。纵观 2018 年中国电影的题材和类型，经历不断更新裂变，呈现出百花齐放的样态。在主流价值观的表达上，中国电影进步迅速，价值导向和观众需求在市场规律中走向和谐统一；在现实主义题材的挖掘上，中国电影不断探索，扎根社会现实、扎根人民生活的创作不断涌现。继承武侠电影优秀基因的新时代新型主旋律电影《红海行动》继续 2017 年爆款《战狼 2》的区域性高票房；扎根社会现实的优秀故事片代表《我不是药神》《无名之辈》成为票房黑马；此外，还有实现向外学习、延续喜剧路线的《唐人街探案 2》和《功夫瑜伽》，既满足西方想象的东方视觉奇观又深藏中华优秀传统文化内涵的《影》与《邪不压正》，塑造人性真善美、熟练掌握国际化视听语言的《江湖儿女》和《路过未来》等。上述电影在中国本土票房和口碑上双双表现抢眼，却陷入国际传播中单一封闭性地区的怪圈，很难在国际市场上达到与国内相匹配的传播效果。

在目前阶段，走向国际化的中国电影在类型上主要集中在喜剧片、动作片和奇幻片三类，不再是仅仅抱守着"武侠片"的金字招牌，无限制地进行单一类型输出，而开始出现类型的融合和变形。中国电影应试图在迎合本国观众的观影喜好和体现中华文化内核之外，选择不同类型的中国表达，融入海外市场的口味与受众文化习惯，进行分层分类传播。对受众国的文化特征视而不见，显然会成为中国电影进入海外市场的绊脚石。

电影承载着文化语言，并以有形的形式在全世界范围传播，海外受众是否喜爱该国电影在一定程度反映出他们是否接受该国文化。以《红海行动》在北美市场传播的过程为例，《红海行动》2018 年作为主旋律电影的代表在北美地区上映，该片在国内横扫 36 亿元人民币总战绩的同时仅在北美收获 1044.3 万元人民币的票房，占总票房的 0.3%，票房与口碑都不甚理想。观影过程正是北美观众了解与接受中国文化的过程，对中国文化风俗、历史背景、社会现实的不了解以及对中国价值观念的不认可是造成北美观众观影障碍的重要原因。此类型电影以现实事件为题材，以弘扬国家主流价值观和展现国家形象为核心任务，尝试融入好莱坞电影中的个人英雄主义，但这种集体主义烘托下的个人英雄主义又与好莱坞式拯救世界的个人英雄主义相差甚远，故在进入北美市场时难以俘获观众的欢心。电影作品中的文化中心主义尽管有利于增强民族认同感和民族凝聚力，却不利于获得不同文化背景中的人们的认可和理解。中国主旋律电影走出去既需要推力，也需要拉力。推力来源于创作主体对中国文化的了解，即我们首先要知道自己有些什么；拉力则来源于受众客体对中国文化的兴趣，即他们想要知道些什么。只有真正地做到本土化与国际化相结合，我国主旋律电影走出去的道路才会一路畅通。基于对民族价值认同程度的认知，我国新型主旋律电影应适当地对主要海外上映地区进行转向，或融合当地文化、习惯以适应当地市场，否则将有极大的可能被拒门外。另一部 2018 年在北美地区上映的《唐人街探案 2》，是内地票房亚军，北美票房为 1342.3 万元人民币，而这已经是 2018 年纯国产电影取得的最好成绩了。该片由华纳负责北美地区发行，在传统喜剧的框架下，融入悬疑探案元素，全片在美国拍摄完成，使用大量外籍演员，大大减弱了文化折扣现象的冲击，也是我国年轻一代导演完成海外自主学习的成果。而 2018 年北美地区票房收入最为突出的是中美合拍片《巨齿鲨》，其票房超过 9.48 亿元人民币，占 23 部国产影片美国票房总收入的 94.7%。整部影片采用国际团队拍摄，故事结构呈现典型的好莱坞式叙事风格，特效技术过硬。

由此可见，影响海外票房的主要因素仍集中在如何处理文化差异问题上，国际合作不仅体现在团队合作，而应更多地考虑创意合作和文化杂糅的方式，以软性传播输出国家主流意识形态，以更加故事性和角色性的方式表达中国人文元素，以更加情感化的方式消解文化壁垒。

（二）客观看待文化差异，扩大格局，打造精品，赢得世界观众共鸣

习近平主席曾就文化交往问题谈道："不同国家、民族的思想文化各有千秋，只有姹紫嫣红之别，而无高低优劣之分。每个国家、每个民族不分强弱、不分大小，其思想文化都应该得到承认和尊重。"造成中国电影输入、输出存在巨大逆差的主要原因来源于文化差异。王元亮等在引用霍斯金斯提出的文化折扣概念时解释道："中国拍摄的电影符合中国人的观影偏好，所以在中国本地市场表现很好，但是由于这其中的文化差异导致影片中很多值得品味的地方或者有趣的地方国外观影者难以发现，这就形成了文化折扣问题。"[①] 面对跨文化传播中不可避免的文化差异问题，我们首先应该

---

① 王元亮，王裕乐. 浅谈中美电影海外票房差距 [J]. 经贸实践，2018, (19): 61.

做到客观看待，避免主观上对其过分夸大，避免产生逃避心理。当前中国电影的创作与传播使命并非急于向世界证明自己，抑或是急切寻找西方电影节奖作为安身立命的砝码，坚持从本民族传统文化出发，厘清中国电影在国际竞争中的位置，找出差异化竞争区位，打造能够真正被世界观众认知、认可、认同的影像特色更显紧迫。①

21世纪以来，由于市场经济和网络媒介的迅速发展，电影趋于多元化，电影人通过不同的主题、叙事手法和视听语言向人们传输不同民族的文化内涵、人文情怀与价值观。成功的电影往往在世界范围内被广泛接受，全方位多方面的评论越来越综合性地影响每一部电影的价值。因此，面对文化差异问题，从电影创作本身出发，站在国际化视角下，思考如何先融入世界，进而更恰当地传递民族价值观，成为中国电影发展中亟待解决的问题。在创作主题的选择上，从人类命运共同体出发，选择世界性主题；先找共性，再突出特点。在视听语言的表达上，运用符合审美趣味的国际化视听语言，复杂故事简单讲，民族故事世界讲。在传播语言的规范上，先跨过语言关，提升编剧和翻译水平，真正做到"我说的你能懂"。

电影作为一种特殊的艺术呈现形式，具有极强的价值导向和社会情绪动员能力。电影创作首先应与社会现实做到良性互动、同频共振。必须始终坚持以人民为中心的创作导向，让电影镜头聚焦伟大时代、记录伟大实践，关注人民的生活，写好拍好中国故事。早在2014年，习近平主席就在文艺工作座谈会上指出："我们必须把创作生产优秀作品作为文艺工作的中心环节，努力创作生产更多传播当代中国价值观念、体现中华文化精神、反映中国人审美追求，思想性、艺术性、观赏性有机统一的优秀作品，形成'龙文百斛鼎，笔力可独扛'之势。"好的故事具有民心相通的共性，它可以穿越历史、跨越种族、打破疆界，实现深层次的共鸣。打造电影精品，深耕内容，是中国电影作为文化名片走向世界的前提。

饶曙光指出："无论'中国故事'体现了多么明显的民族特殊性，但'理

---

① 王冰雪.跨国传播语境下中国电影创作的文化认知与观念形塑 [J].当代电影，2018，(6).

智''情感''自由''幸福''责任''爱'等，这些共同的主题反复地出现在中外电影中，无疑带来一种思考：如何将中国故事的特殊性与外部受众的普遍心理诉求结合起来，以产生共振、引发共鸣。"[①] 在不同的文化背景下，积极寻找有效的电影叙事手段以降低不同国家间的传播文化折扣尤为必要。在这方面，《我不是药神》就是此类创作中的优秀代表。

文化差异还体现在语言差异上。中国文化的博大精深多体现在语言上，中文表达具有深厚的文化内涵。中国电影在海外传播过程中多采用原版声音加对象国语言字幕的方式，或以对象国语言配音的形式出现，因此影视译制成为提高电影国际传播力的重要环节，在中国电影"走出去"过程中发挥了独特的重要作用。在 2018 中国翻译协会年会上，"中国影视翻译与国际化"专题论坛中众多专家学者指出，近年来，中国影视作品在不少国家掀起"华流"现象，成为向世界展示真实、立体、全面的中国的重要窗口，促进了民心相通。翻译在电影的对外传播中承担着文化转换的角色，需要做到"润物细无声"。在高质量译制的基础上，才能传递好核心内容。对于影视译制中的语言和配音问题，美国明德大学蒙特雷高级翻译学院教授施晓菁建议，应当注意区分不同的海外地区市场，用其易于理解和接受的讲述方式，配以符合剧中时代背景和人物形象的口音，来拉近与对象国受众的距离，更好地实现"走出去"。同时，中国译协秘书处处长助理贺潇潇在 2018 年中国翻译协会年会的主题发言中呼吁，建立中国电影海外输出标准规范，储备专家力量，为影视外宣审核把关，切实提升中国电影译配的质量和效率。语言文化的内涵不能悉数在外文翻译中体现，特别是对涉及文化背景的谚语、成语、歇后语、俏皮话等在特定环境和气氛中结合当地文化进行准确翻译，可谓难上加难，也极易造成海外受众很难真正理解电影内容和意境的结果。

面对文化的地区认知差异、语言差异等问题，中国电影从现实意义出发，扎根生活，塑造更加多面丰满的角色形象，同时也应从美学意义出发，

---

① 饶曙光 . 饶曙光：国际电影节举办加强中外电影交流合作 [N]. 光明日报，2018-06-28.

将东方美学的视听语言表达融入国际化语境中，用世界语言讲述中国故事，用民族影像联通世界。世界对中国电影的美学认知主要通过出现在各大国际电影节上的中国电影，他们的选择主要基于意识形态和电影美学两个方面。如第五代导演创造的"东方奇观"满足了西方对东方的想象，第六代导演强烈的现实主义情怀及其所表达的更加后现代的精神状态，符合当下世界对"边缘化角色"的观看视角。而近年来出现的艺术电影，如《大象席地而坐》《江湖儿女》《北方一片苍茫》《影》等影片，在题材上更加丰富多元，用人文主义的反思精神围绕当代中国的社会问题、道德困境、家庭矛盾、个人情感等进行了兼具现实意义和美学价值的创作。2018年贾樟柯执导的《江湖儿女》入围第71届戛纳国际电影节主竞赛单元，他熟练运用视听语言与人物塑造，将中国时代的变迁与电影艺术创作巧妙结合。在资本与资源的双重助力下，开拓"作者电影走向商业品牌"的特色模式，成为海外观众了解中国的一扇窗口。中国影像的国际传播因此逐渐不再囿于迎合西方、以西方为中心的视角，它们在国际影展上的成功，恰恰说明"民族的才是世界的"，反映本民族文化的优秀影像语言正在一个逐渐多元化的世界语言体系里日益显现。

（三）在交流中增进了解，建立中国电影海外长效放映机制

质量提升无疑是中国电影可持续发展的根本，而这显然离不开对其他国家电影经验的借鉴，尤其是在互联互通的全球化语境下，技术、审美、体制等多方面的经验互动显得尤为必要。毫无疑问，影响力的提升很大程度上依赖于与其他国家的沟通、交流、合作。

开展国家间的电影节活动以及其他形式的合作交流，在交流中增进了解，为中国电影拓展了视野，有助于中国电影学习如何运用世界共通的方式"讲好中国故事"，实现"文化共同体""人类命运共同体"的智慧表达，为打入国际市场提供了新思路、新方法、新战略。通过国际电影节的举办以及各国之间的电影合作交流，一方面可以更加方便、有效地借鉴国外经验，熟悉电影发达市场的运行体系和规律；另一方面，国际合作也是国外

电影企业进入中国市场的一种渠道和方式，其对中国本土电影的冲击，倒逼中国电影提升品质，实现更高质量、更好效益、更加公平、更可持续的发展。近年来，中国电影以及电影人频繁地出现在世界著名电影节上，俄罗斯、爱沙尼亚、罗马尼亚、捷克、斯洛伐克、匈牙利等中东欧国家多次举办中国电影周，多部反映中国的影片得到展映。同时连续举办了如北京国际电影节、上海国际电影节、丝绸之路国际电影节、金砖国家电影节、中国—东盟电影节、上海合作组织国家电影节以及"一带一路"电影院线联盟等一系列规模大、规格高、特色强的国际性电影节和电影放映机制。2018年创新中国文化节电影单元中的"中国艺术电影节"部分，分别与林肯中心电影协会、哈佛大学电影资料馆、UCLA电影电视资料馆、卫斯理学院、纽约移动影像博物馆、纽约经典电影资料馆、亚洲协会、纽约Metrograph艺术影院、华盛顿史密森学会弗里尔和萨克勒美术馆、银幕中国双年展、加州艺术学院、加州REDCAT剧院、圣地亚哥亚洲电影节、圣地亚哥Ultra Star Mission Valley电影院、波士顿Brattle艺术影院共同合作，由北京当代艺术基金会与纽约亚洲协会共同展映一批风格各异的青年导演的代表作品，向美国观众展示中国新生代电影人的独立思考和创作成果，有力提升了中国电影的国际影响力。

利用国际电影节的相关展映单元、主题策划、论坛交流等环节的设置，与不同国家在沟通、交流乃至共识基础上展开务实的电影合作，寻找投资和海外发行机会；与不同国家的优秀电影人、媒体和普通受众就电影及其文化内涵展开对话和讨论，有效提升电影自身的艺术定位，在集中交流中扩大中国文化的世界影响力，加强中外电影交流合作的同时，逐步呈现出差异化、针对性和有效性的区域优化特征，为中国电影的国际传播营造出一个良好的环境。

未来中国电影国际传播的主要目标，应当构建以电影为支点的国际文化交流与合作机制，构建中国特色的区域电影攻略，深耕儒家文化圈，确立以中华文化审美意蕴为创作基因的中国电影创作观，以"一带一路"相关国家作为合作重点，并以合作合拍等方式"借船出海"，以取得更大的国际影响力。当代中国电影想要真正打入国际市场，除像西方电影产业那样打造国际化市场化的运营模式外，还有重要的一点就是打造自己的文化内涵。如果没有自己的文化内涵和文化视点，就不能在文化意义的层面上站稳脚跟，这种文化意义上的生存权至关重要，这也是我国电影创作者必须承担的使命。如何与世界文化接轨，用世界语言来讲述中国故事，打好基础；如何打造中国特有的文化内涵和文化视点，突出核心；如何在市场生存的基础上实现文化的生存；这些问题成为新时代中国电影国际传播研究的主要课题。

■ 作者简介

毕苏羽，北京外国语大学国际新闻与传播学院讲师；杨卓凡，北京师范大学中国文化国际传播中心助理研究员。

■ 来　　源

本文原载于《银皮书：2018 中国电影国际传播年度报告》，黄会林主编，北京师范大学出版社，2019 年。

北非出版市场的开拓路径与策略

——以阿尔及利亚为中心的考察

宋毅

摘 要 北非地区是中国出版走出去战略布局的重要组成板块。本文以阿尔及利亚为例，通过分析中国在北非国家的出版现状，探索在该区域开展国际合作的路径，并在此基础上运用具体数据和案例对如何进一步拓展北非的国际出版市场提出四点建议：多语种组合、差异化交往、数字化出版，以及本土化海外发行。

关键词 阿尔及利亚；埃及；北非；图书出版；国际出版

北非主要是指阿尔及利亚、埃及、摩洛哥、利比亚、突尼斯和苏丹等非洲国家。该地区北临地中海，西临大西洋，东靠红海。北非诸国多属外向型经济，拥有丰富的石油、天然气和磷酸盐等矿产资源，大多数依赖出口石油、发展旅游和外资来实现国民经济的增长。北非的主要人种是白人，其中大部分是阿拉伯人，还有土著柏柏尔人。这里盛行阿拉伯和伊斯兰教文化，官方语言为阿拉伯语。受历史上欧洲国家殖民的影响，北非各国依然通用前宗主国语言，主要包括英语、法语、西班牙语和意大利语等。此外，当地人也使用其他的民族和宗教语言，例如柏柏尔语和科普特语。截至 2021 年 2 月，北非阿尔及利亚、埃及、摩洛哥、利比亚、突尼斯、苏丹六国总人口达 2.49 亿[①]，是阿拉伯地区出版消费市场的重要组成部分。北非定期举办大型国际出版交流活动，如阿尔及尔国际书展（阿尔及利亚）、开罗国际书展（埃及）、卡萨布兰卡国际图书沙龙（摩洛哥）、喀土穆国际

---

① 数据来源：Https://www.worldometers.info/world-population/northern-africa-population/.

书展（苏丹）和突尼斯国际书展。中国积极参加上述国际图书展览会，与北非多国长期开展出版合作。为进一步拓展北非的国际出版市场，本文特别以在北非诸国中经济基础好、文化事业发达、具有很强地区影响力的阿尔及利亚为例，辅以其他北非国家，通过分析中国在北非的图书出版路径，对未来开拓出版市场提出几点策略建议，以期助力中国与该地区进一步的国际出版合作，在"一带一路"建设中讲好中国故事。

一、阿尔及利亚出版业概况

阿尔及利亚民主人民共和国（简称阿尔及利亚）于 1962 年独立，是非洲最大的国家，其总面积约为 240 万平方公里。该国拥有丰富的油气资源，2019 年 GDP 约为 1780 亿美元，在北非六国中位列第二。[①] 人口主要由阿拉伯人（占比 83%）和柏柏尔人（占比 17%）组成，总人口数量约为 4385 万。[②] 其官方语言为阿拉伯语，与法律相关的文书、诉讼和技术图纸都采用阿拉伯语表述；法语为通用语，文化界、新闻出版界广泛使用法语。[③] 阿尔及利亚的国教是伊斯兰教，99.1% 的人信奉伊斯兰教。[④] 阿尔及利亚实行 9 年制义务教育，现有 106 所高等教育机构[⑤]，在读大学生约 200 万人，中小学和大学高等教育机构中的部分人文学科主要用阿拉伯语授课，大学理工科专业多用法语授课。

阿尔及利亚目前有 400 多家出版社，包括卡斯巴出版社、绿色图书馆出版社、巴尔扎戈出版社、胡马出版社、智慧出版社等在阿拉伯世界影响

[①] 数据来源：Https://www. statista. com/statistics/1120999/gdp-of-african-countries-by-country/.

[②] 数据来源：Https://www. internetworldstats. com/af/dz. htm.

[③] 沈利娜. 行走和感知东南亚、北非、阿拉伯地区的出版市场——一位版权经理的书展手记：从胡志明市到阿尔及尔 [N]. 中华读书报，2019-06-26.

[④] 马晓霖，李晓悦. 伴随政治风雨的阿尔及利亚新闻传播业 [J]. 对外传播，2019, (7): 75-78.

[⑤] 数据来源：Https://www. mesrs. dz/universites.

力较大的出版社，其中私人出版社拥有近 80% 的市场。^①其所出版的图书不仅有阿拉伯语图书，还有相当一部分的法语图书，覆盖文学、艺术、历史、哲学、传记、童书等诸多题材。

阿尔及利亚新闻出版领域的行政主管部门是新闻部和文化部。新闻部负责数字技术和广播电视发展；文化部主要负责文化传播、图书出版等领域。阿尔及利亚的印刷媒体监管委员会、视听媒体监管委员会负责媒体的审批、内容监管等工作。^②文化部监督下的国家图书中心是专门从事图书出版发行工作的公共机构，它通过图书馆网络开展公众阅读，统计图书出版发行和阅读情况，参加有关的会议、展览，开展有关本国图书市场的调研工作。^③

阿尔及利亚与图书有关的行业协会主要有全国图书出版商联盟、阿尔及利亚作家联盟、阿尔及利亚全国编辑联盟、专业公共图书馆联盟和阿尔及利亚书商协会。阿尔及利亚的作家联盟、全国编辑联盟和专业公共图书馆联盟的 250 多个专业出版商共同组成了阿尔及利亚的图书出版编辑队伍，阿尔及利亚书商协会是阿尔及尔国际书展的共同组织者，该协会在全国拥有近 80 家会员书商，评论出版图书，为书店联网管理提供管理软件支持。^④

阿尔及利亚文化部在 2018 年开展的"阿尔及利亚人阅读状况"问卷调查显示，被调查者中 68% 阅读阿拉伯语图书（农村地区读者主要阅读阿拉伯语图书），41.6% 阅读法语图书，12.7% 阅读英语图书（主要为接受过高等教育的精英群体读者）；年轻人最喜欢阅读小说（52%），科学类次之（46.4%），历史类名列第三（24.5%）。多年曲折艰难的独立历史和动荡不

---

① 刘欣路，许婷 . 阿尔及利亚新闻出版业发展管窥 [N]. 中国新闻出版广电报，2018-11-05.

② 马晓霖，李晓悦 . 伴随政治风雨的阿尔及利亚新闻传播业 [J]. 对外传播，2019, (7): 75-78.

③ 数据来源：Https://www. m-culture. gov. dz/index. php/fr/etablissements-sous-tutelle/centre-national-du-livre.

④ 资料来源：Https://www. librairesfrancophones. org/component/k2/item/287-l-initiative-algerienne.html.

安的政坛局势为阿尔及利亚图书出版提供了丰富的内容素材，在最受欢迎的图书中，主题大多为阿尔及利亚反殖民、反恐怖的斗争经历，以及历史、宗教矛盾冲突和重要政治人物传记。[①]

二、中国与北非出版业交流合作路径

纵观中国与北非国家的出版合作历史，双方的友好外交关系和中国对该地区长期开展的基础设施建设为双方的国际出版交流奠定了稳定的市场基础。

中国是阿尔及利亚经济发展进程中重要的合作伙伴，两国长期以来一直拥有良好的全面战略伙伴关系。1958 年中阿两国正式建交，此后双边高层互访、政治往来不断，经贸合作活跃。在阿尔及利亚经济振兴计划的实施过程中，中国持续对阿进行非金融类投资，项目涵盖房建、水电、石油化工、铁路、公路、电信、地质、汽车制造等领域。此外，中国还在人力资源培训上提供帮助。中阿多年的经贸合作成为联系两国民众的感情纽带，让阿尔及利亚人民对中国和中国文化产生了积极的认知，为双方开展国际出版合作提供了稳定的市场需求。[②]

在一系列合作协议的框架下，中阿两国在新闻出版和广播影视行业积极开展图书互译和人员交流活动，促进两国读者和文化、出版界人士的接触与相互了解。1964 年，中阿文化合作协定签署，双方同意相互翻译、出版对方的优秀文学艺术作品，交换文化艺术方面的书刊和资料，并在教育、新闻、广播、电视和电影方面进行交流合作。2014 年，《中阿版权交流合作谅解备忘录》签署，该备忘录的签署为推动双方作品互译出版和人员交流往来提供了进一步的制度性助力。2015 年双方签署的《中华人民共和国

---

① 宋毅，梅莎 . 阿尔及利亚出版业发展报告 [C]// 魏玉山，主编 . "一带一路" 国际出版合作发展报告（第二卷）. 北京：中国书籍出版社，2020: 77-94.

② 宋毅，梅莎 . 阿尔及利亚出版业发展报告 [C]// 魏玉山，主编 . "一带一路" 国际出版合作发展报告（第二卷）. 北京：中国书籍出版社，2020: 77-94.

政府和阿尔及利亚民主人民共和国政府文化协定 2015 至 2019 年执行计划》（以下简称《计划》）提出了一系列加强图书出版和广电新闻领域双边合作的措施，《计划》倡议阿方每年邀请中国的文化出版机构、学者赴阿交流。同年，阿尔及利亚胡马出版社出版了第一部中国文学作品——中国诗人王久辛的诗集《狂雪》。2018 年，"阿中童书出版合作的机遇与前景——阿中童书出版合作产业论坛"于第 23 届阿尔及尔国际书展上举行①，中国图书进出口（集团）总公司（中图公司）与阿尔及利亚第三世界书店、卡斯巴（Casbah）出版社在阿尔及尔签署《中图公司驻阿尔及利亚中国图书中心合作备忘录》，在第三世界书店设立"中国书架"，在中国图书出口、翻译出版、数字资源等领域与阿出版商展开合作。在此次国际书展上，中国作为主宾国举办中国主题图书展、精品图书展、中阿合作出版成果展、数字出版展和中国古代印刷展等展览活动，共展出来自中国 43 家重点出版单位的 2500 多种、7500 多册精品图书；其中 60% 为阿文或法文图书，主要包括主题图书、传统文化、社科、文学和儿童等类别。莫言、阿来等一批具有海外影响力的中国作家、学者现身书展，与多国学者、作家和出版业者进行交流，阿民众对《习近平谈治国理政》（阿拉伯文版、法文版、英文版）表现出浓厚兴趣。②2019 年，中国担任第 24 届阿尔及尔国际书展主宾国，与阿尔及利亚签约《中国对外开放 40 年》《破解中国经济十大难题》等主题图书联合版权，共同启动中阿图书出版新合作。③

中国和阿尔及利亚凭借签署人文交流相关协议和积极参加国际书展两大抓手，在出版界开展了形式多样的广泛合作，其间，充分展现了中国与北非国家开展国际出版合作的共同路径模式（见图 1）。

---

① 资料来源：Http://www.jielibj.com/article_679_times.html.
② 数据来源：Http://www.cnpubg.com/news/2018/1106/41109.shtml.
③ 资料来源：Http://www.cnpubg.com/news/2018/1106/41107.shtml.

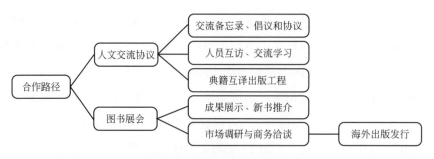

图 1　中国与北非国家合作出版路径

　　其一，在既有友好的外交关系和经贸合作基础上，双方通过签署一系列人文交流备忘录、倡议和协议，为跨国出版合作提供方向性的引导、政策上的支持和制度上的保障。所签署的既有政府间文化部门的官方文件，也有社会各界专门机构主动达成的共识，客观上推动了中国和北非国家的文化、出版行业合作。例如，2014 年原国家新闻出版广电总局与阿拉伯国家联盟秘书处联合发起历时 5 年的"中阿典籍互译出版工程"，阿方所推荐的 25 种阿拉伯国家著名文学作品的作者多来自北非的埃及、摩洛哥、突尼斯、苏丹、阿尔及利亚。在埃及，中埃作协签订的系列协议促成两国作家间互访，以文学交流促进图书传播。另外，系列备忘录、协议开启中埃历史文化典籍、现当代文学作品和少儿作品的互译工作，源源不断提供合作出版发行的书源。通过"中阿典籍互译出版工程"，中方已翻译出版了埃及的《日落绿洲》《格拉纳达三部曲》等多部著作，埃及出版发行了《中国道路》等 23 种中国图书；在"丝路书香工程"框架下，《习近平谈治国理政》等彰显中国社会主义建设智慧和经验的图书进入埃及和阿拉伯国家图书市场；通过"中阿友好文库"，中阿友协、中国对外友协、北京师范大学出版集团、北京外国语大学与埃及文化和翻译机构在选题、翻译、推广等方面深度合作，取得了良好合作成果。[①]

　　其二，中方通过定期参加国际书展了解行业发展与市场需求动态，寻求新书推介契机，稳步推进中国图书在海外市场发行的本土化进程。中国

---

① 刘欣路，杜鹏越 . 埃及出版业发展报告 [C]// 魏玉山，主编 ."一带一路"国际出版合作发展报告（第二卷）. 北京：中国书籍出版社，2020: 55-76.

图书在阿尔及利亚、苏丹、摩洛哥、突尼斯和埃及等国近 10 年举办的国际书展上均有亮相。在 2019 年突尼斯国际书展上，突尼斯东方知识出版公司引进了 10 多种中国图书，并同中国出版社商谈版权合作事宜，把更多中国图书译介给突尼斯和阿拉伯读者。[①] 在 2020 年举办的第 26 届卡萨布兰卡国际书展上，人民天舟出版公司给当地读者准备了 100 余种 6000 余册阿拉伯语、法语和英语精品图书，还特别带去了《我要飞》（阿语版）、《十万个为什么》（法语版）等儿童文学和科普绘本。[②]

书展为读者近距离接触中国优秀图书提供了便利，也为出版社洽谈合作牵线搭桥。例如，接力出版社和人民天舟出版公司通过参加北非地区的国际书展，与当地的出版机构建立了贸易关系，为海外发行本土化进程积累了重要的行业、读者和市场资源，两家出版社先后于 2015 年（接力出版社埃及分社）和 2017 年（摩洛哥灯塔出版社，人民天舟出版有限公司独资建设）成立了海外出版分社，目前已在对象国和阿拉伯地区树立了良好的品牌形象。人民天舟出版公司通过在摩洛哥建设灯塔出版社，历经出版社建设、书店建设和综合开展文化产业经营的三个阶段，成功打通其海外出版发行本土化路径，形成了主题出版物和社科类、儿童类、艺术类图书的产品线，发行了《平"语"近人——习近平总书记用典》《以习近平同志为核心的党中央治国理政新理念新思想新战略》《我要飞》《我是花木兰》《中国传统节日》等近 60 种阿语版图书，业务范围覆盖欧洲、非洲和中东地区。[③]

三、中国与北非国际出版业交流合作展望

众所周知，北非是阿拉伯地区的主要组成部分，与北非开展出版发行

---

① 资料来源：Http://www.xinhuanet.com/2019-04/06/c_1124333565.htm.

② 资料来源：Http://www.xinhuanet.com/2020-02/12/c_1125565971.htm.

③ 刘孟丽. 人民天舟摩洛哥文化综合体的本土化之路 [C]// 魏玉山，主编."一带一路"国际出版合作发展报告（第二卷）. 北京：中国书籍出版社，2020: 55-76.

合作可以将影响力扩大到整个阿拉伯地区。阿拉伯国家联盟于 1995 年 4 月成立了阿拉伯出版商协会（总部在埃及开罗），为出版商提供交流与合作平台，并于 2015 年在北京设立了驻中国办事处。阿拉伯地区的 22 个国家共同组建了自由流通的出版市场，开展图书自由贸易，任何一个成员国的图书可以在整个阿拉伯地区发行和销售。所以，开拓北非图书市场，其实也是开拓阿拉伯出版市场。在此过程中，中国出版机构要想有效拓展国际出版业务，需结合各国文化、经济发展水平和出版行业现状，充分了解对象国图书出版的语言使用、市场细分和消费能力等方面情况，在实践基础上积累经验和资源，开展差异化经营。笔者提出四点策略建议。

（一）多语种配套出版

具体而言，出版语言以阿拉伯语为主，辅以法语（或对象国通用的西班牙语、意大利语）和英语，汉语主要用于对外汉语教材的出版。以阿尔及利亚为例，阿拉伯语作为其官方语言，覆盖阿拉伯世界 10 多亿人口，构成了国际图书出版方面重要的市场资源。[①] 然而，受历史上法国殖民和教育体系的影响，法语是阿尔及利亚通用语，其在阿尔及利亚知识界的地位在未来很长一段时间内难以被撼动。阿尔及利亚评论家穆鲁德·本·宰迪在介绍阿尔及利亚语言状况时指出，当下阿尔及利亚各阶层依旧不乏使用法语作为工作语言的作者和机构，而阿拉伯语尚未在阿尔及利亚"恢复其地位"。[②] 因此，阿尔及利亚的法语图书市场也不容忽视。此外，近年来阿尔及利亚逐渐兴起了"英语热"，政府在编制教学大纲时有意提高英语比重，受过高等教育者对英文图书的阅读需求日益增加。越来越多的阿尔及利亚人希望通过学习汉语寻求更多更好的就业和发展机会，对经贸、文化等主题的中文图书的需求也日益增加。综上，中国出版机构需针对不同图书种类和细分市场在多语种出版上做好选择。

---

① 沈利娜. 行走和感知东南亚、北非、阿拉伯地区的出版市场——一位版权经理的书展手记：从胡志明市到阿尔及尔 [N]. 中华读书报, 2019-06-26.

② 资料来源：Https://www. alquds. co. uk/ . / عضوﻻ - يوغلﻻ - يف - رئازجلا - اذهل - مل - عتست

（二）差异化合作，重点开拓优势领域

尽管北非诸国拥有一些共同的地域文化特点，但各国在经济发展水平、法律法规政策、文化消费能力和与中国人文交流程度上存在差异，中国出版机构在开拓对象国市场时还需明确细分出版市场，在实践中秉承一国一策和树立领域优势的两个基本原则。[①] 在埃及，最受读者欢迎的图书主题依次是宗教（85%）、新闻（57%）、当代小说（13%）、政治分析（12%）、当代诗歌和烹饪图书（7%）等。埃及的阿拉伯语图书大量出口到阿拉伯世界、中东国家和欧美国家的阿拉伯裔社群，埃及的英文图书（尤其是学术机构和私人出版社出版的英文教材和培训资料）在中东地区也十分畅销。而在阿尔及利亚，最受读者欢迎的图书类别为教材（27.22%）、宗教（17.43%）和文学类图书（12.09%）。[②] 根据阿尔及利亚读者对中国图书的反馈，中国出版机构可以以小说、少儿教育、汉语和文化类图书为切入点，避开话题敏感的宗教类图书。[③] 中国出版机构既可以出版适合阿尔及利亚读者阅读的中文图书（例如中文教材），又可根据阅读兴趣、图书种类、年龄（少儿读物、青年读物等）、阅读语言（以阿拉伯语和法语为主，英语使用者次之）等划分读者群，采用作者资助、译者培训、版权转让、出版资助、出口补贴等措施，加强版权输出，扶持阿尔及利亚某些细分图书市场的阿语、法语和英语图书出版。[④] 从阿尔及利亚 2018 年国际书展反馈情况看，阿尔及利亚读者对特定种类的中国图书怀有浓厚的兴趣，例如中国经典文学作品的译本和反映中国当代社会变革与发展的图书等。

[①] 甄云霞，王珺．变化中蕴含新机遇，困境中开拓新局面——后疫情时代的"一带一路"国际出版合作 [C]// 魏玉山，主编 ."一带一路"国际出版合作发展报告（第二卷）．北京：中国书籍出版社，2020: 3-18.

[②] 资料来源：Https://ouvrages. crasc. dz/pdfs/2016_productions%20_et_receptions_culturelles_musique_cinema_abdelkader_abdelillah. pdf.

[③] 宋毅，梅莎．阿尔及利亚出版业发展报告 [C]// 魏玉山，主编 ."一带一路"国际出版合作发展报告（第二卷）．北京：中国书籍出版社，2020: 3-18, 77-94.

[④] 沈利娜．行走和感知东南亚、北非、阿拉伯地区的出版市场———位版权经理的书展手记：从胡志明市到阿尔及尔 [N]. 中华读书报，2019-06-26.

双方另外一个优势合作的领域是少儿图书市场。儿童图书可以作为中国图书未来版权输出的一个重点区域。中国接力出版社于 2015 年成立了埃及分社，致力于中埃在童书领域的合作。2017 年正式出版了首批 26 种阿拉伯语版原创童书。该批童书在 2018 年获得了由埃及文化部图书总局颁发的"最佳儿童图书翻译奖"。① 阿尔及利亚的少儿图书市场发展潜力大。阿尔及利亚青少年和儿童人数较多，但面向该群体的出版物数量却显匮乏，造成供求关系严重不匹配。阿尔及利亚市场本土少儿图书选题主要集中在安全教育、科普及知识性读物，故事性和可读性较差，说教性强，这与很多作家曾做过老师有关。目前，阿尔及利亚在校学生已达 800 万，然而本地少儿读物出版社缺少专业的文字编辑、儿童绘画家和青少年文学专家学者以及支持儿童文学发展的资源，导致制作精良、专业性强的少儿期刊数目严重不足，无法充分满足青少年读者对故事书、漫画、冒险小说和漫画书的需求。因此，图画类图书或期刊在阿或有较好的发展前景。另一个值得注意的现象是价格。阿尔及利亚印刷业较为落后，图书印刷品质不佳，使得带有较多插图的儿童图书性价比较低。在此情况下，读者普遍对图书价格敏感，不愿接受高定价图书，在阿尔及利亚，单本图书售价不能超过 10 元人民币。少儿图书一般是由黎巴嫩和中东出版社从中国进口的，较高的版税使得多数学龄儿童家庭无力支付从欧洲进口的高价高质书籍。因此，中国出版机构应在推广少儿类图书和期刊时注重性价比，并同阿方出版社和政府部门协商，以签署图书互换协定、调整翻译费承担比重等方式，尽可能降低图书进口的版税，为阿尔及利亚读者带来实惠，提高他们对中国图书的接受度。

（三）加快数字出版是重要经营策略

北非诸国互联网使用率日益上升，构成了巨大的电子图书市场。2014年埃及首个电子书销售平台"我们的书"创建，让阿拉伯世界作者通过该

---

① 刘欣路，杜鹏越．埃及出版业发展报告 [C]// 魏玉山，主编．"一带一路"国际出版合作发展报告（第二卷）．北京：中国书籍出版社，2020：3-18.

平台出版、推广、出售图书。数字化出版业的迅速发展为埃及创造了快速增长的细分市场。在阿尔及利亚，虽然数字内容出版还处于起步阶段，但其潜在的广大读者群和不断发展的信息化产业为数字出版业的启航创造了有利条件。2020 年 3 月，阿尔及利亚有 2543 万人（58%）使用互联网，其中脸书（Facebook）用户量达 1900 万（43.3%）。[①] 2018 年，"阿尔及利亚人阅读状况"问卷调查结果显示，30.3% 的人表示有在手机上阅读图书的习惯。[②] 2020 年 1 月，阿尔及利亚有 2200 万社交媒体用户，社交媒体渗透率达到 51%。阿尔及利亚人经常使用的社交媒体包括脸书、Instagram、Snapchat、YouTube 及抖音国际版 TikTok，而微信则受到阿尔及利亚在华留学生和在华商人的追捧。鉴于阿尔及利亚庞大的网民群体和潜在的数字阅读市场，中国出版企业可以在阿尔及利亚推广数字出版，形成商业突破口。中国出版企业可利用脸书等社交媒体推荐阿尔及利亚青少年阅读中国图书，还可以设立中国图书个人品牌 IP，为中阿出版方提供充分交流出版信息、产业动态、合作模式的平台。

阿尔及利亚同其他五国一样，与欧洲、非洲和阿拉伯世界有着千丝万缕的联系，与中国更是有着传统友谊和友好关系。有意投资北非国家的中国出版企业可以多做优势领域的市场调研，利用中国驻各国使馆提供的文化服务，走访当地的书店、读者、出版商和出版组织协会，洞悉当地读者的兴趣和需求，逐步积累各种资源。具体而言，重视汉语教材和少儿读物出版，利用网络传播，充分开发电子图书，提供数字出版服务，权衡好阿、法、英、西、意、汉语图书的比重，有针对性地出版中国主题图书，帮助民众"读懂"中国故事，"听清"中国声音，架设联通中阿民心、促进交流合作的重要桥梁。除了传统的图书出版，还应进行多媒体内容的出版发行。随着一些中国电视节目在北非的热播，中国的出版发行机构可以推出影视同期书及相关的衍生产品，利用数字出版平台，开发进入北非出版市

---

① 宋毅，梅莎. 阿尔及利亚出版业发展报告 [C]// 魏玉山，主编."一带一路"国际出版合作发展报告（第二卷）. 北京：中国书籍出版社，2020: 3-18, 77-94.

② 数据来源：Https://www. reporters. dz/enquete-sur-les-habitudes-de-lecture-les-algeriens-lisent-un-a-cinq-livres-l-annee-et-de-nuit/.

场的另一条途径。

（四）谨慎规避风险，有效推动海外出版发行本土化进程

首先，在出版发行领域，北非拥有不同于中国的投资环境和行业法律法规，中国出版企业在那里发展的机会与风险共存。例如，阿尔及利亚对外国投资限制条件较多。根据世界银行公布的《2019 年全球营商环境报告》，阿尔及利亚营商环境在 189 个国家和地区中排名第 157 位。阿尔及利亚实行严格的外汇管制，该国货币第纳尔在境外不可自由兑换，外汇资金转移困难，阿尔及利亚企业被禁止从外国银行获得贷款。① 另外，阿尔及利亚的税收管理欠规范，一旦中资企业陷入税务纠纷就可能遭受巨额罚款。所以中国出版商若计划在阿尔及利亚投资经营，务必树立税务遵从意识，对阿尔及利亚投资环境所涉及的政治经济形势、海关政策法规和地方解读、税收政策、会计准则、企业纳税筹划、税务申报等因素进行深入调研和把握，严格执行当地有关法律法规，树立风险意识。②

其次，阿尔及利亚对本国的新闻出版有较为严格的审查制度，阿政府掌控着对媒体行业的运营监管权。目前，该国与新闻出版业有关的重要法律是《组织法》（*Organic Law on Information*）、《国家信息准则》（*The Code National de L'information*）和《视听法》（*Audio-Visual Media Services Law*）。2011 年颁布的《组织法》和 2012 年颁布的《国家信息准则》规定了阿尔及利亚新闻出版业的信息收集、产品内容制作的基本准则，强调新闻自由需以尊重宪法和法律、伊斯兰教和其他宗教、国民身份认同和文化价值观、思想观点的多样性为前提，并列出 12 条从业原则，例如必须尊重阿尔及利亚的民族文化身份、不能损害国家利益、不破坏国家安全、遵从伊斯兰教价值观等。《视听法》强调对少数民族、妇女、儿童的保护，细化了视听媒体领域的相关规定，如节目播出的本国制作影视作品应达

---

① 蔡伟年. 阿尔及利亚企业所得税制介绍 [J]. 国际税收 , 2015, (8): 75-80.
② 吴昊，周相林 . 中资企业在阿尔及利亚投资探索与实践 [J]. 现代商贸工业 , 2017, (31): 50-51.

60% 以上并使用阿拉伯语；使用阿拉伯语或阿马齐格语（阿马齐格人是生活在北非阿尔及利亚、突尼斯、摩洛哥等国的一个族群）配音的外国节目份额不能超过 20% 等。[①] 中国新闻出版机构若与阿尔及利亚合作，需谨慎选择作品语言和宗教主题的内容制作，充分了解阿尔及利亚政府和民众的需求，力求工作语言和产品内容符合阿尔及利亚的有关规定。

最后，在阿尔及利亚雇员数量达到 20 人及以上的公司，按有关法律，工人代表应参与内部规章的制定，例如确定劳动关系的建立、执行及终止等各个环节，劳动收益、条件、安全和纪律，工资支付方式和时间，社会保险额度，公司内部工会以及罢工规定等。阿尔及利亚法律允许在公司内部成立工会组织，以保障工人合法权益。拥有 20 名雇员以上的公司必须对员工进行技能培训，在经雇主同意的情况下，雇员可脱岗或利用工作、休假时间参加职业或技能培训。法律规定劳动者的年龄需为 16 岁及以上，从事夜班工作劳动者年龄为 19 岁及以上，女性劳动者不得从事夜班工作；在阿尔及利亚，法定工作时间为每星期 40 小时，最多不可超过 48 小时，加班工作要给予至少 150% 的加班费。发生劳动争议时，企业或雇主组织与劳动者工会之间签订的集体协议，例如劳动条件、薪酬、职位模式等内容，均可成为相关法律法规的重要补充等。[②] 中国出版企业需要了解并严格遵循当地公司管理法规，以规避劳资纠纷所带来的经济损失，以免影响企业声誉、社区关系和国家形象。

■ 作者简介

宋毅，北京外国语大学国际新闻与传播学院副院长，教授。

■ 来　　源

本文原载于《出版发行研究》2021 年第 3 期。

---

① 刘欣路，许婷. 阿尔及利亚新闻出版业发展管窥 [N]. 中国新闻出版广电报，2018-11-05.

② 李石，李敏. 阿尔及利亚劳动法律简析 [J]. 法制与社会，2012，(3): 8-11.

第三部分

传播战略研究

社会化媒体上的议题网络与公众政治参与：
雾霾与转基因议题的对比分析

王宇琦　曾繁旭

摘　要　同为对公众日常生活和健康有潜在威胁的争议性风险议题，雾霾与转基因议题呈现出截然不同的公众参与程度。本研究运用社会网络分析和内容分析的研究方法，引入议题网络（issue network）的理论视角，来帮助理解中国语境下风险议题中差异化的公众政治参与程度。研究发现，转基因议题和雾霾议题的议题网络在网络成员与规模、网络整合度、资源和权力分配三个维度上体现出较为明显的差异，这与公众政治参与之间存在着密切的关联。对社会化媒体上议题网络的分析，有助于从社会网络视角为中国语境下的公众政治参与提供一种新的理解方式和判断标准。

关键词　政治参与；议题网络；社会网络分析；社会化媒体

一、公众政治参与程度的差异：雾霾议题与转基因议题

社会化媒体的发展，降低了公众表达和政治参与的门槛，并通过消除时间和空间的限制，使得个体和组织能够更为便利地参与旨在影响政府和公共政策的活动。[①]借助社会化媒体平台，公众得以表达政策诉求，进行

---

① Park Namsu,Kee Kerk F,Valenzuela Sebastián. Being Immersed in Social Networking Environment: Facebook Groups, Uses and Gratifications, and Social Outcomes [J]. *Cyberpsychology & Behavior: The Impact of the Internet, Multimedia and Virtual Reality on Behavior and Society*, 2009, 12(6).

线上动员，甚至影响政策过程。①

在借助社会化媒体进行意见表达和政治参与的过程中，公众表达越来越呈现出个人化、生活化的特征。②特别是在中国语境下，公众讨论的议题都更多与日常生活和个人经验相连，借助个人化的表达框架和参与方式，对环境、健康、公民权益等议题及其相关的公共政策展开讨论。

但是，我们也应注意到不同议题中公众政治参与行为的差异。同为对公众日常生活和健康有潜在威胁的争议性风险议题——雾霾议题与转基因议题——就呈现出截然不同的公众参与程度。事实上，在以下三个维度，转基因议题呈现出更为积极的政治参与。

第一，政治参与的目标。更为有效的政治参与活动，往往意味着参与者有更为明确的目标诉求，且参与者会在参与过程中向政策制定者传播充分的信息和支撑性观点，以试图影响决策者。③在转基因议题中，公众从转基因作物可能带来的健康隐患出发，呼吁建立更为严格的转基因审批、监管和惩戒制度④、禁止转基因作物的商业化，呈现出相对明确的政策诉求；而相比之下，雾霾议题的公众参与则更多表现为对空气污染现状的担忧，而尚未形成明确、具体的政策诉求。

第二，政治参与的组织化程度。这一衡量指标被已有研究多次提及，它涉及公众参与行为是以个人形式开展，还是以更具凝聚力的集体行为方

---

① 需要说明的是，在本文中，"社会化媒体"（social media）即社交媒体，是指基于 Web 2.0 技术，允许用户生成内容的网络应用和平台。参见 Kaplan, A. M., & Haenlein, M. Users of the world, unite! The challenges and opportunities of Social Media[J]. *Business horizons*, 2010, 53(1), 59-68. 因此，本文对于社会化媒体和议题网络的相关研究梳理，已涵盖对社交媒体的相关研究；本文最终得出的社会化媒体上议题网络与公众政治参与的相关结论，也完全适用于社交媒体。

② Castells, M. *Communication Power*[M]. Oxford, England: Oxford University Press, 2009: 53-69, 412-415.

③ Verba, S. Democratic Participation [J]. *The Annals of the American Academy of Political and Social Science*, 1967, 373(1): 53-78.

④ 在社会化媒体上被大量转发的相关内容如：吕永岩.【接力赛】抵制转基因，孟山都滚出中国，2015 年 5 月 25 日，http://blog.sina.com.cn/s/blog_4b7683ce0102vuhh.html.

式开展；组织化程度较高的参与行为，往往会给政策制定者带来更高的压力。[①] 在转基因议题中，反对转基因推广、开发和商业化的线下活动时有发生[②]，普通民众和具备较高社会影响力的意见领袖共同参与到行动中。[③] 而在雾霾议题中，公众参与更多表现为基于社交媒体平台的零散化、个人化意见表达，组织化程度较高的政治参与活动较少。

第三，政治参与的主动性。Verbal 等人[④] 指出了不同政治参与形式在参与主动性方面的差异，比如，选举等参与形式所需主动性较低，而一些集体行动则需要更强的主动性，甚至需要承担额外的风险。[⑤] 与转基因议题中时常发生的线下反对活动相比，公众基于社交媒体就雾霾议题进行的线上讨论所需的参与主动性较低，风险也较小。

为了解释这一现象，在理论层面，本文引入"议题网络"（issue network）的概念，来帮助理解转基因议题和雾霾议题中公众政治参与程度的差异。本文希望回答的核心研究问题是，作为公众参与程度迥异的议题，雾霾和转基因议题各自形塑的议题网络是否存在差异？具体而言，在这两个议题网络中：

1. 网络的规模和成员构成如何？

2. 哪些话语主体在议题网络中占据主导地位？

3. 议题网络中话语主体之间的互动关系是否紧密？

4. 议题网络内部的争论焦点和话语框架分别是什么？

---

① Ekman, J., & Amna, E. Political Participation and Civic Engagement: Towards a New Typology [J]. *Human Affairs*, 2012, 22(3): 283-300.

② 如以反对孟山都（美国生物科技公司）、反对转基因为核心诉求的多次抗议活动（2013 年 2 月，北京；2015 年 5 月，北京；2016 年 4 月、5 月，北京）、反对中国化工集团并购瑞士种子与农药公司先正达的抗议活动（2016 年 4 月）等。

③ 比如，反对中国化工集团并购瑞士种子与农药公司先正达的抗议活动中，主要发起人包括原化工部部长秦仲达、中国灾害防御协会灾害史研究专业委员会前顾问陈一文等。

④ Verbal, S., Nie, N. H., Barbic, A., et al. The Modes of Participation: Continuities in Research[J]. *Comparative Political Studies*, 1973, 6(2), 235-250.

⑤ 胡荣 . 社会资本与城市居民的政治参与 [C]// 福建省社会学 2008 年会论文集 . 2008: 6-14.

二、文献回顾

（一）公众政治参与的研究转向：从个体特征到社会互动

政治参与（political participation），是公民通过参与公共政策过程以影响政府行为或改变政策后果的活动，其中既包括选举、投票、听证等传统的政治参与方式，也包括游行、抗议等线上和线下的公民行动。[①]

已有对于政治参与影响因素的研究，普遍强调了个体特征的差异对于民众是否进行政治参与的影响。其中，参与者的年龄[②]、社会经济地位[③]、政治效能[④]、社会资源[⑤]等要素，都被认为与政治参与行为紧密相关。具体到中国语境下，有研究特别指出，对于不同社会阶层的公众而言，政治效能感对其政治参与行为的影响存在差异；在社会中上层群体中，政治效能感对公众政治参与行为的影响最为显著，而在其他社会群体中的影响则较小。[⑥] 此外，媒介接触和使用，特别是利用媒介进行新闻信息获取，将会显著提升公众的政治参与水平。[⑦]

---

① Brady, H. E. *Measures of Political Attitudes*[M]. In J. P. Robinson, P. R. Shaver & L. S. Wrightsman (eds.). San Diego: Academic Press, 1999: 737-801; Verba, S., Schlozman, K. L., & Brady, H. E. *Voice and Equality: Civic Voluntarism in American Politics*[M]. Cambridge, MA: Harvard University Press, 1995.

② Gil de Zúñiga Homero, Ardèvol Abreu Alberto, Casero Ripollés Andreu. WhatsApp Political Discussion, Conventional Participation and Activism: Exploring Direct, Indirect and Generational Effects[J]. *Information, Communication & Society*, 2021, 24(2).

③ Celine Teney, Laurie Hanquinet. High Political Participation, High Social Capital? A Relational Analysis of Youth Social Capital and Political Participation[J]. *Social Science Research*, 2012, 41(5).

④ 刘伟. 政治效能感研究：回顾与展望 [J]. 内蒙古大学学报（哲学社会科学版），2020, 52(5): 65-71.

⑤ Verba, S., Schlozman, K. L., & Brady, H. E. *Voice and Equality: Civic Voluntarism in American Politics*[M]. Cambridge, MA: Harvard University Press, 1995.

⑥ 崔岩. 当前我国不同阶层公众的政治社会参与研究 [J]. 华中科技大学学报（社会科学版），2020, 34(6): 9-17.

⑦ 曾凡斌. 社会资本、媒介使用与城市居民的政治参与——基于 2005 中国综合社会调查（CGSS）的城市数据 [J]. 现代传播，2014, 36(10): 33-40.

这些学术观点在很长一段时间内影响了政治参与研究，它们充分强调了个体力量和自主性在政治参与中的作用，认为拥有更高社会身份和更多社会资源的公民更有可能进行政治参与。[①] 但是，这样的研究路径会忽略政治参与的集体面向和社会互动，并淡化参与行为本身的政治属性。[②]

因此，有学者指出，仅仅依靠个体层面的变量并不足以解释政治行为；在强调个体政治主观性在政治参与中重要地位的同时，也需要审视个体之间的互动和社会联系。[③] 对政治参与的理解，需要超越个体特征，转而探讨社会互动特别是社会网络对于推动公民政治参与的重要影响。[④] 这些研究认为，社会网络以及借助其展开的政治讨论和人际交流，会对其中成员的政治态度和倾向产生影响，甚至影响其政治参与的意愿和行为。[⑤] 而网络的规模、网络关系的强弱、讨论的形式、观点的异质性等各项指标[⑥]，则成为解释政治参与行为差异的因素。

① Campbell, D. E. Social Networks and Political Participation[J]. *Annual Review of Political Science*, 2013, 16: 33-48.

② Natalie Fenton, Veronica Barassi. Alternative Media and Social Networking Sites: The Politics of Individuation and Political Participation[J]. *The Communication Review*, 2011, 14(3).

③ Scheufele, D. A., Nisbet, M. C., Brossard, D., et al. Social Structure and Citizenship: Examining the Impacts of Social Setting, Network Heterogeneity, and Informational Variables on Political Participation[J]. *Political Communication*, 2004, 21(3).

④ Campbell, D. E. Social Networks and Political Participation[J]. *Annual Review of Political Science*, 2013, 16: 33-48.

⑤ Scott D. Mcclurg. Social Networks and Political Participation: The Role of Social Interaction in Explaining Political Participation[J]. *Political Research Quarterly*, 2003, 56(4); Kenny, C. B. Political Participation and Effects from the Social Environment[J]. *American Journal of Political Science*, 1992, 36(1).

⑥ Valenzuela Sebastián, Kim Yonghwan, Gil de Zúñiga Homero. Social Networks that Matter: Exploring the Role of Political Discussion for Online Political Participation[J]. *International Journal of Public Opinion Research*, 2012, 24(2); Knoke, D. Networks of Political Action: Toward Theory Construction[J]. *Social Forces*, 1990, 68(4): 1041-1063.

（二）议题网络：理论视角与具体维度

社会互动和社会网络的理论路径，为我们理解公众政治参与行为提供了一个可能的思路。沿着这一路径，我们将议题网络①（issue network）这一概念引入公众政治参与研究中，探讨议题网络的差异是否能成为理解政治参与程度差异的一种新的理论可能。

在社会化媒体上，拥有共同特征、兴趣和政策偏好的人群得以借助社会化媒体联合起来，形成全新的社会关系，并持续就公共议题展开讨论。②类似这样由对特定政策议题感兴趣的人们组成的交流网络，被称为"议题网络"，其中的成员既包括政府当权者、立法者、商人，也包括学者、记者和普通民众；他们持续就现有政策进行讨论和批评，并生成关于新政策的想法。③

作为一种松散的政策网络④，议题网络是非正式的、不稳定的⑤。其主要特征表现为：（1）参与者不受限制，因而网络成员数量众多，身份差异也较大；（2）成员之间缺乏共识，存在冲突，意见无法整合和统一；（3）议题网络中没有核心的权威或权力中心，因此决策非常困难。⑥

---

① Heclo, H. *Issue Networks and the Executive Establishment*[M]. In A. King (ed.). The New American Political System, Washington, D. C. : American Enterprise Institute, 1978.

② 郑雯，黄荣贵. 微博异质性空间与公共事件传播中的"在线社群"——基于新浪微博用户群体的潜类分析 (LCA)[J]. 新闻大学，2015, (3): 101-109.

③ Andrew S. McFarland. Interest Groups and Theories of Power in America[J]. *British Journal of Political Science*, 1987, 17(2).

④ Rhodes, R. A. Policy Network Analysis[M]. In Moran, M., Rein, M., & Goodin, R. E. (Eds.). *The Oxford Handbook of Public Policy*. Oxford: Oxford University Press, 2006: 425-447.

⑤ Frans Van Waarden. Dimensions and Types of Policy Networks[J]. *European Journal of Political Research*, 1992, 21(1-2).

⑥ Rhodes, R. A. Policy Network Analysis[M]. In Moran, M., Rein, M., & Goodin, R. E. (Eds.). *The Oxford Handbook of Public Policy*. Oxford: Oxford University Press, 2006: 425-447; Marsh, D., & Rhodes, R. A. W. (Eds.). *Policy Networks in British Government*[M]. Oxford: Clarendon Press, 1992.

为了考察不同议题中议题网络的差异，本研究结合 Marsh 和 Rhodes[1]以及 Montpetit[2] 的分析框架，从以下三个维度考察议题网络的特征。

第一，网络成员和规模。一些研究证实了网络规模对于公民政治参与的影响，认为在政治参与较为积极的议题领域中，政策网络的规模相对较大。[3] 这一方面是由于，规模更大的网络往往具备更大的异质性。在社交媒体上，传播网络中的成员数量越多、互动越活跃，该网络的同质化程度就越低、网络成员所参与讨论的内容主题也越为多元。[4] 内容主题的多元化会增加网络成员接触各种政治信息和观点的可能性[5]，促进彼此的交流反思和公共对话[6]。另一方面，更大网络中往往包含更多的弱连接，这会促进关于政治参与机会的信息流动，进而增加被邀请参与公民行动和政治活动的可能性。[7]

第二，网络整合度。这一维度考察议题网络中各个成员之间互动的紧密程度，以及网络内部是否存在共识。[8] 一些研究认为，网络内部的政治观点和参与意愿一定程度上是可传递的；网络成员之间的频繁互动，可能

① Marsh, D., & Rhodes, R. Policy Communities and Issue Networks: Beyond Typology[M]. In J. Scott (Ed.). *Social Networks: Critical Concepts in Sociology* (Vol. 4), 2002:89-119.

② Éric Montpetit. A Policy Network Explanation of Biotechnology Policy Differences between the United States and Canada[J]. *Journal of Public Policy*, 2005, 25(3).

③ Valenzuela Sebastián, Kim Yonghwan, Gil de Zúñiga Homero. Social Networks that Matter: Exploring the Role of Political Discussion for Online Political Participation[J]. *International Journal of Public Opinion Research*, 2012, 24(2).

④ 汤景泰，陈秋怡. 意见领袖的跨圈层传播与"回音室效应"——基于深度学习文本分类及社会网络分析的方法 [J]. 现代传播，2020, 42(05): 25-33.

⑤ McLeod, J. M., Sotirovic, M., & Holbert, R. L. Values as Sociotropic Judgments Influencing Communication Patterns[J]. *Communication Research*, 1998, 25(5).

⑥ MacKuen, M. Speaking of Politics: Individual Conversational Choice, Public Opinion, and the Prospects for Deliberative Democracy[M]. In J. Ferejhon & J. Kuklinski (Eds.). *Information and Democratic Processes*, Urbana: University of Illinois Press, 1990: 59-99.

⑦ Miller McPherson, Lynn Smith-Lovin, Matthew E. Brashears. Social Isolation in America: Changes in Core Discussion Networks over Two Decades[J]. *American Sociological Review*, 2006, 71(3).

⑧ Marsh, D., & Rhodes, R. A. W. (Eds.). *Policy Networks in British Government*[M]. Oxford: Clarendon Press, 1992.

会影响彼此的政治参与行为。① 此外，网络内部的共识程度也与公民政治参与行为存在正相关关系。② 对中国网民的调查数据也表明，与以获取资讯和个人娱乐为特征的"个体性介入"相比，以"集体性介入"为特征的互动式互联网使用模式，即通过搭建网络社群的方式进行信息讨论和共享，将会推动线上信息流动速度和网民互动质量的提升，进而激发公众政治参与意愿和行为。③

第三，资源与权力分配。在社会化媒体上的议题网络中，个体不仅能与其他个体，也能与有影响力的组织和行动者相连。这一维度考察议题网络中是否存在一个明确的权力中心，以及网络中各个成员的资源占有和权力分配。一般而言，议题网络的成员所占有的资源差异悬殊，权力分配也往往极不平等。④ 对社会化媒体上议题网络的考察，需要重点关注网络中有影响力的公共行动者或意见领袖。⑤ 他们作为议题网络中的关键节点，往往拥有更多的社会资源、更大的影响力和动员能力。⑥ 与这些关键节点的联系，有助于促进议题网络中的底层民意表达和公共议题形成，进而推动公民参与和政策变迁。⑦

---

① Vitak Jessica, Zube Paul, Smock Andrew, et al. It's Complicated: Facebook Users' Political Participation in the 2008 Election [J]. *Cyberpsychology, Behavior and Social Networking*, 2011, 14(3).

② Valenzuela Sebastián, Kim Yonghwan, Gil de Zúñiga Homero. Social Networks that Matter: Exploring the Role of Political Discussion for Online Political Participation[J]. *International Journal of Public Opinion Research*, 2012, 24(2).

③ 孟天广, 季程远. 重访数字民主: 互联网介入与网络政治参与——基于列举实验的发现 [J]. 清华大学学报（哲学社会科学版）, 2016, 31(4): 43-54, 194-195.

④ Marsh, D., & Rhodes, R. Policy Communities and Issue Networks: Beyond Typology[M]. In J. Scott (Ed.). *Social Networks: Critical Concepts in Sociology* (Vol. 4), 2002: 89-119.

⑤ Gary Tang, Francis L. F. Lee. Facebook Use and Political Participation: The Impact of Exposure to Shared Political Information, Connections With Public Political Actors, and Network Structural Heterogeneity[J]. *Social Science Computer Review*, 2013, 31(6).

⑥ Hsuan-Ting Chen, Michael Chan, Francis L. F. Lee. Social Media Use and Democratic Engagement[J]. *Chinese Journal of Communication*, 2016, 9(4).

⑦ 曾繁旭, 黄广生. 网络意见领袖社区的构成、联动及其政策影响: 以微博为例 [J]. 开放时代, 2012, (4): 115-131.

三、研究设计

（一）案例选择

本文将以雾霾议题和转基因议题为例，通过对新浪微博上相应议题的议题网络的分析，探讨议题网络的各个特征如何与更积极的线上或线下政治参与相连。

本文的案例选择逻辑，主要参考了 Przeworski 和 Teune[①] 提出的比较研究中研究设计的主要原则。Przeworski 和 Teune 认为，"最相似"设计原则（"most similar systems"design）是当下社会科学研究中进行案例比较的主导性原则，即需要选择关键特征尽量相似的案例作为比较对象，以提升案例之间的可比性。在本研究中，雾霾议题和转基因议题的相似性体现在：第一，从议题属性而言，两个议题同为科学风险类议题，对两个议题的理解和讨论都需要具备一定的科学知识和科学素养；第二，从议题对个人的影响而言，两个议题都与公众日常生活和个人利益紧密相关，均存在对于公众健康的潜在影响；第三，从议题的社会影响而言，两个议题都引起了一定程度的社会关注甚至社会争议，并引发了相应的公众参与行为，比如雾霾议题中民间兴起的空气自测活动、转基因议题中公众针对转基因研发推广发起的线上或线下的反对行动等。

雾霾议题和转基因议题在以上若干方面的相似性，一方面奠定了两个议题进行比较的逻辑前提，另一方面也为我们呈现出科学风险议题中出现的理论困惑，即为何雾霾议题和转基因议题在议题属性和社会影响上高度相似，却出现了截然不同的公众参与程度。本研究希望通过对两个议题中议题网络的分析，提供理解公众政治参与的一种新的理论视角。

（二）样本选择

本研究运用 R 编程语句，借助新浪微博 API 接口抓取新浪微博内容和

[①] Przeworski, A., & Teune, H. *The Logic of Comparative Social Inquiry*[M]. Malabar, Florida: Krieger Publishing Company, 1982: 32.

用户评论及公开转发信息。

在雾霾议题中，本研究首先借助新浪微博的关键词热度监测工具"微指数"[1]，分析新浪微博上的雾霾议题讨论热度，时间为 2014 年 10 月至今。微指数平台表明，在新浪微博上，用户雾霾议题讨论的峰值出现于 2014年 10 月 11 日。因此，本研究选取该日期前后共两周的时间（2014 年 10月 4 日至 2014 年 10 月 17 日），以"雾霾"为关键词抓取相关微博内容，对所有微博的主题进行内容分析，并选取被转发数量居于前 20 的热门原创微博，进行议题网络的分析。

在转基因议题中，本研究选择两个时间段，分别是 2015 年 3 月 5 日至 2015 年 3 月 11 日，以及 2016 年 4 月 8 日至 2016 年 4 月 14 日，共两周。其中，2015 年 3 月 5 日是 2015 年至今新浪微博上的转基因讨论热度的最高点，当天农业部副部长宣布中国将增加转基因农产品上市的种类和数量；2016 年 4 月 8 日，以原化工部部长秦仲达为代表的 400 多人联名签署质询书反对史上最大的并购案（中国化工集团并购瑞士种子与农药公司先正达）[2]，体现出转基因议题的微博讨论已经不仅停留在网络空间中，而是衍生为包含特定政策诉求的线上或线下公民参与活动。在这两个时间段中，以"转基因"为关键词抓取微博内容，对所有微博的主题进行内容分析；并分别在两个时间段中各选取被转发数量位于前 10 的原创微博，进行转发网络的分析。

（三）研究方法

本研究采用社会网络分析和内容分析相结合的方法，深度剖析转基因和雾霾议题网络的关键特征。一方面，本研究将对两个议题中目标时间段内的微博主题进行内容分析。目标时间段内共包含样本 2979 条，其中雾霾议题 1154 条，转基因议题 1825 条。在此基础上，本研究采用等距抽样法，

---

① 详见 http://data.weibo.com/index.

② 参见转基因观察：《北京街头现抗议收购先正达案活动》，2016 年 4 月 24 日，http://chuansong.me/n/398863651945.

每 5 条微博抽取一条，获得样本 596 条，其中雾霾议题 231 条，转基因议题 365 条。微博主题的分析类目见表 1。对微博主题的内容分析，主要是为了测量议题网络的整合度，考察议题网络中成员是否具备明确共识，或者在该议题的哪些方面存在争议。

表 1　微博主题

主题	含义
安全争议	讨论雾霾或转基因是否对人体健康存在安全隐患
伦理与责任	讨论雾霾或转基因议题引发的伦理争议和公共责任问题
公众权利	讨论与雾霾或转基因议题相关的公民知情权、选择权问题
日常影响	讨论雾霾或转基因对民众日常生活的影响
制度与监管	讨论相关监管制度和审批程序
技术与社会发展	讨论雾霾或转基因在技术创新和社会发展方面的影响
科普	侧重从科学角度讨论雾霾或转基因议题

另一方面，本研究将从两个议题的样本中各选取转发数居于前 20 的热门微博进行议题网络的分析。在该网络中，发表或转发微博的用户成为网络的节点，用户之间评论或转发的关系构成节点之间的有向连接。网络可视化借助 Gephi 0.9.0 完成。对议题网络的具体测量指标见表 2，主要包括：（1）网络规模，即每个议题网络中所含节点的数量。（2）网络节点平均聚类系数。聚类系数是指与网络特定节点相连的其他节点也彼此相连的程度，该概念是用于衡量网络节点凝聚程度的指标[1]，主要用于测量议题网络的网络整合度。（3）网络中各节点中心度。节点的中心度是指网络中与该点有直接关系的点的数目。[2] 该概念是用于测量节点权力的一种指标；具备较高点度中心度的节点，往往在网络中居于较为中心的地位，并拥有较大的权力。[3] 该测量指标主要用于衡量议题网络中资源和权力分配的特征。

---

[1]　Watts D J, Strogatz S H. Collective Dynamics of "Small-World" Networks [J]. *Nature*, 1998, 393(6684).

[2]　刘军 . 社会网络分析导论 [M]. 北京：社会科学文献出版社 , 2004.

[3]　刘军 . 社会网络分析导论 [M]. 北京：社会科学文献出版社 , 2004.

表 2　本文的研究设计

议题网络的维度	研究方法	测量指标
网络成员	社会网络分析	网络规模
网络整合度	社会网络分析	平均聚类系数
	内容分析	微博主题
资源和权力分配	社会网络分析	网络中各节点中心度

四、研究发现

（一）议题网络的成员与规模

网络规模是指特定网络中包含的节点数量。在传统的社会网络与公民参与研究中，网络规模越大，通常意味着更大程度的公众政治参与的可能性。[1]

就网络规模而言，转基因议题并不具备优势。Gephi 统计分析表明，转基因议题网络中共包含 6731 个节点（图 1），而雾霾议题网络中的节点则多达 15355 个（图 2）。雾霾议题网络相对于转基因议题网络的规模优势，一定程度上与两个议题本身的特性有关。雾霾议题与公众日常生活紧密相关，且专业门槛相对较低，因此该议题网络中包含大量普通民众，他们持续就该议题展开日常化、个人化的讨论。而无论从影响的范围还是持续性上，转基因议题对公众的影响力都比雾霾议题小，且具备一定的专业门槛，因此在社会化媒体上，转基因的议题网络规模也相对小一些。

但是，在网络成员的具体构成方面，转基因议题还是呈现出了相对明显的政策潜力。一方面，雾霾议题网络由大量松散、游离的普通网民组成，他们占据整个议题网络成员数量的近 90%（占比 87.92%）；普通网民就该

---

[1]　Valenzuela Sebastián, Kim Yonghwan, Gil de Zúñiga Homero. Social Networks that Matter: Exploring the Role of Political Discussion for Online Political Participation[J]. *International Journal of Public Opinion Research*, 2012, 24(2).

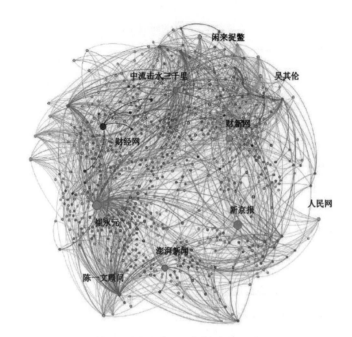

图1 新浪微博上的转基因议题网络

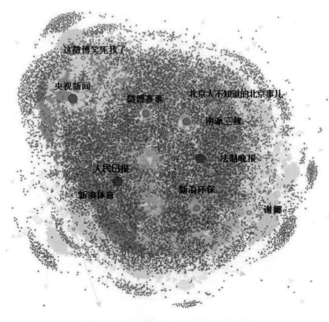

图2 新浪微博上的雾霾议题网络

议题发表的大量碎片化信息，构成了该议题讨论的主要内容。而在转基因议题中，普通网民的比例则相对低一些（占比 71.63%）。另一方面，除了普通网民以外，专家/科技工作者成为转基因议题网络中占比最大的群体（占比 11.52%），他们往往借助专业信息进行政治参与的动员；而在雾霾议题网络中，占比仅次于普通网民的成员为媒体机构的官方微博账号（占比 6.06%），这些微博账号以发布与雾霾相关的实时资讯为主，其作用更多的是信息提供而非参与动员。

（二）议题网络的整合度

议题网络的整合度，主要考察议题网络成员之间互动的紧密程度，以及网络内部是否存在共识。[1] 聚类系数（clustering coefficient）是用于测量网络整合程度的一项指标，反映了网络中节点之间相互连接和集结的程度；聚类系数越高，表示网络节点的集聚程度越明显。[2]

Gephi 统计显示，转基因议题网络的平均聚类系数为 0.035，而雾霾议题网络的平均聚类系数为 0.000。这表明，雾霾议题网络存在高度离散的特征，而转基因议题网络则具备一定的整合度。从转基因议题网络图（图1）和雾霾议题网络图（图2）中也可以看出，雾霾议题中存在大量离散节点，这些节点大多为普通网民，他们游离于网络内部，彼此相互独立，缺乏互动。而在转基因议题中，节点则围绕关键意见领袖形成若干凝聚子群，凝聚子群内部成员之间呈现出相对紧密的联系。[3]

① Marsh, D., & Rhodes, R. A. W. (Eds.). *Policy Networks in British Government*[M]. Oxford: Clarendon Press, 1992: 251.

② 杜杨沁，霍有光，锁志海 . 基于复杂网络模块化的微博社会网络结构分析——以"上海发布"政务微博为例 [J]. 图书情报知识 , 2013, (3): 81-89,121.

③ Wasserman, S., & Faust, K. *Social Network Analysis: Methods and Applications* (Vol. 8) [M]. Cambridge university press, 1994.

然而，虽然转基因议题网络的平均聚类系数相对于雾霾议题网络略高，但从数值上来看，两个网络都较为松散，这意味着网络内部各成员之间尚未形成较为紧密的联系，也没有统一的共识。

为了考察在没有形成共识的议题网络中，网络成员从哪些角度对议题进行讨论和争夺，争论的焦点集中在哪些方面，本研究对网络成员的微博内容进行了主题分析。分析结果见表3。

表3　微博主题分析

议题	安全争议	伦理与责任	公众权利	日常影响	制度与监管	技术与社会发展	科普	合计
雾霾	33（14.29%）	25（10.82%）	9（3.90%）	116（50.22%）	20（8.66%）	9（3.90%）	19（8.23%）	231（100%）
转基因	130（35.82%）	49（13.43%）	33（8.95%）	11（2.99%）	76（20.90%）	44（11.94%）	22（5.97%）	365（100%）

注：χ^2=202.12，df=6，p<0.001。

卡方分析表明，雾霾和转基因议题的微博讨论中，微博主题存在明显差异（χ^2=202.12，p<0.001）。具体而言，在转基因议题中，网络成员讨论的焦点集中于"安全争议"和"制度与监管"两大主题。聚焦于"安全争议"这一主题的相关微博侧重探讨转基因议题是否会对民众的身体健康产生潜在的损害，而聚焦于"制度与监管"这一主题的微博则主要探讨国家是否应出台相关法规和条例，对转基因的研发、推广和商业化进行规制。

而在雾霾议题中，"日常影响"框架成为占主导地位的话语框架，占比超过一半（50.22%），相关微博侧重于就雾霾对民众日常出行、生活方式等造成的负面影响展开讨论。此外，"伦理与责任"主题也成为民众争论的焦点，相关微博讨论的内容主要集中于雾霾的成因和归责问题。

雾霾和转基因议题网络中，网络成员讨论主题的差异，某种程度上是线下政策过程在线上的折射。在我国转基因政策制定中，转基因技术的审批制度和执行制度存在明显的背离。① 具体而言，我国对转基因作物的开发、生产和商业化都采取较为严格的审批制度 ②，但在政策的实际执行上，我国并未对转基因食品进行特殊标记，也没有针对转基因生产过程中违规行为的严格查处惩戒制度。③ 由于转基因的实际执行制度与公众关系较为密切，因而政府对转基因技术相对放松的监管和惩处政策，容易引发公众对转基因食品安全性的疑虑，并使得公众在社会化媒体平台上就转基因议题的制度与监管问题展开讨论。而在雾霾议题中，由于雾霾治理是一个长期、系统的过程，政府空气污染政策制定过程一旦缺乏对民意及时、有效的回应，就会导致公众在社会化媒体上就雾霾对日常生活造成的负面影响进行情绪宣泄④，"日常影响"主题因而成为雾霾议题网络中占比最大的主题。

政治参与和公民行动的相关理论，可能有助于解释雾霾和转基因议题中微博话语框架的差异。某种程度上，转基因议题网络中的主导话语框架具备推动公众采取实际行动的动员潜力，而雾霾议题中的话语框架则更多停留在认识层面，并未能转化为行动层面对于公众采取实质性政策行为的推动。具体而言，在转基因议题中，通过采取个人化的行动框架，相关微博在转基因议题与民众日常生活和个人权益之间建立紧密的关联，动员他们采取行动捍卫自身权益、推动政策改变。事实上，中国政治参与和公民行动的研究已经表明，在社会化媒体平台上，倡导公众通过个人化框架进行政策诉求的表达和互动，甚至要比直接倡导公众参与线下活动具备更好

① 陈玲, 薛澜, 赵静, 等. 后常态科学下的公共政策决策——以转基因水稻审批过程为例 [J]. 科学学研究, 2010, 28(9): 1281-1289.

② 陆群峰, 肖显静. 中国农业转基因生物安全政策模式的选择 [J]. 南京林业大学学报（人文社会科学版）, 2009, 9(2): 68-78.

③ 陈玲, 薛澜, 赵静, 等. 后常态科学下的公共政策决策——以转基因水稻审批过程为例 [J]. 科学学研究, 2010, 28(9): 1281-1289.

④ 吴柳芬, 洪大用. 中国环境政策制定过程中的公众参与和政府决策——以雾霾治理政策制定为例的一种分析 [J]. 南京工业大学学报（社会科学版）, 2015, 14(2): 55-62.

的传播效果和动员潜力。[①] 而与传统的集体行动框架相比，这种个人化的行动框架也在推动民众政治参与方面更具优势[②]，比如，"为了中华民族能永续发展，所有有良知的中国人都要站出来反对转基因！"（@杨长玉的微博，2016年4月14日20:10），"令人毛骨悚然的转基因食品，为了后代子孙，我们要拒绝消费"（@琳琅石zz，2015年3月7日16:09）。这样的个人化行动框架，降低了参与门槛，使得包括大多数网民在内的潜在参与行为成为可能。而在雾霾议题中，虽然有超过一半的讨论主题都围绕雾霾的日常影响展开，但是这些线上讨论更多聚焦于描述与调侃现实，缺乏针对具体行动的动员，比如，"雾霾严重，看不到太阳……黑瞎子拉开窗帘，以为自己终于瞎了"（@南派三叔，2014年10月10日21:05）。类似这样的微博内容，成为雾霾议题网络中网民讨论的主要话语框架。认识层面而非行动层面的讨论主题，一定程度上导致了雾霾政策过程中较低程度的公众政治参与。

（三）议题网络中的权力分配

议题网络中的权力分配这一维度，主要探讨特定网络中哪些节点处于相对的权力中心、具备对其他节点的支配地位，而哪些节点则处于网络边缘、不具备影响力。

对网络节点权力关系的测量，主要依赖节点度（degree）这一指标。节点度是测量特定节点在网络中地位的重要指标，节点度越高，表明该节点在网络中的权力越大、地位也越重要。[③] 有向图中的节点度包括点入度和点出度。在本研究的议题网络中，节点的出度（out-degree）反映出用户

---

① Yunya Song, Xin-Yu Dai, Jia Wang. Not All Emotions Are Created Equal: Expressive Behavior of the Networked Public on China's Social Media Site[J]. *Computers in Human Behavior*, 2016, 60.

② Bennett, W. L. The Personalization of Politics: Political Identity, Social Media, and Changing Patterns of Participation[J]. *The Annals of the American Academy of Political and Social Science*, 2012, 644.

③ 刘军. 社会网络分析导论[M]. 北京：社会科学文献出版社，2004.

微博被转发的情况，而节点的入度（in-degree）则体现出该用户转发其他微博的情况。因此，节点的出度越高，表明该用户的微博被转发的次数越多，该用户在网络中的地位越重要。

在权力分配这一维度上，雾霾议题网络和转基因议题网络的差异体现在两方面。

第一，议题网络中关键节点的身份差异。

在转基因议题中，除了用于发布资讯的媒体账号，点出度排名前 10 的节点主要包括专家/科技工作者（如 @ 中流击水三千里、@ 闲来捉鳖、@ 陈一文顾问、@ 吴其伦）以及媒体人（@ 崔永元）。在动员公众政治参与方面，他们的优势体现在两方面。一方面，他们有明确的政策倾向和诉求，且借助他们掌握的技术资讯和国内外相关政策，能进行有针对性的动员，比如"新收到法国分子生物学家塞拉利尼教授和烹饪大师 DOUZELET 先生合著的新书 *Culinary Pleasures or Hidden Poisons*，继续揭露转基因的危害"（@ 闲来捉鳖，2015 年 3 月 6 日 22:42）。另一方面，由于这些节点大多具备一定的社会资源和社会身份，因而他们在网络上也拥有相对较高的影响力，能将自身掌握的社会资源转化为社会化媒体上的动员潜力。

而在雾霾议题中，意见领袖的身份主要为文体名人（如 @ 谢娜、@ 南派三叔）、网络博主（如 @ 这微博笑死我了、@ 北京人不知道的北京事儿），以及媒体机构的官方微博账号（如 @ 人民日报、@ 法制晚报、@ 央视新闻）。除了用于发布常规资讯的媒体机构微博账号外，其他意见领袖所发布的微博主要集中于雾霾对日常生活的负面影响，这些内容大多以描述事实为主，但更具娱乐性。比如，"就这雾霾，知道是我们在北京，不知道的以为住天庭了……"（@ 这微博笑死我了，2014 年 10 月 10 日 21:04，转发量 1268）。围绕雾霾议题的戏谑和娱乐化表达，取代了对雾霾议题本身的反思，以及改变现状的政策诉求。类似这样的微博内容表明，雾霾议题中的意见领袖基本不具备动员民众进行政治参与的能力。

第二，议题网络权力结构的差异。

除了具备明显权力优势的节点，转基因议题中还存在一些具备相对较大影响力的二级节点。这些二级节点的点出度虽然小于权威意见领袖，但是与网络中大量游离的普通成员相比，其节点度较大，因而依然具备较强的影响力。这些二级意见领袖大多为热衷于转基因议题的媒体人（如 @ 袁国宝，点出度 139）、学者（如 @ 司马南，点出度 196；@ 顾秀林 A，点出度 136）、律师（如 @ 陈光武律师，点出度 149）等，他们在自己所在领域也具备一定的社会影响力。通过将权威意见领袖所发布的信息进行转发，充当权威意见领袖与普通公众之间的传播桥梁，一方面有利于政治参与的动员，另一方面也增加了网络的整合度。而在雾霾议题中，意见领袖发布的信息大多直接流向松散、游离的普通公众，基本不存在转基因议题网络中的那种二级意见领袖。

五、结论与讨论：转型中国的议题网络与政治参与

同为对公众日常生活和健康有潜在威胁的争议性风险议题，雾霾议题与转基因议题在公众政治参与的目标、主动性和组织化程度上，呈现出截然不同的公众参与程度。本研究运用社会网络分析和内容分析的研究方法，引入议题网络（issue network）的概念，来帮助理解不同议题中公众参与程度的差异。研究发现，转基因议题和雾霾议题的议题网络在网络成员与规模、网络整合度、资源和权力分配三个维度上体现出较为明显的差异。具体而言，转基因议题网络虽然在绝对规模方面不一定占据明显优势，但是网络成员专业化程度较高，松散、游离的普通网民占比相对较低；在网络整合度方面，转基因议题网络整合度相对较高，且占主导地位的个人化行动框架降低了参与门槛，从而具备大规模动员的可能性；在权力分配方面，转基因议题网络中的意见领袖更加具备动员潜力或意愿，且网络中存在具备一定社会影响力的二级意见领袖。

转基因和雾霾议题网络在网络成员与规模、网络整合度、资源和权力分配等方面的差异，一定程度上与两个议题自身的复杂性和政策过程的特征有关。虽然雾霾和转基因议题都被公众认为存在健康风险，但由于雾霾

治理是一个长期过程，短期内很难取得明显成效，加之该议题也缺乏明确、清晰的归责对象，因而公众倾向于规避明确的、制度化的参与方式[①]，该议题的线上议题网络更多呈现出较为松散的情绪化宣泄或戏谑化表达。而在转基因议题中，由于转基因政策制定过程一般很少向公众开放，而是采用以专家委员会和技术官僚为核心的决策模式[②]，且与转基因相关的审批和管理法规也尚未完全健全和充分公开，因而公众会围绕转基因政策制定的开放性、利益相关方对转基因政策的影响等更为具体、聚焦的角度表达其反对转基因的诉求，议题网络也会相对紧密一些。

为了理解中国语境下公众的政治参与行为，本文超越了传统政治参与研究中从个体特征出发的理论路径，而是更多地沿用社会互动的理论视角进行分析。但是，与已有的对社会互动与政治参与的研究不同的是，本文将议题网络的概念引入政治参与研究中，通过对社会化媒体上公众政策讨论网络的操作化测量和量化分析，试图更为清晰地呈现社会网络和公众政治参与之间的内在关联。当然，社会化媒体的发展也为我们运用议题网络的理论概念进行观察和测量提供了便利。

议题网络这一概念，对于中国公众参与研究具备理论的可行性和现实的适用性。一方面，以美国为主的政治学者的研究表明，议题网络以及其中关键网络成员和意见领袖的作用，会影响政策议程，并形塑政策后果。[③]议题网络的视角不仅能帮助呈现与特定政策议题相关利益群体之间的互动关系和社会网络，更重要的是，它也是分析政策过程的一种理论路径。[④]另一方面，议题网络也具备在中国语境下的解释力。在中国政治语境下，联系更为紧密且包含权威意见领袖的议题网络作为一种新的动员方式，可

---

① 王惠琴，何怡平．雾霾治理中公众参与的影响因素与路径优化 [J]．重庆社会科学，2014, (12): 42-47.

② 陈玲，薛澜，赵静，等．后常态科学下的公共政策决策——以转基因水稻审批过程为例 [J]．科学学研究，2010, 28(9): 1281-1289.

③ Marsh, D., & Rhodes, R. Policy Communities and Issue Networks: Beyond Typology [J]. In J. Scott (Ed.). *Social Networks: Critical Concepts in Sociology*, 2002, (4): 89-119.

④ Tanja A. Börzel. Organizing Babylon-On the Different Conceptions of Policy Networks[J]. *Public Administration*, 1998, 76(2).

能导致更为积极的公众政治参与。

此外，不同议题网络在网络成员与规模、网络整合度、资源和权力分配三个维度上的差异，或许能为中国语境下的公众政治参与提供一种新的理解方式和判断标准。在特定议题中，如果社会化媒体上的公众政策讨论具备更为专业化的网络成员、更为紧密的网络结构，以及更有影响力的意见领袖，那么该议题将更有可能出现较为积极的公众政治参与行为。

比如，在科技风险议题中，转基因、垃圾焚烧、PX、核电等议题，都呈现出了线上公众讨论和议题网络带来的公众政治参与的动员潜力。某种程度上，这些科学议题具备"后常态科学"的特征，科学事实不确定、信息不充分带来公众价值判断的多元化和巨大争议[①]；加之这些科学风险一旦发生，就会对公众个体安全乃至社会造成巨大的破坏性后果，因而，这些议题更有可能在线上形成整合度相对较高的意见网络，并经由意见领袖的作用，产生线下的动员潜力和政策影响。

本研究对已有文献中关于社会网络和公众政策参与研究的增补还体现在以下几方面：

第一，关于社会网络和政治参与的已有研究认为，规模较大的社会网络，往往在推动公民政治参与方面具备更大的潜力。[②]但本研究发现，特定议题网络的绝对规模并不一定与更为积极的政治参与相连；相比之下，议题网络中的成员构成则更为重要。更具动员意愿和动员能力的网络成员和意见领袖，将更有可能推动网络其他成员的政治参与。

第二，在中国语境下，社会化媒体上的议题网络与线下政策过程存在对应性与差异性。一方面，线上政策网络是线下政策过程在线上的投射，公众在线上的政策讨论都围绕线下政策过程展开，特定议题在政策制定、执行和监管方面的差异，会使不同政策议题网络的讨论主题呈现出相应的

---

① 陈玲，薛澜，赵静，等. 后常态科学下的公共政策决策——以转基因水稻审批过程为例 [J]. 科学学研究，2010, 28(9): 1281-1289.

② Valenzuela Sebastián, Kim Yonghwan, Gil de Zúñiga Homero. Social Networks that Matter: Exploring the Role of Political Discussion for Online Political Participation[J]. *International Journal of Public Opinion Research*, 2012, 24(2).

区别；另一方面，在线下政策过程中处于核心地位的政府等政治权威在线上议题网络中缺席，中国语境下的线上议题网络很大程度上成为民间舆论互动与争夺的空间，而在西方语境下，议题网络的成员构成则更为开放和多元，其中包含拥有不同政治权力的网络成员。[①]

第三，已有研究充分强调了社交媒体平台上的情绪化表达对推动公众政治参与的积极作用，认为微博平台上的情绪化表达更容易引发公众关注，产生大范围影响[②]，甚至可能具备推动政策变迁的潜力。[③]但本研究则表明，议题网络中过多的情绪化表达，将会冲淡对公众实际行动的动员潜力，使网络讨论流于戏谑和调侃，而缺乏推动公众进行政治参与的可能。以雾霾议题为代表的低参与度议题网络一定程度上就具备这样的特征。

在中国语境下，借助社会化媒体的公民政治参与质量参差不齐，很难形成一个统合的意见市场。[④]无论在转基因议题还是在雾霾议题中，社会化媒体上的议题网络都呈现出较为松散的特征。这呈现出作为政策网络的一种形式，缺乏共识、高度分化、权力关系不平等依然是议题网络的主要特征。[⑤]

但通过对雾霾议题和转基因议题的对比分析，我们也应该注意到，在中国语境下，线上公共空间的分化和聚集趋势并存。[⑥]一方面，网络空间中的绝大多数节点依然是离散、游离的普通网民，他们对公共事务的关心

① Andrew S. McFarland. Interest Groups and Theories of Power in America[J]. *British Journal of Political Science*, 1987, 17(2).

② Yunya Song, Xin-Yu Dai, Jia Wang. Not All Emotions Are Created Equal: Expressive Behavior of the Networked Public on China's Social Media Site[J]. *Computers in Human Behavior*, 2016, 60.

③ Pan Ji. Emotional Criticism as Public Engagement: How Weibo Users Discuss "Peking University Statues Wear Face-masks" [J]. *Telematics and Informatics*, 2016, 33(2); 杨国斌. 悲情与戏谑：网络事件中的情感动员 [J]. 传播与社会学刊, 2009, (9): 39-66.

④ 吴瑛, 宋韵雅, 刘勇. 社会化媒体的 "中国式反腐" ——对落马官员案微博讨论的社会网络分析 [J]. 新闻大学, 2016, (4): 104-113.

⑤ Marsh, D., & Rhodes, R. Policy Communities and Issue Networks: Beyond Typology[J]. In J. Scott (Ed.). *Social Networks: Critical Concepts in Sociology*, 2002, (4): 89-119.

⑥ 郑雯, 黄荣贵, 桂勇. 中国抗争行动的 "文化框架" ——基于拆迁抗争案例的类型学分析（2003—2012）[J]. 新闻与传播研究, 2015, 22(2): 5-26.

和政治参与程度都相对很低；而另一方面，在特定议题中，经由意见领袖的统合和动员，对相应议题感兴趣的民众会借助议题网络的形式聚合起来，对公共事务进行表达和参与，甚至可能影响政策过程。

当然，社会化媒体上的议题网络与政治参与并不存在必然的相关关系，即使是在具备较大网络规模、网络整合度和有影响力意见领袖的议题网络中，也不必然引发积极的公众政治参与。公众政治参与，不仅受到政治体制、社会结构的影响①，也受到与特定议题相关的政治机会和政府管制的影响，因而需要具体分析。

■ 作者简介 ━━━━━━━━━━━━━━━━━━━━

王宇琦，北京外国语大学国际新闻与传播学院副教授；曾繁旭，清华大学新闻与传播学院教授。

■ 来　　源 ━━━━━━━━━━━━━━━━━━━━

本文原载于《新闻记者》2021 年第 5 期。

---

① 王绍光 . 政治文化与社会结构对政治参与的影响 [J]. 清华大学学报（哲学社会科学版），2008(4): 95-112.

西方主流媒体涉华报道的框架策略分析

林斯娴

摘　要　新冠疫情暴发以来，国际舆论环境不断恶化，西方媒体在对华舆论攻击过程中运用一系列框架整合与框架斗争手法，以期污名化中国，达到遏阻中国和平发展进程的战略目标。面对西方媒体涉华舆论的新特点、新手段、新目标，中国媒体必须加以辨析，针锋相对，在框架策略上与时俱进，抢占与西方媒体进行舆论斗争的制高点。

关键词　西方媒体；涉华报道；框架策略；舆论战

近年以来，国际舆论环境愈加复杂，中国与以美英为首的西方国家间的舆论斗争愈加激烈。尤其是新冠疫情暴发以来，西方媒体在其涉华报道中，先后围绕疫情溯源及抗疫模式竞争、新疆维稳、香港国安法、台海问题、南海问题等不断设置议题，建立符合西方意识形态的新闻框架，以期达到掌控国际舆论、歪曲中国形象、阻滞中国和平发展、对华"不战而胜"的政治目标。拜登政府近来虽然有缓和中美紧张关系的某些表示，但西方国家不少涉华舆论依旧在污名化中国方面步步紧逼。本文以框架理论为主要视角，通过对近期西方几大主流媒体的涉华报道进行质性分析，试图厘清当前国际环境下，西方媒体如何通过对新闻事实的选择、突出和诠释，进而影响中国在海外受众心目中的形象。最后，本文尝试对中国应对西方媒体涉华舆论战提出几点思考。

一、当前美西方媒体涉华舆论态势

通过对近年西方国家主流媒体进行系统性阅读与观察、分析，可注意到以英美媒体为首的西方主流媒体的涉华报道有不少值得关注的新手法、新特征，其涉华舆论已带有明显的"舆论战"特征。

一是美英主流媒体牵头，挑起话题，其他一些西方国家的主流媒体"众犬吠声"，相互应和，力求造成系统性孤立、围攻中国的舆论态势。这是美英等西方国家把中国视为"系统性对手"在国际舆论斗争中的直接反应。正是这种在舆论战线力求系统性孤立、围攻中国的态势，使得美西方涉华舆论具有了国际舆论战的一般特征。特朗普任期内，美国大搞所谓"美国优先"，在对华打贸易战、科技战的同时，也把打击目标扩展到了其欧、日、韩、加等西方盟友，使"美国在尊重其盟友方面已经让自己变得过度扩张"[1]，导致美与其西方盟友一定程度的疏远，并招致其盟友的批评。这一时期美西方媒体虽然也一以贯之地对华搞舆论围堵，但火力与议题有所分散。拜登上台后，美国政要宣称"美国归来"，明确、公开地将中国定位为"系统性对手"，并宣示对中国奉行"竞争、对抗与合作"并行的新战略。[2] 美西方主流媒体一时间欢呼雀跃，似乎有了新的反华方向感和主心骨。在美国主流媒体的主导下，美西方媒体再度聚集在一起，掀起了"冷战"后新一轮以中国为"群殴"对象的舆论战恶浪。在某些具体议题上，其他一些西方国家媒体有时甚至比美国媒体更积极主动。例如，在新冠病毒溯源和栽赃中国方面，澳大利亚主流媒体就扮演了美西方媒体的马前卒角色。在污蔑中国新疆存在所谓"人权"问题及攻击香港国安法的实施问题上，英国主流媒体也一度"一马当先"。

二是美西方主流媒体涉华负面报道与其政府涉华负面言论、负面政策宣示相互唱和，甚至每当美英等西方国家政府及其官员发表涉华负面言论

---

① 孙兴杰.特朗普语义的终结？[J].外交评论，2020, (6): 33.

② The White House. Remarks by President Biden on America's Place in the World [N/OL]. [2021-02-04]. https://www.whitehouse.gov/briefing-room/speeches-remarks/2021/0204/remarks-by-president-biden-on-americas-place-in-the-world/.

和挑衅性政策时，其主流媒体通常一拥而上，进行解读、论证，为其政府及其官员的涉华负面言论与政策造势、背书，而美西方政府也有意引导其主流媒体为贯彻其负面涉华宣示和政策造势。美西方媒体一向标榜所谓"新闻专业主义"理念，包括所谓新闻"独立""不接受任何政治势力或经济势力的干预"等。也因为如此，西方媒体与其政府间各有各的目的和需求，常有"摩擦"，存在着"固有的紧张关系"。① 然而，在当前新一轮西方涉华舆论"围殴"中，美西方政府机构、官员与其主流媒体间却前所未有地表现出一致性和默契。当美国政府高官出言指责中国扩充核武库、要求中国加入美俄核裁军谈判进程时②，西方主流媒体就连篇累牍报道中国在中国西部沙漠地带搞数以百计的所谓核导弹"洞库"，并煞有介事地刊登附有大幅图示的评论文章③；当美国防部《中国军力报告》别有用心地预测中国将在 2027 年对台发动军事"进攻"时，美西方媒体就集中刊登中国舰机环中国台湾航行及环日本航行的照片和评论文章④；当美欧政府宣称中国是美西方的"系统性对手"时，其媒体也就"闻鸡起舞"，集中发表有关"中国经济威胁论""中国军事威胁论"，中国"窃取知识产权"，中国在 AI 领域、高超音速武器研制等方面领先于西方的消息⑤；而当美西方政要扬言要抵制

---

① 纪忠慧. 美国舆论管理研究 [M]. 北京：新华出版社，2016: 220, 239.

② 黎堡. 美俄核裁军条约明年失效是否续约关键在中国 [N/OL]. VOA China, 2020-05-06. [2021-08-10]. https://www.voachinese.com/a/nuclear-disarmament-china-role-20200506/5408647.html.

③ FENG J. China Spotted Building 110 Secret Nuclear Missile Silos in Desert[N/OL]. Newsweek, 2021-07-27. [2021-08-10]. https://www.Newsweek.com/china-spotted-building-110-secret-nuclear-missile-bases-desert-military-arms-race-1613419.

④ Office of the Secretary of Defense. Military and Security Developments Involving the People's Republic of China 2021[N/OL]. 2021-11-03. [2021-12-20]. https://media.defense.gov/2021/Nov/03/2002885874/-1/-1/0/2021-CMPRFINAL.PDF.

⑤ SMALL A. The Meaning of Systemic Rivalry: Europe and China beyond the Pandemic[N/OL]. European Council of Foreign Relations, 2020-05-13. [2021-08-12]. https://ecfr.eu/publication/the_meaning_of_systemic_rivalry_europe_and_china_beyond_the_pandemic/;IKENBERRY G J. Systemic Rivals: America's Emerging Grand Strategy toward China[N/OL]. GlobalAsia, [2021-12-29]. https://www.globalasia.org/v16no4/cover/systemic-rivals-americas-emerginggrand-strategy-toward-china_g-john-ikenberry.

北京冬奥会时，一些西方媒体也纷纷鼓噪跟进。①

三是蓄意搞"选择性失明"，即直接违反所谓以"客观报道为最高原则"的"新闻专业主义"②，在涉华重大问题、战略性问题上罔顾事实，极尽污蔑、攻击之能事，一切以"污名化"中国为归依，凡是涉华正面报道，一概视为"政治不正确"。近年美西方涉华舆论变本加厉地玩"选择性失明"游戏，这从其对中国坚持"动态清零"抗疫思路的叙事及其评判方面足可见一斑。尽管也有某些西方媒体基于不同需求对中国"动态清零"抗疫思路与政策给予过一定的客观真实报道，如彭博社2021年10月6日一篇署名文章赞扬"（中国）所发挥的能力是举世瞩目的"，还认为"（'动态清零'策略）使新冠死亡人数被抑制到非常低的水平，在疫苗大范围接种前几乎没有造成什么损害，这与美国和欧洲不同"③。《经济学人》也有文章称，"如果世界再次面临类似的疫情，许多国家会选择中国的应对方式"④。然而，这种正面肯定中国抗疫成就的报道在西方媒体中可谓凤毛麟角。更多的西方媒体则不厌其烦地歪曲、污蔑、攻击中国的"动态清零"，甚至断言这一策略未来必将失败，并顺水推舟将问题推向对中国政治体制的质疑上。如《经济学人》极力渲染"动态清零"政策对中国经济造成重大损害，并断言中国最后必然不得不考虑与病毒长期共存，并幸灾乐祸地认为，由于"动态清零"政策下较低的感染及死亡人数被当作中国政治体制优越性的证明，

---

① MATHER V. The Diplomatic Boycott of the Beijing Winter Olympics, Explained[N/OL]. The New York Times, 2022-01-06. [2022-01-07]. https://www.nytimes.com/article/diplomatic-boycott-olympics.html.

② 王钊, 顾淑霞. 反思西方新闻专业主义的"双重标准"[J]. 人民论坛, 2020, (20): 114-115.

③ CORTEZM F &THOMSON A. Isolated China is the World's Last Country Chasing Covid Zero[N/OL]. Bloomberg, 2021-10-05. [2022-01-14]. https://www.bloomberg.com/news/articles/2021-10-05/another-covid-zero-country-falls-making-china-the-last-holdout.

④ How Long Can China's Zero-Covid Policy Last?[N/OL]. The Economist, 2021-10-16. [2022-01-14]. https://www.economist.com/china/2021/10/16/how-long-can-chinas-zero-covid-policy-last.

因此当中国放弃这一策略时，中国民众内心必将大受打击。^①路透社则以中国西南小城瑞丽的抗疫为例证，大力渲染所谓"动态清零"让负责防控的边境城市不堪重负^②；英国《卫报》则宣称，为了"动态清零"政策，"个人自由、个人工作、隐私、尊严和心理健康都可以被牺牲"，"人民已经开始受苦"^③。也有部分西方媒体无法理解"人民生命健康高于一切"的中国理念，将"动态清零"的政策追求曲解为中国政府面对其地缘政治对手时，"维持政权合法性的需要"。^④

西方媒体涉华舆论的"选择性失明"，不但在报道、评判中国"动态清零"抗疫思路时有明显表演，在其他一些重大涉华报道，如报道香港国安法的实施^⑤、所谓新疆"人权"问题以及台海形势、南海问题、中国军备建设等议题时，也莫不如此。

二、西方媒体涉华报道的主要框架策略

从传播学理论和舆论战策略视角观察，近期美西方媒体涉华报道，包括有关中国坚持"动态清零"抗疫思路、有关香港国安法的实施以及涉疆、

---

① How Long Can China's Zero-Covid Policy Last?[N/OL]. The Economist, 2021-10-16. [2022-01-14]. https://www.economist.com/china/2021/10/16/how-long-can-chinas-zero-covid-policy-last.

② Rare Plea for Help as China's Zero Tolerance for COVID Hits Border Town [N/OL]. Reuters, 2021-10-28. [2022-01-12]. https://www.reuters.com/world/china/parts-northeast-china-heightened-alert-covid-19-returns-2021-10-28/.

③ People Are Starting to Wane: China's Zero-Covid Policy Takes Toll[N/OL]. The Guardian, 2021-10-30. [2022-01-10]. https://www.theguardian.com/world/2021/oct/30/people-are-starting-to-wane-china-zero-covid-policy-takes-toll.

④ WANG V. Why China is the World's Last "Zero Covid" Holdout[N/OL]. The New York Times, 2021-10-27. [2022-01-10]. http://www. nytimes. com/2021/10/27/world/asia/china-zerocovid-virus.html.

⑤ RIORDAN P. Hong Kong's "New Normal" Leaves Residents Looking over Their Shoulders[N/OL]. Financial Times, 2021-11-11. [2022-01-05]. http://www.ft.com/content/e84f7b99-2c6e-4058-b2bb-5126f3c00b83.

涉台和南海问题等相关报道，经常采用的是传播学理论中的框架理论及框架手法。也正因为如此，美西方媒体恣意混淆黑白、歪曲事实，搞"选择性失明"，对中国极尽诬蔑、攻击、污名化之能事；在一定时段、一定范围内混淆视听，使"谎言武器化"达到极致，造成中国在国际舆论战中处于不利地位，也迫使中国学者提出如何以"真相武器化"应对"谎言武器化"的传播学思考。①

所谓框架理论，是一种关注个体如何诠释现实、如何构建意义并由此而引导行动的社会学理论。②美国学者吉特林在其有关新左派运动的研究中首次将框架理论引入对大众媒体的分析，并给出了媒介框架的定义，即它是一套由媒体进行的"选择、强调和表达的原则，由很多对存在、发生和发展的事务加以解释的细微理论构成"③。换言之，大众媒体通过对特定新闻事实进行选择、放大、诠释，从而建构出意义。媒体为了获得最广大的影响力与受众支持，需要进行框架整合，即通过适当调整其嵌入新闻报道中的框架，在保留原有立场的同时，适应受众所处语境，引发情感、价值或文化的共鸣。根据框架理论，西方媒体在进行国际传播的框架整合时采取多种策略，包括"框架桥接"（frame bridging）、"框架增强"（frame amplification）、"框架延伸"（frame extension）和"框架转换"（frame transformation）等。④近期美西方涉华舆论战中，正是交替采用这些策略，强化涉华负面报道，污损了中国的国际形象，也显示美西方决心通过打一场系统性的涉华舆论战，实现其对中国"不战而胜"的战略追求。

---

① LEVITIN D J, *Weaponized Lies: How to Think Critically in the Post-Truth Era* [M]. New York: Dutton, 2017: 5.

② Bateson G. A Theory of Play and Fantasy(1955)[M]. In Bateson G (Ed). *Steps to an Ecology of Mind.* New York: Jason Aronson Inc., 1972: 138-148;Goffman E. *Frame Analysis: An Essay on the Organization of Experience*[M]. Cambridge, MA: Harvard University Press, 1974: 22.

③ [美] 吉特林 . 新左派运动的媒介镜像 [M]. 北京 : 华夏出版社 , 2007: 13.

④ SNOWAD, ROCHFORD Jr E B, WORDEN S K & BENFORD R D. Frame Alignment Processes, Micromobilization, and Movement Participation[J]. *American Sociological Review*, 1986, 51(4): 464.

（一）框架桥接

所谓框架桥接，是指面对特定事件时，两个或多个意识形态上一致而结构上并不相干的框架可以被相互连接。换言之，一旦某一新闻可以被多个框架同时阐释，而这些框架又在意识形态上趋于一致，那么通过人为的选择与建构，它们之间可以产生一种关联性，进而如同拼装积木一般，形成一套内部互相绑定的框架组合，即加姆桑及莫迪利亚尼等人所说的"解释包"（interpretive packages）①。一旦受众接受这套解释包，形成思维定式，日后看到任何类似新闻，极易自动套用并产生联想。随着媒体反复报道，这一过程一再重复，最终受众心目中将会形成一套被不断强化的系统性刻板印象，从而使其更加容易策动和操纵。

在新冠疫情暴发以来的涉华报道中，英美媒体频繁使用框架桥接手法，其报道内容往往呈现高度的互文性。譬如一旦报道涉及"新冠疫情"，美西方媒体就常常会在同一篇文章中同时强调"武汉起源论（暗示中国应对此负责）""信息隐瞒（暗示不可信任中国政府）""严格封锁（暗示中国缺乏自由）"，以及近期尤为频繁地提及"冬奥会（暗示中国面临潜在危机）"等要素。在有关 2021 年年末西安暴发疫情的报道中，英国《金融时报》及美国《纽约时报》采用了几乎完全相同的框架桥接策略，组合出极为雷同的新闻图景（见表 1）。②尽管这两家媒体所属国家不同，其新闻生产过程彼此独立，但报道逻辑与框架策略却如出一辙，可见针对同一主题的涉华报道，西方媒体内部早已生成一套统一、规范、固化的桥接方式。

---

① GAMSON W A, MODIGLIANI A. Media Discourse and Public Opinion on Nuclear Power: A Constructionist Approach[J]. *American Journal of Sociology*, 1989, 95(1): 2.

② LANGLEY W. China Locks down 13m to Contain Covid Outbreak Ahead of Winter Olympics[N/OL]. Financial Times, 2021-12-23. [2021-12-23]. https://www.ft.com/content/e202b954-4461-4413-9ba3-ebd5de50c098;WANG V, Dong J. China, Holding to Its "Zero Covid" Strategy, Keeps a City of 13 Million Locked Down[N/OL]. The New York Times, 2021-12-30. [2021-12-30]. https://www.nytimes.com/2021/12/30/world/asia/china-xian-lockdown-covid.html.

表 1 《金融时报》及《纽约时报》西安疫情报道的框架桥接

采用框架	《金融时报》	《纽约时报》
"武汉起源论"	（1）这是自 2020 年年初新冠疫情暴发，当局在武汉限制行动以来，在中国实施的最严厉的封锁之一；（2）自武汉首次发现疫情以来，中国成功地将病例控制在最低水平	西安是自 2020 年 1 月武汉首次发现新冠病毒、中国当局封锁武汉以来最大的封锁城市之一
"信息隐瞒"	在社交媒体上出现恐慌性抢购的报道后，西安市市政府在微博上表示，当地已经"积极应对"疫情，并向居民保证食品和必需品市场"运行平稳"	在微博上，"在西安买菜很难"的标签已经被点击了 3 亿次，但审查机构删除了其中一些帖子
"严格封锁"	这是自 2020 年年初新冠疫情暴发、当局在武汉限制行动以来，在中国实施的最严厉的封锁之一	越来越多的国家放弃了硬封锁，但中国政府仍在实行严厉的限制措施
冬奥会	几个月后，北京将迎来冬季奥运会。在这一政治敏感的赛事上，政府禁止海外游客前往	此次封锁正值北京将于 2022 年 2 月举办冬奥会之际，而中国与西方的地缘政治紧张关系正不断升级

（二）框架增强

所谓框架增强，是指对于一些特定议题或事件，即便媒体已然构建了诠释框架，但对于相当一部分受众来说，该框架与其自身的联系仍旧充满着模棱两可与不确定性，因此这些框架还需要进一步阐明和强化。框架增强可以分为两种：价值增强（value amplification）和信念增强（belief amplification）。前者指将某些受众普遍信奉的价值进行定义和升华，视其为所有人应当共同达到的终极理想；后者则指将某些受众认为是天经地义的关于客观世界的认知提升为绝对真理，从而引发认同和共鸣。[①] 在新冠

---

① SNOW A D, ROCHFORD Jr E B, WORDEN S K, et al. Frame Alignment Processes, Micromobilization, and Movement Participation[J]. *American Sociological Review*, 1986, 51(4): 464.

疫情暴发以来的西方媒体涉华报道中，这两种框架增强方式均十分常见。

例证一是西方媒体关于香港国安法的报道充分体现了其涉华负面报道中顽固地贯彻价值增强的框架策略。香港国安法颁布并实施后，英美媒体无法再继续为暴徒反中乱港的行为煽风点火，于是转而大打"民主、自由"牌，换言之，此时"民主、自由"即为被增强的价值。由于这些媒体大多在香港设有常驻记者站，因此能够借助机构优势，对香港社会的变化进行较为细致的刻画。其报道的思想方向基本一致，将香港社会当今由乱变治的境况扭曲为"自由"遭到"镇压""侵蚀"，"公民社会"走向"终结"。①西方媒体还污称香港国安法的实施造成了一种"新常态"，让香港居民每天都不得不"小心翼翼"。②甚至许多原本与政治毫不相关的事件也被强行勾连到"民主、自由"这一母题之上。例如香港 M+ 视觉博物馆近期正式向公众开放，《纽约时报》在进行报道时，并未对这一盛大事件表示半分祝贺，而是大放"悲声"，无中生有地渲染香港文化与艺术正遭受来自内地的"审查威胁"与"控制"。③类似地，CNN 网站对于同一则新闻的报道，亦展现极为相似的论调，可见这种价值增强的手法对西方媒体而言已成惯例。④

美西方媒体涉华负面报道中贯彻信念增强的框架策略的另一典型例证是其有关台海形势的报道。在涉台报道中，美西方媒体往往并非基于台湾地区本身，而是通常将其置于中美博弈的角度探析。因此但凡提及台湾

① RAMZY A. As Hong Kong's Civil Society Buckles, One Group Tries to Hold On[N/OL]. The New York Times, 2021-10-24. [2021-10-24]. https://www.nytimes.com/2021/10/24/world/asia/hong-kong-civil-society.html?searchResultPosition=4.

② RIORDAN P. Hong Kong's "New Normal" Leaves Residents Looking over Their Shoulders [N/OL]. Financial Times, 2021-11-11. [2022-01-05]. http://www.ft.com/content/e84f7b99-2c6e-4058-b2bb-5126f3c00b83.

③ WANG V. Hong Kong's M+ Museum is Finally Open. It's Already in Danger[N/OL]. The New York Times, 2021-11-12. [2021-11-12]. https://www.nytimes.com/2021/11/12/arts/design/hong-kong-m-museum-censorship. html?searchResultPosition=1.

④ CHUNG S. Hong Kong's Extraordinary M+ Museum Opens amid Ongoing Censorship Fears[N/OL]. CNN, 2021-11-12. [2021-11-12]. https://www.cnn.com/style/article/m-museum-opening/index.html.

地区，必牵涉中美，不少报道中有关中美的内容远多于台湾本身。在这些报道中，中国通常被塑造成一个"好战"且"野心勃勃"的"威胁"，台湾地区则是在"威胁"之下"心惊胆战"却又"不甘示弱"的"自由捍卫者"，美国则往往被视为唯一有能力对抗"威胁"的"救世主"。如在《卫报》的一篇报道中，作者以充满悲情的口吻描绘所谓"台湾人"面对"大陆威胁"的担忧和恐惧。文章一方面渲染所谓台湾的"美好"形象，称"今日的台湾，紧密相连但有时也会分裂，充满恐惧但又不甘示弱，是一个充满活力的民主政体"；另一方面将大陆描绘为打破"美好"的麻烦制造者。①而美国所扮演的"救世主"形象，正与西方基督教文明"善恶分明、二元对立"的宗教观念十分吻合。换言之，这种宗教观念即为被增强的信念，"救世主理应维护正义，拯救世人"。

（三）框架延伸

所谓框架延伸，是指在媒体报道新闻的主要框架未必与受众最关注的问题、最切身的利益或最信奉的价值息息相关的情况下，为了吸引更多受众，增强新闻影响力，媒体会试图扩大其主要框架的边界，以期将这些原本无关的问题、利益或价值包含进去。这在新冠疫情以来的美西方涉华负面报道中有大量表现。一个具体案例是西方媒体关于所谓"中国威胁论"的报道。随着中国近年来发展步伐加快，综合实力稳步提升，美西方尤其加强与华"对抗"的一面，西方报道则极力渲染中国"军事威胁"。近期中国超高音速武器的发展引发了高度关注，然而国际军事领域的竞争与普通大众的日常生活仍存在一定距离，因此在报道这一事件时，西方媒体大量运用了框架延伸的手段，以期勾起受众的情绪共鸣，激起更强烈的反馈。

在报道中，西方媒体将中国的军事发展延伸至"美苏冷战"。美国《防务新闻》刊文将中美当下的紧张态势与数十年前的美苏对峙相对比，认为

① DAVIDSON H. Fearful but Defiant: Life Goes on in Taiwan Despite China's Threats[N/OL]. The Guardian, 2021-10-22. [2021-10-22]. https://www.theguardian.com/world/2021/Oct/22/fearful-but-defiant-life-goes-on-taiwan-despite-china-threats.

"苏联解体使世界免受核战争的威胁",但中国像苏联一样"正在篡夺美国主导地位",字里行间充斥着你死我活的冷战思维。①《金融时报》报道称,对美国而言,中国超音速武器的试射就像"斯普特尼克时刻"(Sputnik moment),同样将中国与苏联进行了类比。②中国和平发展路线与苏联的霸权主义路线有本质不同,这种类比极为不妥,但西方媒体一方面为自身政治意识形态驱使,另一方面又一味追求眼球和流量,整体呈现出一种冷战心态。不少西方受众未必关心中国武器技术的最新发展,但对于经历过美苏冷战以及受到麦卡锡主义遗留影响的他们而言,一旦媒体将事件延伸为"一个类似于苏联的共产主义国家正在崛起",造成的舆论效果将截然不同。

(四)框架转换

所谓框架转换,是指在某些新闻事件中,媒体试图推行的解释框架与已有的解释框架不一致甚至背道而驰,无法通过桥接或延伸进行勾连。在这种情况下,旧的含义被抛弃,而新的阐释则被培植建构。换言之,媒体将事件的意义从根本上进行重建,甚至可能黑白颠倒,将绝大多数人眼中的正面新闻反转为负面新闻,或者反之,将负面新闻反转为正面新闻。在近期美西方涉华舆论战中,最能体现美西方媒体采用框架转换策略对中国搞舆论攻击的案例是其有关中国坚持"动态清零"抗疫路线的负面报道。随着全球开始进入"后疫情时代",对新冠疫情及其相关问题的探讨已开始从如何防控、如何治疗变为如何以及何时与新冠病毒共处的问题。当前中国作为唯一坚持"动态清零"(英美称之为"零感染")策略的大国,正遭遇英美媒体的多方联合攻击。尽管一些西方媒体为维持其新闻报道"客观真实"的面纱,不得不在其报道中先承认"动态清零"策略使中国国内

① WITTMAN R R. Countering China's Nuclear Threat: The Cost to Play is Cheaper than the Cost of Sitting Out[N/OL]. Defense News, 2021-11-24. [2021-11-24]. https://www.defensenews.com/opinion/commentary/2021/11/24/countering-chinas-nuclear-threat-the-cost-to-play-is-cheaper-than-the-cost-of-sitting-out/.

② SEVASTOPULO D. Year in a Word: Hyper Sonic[N/OL]. Financial Times, 2021-12-21. [2021-12-21]. https://www.ft.com/content/32d1ce3a-3340-4336-a957-65c2e61c90c4.

新冠病毒感染和死亡人数极低，与许多其他国家相比不值一提。① 但他们也总不忘强调这种政策在实施过程中是"无所不用其极"（no-holds-barred）的。② 随后绝大多数媒体更话锋一转，从不同角度质疑"动态清零"，并断言这一策略未来必将失败。即使在病毒新变种奥密克戎出现后，西方媒体仍未停止对中国"动态清零"策略的攻击。彭博社刊文虽然承认这种新型病毒"在一定程度上证明了中国的零感染方法是正确的"，但仍不忘强调"长达数周的隔离和再入境程序意味着中国人民实际上被锁在了中国"。③《经济学人》宣称，"面对奥密克戎，中国的经济尤其脆弱"，因为"并不是这种病毒会在中国传播得更广，而是恰恰相反，政府会拼尽全力阻止它这样做"，并预测更频繁更严厉的封锁措施会阻碍中国的经济发展。④

对于美西方媒体在涉华报道中采用的框架整合策略，包括其框架桥接、框架增强、框架延伸、框架转换等手法，外交部发言人赵立坚在其推特上从传播学专业的视角，不无讽刺地剖析说，"中国取得的积极成就如何在西方媒体的报道中显得可疑、简单，其只需要在标题上加上'代价是什么？'"，并配上一系列的报道截图就可加以佐证。⑤ 诚哉斯言！应该说，

---

① CORTEZ M F, THOMSON A. Isolated China is the World's Last Country Chasing Covid Zero [N/OL]. Bloomberg, 2021-10-05. [2022-01-14]. https://www.bloomberg.com/news/articles/2021-10-05/another-covid-zero-country-falls-making-china-the-last-holdout.

② WANG V. Why China Is the World's Last Zero Covid Holdout[N/OL]. The New York Times, 2021-10-27. [2021-10-29]. https://www.nytimes.com/2021/10/27/world/asia/china-zerocovid-virus.html.

③ China Basks in Covid Vindication as Omicron Closes Borders[N/OL]. Bloomberg, 2021-11-30. [2021-12-01]. https://www.Bloomberg.com/news/articles/2021-11-30/china-basks-incovid-zero-vindication-as-omicron-closes-borders.

④ China's Economy Looks Especially Vulnerable to the Spread of Omicron[N/OL]. The Economist, 2021-12-01. [2021-12-01]. https://www.economist.com/finance-and-economics/chinas-economy-looks-especially-vulnerable-to-the-spread-of-omicron/21806564.

⑤ 丁洁芸. 赵立坚灵魂反问：西方媒体在混淆是非方面如此成功，但代价是什么？ [N/OL]. 环球网, 2022-01-02. [2022-01-02]. https://world.huanqiu.com/article/46EeKuc4Yhl.

赵立坚的剖析一语中的，击中了美西方媒体如何在涉华报道中玩"框架游戏"的要害，也击中了美西方媒体借助"框架游戏"把中国抗疫的"积极成就"框架转换为"消极代价"框架，从而污名化中国的要害，揭穿了美西方媒体正不遗余力地对华搞舆论战的战略本质。

三、关于如何应对西方涉华舆论战的思考

通过对美西方主流媒体自新冠疫情暴发以来，尤其是近几个月来，涉华报道舆论战特性及其所运用的框架策略等进行系统性观察与分析，不难发现美西方涉华报道呈现出不少值得关注的新手法、新特征，以及其希望通过对华打舆论战，实现"不战而胜"的政治诉求，中西"舆论战"态势愈加明显和激烈。早在 2016 年，习近平同志在全国党校工作会议上发表讲话时就曾指出："落后就要挨打，贫穷就要挨饿，失语就要挨骂。"① 西方当前涉华舆论不仅在系统性地污名化中国，更在于妄图通过污名化中国为其阻滞、破坏中国实现中华民族伟大复兴而造势。为保障中华民族复兴大业，中国必须从战略高度着眼，以积极姿态应对斗争，抢占国际舆论制高点，在国际舆论场上争取主动权。

一是准确把握当前国际舆论斗争态势，分清国际舆论战线上的"敌我友"，在与西方反华主流媒体斗争的同时，争取国际友好媒体的同情、呼应。1949 年 11 月 8 日，周恩来同志在外交部成立大会上发表讲话，开宗明义提出，"今天开辟外交战线，首先要认清敌友"。② 外交战线如此，国际舆论斗争也同样如此。在当前国际环境下，西方反华媒体无疑是主要斗争对象，俄罗斯及周边发展中国家的不少媒体则可视为外援。另外，即使在西方媒体中，也仍旧有不少涉华报道存在客观性的一面。如在西方媒体充斥大量有关香港的负面报道时，《金融时报》就曾选登一则来自香港的读者

---

① 新华通讯社课题组. 习近平新闻舆论思想要论 [M]. 北京：新华出版社，2017: 169.
② 中华人民共和国外交部，中共中央文献研究室，编. 周恩来外交文选 [M]. 北京：中央文献出版社，1950: 3.

来信，信中抱怨称："我写这封信是为了质疑英国《金融时报》对香港的一贯负面看法……一切都暴露了外国对香港的干预程度，也正因此而导致了2019 年的暴乱。这又可以追溯到最后一任港督的离任，正是他解散了香港警察的安全部门，使大门敞开。"① 这说明西方媒体，即使是其主流媒体，也并非铁板一块。因此，中国应尽可能团结可以争取的国际媒体，最大限度地孤立、打击美英等国家少数持僵硬立场的反华媒体。

二是正确估计国际舆论战线的力量对比，沉着应对。当前国际舆论战线上敌强我弱是基本态势，对此要有基本认识，但也不要过于夸大对手之"强"及我方之"弱"。通常认为，西方媒体体系成熟，且玩的是所谓"新闻自由"的游戏，对华发动舆论攻势时手段多样，我国无论从发声渠道，抑或发布手段上都呈一定劣势。尽管如 CGTN、《环球时报》等媒体早已做出与美西方主流媒体正面对抗的初步尝试，但与不少西方百年历史的老牌传媒相比，中国外宣媒体还是存在发声渠道狭窄、经验尚嫌不足等弱点。因此，中国媒体更需要对西方媒体的强点与弱点充分辨析，取长补短。需注意的是，西方有数十个国家及众多媒体，集中发声时气势虽大，然而其内部并非铁板一块，有不少矛盾可以利用。而中国有 14 亿人民支持，步调统一，在国际上也并非孤立无援；推进中华复兴事业是进步事业，是民心所向；中国媒体在一天天进步，也可做大、做强。

三是战略战术上既要与西方媒体的反华论调针锋相对，又要避免受其刻意设置的议题和话语框架牵引，以防落入其具有话语体系优势的框架之中。1950 年 9 月中国出兵抗美援朝前夕，毛泽东同志针对美强我弱的军事态势，提出我方战略是"你打你的，我打我的，你打原子弹，我打手榴弹，抓住你的弱点，跟着你打，最后打败你"。② 毛泽东同志这一战略思想今天仍可用于指导中国在国际舆论场上与西方媒体进行舆论斗争。"你打你的，

---

① LOUP N. Letter: Why is the FT's Coverage of Hong Kong So Negative?[N/OL]. Financial Times, 2021-11-18. [2021-11-18]. https://www.ft.com/content/cf1a7bcf-977a-41ab-9d33-1c1e8942294a.

② 中共中央文献研究室，中国人民解放军军事科学院，编 . 建国以来毛泽东军事文稿（上卷）[M]. 北京：军事科学出版社，北京：中央文献出版社，2010: 202.

我打我的"，就是一方面避开西方国家的固有优势，如其媒体数量、平台、话语、框架优势等，避免进行一对一的逐条回应，以免被其带节奏；另一方面挑选西方国家，尤其是美国的国际战略及其国内政治、经济、文化及民生中的"痛点"，另起话题，建立中国自身的舆论议题与框架。中央电视台等主力媒体近期聚焦报道，批评美国抗疫乱象、枪击频发、种族问题以及警察执法乱象等，都收到了很好的反制西方话语霸权的效果，是贯彻"你打你的，我打我的"这一战术原则并取得成效的最好案例。

四是充分认识到中西方对"舆论战"认知的本质区别，做好持久战准备。虽然西方媒体目前占据一定平台优势、技术优势、话语优势、理念优势，但毕竟不能只手遮天、指鹿为马。一旦其背离自身曾自我吹嘘的客观、真实、中立、自律等新闻专业主义理念，必将逐步丧失公信力。如从长线、从全局、从大时空看待这一问题，瞬息万变的国际舆论场上，媒体只是多方力量的其中一支，舆论战不仅仅体现在媒体层面的技术、经验与操作上，更是国家间政治、经济、文化实力乃至意识形态、政治体制的比拼。当下世界格局正处于"南起北落、东升西落"的大格局之下，中国承受住了惊心动魄的疫情冲击，显示了制度、文化和社会主义优越性，中国人民因而对国家前途充满高度热情和信心，思想意志空前统一，而西方国家当前因抗疫失败而乱象频生，新自由主义泛滥，西式民主早已异化为内耗严重的对抗式政治，西方优越论的神话正在被戳破。面对中国崛起，不少西方国家虽然依然怀着居高临下的优越心态，不愿或不敢面对新变局，其媒体话语则越来越多地呈现出一种自说自话、圈地为牢、粉饰太平的自我封闭模式。就此而论，传媒领域的西强东弱态势也在变化。从发展的眼光看问题，中国通过加强人才培养、平台打造、理念创新等，一定能扭转传播领域西强东弱的态势。

五是充分认识美西方涉华舆论战的专业性质，从传播学专业视角加强应对。针对美西方涉华报道中采用的传播学框架整合策略，包括框架桥接、框架增强、框架延伸以及框架转换等手法，中国媒体也可主动出击，"以其人之道还治其人之身"。第一，由于语言和地域优势，中国媒体对发生在本国的新闻事件具有更加敏锐的感知，能够做到更细致、更迅速、更准确地播报，因此不少西方媒体的驻华记者除了自身实地采访之外，很多消息实际来自于中国国内报道。中国媒体应该尽可能把握这一机会，学习利用西方媒体的框架整合手法，把握国际舆论场的框架设置权。第二，可以用"反框架"模式回击西方媒体的框架设定，这也符合毛泽东同志倡导的"你打你的，我打我的"这一战略原则。由于不少中国媒体已经能够在海外平台上直接发声，以自己的框架诠释中国故事，西方媒体难以对这些声音视而不见、听而不闻，亦不能全部转换，因此不得不做出对话和回应。在近年国际舆论斗争中，《人民日报》发表的系列锐评就是一种"反框架"模式，并取得了较好的国际斗争效果。

■ 作者简介

林斯娴，北京外国语大学国际新闻与传播学院讲师。

■ 来　源

本文原载于《港澳研究》2020 年第 3 期。

坚定文化自信　提升中华文化传播力

——以中国文化主题出版实践为例

张昭

摘　要　中华民族在漫长的历史发展中，积累发展了博大精深的中华文化，为中华民族的发展提供了丰厚的文化滋养与精神支撑。在推进社会主义文化强国建设的时期，我们需要推动中华优秀传统文化创新发展，增强中华优秀传统文化的生命力和影响力。近年来，各出版社牢牢树立起积极推动中华优秀传统文化出版的工作理念，从革命文化、中华优秀传统文化、社会主义先进文化中着力挖掘选题，出版了众多优质的主题出版读物，向世界讲好中国故事，传播好中国声音。

关键词　主题出版；革命文化；中华优秀传统文化；社会主义先进文化；文化自信

文化对一个民族、一个国家的生存和发展有着至关重要的作用。习近平总书记强调："没有文化的繁荣兴盛，就没有中华民族伟大复兴。"党的十九届五中全会审议通过的《中共中央关于制定国民经济和社会发展第十四个五年规划和二〇三五年远景目标的建议》明确提出传承弘扬中华优秀传统文化。中华优秀传统文化是中华民族的重要精神食粮。中华民族在漫长的历史发展中，积累发展了博大精深的中华文化，这为中华民族的发展提供了丰厚的文化滋养与有力的精神支撑。在推进社会主义文化强国建设的时期，我们需要推动中华优秀传统文化的创新发展，增强其生命力和影响力。

在传承发扬中华优秀传统文化的过程中，作为传播主体的出版单位无疑具有重大的责任和义务。近年来，各出版社牢牢树立积极推动中华传统文化出版的工作理念，开发出版了众多优质的中华传统文化主题出版读物。如围绕革命文化出版的《红船故事》《文献中的百年党史》等主题读物，以讲史、讲人、讲故事的生动方式传播中国好故事；商务印书馆始终围绕中国文化精华，从《辞源》《新华字典》到《现代汉语词典》的出版，坚持传承中华文化精华，体现文化自信；《中国长城志》《中国运河志》等重大出版工程，从巨大的传统文化资源宝库中挖掘、提炼主题内容，形成持续出版、系列运作的选题集群，全面立体地传播中国之美。

一、讲好革命故事，传播红色正能量

红色文化是我们党在长期奋斗中所凝练的光荣传统、优良作风，蕴含着丰富的精神理念和厚重的文化内核。红色精神是中国共产党带领中国人民站起来、富起来的根基，可以跨越时空，永不过时。当下，擦亮红色底色，传承红色基因，弘扬红色文化，为新时代的读者讲好红色故事，是出版单位的责任与使命。

（一）传承百年红色基因，不忘革命初心

红色文化具有极强的地域性，如湖南、江西、浙江等地都是中国红色文化的策源地，具有丰厚的红色文化资源。立足自身的地域优势，传承红色根基，讲好红色故事，成为当前出版单位主题出版的重要方向之一，能有效提升中华文化的出版力。

湖南作为中国革命的重要策源地之一，具有深厚的红色文化底蕴。早在 2013 年 11 月，习近平总书记在湖南考察时就指出："湖南人杰地灵，毛泽东、刘少奇、任弼时、彭德怀、贺龙等老一辈革命家都诞生在这里，我们要弘扬老一辈革命家的崇高风范，增强广大干部群众对中国特色社会

主义的道路自信、理论自信、制度自信、文化自信，以更加饱满的精神做好各项工作。"近年来，"出版湘军"不断加强红色文化主题出版的选题策划，深化内涵，围绕红色文化出版了一系列具有当地特色的红色主题读物。如湖南人民出版社积极推进《湖湘英烈故事丛书》《湖湘红色基因文库》《湖南省爱国主义教育基地丛书》三大重点项目。《湖湘英烈故事丛书》以叙述湘籍英烈生平事迹的方式，彰显英烈精神的时代价值，不仅讲好湖湘革命英烈的故事，还诠释湖南人自强不息的奋斗精神。湖南少年儿童出版社以丰富的湖湘地域故事为素材，在红色童书创作中巧妙地融入革命先烈经历，推出了精品书系"红辣椒书系"。这一系列图书具有浓郁的湖湘文化底蕴和湖湘风情，充满了爱国主义精神和励志能量，对青少年儿童有很强的教育意义。该系列图书入选 2016 年向全国青少年推荐的百种优秀读物。

浙江是中国革命红船的起航地，也是改革开放的先行地，更是习近平新时代中国特色社会主义思想的重要萌发地。浙江出版联合集团充分利用这三个地域优势，开发了系列独具特色的红色主题出版物。《红船故事》是浙江人民美术出版社出版的连环画，由黄亚洲的长篇小说《红船》改编而来，主要讲述的是 1919 年到 1928 年的中国革命历史。浙江人民美术出版社利用自身在连环画精品创作上的优势，用连环画的形式表现红船故事。作家通过提炼精彩的情节和故事精华，突出重点的人物和时间，让《红船故事》更具画面感和可读性，也让读者更好地体会红色精神。浙江出版联合集团围绕"浙江是中国革命红船起航地"，策划了 10 余种选题，包括长篇报告文学《红船起航》，通过巧妙的叙事手法从宏观和微观的角度完整再现中国共产党创建的艰难历程，展现了"红船精神"这一中国共产党先进性之源。浙江少年儿童出版社出版的《中国有了一条船》展示的则是"红船""红船精神"在当下世界语境下的意义。这些选题无论是讲故事、讲人，还是讲史，都深刻地向读者诠释了"红船精神"。

（二）深耕精品创作，打造红色文化品牌

红色文化、红色精神是中国共产党在长期奋斗中凝练的光荣传统、先

进本质、优良作风。要让红色文化主题出版物兼具理论高度和文化温度，让红色精神在潜移默化中传承发扬，深耕精品创作，打造出版品牌就成了提升红色文化出版力的重要途径。

上海出版界自"党的诞生地"发掘宣传工程启动后，就积极响应实施"党的诞生地"主题出版工作，全力推进出版以党的创建、建设以及中国共产党人精神风貌为研究重点的理论著作，截至目前，出版的精品主题读物已超过 50 种。其中，《外国记者眼中的早期中国共产党人》《文献中的百年党史》《中国共产党建设史》《火种：寻找中国复兴之路》《革命者》《"红色精神 百年传承"连环画微动画》等主题出版读物被中宣部列为 2020 年重点出版物。上海人民出版社作为上海世纪出版集团旗下红色主题出版的排头兵、主力军，联合上海音乐出版社、上海教育出版社、上海文艺出版社等，一同打造"党的诞生地"品牌，继而形成"党的诞生地"主题出版矩阵。重点产品包括上海市作协、上海中共四大会址纪念馆、上海中共一大会址纪念馆等机构联合推出的《上海红色文化地图集》《辉煌的历程——第二届全国红色讲解员大赛集萃》《上海英烈人物画传》，以及中共上海市委党史研究室编写的"中国共产党在上海百年系列"等。

为了更好地推进主题出版普及化、大众化，不断创新呈现手段和传播方式，需要开发新的主题出版形态。上海人民出版社除了出版相关的主题出版物，还围绕"党的诞生地"和建党百年，开发了一系列文创产品，如图书的主题笔记本、联名铅笔等。此外，上海人民出版社还积极采用融合手段扩大传播效果，与阿基米德 App 联合开发了有声电子书"重温红色历史，书写时代华章"专辑，让读者可以随时随地听书，让"党的诞生地"故事传播得更深更远。

二、弘扬中华优秀传统文化，提升文化软实力

中华优秀传统文化博大精深，是一个庞大的出版资源宝库，出版单位可以从中探寻优质选题角度。在发掘开发传统文化选题时，出版单位需要

规划多层次、立体化的选题方向，不仅要有高端的学术研究，还要有经世济用的理论指导，更要有喜闻乐见的故事传说，全面立体地展现中华优秀传统文化风采。

（一）伟大工程再现，传播中国人民创造精神

中国历代凭借劳动人民的智慧，创造了许许多多伟大的工程，如大运河、长城、都江堰、故宫等，而这些伟大的工程蕴藏着中国人民的创造精神。再现伟大工程，是传播展现中华优秀传统文化之美的重要方向。

江苏凤凰科学技术出版社出版的《中国长城志》《中国运河志》，凭借图书传播中华优秀传统文化，提升了中华文化的影响力。2016 年 8 月正式出版的《中国长城志》，是中国长城有史以来第一部大型志体著作，图书共 10 卷 12 册 2500 万字，凝聚了 300 余位专家学者的心血，历时十余载编著而成。《中国长城志》采用述、记、志、传、图、表、录七体，记录中国古代长城及长城区域的社会、自然、政治、经济、军事、文化等方面的情况，全面阐释了长城的历史价值及精神内涵，成为中外读者解读认知中国长城、感知中华文明的平台。2019 年首发的《中国运河志》，历时 8 年编纂，凝聚国内百余位一流专家学者的智慧和心血，图书共 9 卷 11 册 1400 万字，通过分类叙事的方式，全面记述了中国大运河的河道变迁、水利工程、漕运通航、运营管理、重要历史人物、社会文化现象等，从运河工程的伟大和艰巨、维持时间之长久、延伸路线之长远三大方面展现了中国大运河在世界上独一无二的地位，中国劳动人民的聪明才智从中得到充分体现。毋庸置疑，《中国长城志》《中国运河志》等的出版，对传播中国文化具有重大意义。

（二）历史文化追溯，传播城市历史文化遗产

习近平总书记多次强调："历史文化是城市的灵魂，要像爱惜自己的生命一样保护好城市历史文化遗产。"出版单位组织策划城市历史文化的选

题，可以在研究保护城市历史文化的同时，对城市历史文化进行宣传。

重庆出版社出版的图书《重庆湖广会馆：历史与修复研究》，就是一部关于重庆本土历史文化研究与保护的力作。图书以丰富的资料，详细描述了清代重庆以"湖广填四川"为代表的会馆史、移民史，全面展示了古建筑修复的理念原则、技术方法。《重庆湖广会馆：历史与修复研究》不仅广泛引用正史、档案、族谱、文献，而且还有作者实地踏勘考察所得的一手资料，以及作者参与修复工程的种种素材，包括珍贵的照片和作者切身体会等，诸多考证史料和图片均是首次披露，是本土历史文化研究、保护、传承的佳作。

江苏人民出版社出版的《江苏历史文化览胜》，是由江苏省政协主席张连珍首倡并直接指导，全省政协系统和有关高校、科研院所专家学者通力合作，历时7年编撰完成的一部历史文化著作。该书分为两大板块：第一板块首篇总述江苏历史文化的总体特征和历史贡献，在中华历史文化大格局中阐明江苏历史文化"承吴楚而揽中原为汉文化源头，以东晋南朝之隽秀毓盛唐神韵，拥东南形胜养就大明文化雄峙国中，直面世界革新图强而领近代风骚"；第二板块共有13篇文章，分别讲述了江苏各市的历史文化，以图书结合历史进程的线索，总体呈现文化景观，同时又重点铺陈重点时期、重点事件、重点人物，力求让读者感受汉楚文化，纵观江淮风情，细细品味苏吴风韵，进而生出对江苏各地历史文化的挚爱和景仰。

（三）传承中华文化精华，增强文化自信

文化自信从中华民族创造的博大精深的中华文明中来，只有传承中华文化精华，才能将这股精深力量广泛传播。在新的环境下传承、发扬中华文化，首要的事情就是客观公正地理解和认知自身的文化，去伪存真、去粗取精，对中华文化的精华和精髓加以整理、传播。

商务印书馆牢牢树立了这样的出版理念，创立早期就开展"整理国故"出版活动，目的是通过整理中国优秀的古籍经典"温故知新"，用现代的方式重构中国传统学术，先后整理出版了《四库全书珍本初集》《续古逸

丛书》《四部丛刊》等一大批大型古籍丛书。这些古籍丛书收录的均是中国传统典籍中最经典的内容，对这些古籍的重新整理，不仅继承和发扬了传统，还促进了中国传统学术平稳地向现代学术转化，充分展示了中华民族的文化自觉。近年来，商务印书馆更是出版了一大批独具文化创新价值的传统文化类图书，其中尤以文津阁本《四库全书》原大复制工程的完成为标志，这些传统文化类图书无不为中华文化的传承和发展贡献了重要力量。

新中国成立以来，商务印书馆通过以《辞源》《新华字典》《现代汉语词典》等为代表的现代工具书，以及以《最新教科书》《大学丛书》等为代表的现代教科书的出版，推动了现代教育制度的建立，让越来越多的普通民众掌握现代知识工具，这是文化自省的基石。而今，商务印书馆联合牛津大学出版社共同开发《新华字典》《现代汉语词典》汉英双解版，积极筹建工具书的多语种翻译和传播工作，这是进一步提升中华文化传播力、影响力的重要基础，是增强中华文化自信的表现。

三、立足社会主义先进文化，彰显中华时代风采

近年来，不少主题出版图书以高站位展示新中国成立 70 年、改革开放 40 年、脱贫攻坚等重大题材，将理论与实践、历史与现实相结合，对新中国发生的变化、中国经济奇迹如何创造、中国道路为什么好等重大问题进行了深入浅出的解读与阐释。这些主题出版物从社会主义发展中汲取素材，坚持价值引领，聚焦社会主义主题思想，从不同角度展现了中国的时代发展和社会变迁，充分展示了中国精神、中国经验。

（一）脱贫攻坚一线记录，传播中国经验

在 2021 年中国共产党成立 100 周年的重要时刻，我国脱贫攻坚战取得了全面胜利，现行标准下 9899 万农村贫困人口全部脱贫，832 个贫困县

全部摘帽，12.8 万个贫困村全部出列，区域性整体贫困得到解决，完成了消除绝对贫困的艰巨任务，创造了又一个彪炳史册的人间奇迹。在脱贫攻坚的道路上，亿万国人参与发生在新时代中国乡村的战贫壮举，涌现了许多典型人物、宝贵经验，也为主题出版提供了丰富的选题素材，这是向世界讲好中国故事的重要力量。

广西出版传媒集团一直聚焦脱贫攻坚出版主题，先后推出《新时代的青春之歌——黄文秀》《驻村画记》《巴某蝶变》《我在乌英苗寨这三年》《我的青春在乡村——第一书记扶贫纪实》《山那边，有光》等一批突出"扶志"与"扶智"相结合的主题出版物，通过发挥优秀出版物的文化和社会影响力，努力让更多读者了解脱贫攻坚的成绩、经验和事迹。其中，《我在乌英苗寨这三年》犹如翻开了一段反贫困斗争的历史。图书以图为主，图文并茂地展示了黔桂交界柳州市融水苗族自治县乌英苗寨群众的生活、劳作、文化、习俗等，作者以见微知著的洞察力，以小见大，用"解剖麻雀"式的"标本记录"方法管窥全面打赢脱贫攻坚战这个伟大时代背景下的中国农村，讲述了一个个动人的故事。在脱贫攻坚的大背景下，《我在乌英苗寨这三年》展现的是，在全面建成小康社会进程中渐渐消失的生活印记，反映了当地人民为美好生活而奋斗的过程和精神状态。这些脱贫攻坚的主题图书，用人们喜闻乐见的表述方式，寻找到社会效益与经济效益的最佳结合点，打造出真正意义上的主题出版作品。

（二）匠心打造精品，传播社会主义核心价值观

社会主义核心价值观是中华文明长期滋养的结果，是中国特色社会主义伟大实践在精神层面的结晶，继承了中华优秀传统价值观的合理成分，吸收了世界文明的有益成果，体现了民族精神和时代精神，反映了当代中国社会发展进步的方向。这就要求主题出版不断深化理论研究，完善科学的学术话语体系，把社会主义核心价值观融入社会发展各方面，转化为人们的情感认同和行为习惯。

人民出版社匠心打造的《雷锋画传》，2012 年发行了 26 万册，位居当

年 142 种与雷锋事迹相关图书之首。在图书出版过程中，人民出版社充分考虑读者需求及传播规律，用心打磨图书的每个细节。有一张雷锋与小女孩读书的合影，大部分网站、杂志、书籍对这张图片的统一图注都是"雷锋与少先队员在一起"，但在人民出版社的编辑看来，这样的说明虽然没有错误，却没有表达具体内容。于是，责任编辑专门了解了照片上小女孩的相关信息，了解到小女孩叫陈雅娟，中学毕业后就参军入伍了，退伍后任抚顺市二轻局副局长，多次被评为"学雷锋先进人物"。正是凭借着这种打磨细节的态度，《雷锋画传》把一张照片、一句话丰富成了一个立体鲜活的故事。在图书宣传过程中，人民出版社打造聚合效应、链式反应，纵深探索雷锋精神。在深挖《雷锋画传》照片背后的故事后，人民出版社又挖掘出另外一张雷锋照片背后的故事——七个孩子始终学习雷锋精神，并取得优异的成绩。为了更好地弘扬雷锋精神，人民出版社邀请这"七个孩子"口述，整理出版了图书《七个孩子话雷锋》，并创办了全国唯一一本《雷锋》杂志，出版社还邀请"七个孩子"到军营、学校等地举办读书会、报告会，引起了强烈的社会反响。

四川人民出版社出版的"社会主义核心价值观与当代中国发展"丛书作为十九大精品出版选题，用 5 册 100 余万字，对社会主义核心价值观建构的历史和现实语境、内涵和认同机制、传播和国际话语权等多领域问题进行了多维度的深入分析。该丛书还从不同角度对社会主义核心价值观进行了深入研究，用学术化、大众化的表达方式，增加学术含量，增强学术价值。立足"传统文化的当代阐释"和"中国道路的学术表达"两大话题，丛书深化国际拓展，制定适合不同区域的海外传播策略，让中国智慧、中国方案真正成为中国贡献给世界的独特知识体系。

当下，主题出版作为出版业的重要工作，党和国家的导向更加清晰，政策支持力度进一步加大，各出版单位也更加重视并主动开展多种创新实践，主题出版呈现新气象和新态势。主题出版是提升中华文化传播力的重要方向，出版人应时刻站在先进思想和先进文化的前沿，担当起繁荣中华文化、弘扬中华文化的责任，为中华民族的伟大复兴贡献力量。

■ **作者简介**

张昭，北京外国语大学国际新闻与传播学院讲师。

■ **来　　源**

本文原载于《出版广角》2021 年第 10 期。

5G 时代国际传播的战略目标、
实现基础与现实路径

刘滢

摘　要　　未来十年，国际传播将在世界大变局中迎来创新发展机遇期，基于 5G 的智慧媒体平台将成为汇聚全球受众的主流国际舆论场。新时代，我国国际传播创新发展的战略目标应紧紧围绕塑造丰满的"全球中国"形象和建构平等的全球传播秩序。要实现这两个战略目标，需要四方面基础条件：稳定先进的技术支撑、优质海量的内容资源、多维泛在的产品形态和开放互动的传播链条。在现实路径方面，应建立全媒体国际传播体系；优化中国话语的跨文化传播；细分全球舆论场，开展精细化传播；深耕多语种国别传播。

关键词　　5G；全媒体；国际传播；战略目标；现实路径

　　技术是人类社会变迁的核心驱动力量，国际传播在人类传播活动中的重要性日益凸显，5G 等新兴技术正在悄悄改变着全球传播生态。全媒体、跨文化、精细化、多语种是下一个阶段国际传播战略实施的关键词，而 5G 则是连接其他各项新技术的基础，在全面升级的新传播基础设施的助力下，国际传播有望拉开新时代的大幕，展现更丰饶的图景，国际传播理论和实践也将出现新的转向。更为高效先进的传播基础设施正在搭建，确立国际传播创新发展的战略目标，夯实实现目标的基础条件并选择适宜的现实路径迫在眉睫。

一、时代背景

当前，世界处于百年未有之大变局，全球经济艰难前行，国际关系错综复杂，科技发展日新月异。而我国"处于近代以来最好的发展时期"[①]，全球知名公关咨询公司爱德曼 2020 年 7 月发布的《2020 年信任度调查报告春季更新报告：信任度与新冠肺炎疫情》显示，中国政府信任度高达 95%，比 1 月又上升了 5 个百分点，中国政府的信任度已连续三年名列首位。[②]随着经济实力、综合国力和国际地位的提升，国家、媒体、民间机构和个人等不同主体的国际传播活跃度和效果均有改善。当代中国与世界研究院课题组 2018 年对 22 个国家的调查发现，海外受访者对中国的整体印象为 6.2 分（10 分制），延续了近年来小幅稳定上升的趋势。[③]美国皮尤中心 2019 年对 34 个国家的调查显示，40% 的受访者对中国持正面态度，41% 持负面态度。[④]

尽管"中国"本身成为关键词受到国际受众的关注，但是，由于意识形态的差异、长期积累的偏见和美西方国家对国际舆论的蓄意引导，这种"关注度"较难转为"好评率"。[⑤]以美国为首的西方国家政要、学者及媒体对"锐实力"（sharp power）概念的炒作将妖魔化中国的舆论推向高潮。有学者指出，这一概念旨在指责中、俄两国的国家发展战略，体现出

---

① 习近平：努力开创中国特色大国外交新局面 [EB/OL](2018-06-23). [2020-01-10]. http://www.xinhuanet.com/2018-06/23/c_1123025806.htm.

② 爱德曼最新调查：应对疫情表现卓越，中国政府信任度升至 95%！ [EB/OL](2020-07-22). [2020-08-14]. http://intl.ce.cn/specials/zxgjzh/202007/22/t20200722_35372999.shtml.

③ 当代中国与世界研究院课题组 . 2018 年中国国家形象全球调查分析报告 [J]. 对外传播 , 2019, (11): 28-30,1.

④ Pew Research Center. People Around the Globe Are Divided in Their Opinions of China [EB/OL](2019-12-05). [2020-01-10]. https://www.pewresearch.org/fact-tank/2019/12/05/people-around-the-globe-are-divided-in-their-opinions-of-china/.

⑤ 刘滢 . 新媒体对外传播的着力点与未来走向 [J]. 青年记者 , 2016, (28): 19-21.

"冷战思维的延续与升级"①，本质上是新时期"中国威胁论"的翻版。②2020年以来，美国一方面对中国发起政治挑衅，要求中方关闭驻休斯敦总领馆，缩短中国驻美记者的签证期；另一方面对中国企业施压，宣布将禁止任何美国个人或实体与 TikTok（抖音海外版）及 WeChat（微信）进行交易，并禁止二者在美国运营③，中美关系剑拔弩张。在这样的时代背景下，原有的"文化走出去"和"媒体走出去"战略在取得了阶段性成果的基础上需要做出新的调整，以应对形势的变化。

二、战略目标

新时代，在人类命运共同体理念的指引下，我国国际传播实现创新发展的战略目标应紧紧围绕以下两个方面进行。

（一）塑造丰满的"全球中国"形象

在"中国威胁论"依然甚嚣尘上的今天，我们一方面要继续通过"一带一路"倡议、亚洲基础设施投资银行等合作举措提升我国的国际影响力和道义感召力；另一方面，"迫切需要让世界各国人民认识到中国的发展对世界不是威胁，而是行之有效、普惠共赢的'全新选择'"。④这就需要对中国的国家形象进行纵向的、有历史延续性的再规划和升级管理。史安斌、张耀钟将新中国成立以来的 70 年划分为三个阶段：1949—1978 年重点建构的是"红色中国"形象；1979—2008 年重点建构的是"开放中国"形象；

①　史安斌. 以理念创新回击西方舆论战 [J]. 青年记者, 2018, (10): 4.

②　马丽. 境外新闻媒体关于中国"锐实力"的报道分析 [J]. 国际论坛, 2019, 21(6): 84-95,158.

③　特朗普下令 45 天后禁止与抖音海外版和微信进行交易 [EB/OL] (2020-08-07). [2020-08-14]. http://www.xinhuanet.com/world/2020-08/07/c_1126338390.htm.

④　姜飞，黄廓. 论新时代中国特色社会主义核心价值观国际传播的新思路 [J]. 中州学刊, 2018, (1): 164-172.

2009—2019 年重点建构的是"全球中国"形象。① 其中，第三个阶段至今发展仅十余年，尽管这是我国加大力度开展对外传播的十年，但是，在激荡起伏的国际舆论场上，"全球中国"形象仍较为单薄，极易被西方的强势话语所淹没。由此，下一个十年的战略目标之一应为塑造更为丰满的"全球中国"形象。

这一形象应至少包含三个层次的含义：首先，强调中国是世界的重要组成部分，中国与世界密不可分，在全球的视野下讲述中国故事，把中国置于整个世界的范围下进行考量；其次，强调中国是世界的中国，中国是积极、主动参与全球治理的负责任大国，关注全球性议题，致力于为全人类的进步和抵御共同风险贡献中国知识、中国方案和中国智慧；最后，强调世界需要中国，中国经济、政治、文化、社会等各个方面的发展能够惠及其他国家和地区，对世界具有积极意义。

（二）建构平等的全球传播秩序

尽管新的传播生态环境在一定程度上为世界范围内信息的"反向流动"② 提供了平台和机遇，但是，西方国家仍然主导着国际舆论场，西方媒体长期以来积累下来的品牌影响力在社交网络、播客等新媒体平台上不仅得到了较好延续，还赢得了新一轮的增长，而使用人数最多的国际社交网站本身就属美国公司。据了解，目前世界人口总量约 77 亿，而美国 Facebook 公司旗下所有社交网络和即时通信 App 的月用户数就达 27 亿。③ 来自发展中国家信息的反向流动与英美等西方国家的主导性流动相比还有

---

① 史安斌，张耀钟. 新中国形象的再建构：70 年对外传播理论和实践的创新路径 [J]. 全球传媒学刊，2019, 6(2): 26-38.

② Thussu D. *International Communication: Continuity and Change*[M]. 3rd ed. New York: Bloomsbury Academic, 2019: 218.

③ Facebook Showcases the Latest VR Tools, Including Hand Tracking and 'Horizon' VR World [EB/OL] (2019-09-26). [2020-01-14]. https://www.socialmediatoday.com/news/facebook-showcases-the-latest-vr-tools-including-hand-tracking-and-horizo/563723/.

很大差距①，"西强我弱"的传播格局没有得到根本改变，1980 年联合国教科文组织通过的《多种声音，一个世界》（又称《麦克布莱德报告》）②中所倡导的"世界信息与传播新秩序"仍是我们下一阶段的努力方向。

　　具体而言，平等的全球传播秩序应具有以下特征：第一，发达国家和发展中国家相对均匀地拥有世界上的传播基础设施资源，能够覆盖和触达同样范围的国际受众；第二，传媒业发达国家和传媒业不发达国家平等地在国际舆论场上发声，不同国家的政治、经济、文化理念得到同等尊重；第三，来自各个国家和地区的新闻和信息真正自由、均衡地在世界媒体平台上流动，不因意识形态、商业利益或传播渠道所有权而有所偏颇；第四，建设性新闻和对话、合作传播成为主流和常态。

三、实现基础

　　以上两个目标既从中国的历史和现实出发，又着眼世界传播的未来，在逻辑上是递进关系，同时互为条件。要实现这两个战略目标，需要以下四方面的国际传播基础条件。

（一）稳定先进的技术支撑

　　国际传播是对传播技术高度依赖的传播形态③，5G 技术具有高带宽、低时延、高可靠性等特点，将为持续、稳定的国际传播保驾护航。5G 网络可以达到低至 1ms 的端到端通信时延，并且支持 99.999% 的连接可靠性。④这将为跨国的、长时间的现场高清视频全球直播带来极为稳定的传播效果，比如重要国际会议、大型国际赛事等。作为基本的物质条件，这些方面将

---

①　刘滢，唐悦哲. 反向流动视阈下的社交网络与中国媒体全球传播 [J]. 新闻与写作，2019, (7): 71-75.

②　Macbride, Sean. Many Voices, One World[J]. *Rowman & Littlefield*, 2003.

③　程曼丽. 国际传播学教程 [M]. 北京：北京大学出版社，2006: 5.

④　孙柏林. 5G 技术为智能化社会提供发展机遇 [J]. 自动化博览，2019, (11): 8-12.

成为未来国际传播不可替代的基础。

媒介的发展与社会环境需要一致[①]，5G 技术的应用趋势包括万物互联、移动端体验虚拟现实和增强现实、生活云端化、智能交互等[②]，这些应用将支撑国际传播渠道的升级换代，以及内容和形式的不断创新。中央广播电视总台已经在开展 "5G + 4K/8K + AI" 的实践，战略布局包括融合制播、超高清电视、移动新媒体、人工智能等方面，还提出了原创混合现实（IMR，Idea Mixed Reality）4K 超高清电视制作模式。[③] 类似的案例代表着先进技术对国际传播实践的引领，也是国际传播媒体适应环境需求的进化方向。

（二）优质海量的内容资源

一方面，"5G + 4K/8K" 技术的高清晰度对传播内容的质量提出了更高要求。5G 的典型应用场景包括无人机高清视频传输，用各类移动或非移动终端收看高清视频等，高清视频是未来国际传播的主流内容形态，承载高质量内容的高清视频节目对于国际传播效果至关重要。目前 5G 发展领先的一些国家正在积极探索优质高清视频内容的生产模式，专业内容生产机构长期积累的优质内容资源也可以进行二次加工和传播。

另一方面，5G 网络的高速率、高带宽对传播内容的数量提出了更高要求。5G 峰值速率可超 1Gbps，体验速率可达 100Mbps[④]，下载一部电影只需几秒钟。网速的大幅提高提升了人们的网络体验品质，对内容的需求量也由此激增，内容生产主体的多元化趋势明显。有学者指出，除了个人生产内容（UGC）、机构生产内容（OGC）和专业生产内容（PGC）外，

---

① ［美］保罗·莱文森. 莱文森精粹 [M]. 何道宽，译. 北京：中国人民大学出版社，2007.

② 张晨. 5G 移动通信技术发展与应用趋势 [J]. 通信电源技术，2019, 36(11): 140-141.

③ 姜文波. 中央广播电视总台 5G + 4K/8K + AI 应用实践. BIRTV2020. [EB/OL](2019-08-20). [2020-01-14]. http://www.birtv.com/content/?5122.html.

④ 李正茂，王晓云，张同须，等. 5G+：5G 如何改变社会 [M]. 北京：中信出版社，2019: 106.

5G 时代出现一个更重要的生产类别，即技术生产内容或机器生产内容（MGC）。[①] 新华社的"媒体大脑"[②] 是 MGC 的典型案例，将摄像头、传感器、大数据、人工智能等设备和技术融为一体的 MGC 使批量、高效的成品内容生产成为可能，有助于满足国际受众迅速增长的内容需求。

（三）多维泛在的产品形态

"5G + 人工智能（AI）+ 虚拟现实（VR）/ 增强现实（AR）/ 混合现实（MR）"的多种可能性对内容产品形态的创新提出了更高要求。有研究认为，5G 技术将会使未来的新闻传播业由目前的以文字、图片和影像为主的"平面信息"传播为主，向以 VR、AR 和全景信息传播为代表的三维"立体信息"传播为主转变。[③] 事实上，仅仅从平面到立体还不够，未来的国际传播还应该是泛在的，是可以为国际受众创造一种跨文化、多视角体验环境的，是人的感官的无限延伸。

通过技术与内容的无缝对接，不断推出新的产品形态是国际传播持续发展的一个重要条件。中央广播电视总台 2019 年 11 月上线"央视频"5G 新媒体平台，作为视频社交媒体，它的产品特性包括强大的电视直播工具、全面聚合高清资源、现场直播视听盛宴、个性推荐快捷搜索等，并提出"账号森林"概念，汇聚业内外优秀传播内容，可实现 4K/8K 内容投屏观看。[④] 未来，这一平台应用于国际传播，将丰富全球传播生态，创新内容产品形态。

---

① 喻国明，曲慧 . 边界、要素与结构：论 5G 时代新闻传播学科的系统重构 [J]. 新闻与传播研究 , 2019, 26(8): 62-70, 127.

② 傅丕毅，徐常亮，陈毅华 . "媒体大脑"提供了怎样的深度融合新模式 [J]. 新闻与写作 , 2018, (4): 11-15.

③ 陆高峰，陆玥，马文良 . 5G 给新闻传播业带来的影响与思考 [J]. 新闻论坛 , 2019, (3): 30-34.

④ 央视频 . 有品质的视频社交媒体 [EB/OL]. [2020-01-14]. https://www. yangshipin. cn/#contact.

（四）开放互动的传播链条

信息技术和传播范式培养着人们的社会态度和观念[①]，未来新闻生产将是协同生产、社群参与、远程参与、联手传播和利益分享的集体主义和共赢主义的天下。[②]5G 技术服务于国际传播需要媒体行业和通信行业深度合作，2018 年年底，中央广播电视总台与中国电信、中国移动、中国联通及华为公司签署合作建设 5G 新媒体平台框架协议，在总台启动建设我国第一个基于 5G 技术的国家级新媒体平台。五方合作的第一步就是建立"5G 新媒体实验室"，通过 5G 技术，实现 4K 超高清视频直播信号和文件的传输、VR 虚拟现实的超高清直播。[③]这就为 5G 技术在跨越国界的传播活动中的应用提供了前提条件，更进一步为培养国际受众的态度做出准备。

四、现实路径

在世界大变局背景和 5G 网络全球架设的新时代，我国对外传播面临着双重挑战：一方面是西方舆论对中国的污名化给传播效果提升带来的巨大压力；另一方面是跨文化融合传播中语言编码和技术编码的叠加难度。为了应对挑战，在 5G 技术的驱动下充分发挥主观能动性，通过理性选择和控制，实现新时代我国国际传播的战略目标，减少传播中的文化折扣，缩小不同国家间的数字鸿沟，抵达人类共同的美好未来，国际传播创新发展可通过以下路径。

（一）建立全媒体国际传播体系

5G 网络为"四全媒体"提供了赖以传播的基础设施，国际传播体系

① 于凤静. 大卫·阿什德传播生态理论的当下解读 [J]. 河北大学学报（哲学社会科学版）, 2013, 38(5): 150-152.
② 邵培仁. 当新闻传播插上 5G 的翅膀 [J]. 现代视听, 2019, (3): 86.
③ 中央广播电视总台首个国家级 "5G 新媒体平台" 开建. 央视网 [EB/OL] (2018-12-28). [2020-01-14]. http: //news. cctv. com/2018/12/28/ARTIORcHpzGJS89Zd4h61cR1181228. shtml.

的全面升级换代势在必行。全媒体国际传播体系也应围绕全程、全息、全员、全效四个方面展开。从传播过程的角度看，应朝向传播全过程智能化、360 度报道新闻事件全过程、超越国界和地域全球传播的方向努力。从传播形态的角度看，5G 与 VR、AR、MR、AI、人脸识别、语音识别、图像处理、大数据等技术的结合可生产全息影像、浸入式新闻等多种新颖的富媒体内容产品形态，超越人们对现有媒体形态的认知和想象。全媒体国际传播体系的建立应着眼于创造新的全球传播生态环境，让媒体全面渗透进传播对象国社会生活的每一个角落。从传播者和受众的角度看，二者的边界被进一步打破，国际受众参与到新闻生产传播的各个环节中来，不仅贡献素材和内容，而且在某些情况下可以作为内容的重要组成部分，互动参与的增多使国际传播的可信度大为提升。全媒体国际传播体系的建立应有利于政府、媒体、企业、社会组织、个人等不同传播主体与国内、国际受众的深度互动。从传播效果的角度看，以"视频 +"为主要应用模式的 5G 国际传播将为受众带来更加舒适和更为人性化的视听体验，全媒体国际传播体系的建立应以效果为核心，注重对个体感受变化的效果监测，再由微观效果扩展至中观和宏观效果。

（二）优化中国话语的跨文化传播

由于意识形态差异等因素的影响，我国对外传播存在"有理说不出，说了传不开，传开叫不响"的痼疾。总体来看，我们的"传播延展性"[①] 与一些西方主流媒体相比还处于较低水平，提高传播的延展性和影响力有赖于中国话语跨文化传播策略的优化。在 5G 网络的条件下，应综合利用新技术创新中国政治话语、经济话语、文化话语的国际表达方式，既从本土经验出发，以我为主，突出中国特色，又兼具国际视野，站在全球的高度看待中国的发展，建立起中国与世界的联系，建构中国国际传播思想的世

---

① 刘滢，吴潇. 延展性逻辑下网络视频的跨文化传播——基于"歪果仁研究协会"86 条视频的实证研究 [J]. 新闻与写作，2019, (1): 69-76.

界意义。[①]

（三）细分全球舆论场，开展精细化传播

在新旧媒体更迭交织，"西强我弱"格局延续的态势下，国际舆论生态纷繁复杂。美国皮尤中心 2019 年的调查显示，不同国家民众对中国的态度差异较大，俄罗斯（71%）、尼日利亚（70%）、黎巴嫩（68%）、以色列（66%）、突尼斯（63%）等国多数民众对中国的态度较为正面，日本（14%）、瑞典（25%）、美国（26%）、加拿大（27%）、捷克（27%）、法国（33%）、韩国（34%）、德国（34%）[②] 等国多数民众对中国的态度则相对负面。[③] 因此，当务之急是根据这种差异性细分全球舆论场，一方面强化对中国的积极印象和正面态度，另一方面剖析消极印象和负面态度的成因，并加以适宜引导。具体操作层面应针对不同国家实施"一国一策"的传播策略，在深入了解各国传媒生态环境的前提下，因地制宜开展传播活动。更进一步，在一个对象国内根据不同层次、不同背景受众的媒体接触习惯进行受众画像，开展"一国多策"的精细化传播。

（四）深耕多语种国别传播

目前，我国多语种国际传播活动取得了一系列阶段性成果。《习近平谈治国理政》以中、英、法、俄、阿、西、葡、德、日等 21 个语种版本发行 642 万册，遍布全球 160 多个国家和地区。[④] 主要对外传播机构在 Facebook、Twitter、YouTube 等国际社交网络平台开设了多语种账号集群，

---

① 姜飞，姬德强. 发展中的中国国际传播思想及其世界意义 [J]. 出版发行研究，2019，(11): 70-76.

② 括号里标注的是对中国持正面态度的人数所占的百分比。

③ Pew Research Center. People Around the Globe Are Divided in Their Opinions of China[EB/OL] (2019-12-05). [2020-01-10]. https://www. pewresearch. org/fact-tank/2019/12/05/people-around-the-globe-are-divided-in-their-opinions-of-china/.

④ 《习近平谈治国理政》累计发行 21 个语种共 642 万册 [EB/OL](2017-08-23). [2020-01-10]. http://world.people.com.cn/n1/2017/0823/c1002-29489458.html.

新华社建成了以"New China"为统一标识的 19 个语种 50 个账号集群[①]，中国外文局拥有 11 个语种的 51 个账号矩阵[②]。但是，多语种国际传播面临的一个普遍困境是：涉华议题没有不涉华议题传播效果好，政治议题没有文化、生活议题传播效果好，宏观议题没有微观议题传播效果好，在友华国家传播效果更好。连接好全球故事与中国故事，处理好宏大叙事与微观叙事是 5G 时代国际传播的应有之义。多语种国别传播的深耕细作不仅需要擅长对象国外语、了解对象国国情的人才因地制宜地进行信息和观点的准确传达，更需要懂传播、懂技术的专家依据对象国传播环境特点和分层受众媒体接触习惯制定有针对性的具体传播策略。

■ 作者简介

刘滢，北京外国语大学国际新闻与传播学院副院长，副教授。

■ 来　　源

本文原载于《新闻与写作》2020 年第 9 期，《新华文摘》2021 年第 3 期全文转载。

---

① 冯冰，曾繁娟，孔张艳 . 新华社海外社交媒体融合发展创新经验 [J]. 国际传播，2018, (3): 64-68.

② 数据来源：外文局海外社交平台传播趋势 2020 专题年会 , 2019 年 12 月 19 日。

类型片：文本内的共谋

——基于双轴视角的《战狼Ⅱ》叙事分析

王之延

摘 要 本研究剖析了类型片的特点，认为类型片是影片生产者和受众共谋的结果，受众对类型片存在模式化期待，生产者出于商业及文化心理等考虑，尽量满足并迎合受众期待，达成角色及情节上的共识。在此基础之上，本研究以符号学的双轴概念从表层和深层对动作片《战狼Ⅱ》进行了深入分析，挖掘其双轴结构下的叙事特点，进一步从文本角度指出了《战狼Ⅱ》是传受双方共谋的结果。

关键词 类型片；生产；受众期待；双轴结构叙事；共谋

随着文化产业近年来的快速发展，中国电影票房走出了曾一度被好莱坞大片如《泰坦尼克号》《阿凡达》一统天下的时代。截至目前的内地电影票房排行榜显示，排在前十名的影片中有八部是国产片，仅两部美国类型片《复仇者联盟4》（2019年）和《速度与激情8》（2017年）上榜。国产片中排在前三甲的分别是《战狼Ⅱ》（2017年）、《流浪地球》（2019年）和《红海行动》（2018年）。[①] 排在首位由吴京执导的电影《战狼Ⅱ》于2017年7月27日在中国内地上映，上映4个小时票房即过亿，截至2017年10月26日，《战狼Ⅱ》以56.81亿人民币位列全球票房榜第55名[②]，其中海外票房超过100万美元，作为首次进入全球TOP100票房影片榜的亚

---

① http://www.sohu.com/a/332821102_120261628, 引用日期 2019-11-29.
② 《〈战狼Ⅱ〉56.8亿票房圆满收官　开创"主旋律IP"模式》，凤凰网，引用日期2017-10-26.

洲电影，打破了好莱坞电影对该榜的垄断[1]，该片同时斩获了一系列最佳影片及最佳男主角的奖项，可以说具有强大的受众基础。然而，笔者经过搜索发现，这部电影在豆瓣的评分却并不算高，仅为 7.1 分，近 60 万观众参与了评分，认为这部电影仅好过 66% 的动作片和 33% 的战争片。[2] 豆瓣对于媒介作品的评价较于其他分散化、碎片化的受众反馈而言，相对更为专业，这一评分就该片的受众基础而言，显然不能算高。而票房表现排在《战狼Ⅱ》之后的《流浪地球》和《红海行动》的豆瓣评分则分别是 7.9 分和 8.3 分。[3] 三部影片有很多相似之处，例如都是较典型的类型片，都展示了国家和民族自豪感，都以"拯救"为主题，但评分却不尽相同，得分最低的《战狼Ⅱ》却有最好的票房表现。

据此，笔者试图了解《战狼Ⅱ》票房神话的原因。仔细浏览豆瓣用户对该片的评价，能看到不少的批评性话语。例如网友"大葱面"的评价："各种装备轮番上场，视物理逻辑于不顾。"[4] 网友 DAVID 表示："第一次写长评，是因为这个电影深深伤害了我的民族自尊心……这个电影给我的感受，打一个极其恰当的比方，就是吃了一顿麦当劳，从原料到工厂到制作销售，参与其中的每一份原料（都来自中国）每一个人都是中国人，然而销售的东西，是芝士汉堡，没有一点中国的东西。说得难听一点，这部电影如果把所有演员换成美国人，连音乐和插曲都不用换成外文版，就是一部'中国制造好莱坞式大片'……"[5] 虽然豆瓣网上也有很多对该片的赞扬之辞，但如果一部电影的评价呈如此强的两极化分布，而且从专业角度对影片的评价无法完全匹配影片的受欢迎程度，则这部电影值得被研究的地方往往在于其为何被大众所喜爱，受众的兴趣点存在于何处，电影文本如何与受众需求相契合。这些问题将电影生产、电影文本和电影受众结合在了一起。

任何关于媒介的研究，不外乎涉及生产、文本和受众这三个基本范畴。

[1] 《〈战狼Ⅱ〉成首部跻身全球票房 TOP100 的中国影片》，凤凰网，引用日期 2017-08-14.

[2] https://movie.douban.com/subject/26363254，引用日期 2019-01-12.

[3] https://movie.douban.com/subject/26266893/，引用日期 2019-11-30.

[4] https://movie.douban.com/subject/26861685/，引用日期 2019-11-30.

[5] https://movie.douban.com/subject/26363254/，引用日期 2019-11-04.

媒介研究不能只是静态地研究文本，而应将文本放置在社会背景的大框架下，将文本的生产、呈现和接收看成一个动态的连续性过程，逐项加以考量，并关注彼此间的互动关系。本文从剖析电影的特点及受众对该片的认知和观影期待入手，认为该片作为类型片是影片生产者和受众共谋的结果，受众对类型片存在模式化期待，生产者出于商业及文化心理等考虑，尽量满足并迎合受众期待，达成角色及情节上的共识。在此基础之上，本研究以符号学的双轴概念从表层和深层对《战狼Ⅱ》的文本进行了深入分析，挖掘了其双轴结构下的叙事特点。在此，《战狼Ⅱ》基于生产、受众、文本三方面的诠释达到了有效融合。

阅读以往的文献后笔者发现，大多关于这部影片的论文着眼于其动作片、军事片、爱国主义、民族主义、主旋律等特点，基于此，学者们关于《战狼Ⅱ》的分析主要分为以下几类：①电影的主旋律特征与大国形象构建，如邹宜桦的《"战狼"：国家意志的表达与大国形象的建构》，蔡之国、张政的《类型电影的参照性互文与民族心理的契合》；②电影的叙事模式分析，如杜声誉的《〈战狼Ⅱ〉的中国叙事模式分析》，郭荣、陈文耀的《〈战狼Ⅱ〉：主旋律电影商业化和类型化创作的叙事特征》，唐鑫的《从格雷马斯的叙事学理论解析电影〈战狼Ⅱ〉》；③电影的意识形态分析，如许哲敏的《〈战狼Ⅱ〉的主流意识形态意象表征研究》，陈婧薇、刘晴的《新主旋律电影的意识形态功能构建》。以上论文大多在意识形态和国家形象构建等框架下对该电影的主题及形式进行探讨，本篇论文则选择从较微观的符号学角度对电影文本进行叙事分析，希望能够另辟蹊径。席研的《电影符号学视阈下具有象征意义的中国符号——以〈战狼Ⅱ〉为研究对象》[①]，虽然在符号学框架下提出了能指和所指、内涵与外延等常规概念，但缺乏概念的深入阐释和与影片的具体关联。本文旨在以分析电影文本为核心，使用符号学中的双轴概念解锁这部电影在叙事上的特点，从而理解《战狼Ⅱ》电影文本的生产设计如何与电影受众的预期与解读相对应，最终缔造了2017

---

① 席研, 电影符号学视阈下具有象征意义的中国符号——以《战狼Ⅱ》为研究对象 [J]. 今传媒, 2018, (1): 84.

年的票房神话。

一、类型片（genre movie）的生产——政治经济学视角

《战狼Ⅱ》首先是一部类型片。笔者将类型片定义为特定历史情境下某一类具有较固定格式（formula）和常规（convention）的媒介文本。在对电影进行研究时，学者们对文本的研究往往会以类型（genre）展开。文本具有多样性，难以进行一般化概括，其叙事也往往受具体历史情境的操控，折射出特定历史阶段的文化表征。[①] 为了避免在学术研究上的概括化倾向，也为了将研究对象放置在具体社会情境下进行更加细致深入的分析，研究者通常对文本进行分类，按照其格式、主题、常规性元素，或时代背景将其归入某一类型，例如恐怖片、爱情片或越战片等。媒介类型逐渐发展成了一种讲故事的模式，在媒介生产和受众的互动间不断演变。[②]《战狼Ⅱ》即是一部以当前中国高速发展时期国际话语权增强为历史背景并以国际反恐救援为主线的动作片（action-adventure film）。

（一）经济动因

媒介产品属于商品，具有获取利润的结构性动因，这一认知是进行一切媒介研究的基础。商品性和获利性决定了媒介生产的规模经济效应（economies of scale），标准化的媒介产品通过批量生产和批量销售获利。媒介产品的边际成本（marginal cost）越低，批量生产带来的利润越大。电影制造商为了进行更有效率的生产，往往会尽可能地压低成本[③]，这其中的途径之一便是让媒介产品类型化。

---

① David Croteau, William Hoynes. *Industries, Images, and Audiences*: *Media Society*[M]. Sage Publications, 2003: 173.

② R. Allen. *Channels of Discourse, Reassembled*[M]. Chapel Hill, 1992.

③ Joseph Straubhaar, Robert LaRose, Lucinda Davenport. *Media Now*: *Understanding Media, Culture, and Technology*[M]. Wadsworth, Cengage Learning, 2012: 29.

在激烈的商业竞争中，为了争取尽可能多的稳定受众和广告商，并降低成本，媒介组织更愿意用以往的成功模式或套路来生产媒介产品。媒介生产机构中有句名言：仿效之前的成功才会带来新的成功（Nothing succeeds like success）。[①] 所以我们会看到在电影业，不断复制故事或追加续集成为票房的保证。《速度与激情》系列、《碟中谍》系列、《变形金刚》系列、换汤不换药的爱情喜剧、越战动作片，这些类型片因为锁定了固定的受众群，阐述了固定的价值判断，有着固定的故事发展主线，所以较少带来投资风险。《战狼Ⅱ》具有动作类型片的所有标志性符号：勇敢善战的男主角，宏大的战斗场面，反面角色的最终覆灭，若有若无的爱情，令人激情澎湃的国家自豪感。以往类似动作片的受欢迎程度部分保障了《战狼Ⅱ》的票房成功。固定的剧情发展和套路元素，也让电影生产有较强的可预知性，从而降低了生产成本，有助于获取更大利润。

（二）政治文化动因

类型片研究通常被放置在特定的历史情境下，以考量政治文化背景对媒介产品的塑造，以及媒介产品对文化潮流的影响和推动。里根时代最著名的动作片莫过于重返越南战场的《兰博》（《第一滴血》）系列。该系列越战电影以救赎为核心主题，重现了美国的骄傲和荣耀。这一带有强烈美国意识形态的动作片通过英雄的回归，让美国人暂时忘却了越战的失败，并重温其强大的国家力量。有学者指出，越战系列电影的生产和成功基于美国越战失败和国内女性主义抬头的双重背景。影片里塑造的硬汉形象以胜利者的姿态传递了这样的信息：强大的美国依然统治着世界，正如强大的男人依然统治着家庭。[②]

中国在世界资本主义和帝国主义体系中曾有过屈辱的被殖民史。李北

---

① David Croteau, William Hoynes. *Industries, Images, and Audiences*: *Media Society*[M]. Sage Publications, 2003: 60.

② David Croteau, William Hoynes. *Industries, Images, and Audiences*: *Media Society*[M]. Sage Publications, 2003: 176.

方言："中华民族的概念是 20 世纪初才出现的，是中国应对西方列强的侵略和主动学习西方民族主义知识的产物……与西方民族主义思想首先将民族视为一个文化实体的思路不同，中华民族一开始便是作为一个政治的和历史的概念提出来的。"[①] 随着中国经济的快速发展，并成为世界上的重要一极，中华民族的民族意识和民族自豪感迅速反弹。正如赵月枝等所言，当下"中国崛起"揭示了这样的现实：一个贫穷的国家成功地在以美国为首的全球资本主义秩序中崛起[②]，这意味着全新世界格局的开创。

在中国崛起的时代背景和"实现中华民族伟大复兴"的感召下，才有了《战狼Ⅱ》影片中让中国人感动和自豪的中心话语——"犯我中华者，虽远必诛"。当前中国持续快速发展，与西方世界的意识形态斗争愈发激烈，中美之间的贸易摩擦频频出现。在当前世界格局的大背景下，中国军人背靠强大的国家力量成功实施救援行动，这一具有标识性的符号象征获取了中国受众的普遍认同。

二、类型片的受众解读——文化研究视角

John Cawelti 在解读西方文化的经典著作《六枪奥秘》时写到：所有文化产品都是常规（convention）和创造（invention）这两大要素的结合。常规包括熟悉的剧情、刻板的人物、已被接受的观念、众所周知的比喻及其他语言技术，这些都为其生产者和受众事先所知；而创造则是文本生产者独一无二的想象，包括新的人物、观点或语言形式，会对受众的解读形成挑战，文本意义也因此而多元化。[③] 类型片中常规因素远大于创造因素，所以文本的生产者和受众之间已达成了一种不言而喻的默契，观看类型片更像是一种具有规范感的仪式，而非由生产者主导的意义探寻。

---

① 李北方 . 我们如何叙述中华民族 [J]. 南风窗 , 2013, (12): 2.

② 赵月枝，曾星 . 批判视角下中国传播学研究主体性建构的思考 [J]. 全球传媒学刊，2016, (3): 8.

③ John Cawelti. *The Six-Gun Mystique*[M]. Bowling Green University Popular Press, 1971: 27.

（一）读者文本和作者文本

Roland Barthes 从受众角度出发提出了读者文本（readerly text）和作者文本（writerly text）的概念。读者文本指文本中含有大量常规，这些熟悉的特征使读者易于理解文本。读者文本在叙事时关闭了读者寻求意义选择的能力，受众因为对文本常规的熟悉而成为文本的被动解读者。作者文本不会简单呈现常规，所以文本具有不可预测性，引发读者对文本的反思和多样化解读，在这种情况下，受众事实上成为意义的创造者和书写者。[①]在类型片中，电影文本主要呈现为读者文本，读者虽仍然有对文本的主动解读，但类型片的特点决定了读者的解读能力收窄，读者对各种常规的解读多符合预设，与文本生产者的意图高度吻合。

Halliday 提出文本具有意义潜力（meaning potential），这种意义潜力由文本生产者创造，由受众实现。[②]生产者的意图和表述如果无法被受众所理解和接受，则文本对受众而言是失效文本，其意义潜力没有被实现。在类型片里，由于受众和生产者对文本的内容及规范有着强大共识，所以协商后的意义产生变得顺理成章。

以上概念都指出了文本的生产者和受众之间在意义生产和意义解读上的紧密联系。对于类型片而言，这种联系更加密切。类型片生产者为了最大程度获取受众，深谙受众的阅读心理和需求，制造出市场化的影片；受众同样深谙生产者的意图和套路，轻松解读并愉快接受类型化的常规设置，在此，生产者与受众心照不宣地对类型片的文本进行了共谋。

（二）间文本性和受众期待

类型片文本是生产者和受众共同协商下的意义建构，生产者根据受众喜好建构剧本，将常规固化为类型。但受众对文本的程式化解读

---

① Graeme Burton. *Media and Society: Critical Perspectives*[M]. Open University Press, 2005: 47.

② Graeme Burton. *Media and Society: Critical Perspectives*[M]. Open University Press, 2005: 48.

究竟来自何处？ Bakhtin 提出了一个很重要的认知概念——间文本性（intertextuality）。间文本性让文本的意义在不同文本间流动，不同文本形式、不同观点、自身经验、他人经验、过去的经验、现在的经验、未来的判断，所有这一切交织在一起，共同建构新的意义。Lenski 认为各种各样的文本都被储存在人们的大脑里，从而产生当前情境下的文本意义。[1]Bakhtin 强调意义是通过对话而被共同建构的过程，他说："每一场对话里都充满了对他人语言的传递和解读，我们无时无刻不在引用某个人说过的话，或者借用你正在对话的人说的话。我们还会借用自己以前说过的话，某个官方文件、新闻报道，或是经典著作等。"[2] 类型片的成规已成为受众非常熟悉的各种符码，以往的相似电影、观影经验、影评讨论，都会随时被调取出来进行意义建构。比如说，爱情类型片里穷小子与富家女相爱，以往的生活经验和文本经验往往会让受众对剧情做出判断：其爱情一定会遭到来自家庭的巨大阻力和反对。

受众对类型片的以往经验构成了其期待（audience expectation）。对于生产者而言，期待是一种创作上的优势和便利，对于受众而言，期待成为他们想象时所依据的结构，并产生出对类型片的主控性解读（dominant reading），受众通过成功预测和"意料之内"得到快感并满足。[3] 这就很好地解释了在类型片中，为什么好人必有好报，坏人不得善终，王子与公主从此幸福地生活在一起。类型片的生产者通过满足受众期待与受众达成文本上的共谋。

三、《战狼 II 》的双轴结构叙事

所谓叙事，简单说来，就是故事的讲述和表现。叙事是人类认知的重

---

① Susan Davis Lenski. *Intertextual Intentions*: *Making Connections across the Texts*[M]. The Clearing House, Vol. 72, No. 2, 1998: 74.

② Mikhail Bakhtin. *The Dialogic Imagination*: *Four Essays*[M]. University of Texas Press, 1981: 337.

③ [英] 格雷姆·伯顿. 媒体与社会 [M]. 史安斌，译. 北京：清华大学出版社，2007: 71.

要途径，据 Laurel Richardson 言，叙事是人类将其生活经验整理为时空中有意义的情节的主要方式，叙事既是一种推理模式，又是一种再现模式。[①] 叙事是故事作者和读者在文本上的共同创造。作者依据其认知和体验创作故事，而读者同时依靠自身的认知和体验对故事进行解读，创作和解读共同缔造了文本的叙事意义。

文本叙事通常有两个轴向，组合轴（syntagmatic axis）和聚合轴（paradigmatic axis）。[②] 组合轴是一种叙事的线性关系，指行为在时间上的顺序排列。聚合轴则揭示了一种水平关系，行为与人物通过其对立面产生意义。组合轴强调顺序，而聚合轴强调关系。组合轴的代表人物是俄罗斯民俗学家 Vladimir Propp，聚合轴的代表人物是法国人类学家 Claude Levi-Strauss。[③] 笔者这里将通过双轴结构从文本的叙事角度进一步阐释类型片生产者和受众对意义的共建。

（一）组合轴叙事

Propp 认为叙事中最重要的成分是人物的行为，并将其称为"活动"（function）。[④] 他在俄罗斯神话中提炼出了超过三十项"活动"，这些"活动"按照时空顺序组合成了故事的主要情节[⑤]，这一组合关系呈显性存在，赋予故事的表层意义。这三十多项活动在现代叙事中也并不过时，虽不见得同时出现，但故事的大部分人物特征及情节安排与其都有所吻合。神话的戏剧性情节与当今的动作类型片非常相似，往往牵涉善恶、任务、战斗、磨炼、背叛、拯救、爱情等重要因素。如果我们回顾一下好莱坞的高票房

① Laurel Richardson. Narrative and Sociology[J]. *Journal of Contemporary Ethnography*, 1990, (19): 118.

② 赵毅衡. 符号学原理与推演 [M]. 南京: 南京大学出版社, 2016: 156.

③ Arthur Asa Berger. *Media and Society*: *A Critical Perspective*[M]. Rowman & Littlefield Publishers, 2012: 65.

④ Arthur Asa Berger. *Media and Society*: *A Critical Perspective*[M]. Rowman & Littlefield Publishers, 2012: 65.

⑤ Arthur Asa Berger. *Media and Society*: *A Critical Perspective*[M]. Rowman & Littlefield Publishers, 2012: 66.

大片，很容易便能找到主线类似的电影，例如《碟中谍》《超人》《印第安纳琼斯》《第一滴血》等。表1摘选出 Propp 所罗列的一些重要和常见的"活动"内容。

表1　常见活动内容

活动	内容
最初场景	英雄现身
禁锢	英雄被禁锢
违背	禁锢被打破
监视	恶人企图进行监视
传送	恶人收到了关于受害者的信息
诡计	恶人企图欺骗受害者
共谋	受害者被骗，愚昧地帮助了敌人
恶行	恶人对好人造成伤害
调解	不幸被人所知，英雄受到派遣
捐赠	英雄受到考验，得到神奇的捐赠或帮助
空间转换	英雄寻找受害者
搏斗	英雄与恶人短兵相接
胜利	恶人被打败
偿还	之前的不幸被偿还
归来	英雄归来
追踪	英雄受到追击
救援	英雄脱险
不为人知	英雄返家，未被认出
无根据宣称	伪英雄提出无根据宣称
艰巨任务	艰巨的任务被派给英雄
解决	任务完成
辨认	英雄被认出
暴露	伪英雄和恶人曝光
变身	英雄换上了新外表
惩罚	恶人受到惩罚
婚礼	英雄结婚并登上王位

如果与 Propp 所列举的"活动"相对照，我们可以在《战狼Ⅱ》中顺利发现许多与其吻合之处（见表 2）。

表 2 《战狼Ⅱ》中的活动内容

《战狼Ⅱ》中的"活动"	《战狼Ⅱ》中的主要故事情节
最初场景	英雄现身（冷锋出场）
禁锢	英雄被禁锢（冷锋入狱）
违背	禁锢被打破（出狱后前往非洲寻找线索）
恶行	恶人对好人造成伤害（红巾军包围了华资工厂）
调解	不幸被人所知，英雄受到派遣（中国海军编队首长批准冷锋营救华资工厂同胞）
捐赠	英雄受到考验，得到神奇的捐赠或帮助（拉曼拉病毒抗体）
空间转换	英雄寻找受害者（冷锋来到华资工厂）
搏斗	英雄与恶人短兵相接（冷锋与"老爹"开火）
无根据宣称	伪英雄提出无根据宣称（富二代卓亦凡假扮行家，钱必达只愿救出中国人）
艰巨任务	艰巨的任务被派给英雄（帮助华资工厂华人和当地人员工撤入安全区）
解决	任务完成（华资工厂员工获救）
惩罚	恶人受到惩罚（"老爹"被杀死）
婚礼	英雄结婚并登上王位（冷锋胜利返回）

Propp 列举了叙事中的七大角色：恶人、英雄、捐赠者、帮助者、被寻找者、派遣者和伪英雄。《战狼Ⅱ》中的恶人是美国雇佣兵"老爹"，他凶狠残忍，无视既有的雇佣规则，是主流意识形态的破坏者。冷锋无疑是善和正义的代表，拥有强大的个人力量，是主流意识形态的捍卫者和拯救者。动作片中往往有一个带有神秘力量的物件，如某种药水、电脑芯片、密室，在《战狼Ⅱ》里这种神奇的物件是陈博士研制的拉曼拉病毒抗体，这种抗体在关键时刻挽救了英雄的生命，英雄借助此神奇物件完成了拯救。冷锋是绝对主角，但他身边依然有一系列的帮助者，干儿子、何建国、卓亦凡、女医生 Rachael，包括强大的中国海军，在这些人的帮助下，主角完成了对社会秩序的重建。英雄所救助和寻找的华资工厂的所有员工，同时也是

受害者，作为拯救行为的客体而存在。英雄的派遣者是以中国海军编队首长为代表的国家。影片中的伪英雄是卓亦凡和钱必达，卓亦凡是虚张声势的富二代，最后在战火的洗礼和正义的感召下加入了拯救者的行列，钱必达作为超市老板，以逐利为生活原则，貌似能对中国人提供一定的庇护，但却有着巨大的局限性。

组合轴叙事在这里呈现了类型片的表层意义：情节发展和角色设置。类型化文本的组合轴叙事模式为受众所熟知，受众可以依据常规在《战狼Ⅱ》中轻易辨认出这些角色设置，并对情节发展做出合理预测。影片生产者同样熟知这一套程式和规范，影片的格式化生产使受众期待得以满足，保证了《战狼Ⅱ》的票房及认可度。

（二）聚合轴叙事

Strauss 的聚合轴概念基于瑞士语言学家和结构主义者 Ferdinand de Saussure 对意义的认知。Saussure 认为，意义在于与周围关系的差异，事物本身并不产生意义。意义不来源于其正面内容，而在与系统内其他关系的反面对比中产生。他认为意义不在于是什么，而在于不是什么。人们对事物的理解应该着眼于其对立于何物而存在。[①] 同为结构主义者，两位学者关注故事中的各种成分如何互相联系。他们认为，意义的生产其本质是思维中的二元对立，人们如果不了解什么是恶，则无法体会善的意义。聚合轴则是通过一系列的意义二元对立，进行隐性的深层表达。《战狼Ⅱ》在组合轴表层叙事之外，按照生产者和受众所熟悉的类型片常规，进行一系列通过意义对比而建构的深层叙事。这些聚合意义与 Propp 的组合意义相结合，构成了层次丰富的立体叙事。比如说，英雄与恶人是 Propp 组合轴中最重要的两大元素，而这两项元素在聚合轴上正是以意义对比的方式呈现的。英雄往往受人派遣去拯救受难者，恶人则忙于侦查和破坏；英雄表面上平凡普通，恶人则往往以伪英雄的面目出现；英雄有帮手，恶人有

---

① Ferdinand de Saussure. *Course in General Linguistics*[M]. McGraw-Hill, 1966: 117.

爪牙；英雄经历考验，恶人则设置考验；英雄最终胜利，而恶人最终败北。

聚合轴中有"宽幅""窄幅"之别，如果文本风格与受众接收经验的正常情况相比变异比较大，说明意义的聚合关系为宽幅，宽幅导致风格的多样化，使组合有更多的意外安排。[①]而类型片中聚合意义的呈现多为窄幅，即文本与受众期待高度吻合，其意义对比往往落于意料之内。这里笔者试图选取一些较重要的二元对立关系来揭示《战狼Ⅱ》聚合轴的叙事特点，我们同样可看到文本生产者与受众期待的不谋而合。

（1）正义与邪恶

《战狼Ⅱ》中的冷锋作为正义的化身，代表着受众长期以来所推崇的善良、勇敢、强大和拯救。影片最终冷锋的胜利，符合了受众邪不压正、世间自有公道、善最终会战胜恶的道德预期。恶人的失败，意味着社会规范的进一步确立和社会秩序的重置。冷锋的胜利既是个人的胜利，又是主流意识形态的胜利。冷锋危难时受命，出于人道主义的国际救援精神，面对强大凶恶的敌人毫不畏惧，历经种种艰难险阻。动作类型片几乎不会以男主人公的失败而告终，所以无论情节设计多么跌宕起伏和险象环生，受众对故事的结尾早已成竹在胸。正义最终战胜邪恶的主题和结局符合主流人群的主流意识形态，《战狼Ⅱ》的文本生产保证了票房和口碑的双赢。

（2）西方主义的东方化

冷锋在《战狼Ⅱ》里几乎是单枪匹马的英雄，这让很多受众看到了好莱坞大片的影子。西方的个人英雄主义启迪了全世界对美国梦的想象，在美国强大的文化机器驱动下四处驰骋，成为一种世界性的意识形态符号。近些年美国大片在中国的普及让中国受众对这种逻辑上略有硬伤的情节已经非常熟悉，四两拨千斤，用肉身对抗炮弹和机枪，一个人便可以拯救一个国家甚至整个地球，这些桥段已在受众的默认甚至期待下被不断复制。强大的美国文化霸权让这部动作片具有了西方好莱坞式的混搭色彩，网友"瓦力"尖锐地指出这部电影是"无脑动作片，模仿国外大片，想怎样就

---

① 赵毅衡. 符号学原理与推演 [M]. 南京：南京大学出版社，2016：160.

怎样一股脑堆，槽点巨多……确实很拼但片子太投机取巧……"①。

但同时，东西方文化具备一些本质差异，中国社会强调集体主义价值观，如果仅仅呈现个人英雄主义，则不一定能唤起中国人民的民族自豪感，带有集体主义精神的观影热情也势必有所降低。东方人心目中的西方有强势的现代文明和先进文化，在当今世界格局中后殖民主义的影响仍存。西方主义强调非西方人对"月亮背面"的偏见以及对过于强调工具理性而去人性化的刻板理解。西方主义认为西方物质至上，漠视情感纽带，强调利己主义，缺乏利他主义的集体情绪表达。所以，《战狼Ⅱ》具有与《第一滴血》完全不同的家国同构的社会主义文化心理，表达中国国力强盛和国际话语权增强的细节在电影中屡屡呈现，极具爱国主义热情的受众期待在《战狼Ⅱ》中不断得到满足。气势壮观的中国军舰、中国福文化的代表茅台酒、严谨善战的中国军人形象、影片结尾的中国护照，这些典型的中国元素构成了受众喜爱和期待的文化符码。

正如凤凰网评论所言："《战狼Ⅱ》就是一部爱国主义旗帜高高飘扬的大片，冷锋再有虎胆，若无强大的国家机器作龙威，再怎么只身犯险，也无非是个人英雄主义在抖威风。该片好就好在，在枪林弹雨中，在一幕幕刺激眼球、震动耳膜的视听奇观里，俨然是个体和集体在相亲相爱，在深情相拥。"②

（3）主体角色的性别意识

动作片中的主角是冷锋，一个具有军人背景的硬汉，这与受众期待完全相符。无论是《碟中谍》《超人》，还是《第一滴血》，其主角都满足了受众对于父权文化和男性主义的遵同。影片中的冷锋坚韧不拔，极具责任意识，具有非凡的体格和能力，这样的男主角正是影片中拯救主题的不二人选。有趣的是，以硬汉为主角的动作片，往往会设置一位富有女性魅力的女配角。中国女演员李冰冰在《变形金刚》中的戏份即使大部分删除依然不会影响影片的主要内容和表达，但这一女演员角色却通常不会缺失。

① https://movie. douban. com/subject/26363254/, 2019-11-04.
② 《战狼Ⅱ》票房大爆的背后：英雄梦让你无所不能 [N/OL]. 凤凰网，2017-08-01.

《战狼Ⅱ》里的女配角同样对剧情的发展不起决定性作用，但她的身份无时无刻不是对男主角的衬托，她的存在渲染出了男主角的强悍和正确，若有若无的情愫也更加昭示男性世界的征服力量。女人在这个以男人为主导的类型片世界中是陪衬和被征服的对象，永远无法成为主角，这正是现实社会在媒介文本中的逼真再现。

回顾所有动作片，没有一部会以女性为主角来展现女性风采，因为动作片的力量和征服意识是将女性摒除在外的，女性只能是被动和屈从的角色，否则与受众的主流意识形态预期不符，会遭到其心理上的抵制。以女性为主角的电影大多只能成为小众的文艺片，例如《怪物》（*Monster*），或必须只能通过征服男人来完成对世界的拯救，例如《埃及艳后》。

（4）文化观看视野下的我者与他者

动作片里有明确的对错和善恶之别，通过这条简单的划分线，往往容易形成我者与他者这样壁垒分明的二元对立，所以动作片里经常会出现西方主流国家和其他具有异域风格的民族国家的差异性表述[1]。《碟中谍》里的"我者"是具有高度现代化的以白人社会为主流的"善"的代表，相对应的"他者"是远在亚洲、着装风俗与西方迥异的中东国家，"他者"的形象意味着落后、野蛮和危险。剧情后埋伏的意识形态传递给受众这样的观念："我者"是文明和善良的使者，我们的目标是对"他者"的征服和拯救。"我者"与"他者"的叙事强调了二者的差异性及不相容性。而这种差异性和不相容性在彼此的观看中，达到了意义上的互动，"我者"的存在感被建构在"他者"的落后和臣服之上，"他者"因为征服和拯救的主题而完成了自身身份认知的救赎感。

《战狼Ⅱ》以国际反恐为故事背景，代表正义的冷锋和代表邪恶的红巾军同样反映了这一差异化叙事。虽然温和的中国文化并未强调征服和优劣等主题，但动作片的叙事模型很自然显现出了"我者"与"他者"间的二元对立关系，所以故事的背景选择在与现代文明具有互文意义的非洲大

---

[1]　David Croteau, William Hoynes. *Industries, Images, and Audiences*: *Media Society*[M]. Sage Publications, 2003: 174.

陆便显得顺理成章。受众正是在"我者"拯救和"他者"被拯救的剧情中满足了民族心理期待，完成了意识形态的合理化。

（5）英雄与帮手

动作片最终以善战胜恶而结束，代表差异性的"他者"被主流文化和价值观摒弃出局，善恶和对错的清晰边界重置了社会秩序和规范。但动作片的文本叙事并未止于此。我们在研究动作片时常常看到剧情设置中男主角通常会有一个本地人作为帮手，相对于成熟强大稳重、来自于主流文化的男主角而言，这位来自于"他者"群体的帮手往往年轻，缺乏经验和能力，但却善恶分明、忠心耿耿。《印第安纳琼斯》里有一位当地小帮手，《战狼Ⅱ》里冷锋更是收养了一位本地的干儿子。在强调差异性之外，这一叙事所暗含的意识形态为主流社会对"他者"的同化和驯服。差异性导致了恶人的溃败，除此之外的另外一种可能性是，"他者"可能被同化为主流文化的一部分。[①] 在"我者"与"他者"的阶层社会关系中，这种同化进一步证明和凸显了当今的社会秩序和规范。

（6）显性的非洲与隐性的美国

根据人民网的评论，这部电影是一场关于中国军人形象与国家实力的"路演"，中国在此向世界展示了中国军人"一日为战狼，终身为战狼"的铮铮铁骨，并以一种全新的视角向世界宣示"中国的发展，是世界和平力量的壮大，是传递友谊的正能量"[②]。冷锋的背后，站着一个强大的国家，而在中国军人和公民的对立面，则是代表残忍杀戮的"老爹"和红巾军。在中国快速发展和传递世界和平的正面话语下，中国对非洲的友谊和援助已成为国际共识，所以《战狼Ⅱ》的情节符合受众认知和预期。

整部动作片以援助和拯救为主线，强调了大爱无疆的国际主义精神和"犯我中华者，虽远必诛"的爱国主义情结，但从另一个角度来看，非洲作为国人知之有限的"他者"，很多时候在媒介上呈现为一种好莱坞式

---

① Gina Marchetti. Action-Adventure as Ideology[M]. In I. Angus and S. Jhally, eds., *Cultural Politics in Contemporary America*, Routledge Kegan Paul, 1989: 182-197.

② 用阳光心态品读"战狼"[N/OL]. 人民网, 2017-08-12.

的刻板印象，在叙事上集结了人们对非洲的想象：血腥、暴力、种族冲突、饥饿、贫困、疾病，还有必然会作为背景镜头的非洲动物和大草原风光。①观众有关非洲的种种想象在这里进一步凸显了中国救援的正义性，所以说在《战狼Ⅱ》中非洲元素是一种显性的存在。影片的故事发生在非洲某国，背景是非洲某国的叛乱，但是影片中却大花笔墨塑造了美国雇佣兵"老爹"这样一个邪恶的角色。如果说对非洲的显性主题是拯救，对美国的隐性主题则是反抗和斗争。既有的国际权力结构内化为影片逻辑中"老爹"的凶残和覆灭，这同样是"我者"和"他者"的差异性再现，只不过等级关系发生了扭转。在《战狼Ⅱ》的权力格局叙事中，非洲是以援救为主题的显性存在，而美国是以斗争为主题的隐性存在，符合受众的主流预期。

四、讨论

本文从生产、受众、文本三个范畴对类型化电影《战狼Ⅱ》的文本进行了解读。加拿大安大略省教育部出版的 *Media Literacy Resource Guide* 一书指出，受众通过与媒介"协商"（negotiate）产生意义②，所以任何意义的实现都是生产者、文本与受众互相作用、共同合谋的结果。类型片的生产既满足了媒体机构的商业利益，又满足了受众期待，迎合了受众和生产者所倡导的意识形态③，而这一意识形态势必在文本中得以体现。本文首先分析了类型片在生产和受众解读时所达成的意义共识，并以此为基础，通过对《战狼Ⅱ》文本中双轴结构的梳理，进一步阐释了类型片中生产者与受众的意义共建。至此文章主题得以清晰化，即类型片是生产者和受众共谋的结果，这一共谋在文本中得到了完美体现。

任何媒介现象都是生产、受众及文本三方合力的结果，纵观全文，虽

---

① 张勇，陈远.《战狼Ⅱ》的非洲叙事分析 [J]. 北京电影学院学报，2017, (5): 6.

② Ontario Ministry of Education. *Media Literacy Resource Guide*: *Intermediate and Senior Divisions*[M]. 1989: 9.

③ [英]格雷姆·伯顿. 媒体与社会 [M]. 史安斌，译. 北京：清华大学出版社，2007: 68.

然三方面都有涉及，但将文本放置于更广阔社会文化背景下的尝试仍有欠缺。吴靖在分析《战狼Ⅱ》的成功时选取了纵深的历史视角，通过梳理隐匿在文化产品和文化产业背后的社会史及文化史，挖掘了文化生产中国家与社会二元关系的变迁与重构①，这一视角将文化产品放置在了社会历史的大框架下，深刻地阐释了文化产品的结构性因素，从认识论和方法论的角度拓展了此类研究的空间，值得研究者关注。

本篇论文由于篇幅及主题所限，未能在文化生产角度涉及新自由主义现实下的西方文化侵略，以及中国民族文化产业在理念及资本上与其的对抗，不能不说有点遗憾。总之，媒介研究须从社会语境出发，从互动和变迁的角度全面分析媒介的过程性特点，而不能将其置于真空地带，仅以静止的视角来观察文本，这势必会造成对动因（agency）的分析缺失，给媒介研究带来结构性局限。

■ 作者简介 ━━━━━━━━━━━━━

王之延，北京外国语大学国际新闻与传播学院讲师。

■ 来　　源 ━━━━━━━━━━━━━

本文原载于《中国传媒报告》2020年第4期。

---

① 吴靖.《战狼》涅槃：主旋律与主流的双重合奏 [J]. 电影评介 , 2019, (9).

第四部分

艺术传播研究

Who Created *Xi You Ji* or *The Journey to the West?*

—The Enlightenment of New Archaeological Evidence

Ning Qiang

Abstract: *Xi You Ji* or *The Journey to the West*, popularly known as *The Monkey*, is one of the most important works of Chinese classic literature. The study on this fiction has long been a focus in the field of Chinese studies. To understand the origins of this extremely sophisticated work, scholars have examined almost every detail of the extant textual evidence created before the final one-hundred-volume version of the story. In this article, I will introduce and analyze the newly available pictorial representations of the story found in the Anxi caves and other visual materials which were made before the emergence of the one-hundred-volume *Xi You Ji* in the late sixteenth century during the Ming Dynasty. My study intends to reconstruct a visual tradition in the formation of the fiction, to examine the relationship between the visual tradition and the oral and textual traditions. I particularly want to call attentions to the contribution of the minority cultures, including the Liao and Xixia cultures, in the formation of this classical work of Han Chinese literature.

Keywords: visual tradition; minority cultures; words and images

Introduction

Xi You Ji (*Hsi-yu chi*), or *The Journey to the West* popularly known as *The Monkey*, is one of the most important works of Chinese classic literature. It has been translated into English and many other foreign languages and has long been taught at a critical level in Euro-American universities. Consequently, its study has long been a focus in the field of Chinese studies. To understand the origins of this extremely sophisticated work, scholars have examined almost every detail of the extant textual evidence created before the final one-hundred-volume version of the story. The most complete study on the topic in the West is Glen Dudbridge's 1970 work, *The Hsi-yu chi: A Study of Antecedents to the Sixteenth-Century Chinese Novel* [①], which has served as the most reliable reference in classrooms worldwide.

In this book, Dudbridge emphasizes the great significance of "oral tradition" in the formation of this fiction. He especially examines the issue of "the authority of various literary sources and their relationship with the realities or oral narrative art in its true social environment" (1). He believes that "it is possible that written material played a far less important part in the early stages than has been supposed"(6). However, he immediately faces the challenge of tracing a tradition: as the oral tradition, which might have not been fully recorded could have been tortured by later writings. His examination of the oral

---

① This paper is based on my fieldwork in the summer of 1998, which was funded by the Silkroad Foundation. An earlier version of the paper was given as a conference lecture, entitled "Journey to the West: A Multidisciplinary Symposium," at Colorado State University in October 1998. I thank Stuart Sargent for inviting me to attend this wonderful conference. I also thank Wu Hung for his suggestion of writing on this topic. My appreciation goes to Victor Mair, Stephen Teiser, Timothy Wong, Dore Levy, Katherine Carlitz, and Sally Wriggins for their comments and encouragement during the meeting. Finally, I want to thank Rob Linrothe and Ruth Dunnell for our extensive conversations on the topic through e-mails while I was preparing the manuscript.

tradition, therefore, remains basically at the theoretical level.

He also introduces a few images related to this topic, including two stone carvings from Quanzhou (Zayton, 47-51) and three pictures carved on the stone walls of a late Liao tomb of the early 12th century [by 1125][1] in Liaoning Province, but fails to examine the visual materials as a whole to establish a *visual tradition* in its formation.

However, a recent discovery of six paintings representing the story of Xuanzang's journey to the West in the Buddhist caves at Anxi (now renamed Guazhou), a county located in the Gobi Desert of northwestern China, makes close examination of the visual tradition of the story possible. These paintings were created from 1036-1227 when the Western Xia Kingdom ruled this region[2]. They depict the Xuanzang story in varied compositions and demonstrate that this story might have been re-organized or modified in different visual and historical contexts.

In this paper, I will introduce and analyze the newly available pictorial representations of the story found in the Anxi caves and other visual materials which were made before the emergence of the one-hundred-volume *Xi You Ji* in the late sixteenth century during the Ming Dynasty. My study intends to reconstruct a visual tradition in the formation of this fiction and examine the relationship between the visual tradition and the oral and textual traditions. I particularly want to call attention to the contributions of minority cultures, including the Liao and Xixia cultures, in the formation of this classical work of Han Chinese literature.

---

① The Liao Kingdom was destroyed by the Jin Kingdom in 1125.

② LIU Y Q (刘玉权). Dunhuang Mogaoku, Anxi Yulinku Xixia dongku fenqi (敦煌莫高窟安西榆林窟西夏洞窟分期). Dunhuang Wenwu Yanjiusuo (敦煌文物研究所) ed., *Dunhuang yanjiuwenji* (敦煌研究文集) [M]. Lanzhou: Gansu Renmin Chubanshe (兰州：甘肃人民出版社), 1982.

New Evidence from Western Xia Cave Paintings

Two pictures of the story are found in Cave 3 at Yulin, which was probably built during the later years of the Xia Emperor Renzong's reign in the second half of the 12th century. [1] On the western wall of Cave 3, Manjusri and Samantabhada, or Wenshu and Puxian, are depicted in a Chinese-style landscape. They are the two deities who transformed themselves into a seductive queen of the Land of Women to stop Xuanzang's journey to the West, as told in that story (Fig. 1).

Fig. 1

---

[1] Rob Linrothe suggested that this cave was patronized by Emperor Renzong of the Xia (r. 1139-1193) in his article "Ushnishavijaya and the Tangut Cult of the Stupa at Yu-lin Cave 3". published in the *National Palace Museum Bulletin* (vol. XXXI, nos. 4-5, September-October &November-December, 1996). The overall design of Cave 3 including the round platform located at the center of the cave, and the large paintings on the ceiling, the front wall and the two side-walls, show a very strong influence of Tibetan Esoteric Buddhism. This is probably a direct result of Emperor Renzong's enthusiasm for Tibetan Buddhism. Tibetan Buddhism had had a strong impact on the Buddhism and Buddhist art of the Western Xia since 1159 when Emperor Renzong invited Tibetan monks to be the religious leaders of the Xia. The appearance of many Tibetan motifs in Cave 3 suggests that this cave was built after 1159. Another important Western Xia cave at Yulin, Cave 29, has been dated to 1193 by the Dunhuang Research Academy based on a remaining inscription. Various elements suggest that Cave 29 was built later than Cave 3, as carefully determined by Liu Yuquan (refer to note 6). Therefore, the period during which Cave 3 was constructed should between 1159 and 1193, in the later years of Emperor Renzong's reign.

Three characters from the story, Monk Xuanzang, Monkey Novice-Monk and the White Horse, are shown standing on a flat rock, facing the two deities (Fig. 2).

Fig. 2

It would be incorrect to identify the whole painting on the western wall as depicting the encounter between pilgrims and the two deities in the Land of Women, as the horse is shown carrying the sutras on his back, indicating that the travelers have completed their mission and are on their way back home instead of going to the West to fetch the sutras. However, the appearance of these two deities in front of Xuanzang and his disciple, and particularly the White Horse who was donated by the queen to Xuanzang, can surely remind the viewer of that episode—which took place in the Land of Women. Another important detail from the story, the Chicken Foot Mountain with a striking gate on its peak where the Buddha dwells, has also been found in the painting. [1] It is recorded that

---

[1] The Chicken Foot Mountain was recorded in a 13th century text of the story, the Kozanji version of the *Da Tang Sanzang Qujing Shihua* (The Poetic Tale of the Procurement of Scriptures by Tripitaka of the Great Tang), the earliest extant textual version of the story. Wan Genyu has suggested that the mountain with a half-open gate in the painting should be the Chicken Foot Mountain. See Wan Genyu. "Mogaoku, Yulinku de Xixiayishu" (The Western Xia Art of the Mogao Caves and the YulinCaves). In Dunhuang Wenwu Yanjiusuo ed. *Dunhuang yanjiuwenji*[M]. Lanzhou: Gansu Renmin Chubanshe, D 1982: 319-331.

this mountain is surrounded by a stream with great waves. [①]The Chicken Foot Mountain in this painting is surrounded by waving waters, with a half-open gate on it (Fig. 3).

Fig. 3

The shining beam radiating from the half-open gate probably indicates the location of the Buddha, who did not reveal himself to the pilgrims after all. The wide distance and dangerous streams between the pilgrims and the Buddha's residence might suggest the extreme difficulties of the sutra-fetching journey. A halo appears behind the head of Xuanzang indicating his divinity, a reward for

---

① According to the Kozanji text, when Xuanzang asked where he should find the place where the Buddha's law was taught, the reply was: "The Buddha dwells in Chicken Foot Mountain. One may gaze at it from here. It is the famous mountain to our west, which emits a strange, holy light. No people go there nor can birds fly to it... Between here and there is a thousand tricents and more of water, and from the other shore to the mountain again is more than five hundred tricents. The waters of the stream are turbulent and countless are its waves. At the peak of the mountain is a single gate, and that is where the Buddha resides." See Victor Mair ed., *The Columbia Anthology of Traditional Chinese Literature*. New York: Columbia University Press, 1994: 1199-1200.

Fig. 4

successfully fetching the sutras.

On the whole, this painting represents the Xuanzang Story in a visually striking way, emphasizing the divine power of Manjusri and Samantabhada that helps the pilgrims complete their mission. It does not follow the literary linear structure of narration but rather the visual logic of a painting.

Another depiction of the theme is found on the eastern wall (front wall) of the same cave. Xuanzang is shown at the lower-left comer of an Eleven-Headed Guanyin icon while Monkey Novice-Monk is shown at the lower-right comer (Fig. 4).

Both of them have halos behind their heads suggesting that they have completed their mission with the great help of Guanyin.

The Monkey Novice-Monk is represented in the form of a combination of monkey head and human body in the two pictures in Cave 3. This visual form attests that the miraculous assistant of Xuanzang had already obtained his bodily form of half-monkey and half-human by the second half of the 12th century.

The two pilgrims and their white horse are depicted again in a different visual context on the western wall of Cave 2, perhaps also built during the second half of the 12th century. [1]In this painting, they appear in front of the

---

① Cave 2 was perhaps built at the same time as Cave 3 or slightly later. The Tibetan esoteric motifs in Cave 2 indicate that this cave was constructed after 1159 (refer to note 6). The unique Western Xia painting style of the cave, which combines the Tibetan and Han Chinese styles, shows a mature and refined nature and may suggest a slightly later date chan Cave 3. However, this cave was obviously constructed earlier than Cave 29, and it should therefore be dated between 1159 and 1193.

Guanyin of Water and Moon (Fig. 5), a motif popular in cave paintings in this region from the 10th to 12th century. [1]

Fig. 5

It has been suggested that the Guanyin of Water and Moon is the Guanyin who dwells on Mountain Potalaka in India because the literary depiction of Guanyin and his residence on Potalaka recorded in the *Huayan Sutra*, and the vision of Potaloka described by Xuanzang himself match the visual representations of the paintings at Dunhuang and Anxi[2]. All previous images of this deity, however, are shown without Xuanzang and his disciple. Therefore, the emergence of the pilgrims in front of the Guanyin on Mountain Potalaka in Cave

---

[1] For a comprehensive introduction to the depictions of the Guanyin of Water and Moon in the Dunhuang and Yulin Caves, see Wang Huimin , "Dunhuang Shuiyue Guanyin" (The Guanyin of Water and Moon at Dunhuang), Dunhuang Yanjiu1 (1987): 31-38.

[2] WAN G Y (万庚育). "Mogaoku, Yulinku de Xixiayishu" (The Western Xia Art of the Mogao Caves and the Yulin Caves, 莫高窟、榆林窟的西夏艺术). Dunhuang Wenwu Yanjiusuo (敦煌文物研究所). *Dunhuang yanjiuwenji* (敦煌研究文集)[M]. Lanzhou: Gansu Renmin Chubanshe (兰州: 甘肃人民出版社); DUAN W J (段文杰). The Mural Art of the Yulin Caves (榆林窟的壁画艺术)[M]//Zhongguo shiku: Anxi Yulinku (中国石窟: 安西榆林窟). Beijing: Wenwu Chubanshe (北京: 文物出版社), 1997.

2 suggests the first concrete association of the two parties.

Although the historical records written by Xuanzang and his disciples in the early Tang described the great help he received from Guanyin on various occasions, they did not establish a concrete link between the pilgrim and the deity on Mountain Potalaka. Xuanzang mentioned the location and environment of Mountain Potalaka and Bodhisattva Guanyin residence on the top of the mountain in his *Da Tang Xiyu Ji* or *Records on the Western Regions of the Great Tang*[①], but his description of this mountain and Guanyin's residence was completely left out of Xuanzang's biography, which was edited by his own disciples.[②]It seems that the motif of Guanyin on Mountain Potalaka was not important in the minds of Xuanzang and his disciples.

The association of Xuanzang and the Guanyin of Mountain Potalaka first emerged in a late 14th century text, the Korean version of the Xuanzang Story, *Pak T'ongsaonhae*. According to this text, when the Buddha Sakyamuni "asked all the Bodhisattvas to go to the East and seek a man to come and fetch the scriptures, none of that multitude dared to volunteer lightly. Only the *Bodhisattva Kuan-shih-yin (Guanshiyin) of Mount Potalaka* in the Southern Sea, riding the clouds and mists, went to the Eastern Land".[③]

The Bodhisattva Guanyin has varied forms and residences.[④]The specification of a certain form of Guanyin and his residence is important for us

---

① JI X L (季羡林). *Da Tang Xiyuji jiaozhu* (大唐西域记校注) [M]. Beijing: Zhonghua Shuju (北京：中华书局), 1985.

② Huili and Yanzong, Da Ci'en Si Sanzang fashi zhuan (Biography of the Dharma Master Tripitaka of the Great Ci'en Temple) reprint, Beijing: Zhonghua Shuju, 1983.

③ Dudbridge, Glen. *The Hsi-yu chi: A Study of Antecedents to the Sixteenth-Century Chinese Novel*[M]. London: Cambridge University Press,1970.

④ For a comprehensive introduction to Guanyin see Chun-Fang, "Guanyin: The Chinese Transformation of Avalokiteshvara" Marsha Weidner, ed, *Later Days of the Law-Images of Chinese Buddhism* 850-1850, Lawrence: The Spencer Museum of Art and University of Kansas, 1994: 151-181.

to understand the development of the Guanyin character in later fiction. Based on the iconography of the Xuanzang Story depicted on the northern wall of Cave 2 at Yulin, we may conclude that the Potalaka Guanyin had been associated with Xuanzang and his disciple Monkey Novice-Monk at least in the late 12th century, much earlier than the late 14th century text.

A more elaborated representation of the Xuanzang Story appears on the eastern wall of Cave 29, which was perhaps built in 1193, the last year of Xia Renzong's reign, as suggested by an inscrinption[①]. The interior of this important cave was severely damaged by smoke. Some sections of the wall paintings cannot be seen clearly. The Xuanzang Story was painted in a register just below the Guanyin of Water and Moon on the eastern side of the northern wall. Unfortunately, this picture is in bad condition. I tried my best to take good photos of the picture with my flashlight in the very dark cave in the summer of 1998 when I investigated there, but the result was not as successful as I wished. However, we can still firmly identify the images of Xuanzang, Monkey Novice-Monk and the White Horse from a color slide (Fig. 6).

Fig. 6

---

① LIU Y Q (刘玉权). Dunhuang: Mogaoku, Anxi Yulinku Xixia dongku fenqi (敦煌：莫高窟安西榆林窟西夏洞窟分期). Dunhuang Wenwu Yanjiusuo (敦煌文物研究所) ed., *Dunhuang yanjiuwenji* (敦煌研究文集) [M]. Lanzhou: Gansu Renmin Chubanshe (兰州：甘肃人民出版社), 1982.

Mr. Duan Wenjie, former director of the Dunhuang Research Academy, observed the painting in a much better lighting condition and published his literary description of the picture in detail[①]. According to Duan's description,

This picture is a supplement to the painting of the Guanyin of Water and Moon. It is composed in a handscroll-shaped area. A big tree with multiple branches and numerous leaves is depicted at the center. On the north side (of the tree), a layman holds a peachlike heart-shaped object in his left hand and points to the tree with his right hand. He looks backward to Monkey Novice-Monk and Xuanzang and talks to them. Monkey Novice-Monk and Xuanzang are depicted in profile. Monkey Novice-Monk has round eyes, a big mouth and long hair. He wears a golden circle on his head, a Y-shaped jacket and tight pants, and carries a bag on his back. Xuanzang stands behind him, head shaved, smiling and talking, with his two hands holding together in front of his chest. Behind Xuanzang is the White Horse carrying an empty saddle on his back.

On the south side of the tree, a person holds a peach in his hand and passes it to another person. These two persons bend forward their bodies and appear to be talking to each other. A Buddhist monk wearing a *kyasha* with a halo behind his head holds a peach in his right hand hiding behind his body. He looks upward to talk to a Bodhisattva. The Bodhisattva wears a crown decorated with three pearls. His hair is tightened on the top of his head and then falls down to his shoulder. He wears a tunic inside and a *kyasha* outside. With his two hands held out in front of him, the Bodhisattva appears to be listening to the monk. Another Bodhisattva emerges behind the monk, staring at the peach in the monk's hand but the monk does not recognize him. (5)

This detailed description points to an identification as the episode of the

---

① "Xuanzang qujingtu yanjiu" (A Study on the Pictures of Xuanzang Fetching the Sutras, 玄奘取经图研究). *Guoji Dunhuang xueshutaolunhui wenji-yishubian* (国际敦煌学术讨论会文集：艺术编)[M]. Shenyang: Liaoning Meishu Chubanshe (沈阳：辽宁美术出版社), 1993.

pilgrims trying to steal peaches from the garden of the Queen Mother, as Mr. Duan tentatively suggested[①]. If this description is faithful and the identification correct, we have the earliest version of the fascinating episode in a visual form.

To me the most exciting pictures of the Xuanzang Story are found in Cave 2 of Dong Qianfodong or the East Thousand Buddhas Caves located some 70 kilometers from the Yulin Caves. This cave was also built during the Western Xia period probably in the late 12th century. Xia or Tangut inscriptions and patrons have been discovered on the walls of the cave. This is a large square cave with a square pillar at the rear center. The two pictures representing the Xuanzang Story are placed on the rear sections of the left and right walls, facing the central pillar. The spaces between the pillar and the two side-walls are very limited so that it is difficult to take a photo of the entire picture.

The picture on the left (south) wall shows the Guanyin of Water and Moon sitting on a flat rock on the Mountain Potalaka surrounded by water (Fig. 7).

Fig. 7

---

① "Xuanzang qujingtu yanjiu" (A Study on the Pictures of Xuanzang Fetching the Sutras, 玄奘取经图研究). *Guoji Dunhuang xueshutaolunhui wenji-yishubian* (国际敦煌学术讨论会文集：艺术编)[M]. Shenyang: Liaoning Meishu Chubanshe (沈阳：辽宁美术出版社), 1993.

Xuanzang stands in front of Guanyin at a distance with his two hands held together to worship the deity. Monkey Novice-Monk lifts his left hand to cover his forehead and holds the halter of a horse in his right hand. He wears a circle on his head, a band on his waist, and traveler's shoes on his feet, appearing like a warrior. The horse is shown from behind, looking as if he is walking into the landscape, but his head turns back toward the audience (Fig. 8).

Fig. 8

The most striking thing in this picture is a group of figures, who have never appeared in other paintings representing the same theme. The central figure in the group is dressed like an emperor wearing an imperial crown on his head. He holds an incense-burner with two hands and walks toward the Guanyin image with a sincere expression on his face. A servant-maid using two hands to hold a staff with a long banner on the top guides the way for the emperor. Behind the emperor is a thick-bearded strong man who holds a roll of scrolls under his left arm and a brush in his left hand. He looks backward, staring at a ghost-like figure who holds a flag in hands (Fig. 9).

Fig. 9

This group of figures is also shown in a painting of the same theme on the opposite wall (Fig. 10).

Fig. 10

In fact, the two paintings shown on the opposite walls are almost identical except for the depiction of Monkey Novice-Monk. On the north wall, Monkey Novice-Monk holds a long staff in his left hand (Fig. 11), very possibly the famous staff weapon with golden rings on its top.

Fig. 11

He is depicted as holding his magic staff on the eastern wall of Cave 3 at Yulin, too (refer to Fig. 3). It seems that the association of the magic staff and Monkey Novice-Monkdates prior to the 13th century when the Kozanji version of the story, the earliest textual evidence available to us, was probably produced.

It has been suggested that the central figure who looks like an emperor is the Mahabrahma Devaraja or Da Fan Tianwang mentioned in the Kozanji version of the story[①]. If this identification is correct, we would have one more character included in the visual version of the story. However, we have not seen any *tianwang* (devaraja) depicted as an emperor in the cave paintings in this region. In addition, this imperial image gazes sincerely at Guanyin and appears to be seeking protection from the deity. Identifying him as Mahabrahnu Devaraja disagrees with his role in the story, as he is supposed to be the powerful protector of the pilgrims instead of someone who has to seek protection from Guanyin. Who, then, is this imperial figure?

To identify the imperial figure we need to connect him with other figures

---

① DUAN W J (段文杰). Yulinku de Bihua Yishu (The Mural Art of the Yulin Caves, 榆林窟的壁画艺术)[M]//*Zhongguo Shiku: Anxi Yulinku* (中国石窟：安西榆林窟). Beijing: Wenwu Chubanshe (北京：文物出版社), 1997.

in the whole painting, particularly those who are included within the same group. The other figures are spatially separated from the pilgrims who stand on the ground in distance. They are depicted as riding together on a flame-like cloud, floating toward the land of Guanyin. The imperial figure is the tallest in the group; also he occupies a larger space in the group, and thus his status is more respectable than the others. In fact, his image is more striking than all the other figures except Guanyin. Therefore, he is certainly the most authoritative character in the whole painting.

I propose that he is a Xia emperor, possibly the emperor Renzong, whose admiration of Xuanzang can be detected from the murals in Caves 3, 2 and 29.[1] There was a local tradition in the Dunhuang-Anxi region of including contemporary imperial figures in a painting of holy icons even before the Western Xia. One famous example is the Five Dynasties picture of Manjusri on the north wall of the passageway of Cave 220 in which the contemporary king of the Khotan Kingdom is shown as the lion groom of the deity (Fig. 12).

Fig. 12

---

[1] As I have discussed above, the three caves in which the Xuanzang Story were depicted were all built during the reign of the Emperor Renzong, whose portraits in Cave 3 have been identified by Rob Linrothe.

Similar motifs continued in the Song and Western Xia periods. It is not surprising to see a Xia emperor depicted with a Guanyin icon and his favorite historical figures including Xuanzang.

The thick-bearded man behind the imperial image wears a hat of Song officials on his head, and holds scrolls under his left arm and a brush in his left hand, indicating that he is a Chinese official. His right arm points to the ghost-like figure behind him. His right hand is ready to gouge the ghost's eyes out, and his eyes stare at that ghost figure (Fig. 13).

Fig. 13

It seems that he can absolutely control that ghost. The ghost, indeed, is shown on a smaller scale, a little bit away from the other figures in the group. He appears to be under the control of the scholar-official. The combination of an official and a ghost suggests that this official-like figure might be Zhong Kui, a popular ghost related figure in Tang-Song folklore.

According to the famous Song scholar Shen Kuo, Zhong Kui failed the entry examination for military officers and committed suicide. During the Kaiyuan era of the Tang Dynasty, Emperor Minghuang became ill at his palace after commanding a military exercise at Lishan. He then dreamed of a chief of ghosts who wore a broken hat and a blue tunic, with official boots on his feet.

He captured the little ghost who caused the illness, *gouged out the ghost's eyes* and ate them. The emperor asked him who he was. He replied, "I was a person who failed the entry exam for military officers, but I vowed to get rid of all evil ghosts." The emperor recovered from the illness after waking. He thus asked the painter Wu Daozi to depict the image of the chief of ghosts and then distributed the picture to the entire country in order to subjugate evil ghosts (Shen Kuo, *Mengxi Bitan*).

Pictures of Zhong Kui were recorded in the art history texts of the Song Dynasty. The best example is the story of a Zhong Kui painting by Wu Daozi, the most famous painter of the Tang Dynasty. According to *Taiping Guangji*, the master of the Shu Kingdom (present-day Sichuan province) received a painting of Zhong Kui by Wu Daozi, He hung the painting up in his residence and invited Huang Quan (his chief court painter) to view it. Quan appreciated the painting very much. The master then asked him to change a detail in the painting. In the original painting, Zhong Kui gouged out the ghost's eyes with the *index finger* of his right hand. The master thought that if Zhong Kui gouged out the ghost's eyes with his *thumb* the force would appear stronger. Huang Quan took the painting home and looked at it for a few days. He finally decided to create another Zhong Kui figure with his thumb gouging out the ghost's eyes and turned it into the master. The master asked him why he created another painting instead of changing the detail. Quan replied, "The energy of the entire body and the facial expression of Wu Daozi's Zhong Kui concentrate on the *index finger* not on the *thumb,* so I did not dare to change [the key detail]. Although my painting cannot match the ancient master's, the energy of the entire body and facial expression[of my Zhong Kui figure] focus on the *thumb*" [1].

---

[1] This story was recorded in *Taiping guangji* and *Tuhuajianwenzhi*, which were written during the Song Dynasty. Refer to Chen Gaohua, ed., *Sui-Tang Huajiashiliao*, Beijing: Wenwu Chubanshe, 1987: 195.

The right arm of Zhong Kui in the Western Xia painting points to the ghost. Particularly, the right hand is composed in a unique shape which appears about to *gouge* or *grasp* something. This detail parallels older paintings done in the Tang and Five Dynasties.

In addition, the appearance of Zhong Kui and the ghost behind the emperor perhaps indicates that this emperor is ill. He needs the chief of ghosts Zhong Kui to get rid of the evil ghost who causes the illness. He also needs the divine protection of Guanyin in order to reach the Western Paradise in case he dies.

If this identification is accurate, we find here a local version of the Xuanzang Story which includes a Xia emperor and Zhong Kui, the chief of ghosts. Historical figures, folk heroes, and a contemporary ruler were mixed in a single composition. This visual version of the story, of course, is not fully documented by literature, and some parts of it thus have permanently vanished from written history. Fortunately, we still have mural paintings of the story preserved in the caves of the remote northwest.

Based on the observation and analysis of the six Western Xia paintings preserved in the Anxi caves, we may conclude that there existed a regional visual tradition of the Xuanzang Story in the second half of the 12th century, almost one hundred years before the Kozanji text and three hundred years before the one-hundred-volume *Xi You Ji*. This visual tradition partially matches the textual tradition and demonstrates certain regional characteristics which have not been recorded by any texts. Just like the oral tradition, the visual tradition reveals a stronger regional taste than the textual tradition.

The Northern and Southern Traditions

Glen Dudbridge has pointed out the difference between the north and the south when discussing the existence of regional tastes in the oral tradition of this story. He writes, "in China we must allow above all for the great north-south division of taste, and for infinite variation within the two divisions" (9).

An examination of the existing visual evidence shows clear regional tastes between the south and the north, and further variations within different regions of northern China. In the south, we find a visual tradition of *iconic* representation.

Two stone carvings representing the Xuanzang Story have been discovered in Quanzhou, a medieval cosmopolitan port in south China (then known to Europeans as Zayton). These two images were placed on the so-called Western Pagoda, whose decoration was undertaken in 1228 or slightly earlier, and completed in 1250.[1]

A monkey-headed figure (Fig. 14) has been described by Demieville as follows:

> *[Western Pagoda, Story IV, NE] A Guardian with a monkey-head, holding with one hand a rosary which is hanging around his neck, and with the other a sword emitting a cloud from its lip. He wears a short tunic, travel-sandals, and a rope-belt from which are hanging a calabash and a scroll with the Chinese title of the Mahamayurividyarajni ... Sun Wu-kung, the name of the monkey assistant ... of Hsuan-tsang in the **Hsi-yu** chi novel ... In the upper right corner of the carving there is a small monk-figure with a halo, evidently Hsuan-tsang himself, appearing on a cloud, seemingly the same cloud as that which now emanates from the monkey's sword. In the version of the **Hsi-yu** chi now existent, the monkey assistant's weapon is not a sword, but an iron rod with two golden rings, which he can reduce, whenever he finds convenient, into a needle and so keep inside his ear. Also, he wears a*

① Dudbridge, Glen. *The Hsi-yu chi: A Study of Antecedents to the Sixteenth-Century Chinese Novel*[M]. London: Cambridge University Press,1970: 92,47.

tiger-skin over the lower does not agree with our carving ... (35, 48)

Another stone carving related to this image was also carefully described by the author as follows:

[Western Pagoda, Story IV, NE] A figure dressed like a Guardian-deity, with a princely tiara. In the left hand the figure holds a ball; in the right hand, a spear from the tip of which a calabash is hanging. From the top of the calabash there emanates a cloud, on which a horse carrying on its saddle a lotus-flower (?) [1] *appears in the upper right comer of the carving (Fig. 15).* [2]

Fig. 14   Fig. 15

---

① The Anxi paintings prove that this object on the back of the horse must be the Buddhist sutras fetched from India instead of a "lotus-flower."

② Dudbridge, Glen. *The Hsi-yu chi: A Study of Antecedents to the Sixteenth-Century Chinese Novel*[M]. London: Cambridge University Press, 1970.

These detailed descriptions of the two stone carvings convince me these pictures represent the Xuanzang Story, and do so in a unique way that focuses on the icons of Monkey Novice-Monk and the true identity of the White Horse (the Dragon Prince). These iconic representations differ from what we have seen on the murals at Yulin and Dong Qianfodong in the northwest. Although the northwestern motifs were created several decades or even one hundred years before the Zayton images in the south, we do not see apparent iconographic influence of the northwest on the southeast. The only thing they share is the selection of key characters from the story: Xuanzang, Monkey Novice-Monk and the White Horse. However, Xuanzang was more impressively depicted in the paintings of the northwest, perhaps due to the long-lasting memory of this heroic monk in the mind of local Anxi people. [1]Textual evidence suggests the existence of a 10th century wall-painting depicting Xuanzang's journey to the West in a Yangzhou monastery, Shouning Si [2]. Another similar picture was recorded by the art historian Dong You of the Song[3]. These records only mention the subject matter or title of the painting. We have no clues with which to examine the characters or episodes represented in the paintings. They might look similar to the Zayton stone carvings because their locations are relatively close, but we have no way to prove this conjecture.

---

[1] On his way to India, Xuanzang became an outlaw to the Tang government, which prohibited its citizens from going out of the country. He was discovered by a local officer in Anxi who, instead of arresting him, helped him illegally escape the border control force. Xuanzang went out of China from Anxi and finally reached India after experiencing many dangers and difficulties. For details see Huili and Yanzong, *Da Ci'en Si Sanzan fashizhuan* (Biography of the Dhanna Master Tripitaka of the Great Ci'en Temple). reprint, Beijing: Zhonghua Shuju. 1983: 12-17.

[2] Yu, Anthony C. *The Journey to the West*[M]. Chicago and London: The University of Chicago Press, 1977.

[3] Miar, Victor. *The Origins of an Iconographical Form of the Pilgrim Hsuan-tsang*[M]. The Tang Studies 4, 1986.

Evidence from a Liao Dynasty Tomb

Another group of images representing the same theme was identified by a Japanese scholar in the 1930s (Ryuzo 13-21). According to Torri Ryuzo, three stone carvings discovered in a tomb of the Liao period (ending 1125) in northeastern Liaoning Province show episodes of the Xuanzang Story. One represents a monk standing before a "huge and imposing monkey-featured figure seated upon a cloud-throne" (Ryuzo 15) and they are supposed to be Xuanzang and Monkey Novice-Monk (Fig. 16).

Fig. 16

Glen Dudbridge suggests an alternative interpretation: that the enthroned figure is Shen-sha shen.

"A second scene features three figures, one of whom is holding a leafy branch, while another salutes the third, seated and capped figure who is taken to be Tripitaka. Torri identifies this with the legend of the pine-twig. " [1] (Fig. 17)

---

[1] The pine-twig story says that when Xuanzang goes to the West, the twig of a pine tree points to the west. When he comes back, the twig points to the east. Miar, Victor. *The Origins of an Iconographical Form of the Pilgrim Hsuan-tsang*[M]. The Tang Studies 4, 1986.

Fig. 17

"The remaining scene centers upon a figure, again capped, presumed to be riding a lion (whose head is, however, missing): this in turn Torri relates to a brief episode in the 'Kozanji' text," i. e. , the encounter with lion in Section 5[1]. (Fig. 18)

Fig. 18

These pictures are very interesting because they probably represent the earliest visual version of the story. The focus on the monkey-like figure instead of Xuanzang in the first scene parallels the stone carving discovered in Zayton

① Dudbridge, Glen. *The Hsi-yu chi: A Study of Antecedents to the Sixteenth-Century Chinese Novel*[M]. London: Cambridge University Press, 1970.

in the southeast. The second and third scenes, however, show an obvious interest in narrative representation. The characters are depicted in a narrative mode to illustrate the stories instead of being shown as individual icons like we see in the southeast. Even in the first scene we see that the two figures are depicted in a way which suggests an episode of a story. On the whole, these three northeastern stone carvings reveal a strong interest in *narrative* representation which differs from the *iconic* representation of the Zayton carvings in the southeast. The regional difference in visual representation should be taken as a natural phenomenon during the forming stage of the story. As Glen Dudbridge points out,

> *Certainly at this stage of their development, there seems to have been no obligation to uniformity in the enactment or representation of popular story cycles: the monkey seen, heard or read about by the northern public could well have differed from his southern counterpart* (49).

Final Remarks

After examining the existing textual and visual materials, Dudbridge concludes,

> *We are still ignorant of when and hoiv Tripitaka first came to the attention of popular audiences as a legendary hero* (24).

To answer the two important "when" and "why" questions, the visual materials discovered in the Anxi caves become crucial. I submit four points here.

First, the Anxi paintings take Xuanzang as a more important figure than Monkey Novice-Monk because his body is always taller than that of Monkey

Novice-Monk and he is placed in front of the monkey, leading the way for the pilgrims (Fig. 19).

Fig. 19

It seems that Xuanzang had become a legendary hero in the Western Xia Kingdom during the 12th century. This hero-making process might be somehow related to the historical memory which Anxi people had about Xuanzang's heroic yet illegal escape from the Tang frontier in the 3rd year of the Zhenguan Era (629 AD).

Second, Caves 3, 2 and 29 at Yulin and Cave 2 at Dong Qianfodong were patronized very possibly by the Xia court and high-ranking officials.[①]If we assume that there existed a division between a "popular audience" and an "elite audience," I have to admit that the Xuanzang Story was recognized and favored first by the elite circle of the minority kingdom Xia, as attested by the 6

---

① As noted previously, Rob Linrothe has suggested that Cave 3 was probably patronized by the Emperor Renzong, whose portraits in the cave have also been identified. The donors' images and the inscriptions remaining in Cave 29 indicate their high military ranks and social status. The portrait of a "National Master" (*guoshi*) has also been found in the same cave. Apparently, the patrons of Cave 29 belong to the ruling class.

paintings in the Anxi caves. He was thus an imperial hero first rather than a folk hero.

Third, the role of visual works in the formative stage of *Xi You Ji* should not be overlooked. The varied visual forms of the story discovered in the northwest, northeast, and southeast demonstrate that before the Kozanji textual version of the story many artists had taken this story as the basis of visual imagination. Their visual works, in turn, very possibly inspired the literary modifications of the story. The earliest visual representation of the story is perhaps a 10th century wall painting of "Xuanzang Fetching the Scriptures" at Shouning Temple in Yangzhou in southeast China, which is about 600 years ahead of the final version of the one-hundred-volume *Xi You Ji*. The three stone carvings from the Liao tomb were created in the early 12th century, at least before 1125. The six Western Xia mural paintings were made during the second half of the 12th century. And the Southern Song stone carvings were completed in the first half of the 13th century. All these pictorial depictions of the story are hundreds of years before the creation of the final version of *Xi You Ji,* and most of them were made even before the Kozanji text, the earliest remaining literary version of the story. It is obvious that there was a great visual tradition that probably parallels an oral tradition, before the writers started to compile what they saw and heard in Buddhist temples or other public places.

Most of the visual works are relatively simple in form without inscribed explanations. A complete understanding of the content of the pictures relies on the audience's knowledge of the story. Therefore, I believe a strong oral tradition co-existed with the visual tradition. Those who could not even read, if they did have something to read, could still understand the pictures if they heard the story before. It is highly possible that the visual tradition and the oral tradition played more important parts in the early stages toward the completion of the fiction *Xi You Ji.*

Finally, I want to point out that most of the visual works we have were created or patronized by minority people including the Khitan of the Liao Kingdom and Dangxiang of the Xia Kingdom. The important role of visual representations in the formation of *Xi You Ji* strongly suggests the great contribution of minority cultures in what has been traditionally considered Han Chinese art and literature.

■ 作者简介

宁强，北京外国语大学艺术研究院教授，博士生导师。

■ 来　源

本文原载于复旦人文社会科学论丛（英文刊）*Fudan Journal of the Humanities and Social Sciences*, Volume 6, Number 1, 2013 年 3 月。

红色信仰与理想主义的当代传播

——以实验戏剧《牺牲》为例

秦佩

摘 要 作为革命历史题材的新编剧，实验戏剧《牺牲》没有选择波澜壮阔的革命历史场面，而是在一间狭小的牢房里做文章，用一条"小线索"引发大理想，用高度艺术化的形式把理想信念具象化，突显典型的"以小见大""以一点而牵动全局"的艺术创作规律。全剧以一张"声明"推动情节发展，围绕这一张"声明"，杨开慧经历了生死利诱、拷打强迫、奸计哄骗、以子威逼等一次又一次考验，最终慷慨就义。杨开慧的形象，有血有肉、真实丰满、回归人性，她不是一个"高大全"式的烈士英雄，而是一个"活生生的人"。全剧节奏紧凑、情节干净利落、空间利用高效、演员感情饱满，观众的情绪也时刻随之跌宕起伏，甚至黯然泪下。应该说，《牺牲》不失为一部在"小空间"里展现大情怀、在当代传播红色信仰与理想主义信念的新剧创作典范。

关键词 革命题材；实验戏剧；牺牲；主旨意义；艺术传播

杨开慧，一位令人敬仰的巾帼英雄，她是新中国革命历史人物长廊里一个充满魅力的存在。长期以来，以她为原型，诞生了许多文学艺术作品。仅戏曲领域，就有京剧、越剧、豫剧、闽剧、扬剧等不同剧种的演绎，其中最为著名的当数京剧《蝶恋花》和越剧《忠魂曲》。由河北艺术职业学院出品的河北梆子实验剧《牺牲》，也是一部以杨开慧为原型的戏曲艺术创作。该剧自 2016 年在河北省石家庄市首演以来，受到文学艺术界和戏迷观众们的一致好评。2017 年 7 月，作为河北省唯一入选剧目，该剧参加了第十五届中国戏剧节，成为此次戏剧节上唯一一台来自艺术院校的剧目，受到了很多关注。在此次戏剧节上，该剧受邀于"七一"这个特殊的日子上演，可见其意义不凡。

该剧自上演以来，受到了业界内外的广泛好评，尤其是对红色信仰与理想主义信念的当代传播起到了优秀的示范作用。那么，该剧采取了哪些可圈可点的艺术手法保证了传播效果，让理想信念打动人心呢？

一、人生价值的叩问

革命理想信念在当下这个时代要不要弘扬与传播？答案当然是肯定的。但是怎样传播？用什么方式传播？这恐怕是当前艺术创作者和理论家们共同思考的问题。《牺牲》这部剧给出了令人满意的答案。其主旨直指人生价值，探讨"生而为人，为何而活？"，把这一每个人都会遇到的终极问题放到革命历史的长河中去寻找答案，放到鲜活而具体的历史人物身上去寻找答案，巧妙地把历史与当下联系起来，可谓是立意新颖的红色题材创作。

该剧取材的文学文本立足于深描杨开慧的"三种精神"："坚定信仰、志向远大的革命理想主义精神；无私无畏的革命英雄主义精神；舍小家为大家的革命牺牲精神"。[①] 文学文本在弘扬其典范与现实意义上，取得了巨大的成功，收获了广泛的社会评价和赞誉。河北梆子《牺牲》对此做出了更进一步的追问和思考，甚至上升到了哲学层面，开场便抛出了关于生死的讨论，全剧更是始终弥漫着对人生价值的叩问。

老狱警（数板）：生与死，死与生，生死是个大事情。天下谁人不

---

① 余艳，彭春华．杨开慧精神典范与现实意义 [J]．湘潮，2016，(4)：135-140.

怕死？

　　小丑们（数板）：都怕死！都怕死！

　　老狱警（数板）：天下谁人不贪生？

　　小丑们（数板）：都贪生！都贪生！

　　老狱警（数板）：进我的门来你就死，出我的门去你就生。

　　小丑们：不对！

　　老狱警：不对？

　　（数板）出我的门去你就死，进我的门来你就生。

　　小丑们：不对！

　　老狱警：还是不对？

　　（数板）该生该死，该死该生，谁生谁死，谁死谁生，生生死死，

死死生生——

　　（唱）我也弄不清！①

　　老狱警作为该剧独立创造出的人物，开场便带有隐喻色彩。他这一番对生死的认识源自于几代人做牢子、当狱警的经验，看惯了砍头杀人，他对生存有本能的欲望，"蝼蚁尚且贪生，为人何不惜命"？

　　国民党军官李琼的生死观充满了利益与投机——只要签署声明，便可逃出生天。他拿着声明，对杨开慧说："只要你走出门来，写几个字，马上就可死里逃生！"此情此景，多么像叶挺将军的那首《囚歌》："为人进出的门紧锁着，为狗爬出的洞敞开着，一个声音高叫着：——爬出来吧，给你自由！"当生死与阴谋和利诱紧密相连，这样的人生，便是另一番景象。

　　杨开慧的生死观始终和理想、信仰连在一起，振聋发聩又无比深情："自古人生谁无死？死得其所不贪生。""一个人，生要生得其义，死要死得其所。""自从咱将生命交给理想，早已准备好面对死亡。"这是针对像老狱警这类尚未觉醒的底层民众，甚至底层小官员们的人生观而言的，而

---

① 刘兴会，刘融融，编剧. 牺牲 [J]. 大舞台，2016, (1): 56-67. 文中所引剧本内容，均出于此。

杨开慧树立了与之截然不同的生死观。"小我是肉体的我，大我是宇宙的我，一个人要有大我的思想，才有价值。我们生在这样一个天翻地覆的时代，我们点燃了理想的心灯，找到了救国救民的道路，无数志士仁人前赴后继，轮到了我们，我们不能不出来担当啊！""不管历史怎么翻覆，人总是要有理想，为了一个美好的理想去做牺牲，总是有价值的！你们信吗？我信！我信！我，坚，信！"[1] 这是针对像李琼那类投机者、阴谋家的人生观而言的，维护的是人的尊严和理想。正是这种"为有牺牲多壮志，敢教日月换新天"的豪情壮志和流血牺牲，才换来了日后崭新的中国。

上述三种人生观的讨论具体而微，在"戏"中自然而然地完成了对信仰和理想的现实化生成。这种对主旨的提炼，很容易让人产生由此及彼、由角色而自我的联想，思考自己当下的人生和应有的价值，因而具有广泛的现实性和普遍意义。

二、一条线索贯穿全剧

该剧并没有全盘复制报告文学《牺牲》的情节结构，报告文学全景式地描写了杨开慧在狱中二十天的经历，该剧则是从中抽离出了一条最重要的线索——脱离与毛泽东夫妻关系的声明——来推动全部情节的发展，视角独特，思路清晰。围绕这一张"声明"，杨开慧经历了生死利诱、拷打强迫、奸计哄骗、以子威逼等一次又一次考验，最终为革命理想信念英勇牺牲。全剧共六幕，在100分钟的演出中，共设计了五次威逼利诱，除最后一幕"尾声"表现慷慨就义外，其他五幕都是阴谋陷阱，各不相同，又步步紧逼，一开场就凸显矛盾，抓住了人心。可以说，该剧是对原文本的一次艺术再创造。

该剧前五幕层层递进地表现反动军官李琼对杨开慧暗下的五次阴谋：第一次，用严刑拷打和好言引诱制造生理和心理的双重反差，用"一个地

---

① 此处为现场演出版，与剧本略有不同。

狱一个天堂"的错觉麻痹杨开慧签署声明；第二次，切断杨开慧对毛泽东的感情寄托，以此激她签字；第三次，让李淑一这个闺中密友来好言相劝，动之以情、晓之以理，引导她签字；第四次，用毛泽东战死的假消息诱骗杨开慧签字；第五次，用孩子威逼要挟，强迫签署声明。这里面，既有狰狞的爪牙，也有伪善的面孔；既有精神虐待的心理战，也有肉体折磨的残酷严刑；既有针锋相对探讨生死大义的套路，也有不惜以孩子生命做要挟筹码的下作手段。可谓是软硬兼施、花样迭出。

这五幕牢牢抓住了戏剧主线，用一条线索贯穿始终，节奏紧凑，情节干净利落。一个又一个阴谋陷阱让人喘不过气来，观众始终在为杨开慧捏着一把汗。正如该剧编剧刘兴会的创作理念一般："我喜欢把一个人物放在极端的环境中去写戏，因为在极端环境中，人性的善和恶很容易被锻压出来。"[1]杨开慧正是在这一次又一次的考验中，走过了焦虑、痛苦、纠结、悲愤、退缩、坚定、释然等一系列心路历程，完成了由人入圣的蜕变。

在第五次击溃了敌人的阴谋后，杨开慧和李琼之间有一段掷地有声的铿锵对话，成为整部戏的一个高潮，也成为观众的一处泪点：

李琼：人，不能为一个缥缈的理想拼上性命！

杨开慧：我，就是为一个美好的理想去做牺牲！

李琼：你死也改变不了这个世界！

杨开慧：唯有牺牲能唤起沉默的大众！

李琼：你不要执迷不悟！

杨开慧：我更加坚定信仰！

李琼：你已经走火入魔！

杨开慧：我正在超凡入圣！

此时，杨开慧已经完成了超越生死、超越爱情、超越亲情的淬炼，如凤凰涅槃一般做好了牺牲的准备。此时的她，已经成为一个纯粹的理想主

---

① 刘兴会. 给理想一点空间 [J]. 大舞台，2016, (1): 68.

义者。

没有波澜壮阔的革命历史场面，没有群情激奋的斗争生活，而是在"小空间"里展现大情怀，用一条"小线索"引发大理想，自然而然地捧出"为理想战斗、为信仰高歌"的主旨。该剧这种"以小见大"的视角和结构处理方式，达到了四两拨千斤的戏剧效果，烘托主旨而不漏痕迹，令人难忘。

三、人物形象的象征意味

在与该剧同名的报告文学《牺牲》中，围绕杨开慧，作者写出了很多人物，有代表国民党反动势力的何键、李琼、戚家和等人，有关爱她的亲人向振熙夫人和朋友李淑一、李灿、王春和，有一起被捕入狱的孙嫂、小岸英，还有积极营救她的同志和各路社会名流章士钊、蔡元培等。其中，还插叙了杨开明事件、李淑一和柳直荀的革命爱情、新中国成立后毛泽东追忆杨开慧的情形等。这些共同交织出了一幅革命年代百态人生的画卷。

但是，戏剧舞台毕竟不同于文学创作，生、旦、净、丑行当划分明晰，如果出场人物过多，不但会造成角色行当的混乱，而且直接影响舞台的视觉效果和戏剧的表现力。如何把案头的文学变成场上的戏剧？这是该剧要解决的又一个难题。在众多人物中，该剧牢牢抓住了三个主要角色——杨开慧、李琼、老狱警，从而出色地完成了《牺牲》从案头到场上的华丽转身。

杨开慧是那个时代革命先驱的典型。她身上有作为革命者的普遍性，也有她"这一个"的特殊性。她是革命者，也是女性，女性天生的柔弱平和与革命的血腥激烈形成鲜明对比；她是革命者，也是妻子，她对丈夫毛泽东有忠贞不渝的爱情，也有对革命坚定不移的信仰；她是革命者，也是母亲，她有对孩子舐犊情深的母爱，也有面对革命就是你死我活的残酷的认识。该剧对杨开慧人物形象的塑造，可谓层层深入，步步为营，似剥洋葱一般，每剥开一层都催人泪下，每剥开一层都无限逼近残酷的事实，无限挤压和折磨着人性。《牺牲》对杨开慧的塑造无疑是成功的，杨开慧的形象，有血有肉、真实丰满、回归人性，她不是一个"高大全"式的烈士英雄，而是一个"活生生的人"。

李琼是国民党反动势力的代表，他狡猾、奸诈、伪善、残暴。在人物形象的塑造上，这个人物恰与杨开慧形成一反一正的对比。李琼对杨开慧的五次阴谋，也展现出人物性格鲜明的层次感。他出场便是一副洋洋得意的小人得志模样。他佯装愤怒，责令手下停止对杨开慧的严刑拷打，转而悠闲自得，甚至志在必得地认为一切都在自己的掌握中，杨开慧一定会在其精心设下的各种阴谋中沦陷。可是，让李琼没有料到的是，在声明签署问题上他遭到了杨开慧的坚决拒绝和激烈痛斥。此时的他虽十分尴尬，但还能控制自己的情绪，装出一副友善的面孔，极力保持着盈盈笑意，对杨开慧又像是对自己说着"不必着急，你可以仔细考虑，我可以耐心等待"的话。可是，在阴谋一次又一次被揭穿后，他变得不耐烦起来，甚至气急败坏。他撕下了伪善的面具，露出凶残的本相，他高声断喝着杨开慧立马去写离婚声明，还一边说一边用手杖一遍一遍抽打杨开慧。这种层层递进，直指本质的人物层次感设置，使得李琼这个反面人物也丰满起来。

老狱警是无数受剥削、受压迫的劳苦大众中的一员，他贪杯、懦弱、善良又无可奈何。这个人物与杨开慧同样受制于李琼的淫威，却显示出一软一硬、一弛一张的对比。他自有一套在乱世中的生存法则："看透了生与死不过是一口气，认不清城头上是哪个大王旗。皇帝驾到咱就高喊万岁，碰上长官咱就低头儿作揖。只要有一壶小酒半升米，管他是南北和东西。"[①]他看似随波逐流，却也保有一颗善良的心。他同情弱者，忍不住悄悄地对杨开慧说出了毛泽东非但没有死，还一直惦记着她，派人下山寻找她的消息。他告诉杨开慧，当毛泽东听说她牺牲的事，痛苦异常，高呼着"开慧之死，百身莫赎"。这些消息成了杨开慧在黑暗中的明灯，触动了杨开慧内心深处最柔软的地方。当老狱警看到杨开慧一遍遍受着酷刑，又绝不低头的模样，他的心灵被震撼了，他含着泪要杨开慧活下去，他也认识到了正义与邪恶的不同，并最终被杨开慧对信仰的坚定所改变："这人跟人呐，

---

① 此处为现场演出版，与剧本略有不同。

就是不一样啊！"① 老狱警这个人物也是有层次感的，他的思想和观念的转变，无疑是受到了杨开慧对理想和信念的感召。

这三个人物形象代表了三种截然不同的群体，也象征了三样截然不同的人生价值观念。在人物群像的普遍性之外，能够各自凸显个性，充分地展现典型人物的象征意味，这是编剧塑造人物的用心之处，也是演员用表演理解人物的深刻之处。该剧选取的这三个典型人物，绝不是千人一面、百人一腔般的概念化人物，而是做到了普遍性和特殊性的高度统一，形象饱满、个性鲜明。

四、实验性：艺术传统的当代传播

第一，艺术风格和艺术内容相得益彰。河北梆子是燕赵大地戏曲艺术的典型代表，燕赵自古慷慨悲歌，梆子腔高亢嘹亮，如泣如诉的唱腔风格极其适合表现豪迈、悲壮的题材内容。该剧中杨开慧有数次长唱段，用以抒发情感、表达志向。其中，在得知"毛泽东死了"的消息后，杨开慧感到似晴天霹雳一般，她的精神支柱塌了，她的意志要被击垮了，她已经承受了巨大的肉体痛苦，这个消息让她到了崩溃的边缘。她的情绪在此刻大爆发，她历数相遇时的美好、同赴革命时的担当、被捕入狱后的决然、痛失爱人的悲痛……字字泣血，句句沾泪。杨开慧在这里有一段长达 12 分钟的唱段，梆子腔唱得惊天地泣鬼神，果真是慷慨悲歌。该剧抓住了艺术风格和艺术内容的契合点，赋予了传统的艺术形式以新的表现内容，让传统艺术焕发出新的生命力量。

第二，继承传统戏曲写意性的美学特质并有所创新。该剧的一大实验性创新之处在于"用传统戏曲的脸谱，来外化三个人物的形象，增加点形而上的暗喻"②。为此，在三个主要角色之外，设置了两队龙套，分别用唱、念、做、打的戏曲程式表现杨开慧和李琼两个人物的实时心理状态，是人

---

① 此处为现场演出版，与剧本略有不同。

② 刘兴会 . 给理想一点空间 [J]. 大舞台，2016, (1): 68.

物个性、思想的外化。如一组青衣，用各种水袖程式表现杨开慧在面对每一次阴谋时内心的挣扎、纠结等情绪。一组白脸面具龙套，用唱、做等程式暗喻李琼引诱、威胁等心理活动，他们就像李琼心里的魔鬼，不时跳出来，把狡诈、伪善、凶残的人物性格物化、外化，充满了写意性。

第三，演员表现力十足。该剧中杨开慧的戏份占全剧八成，极为考验演员功力。作为第十三届中国戏曲梅花奖得主的主演彭蕙蘅，扮相俊美，嗓音高亢清澈，感情饱满细腻，准确地把握住了杨开慧丰富的心理活动，带动着观众的情绪随之跌宕起伏，甚至黯然泪下。用她自己的话说，她塑造的杨开慧是"这个非那个"。老狱警是该剧中一个出彩的角色，其扮演者雷保春也是当代名家，有"河北梆子麒麟童"的美誉，是第六届中国戏曲梅花奖得主。他把这个小人物演出了风采和神韵，对"生死的叩问"更是为这个角色平添了一份深度和智慧。李琼的扮演者刘海军，把一个国民党反动军官色厉内荏的本性演得活灵活现，他和杨开慧的对手戏，节奏感十足。都说戏曲是"角儿"的艺术，这三位表演艺术家用实力演绎出了一场生死抉择，看完让人大呼过瘾。

第四，传统艺术在当代的传播以及在新时期的创造性转化和创新性发展，不但对艺术形式的创新提出新要求，而且对如何赋予传统艺术以新的内涵、如何与当下社会现实相结合、如何以更好的方式向大众传播等提出了新要求。只有与时俱进地思考这些问题，传统艺术才能始终葆有生命力。作为革命历史题材的新编剧，实验戏剧《牺牲》在一间狭小的牢房里做出了大文章，用一条"小线索"引发了大理想，用几个人物完成了对生命价值和信仰追求的探索，用高度艺术化的形式把红色信仰与理想主义具象化，让人可观可闻、可感可触，突显出"以小见大""以一点而牵动全局"的艺术创作规律。应该说，《牺牲》不失为一部在"小空间"里展现大情怀、在当代传播红色信仰与理想主义信念的新剧创作典范。

当然，作为一部新编剧目，《牺牲》还很年轻，其不足之处还有待时间的检验。无论如何，我们已经看到了这部剧编剧、导演、演员和所有幕后人的匠心，有这一点，何愁戏曲这门古老的艺术不会生命永驻呢？

■ 作者简介

秦佩，博士，北京外国语大学艺术研究院讲师。

■ 来　　源

本文原载于《艺术评论》2018 年第 10 期，收入本书时有一定修改。

图片:《牺牲》剧照

摄影：秦佩

中日传统戏剧交流的关键一环

——20 世纪 20 年代歌舞伎演员访华活动的多重意义

姜斯轶

摘　要　20 世纪上半叶，梅兰芳数次携京剧走出国门，以超卓的艺术水准征服了无数外国观众，借助媒体强大的传播能力，成就了近百年来中国文化对外传播的经典案例。这其中，1919 年、1924 年两次访日活动，在京剧对外传播史上具有开拓意义。在我国的中日传统戏剧交流研究中，关注以梅兰芳为中心的 20 世纪京剧对日本传播和影响的成果很多，相对而言，对日本传统戏剧的交流回应关注较少。1924 年和 1926 年，日本歌舞伎艺术大家市川左团次（二代目）和守田勘弥（十三代目）曾先后来华进行中日传统戏剧交流，在民国期间为数不多的日本演员访华活动中规格较高，影响也比较深远，是对梅兰芳访日活动的直接反馈，与以梅兰芳为代表的中国戏曲演员访日活动共同构成了民国时期中日传统戏剧交流互动的整体，也开启了日后中日频密戏剧交流的传统。但是，与梅兰芳极为成功的对日文化传播效果相比，歌舞伎演员访华在中国的影响却极为平淡，二者形成了鲜明的反差。事实上，市川左团次和守田勘弥的访华活动，具有文化交流史上的多重意义，是中日传统戏剧交流中的关键一环，其经验对当今传统戏剧对外传播工作也有颇多可资借鉴的意义。

关键词　文化交流；梅兰芳；歌舞伎；市川左团次；守田勘弥

　　1919 年 5 月，梅兰芳（1894—1961）应东京帝国剧场的邀请率团赴日公演，凭借梅精湛艺术功力所展现出的京剧魅力，在观众追捧、财团支持、媒体造势等种种因素共同作用下轰动日本，自此正式拉开了 20 世纪以来中日传统戏剧交流的大幕。1919 年至 1928 年的近 10 年间，除梅兰芳本人分别于 1919 年和 1924 年两次赴日演出外，京剧演员绿牡丹（名黄玉麟，1907—1968）、十三旦（名刘昭容，1894—1928）、小杨月楼（名杨琴侬，1900—1947），昆曲演员韩世昌（1897—1976）等也分别赴日演出。① 相比之下，日本传统戏剧界的知名演员，在民国期间，以笔者目力所及，见于记载的仅以 1924 年二代目市川左团次 ②（1880—1940）和 1926 年十三代目守田勘弥（1885—1932）的两次访华规模较大。作为文化交流双向往来中不可缺少的组成部分，这两次日本演员访华活动及其意义，理应得到相当的关注与研究。但出于媒体话语薄弱的原因，最终在当时竟未获得较大的反响，在两国文化交流史研究中也甚少提及。但这两次顶级歌舞伎艺术家对梅兰芳访日活动的直接反馈，终究如涓涓细流，持续不断地在此后近百年间的中日传统戏剧交流中发挥着作用，构成双方对话的关键一环，不可轻易忽略。

一、"新歌舞伎"代表人物市川左团次的来华考察

　　二代目市川左团次，是日本大正年间歌舞伎革新运动中的代表人物之一。他少时曾留学欧洲，对西方戏剧研究颇深，回国后一度致力于发展"新

---

① 绿牡丹赴日演出时间为 1925 年 7 月，为期 40 天；十三旦赴日时间为 1926 年 3 月，为期 3 个月；小杨月楼赴日时间为 1926 年 4 月，为期 3 月余。以上据《中国京剧史》中卷 [M]. 北京：中国戏剧出版社，1999: 779-782。而据《关于 1919 年和 1924 年梅兰芳的日本公演》一文（中央戏剧学院学报《戏剧》2013 年第 3 期，作者 [日] 伊藤绰彦，冉小娇译），1919 年 8 月有中国演员赵碧云赴日，在大阪浪花座、神户中央剧场、东京吾妻座演出。此外该文所载十三旦、小杨月楼在日演出时间与《中国京剧史》略有出入。

② 本文中的市川左团次特指二代目，守田勘弥特指十三代目，下文从略不赘。

歌舞伎"，是当时歌舞伎界富于国际眼光的改革派，视野和胸怀都相当开阔，热衷于和各国艺术的交流。在这样的背景下，市川左团次于1924年对中国传统戏剧进行了考察活动。

1924年8月，市川左团次率领剧团一行70余人，到朝鲜、中国各地进行巡回演出。市川一行首选当时在奉系军阀控制下的中国东北，在奉天（今沈阳市）演出三场，而后转演于东北境内各主要城市。按照市川的原计划，这次访华在演出方面的一个重要目的，是实现与梅兰芳的同台合演，但由于正值国民政府北伐轰轰烈烈进行之时，直系与奉系军阀间的大战也一触即发（事实上就在当年9月，第二次直奉战争爆发），最终"和梅兰芳等演员的共同演出因为对方的原因而取消了，只能等待下次机会"①。而后市川在大连与剧团分手，自带夫人及二三随行人员前往北京，这也使得他余下的访华目的明确为"以私人之资格，往北京上海，会见中国南北名优，藉以研究中国戏剧"。②

9月24日至28日，市川左团次在北京的戏剧考察持续5天，其基本日程是：

24日，赴日本公使馆，《顺天时报》主笔辻听花（1868—1931）全程陪同。市川左团次向辻听花初步了解了中国传统戏剧（主要是京剧）的概况，并表达了考察脸谱的意愿，遂致电梅兰芳约定次日在冯耿光宅相见，观看梅氏家藏脸谱图样。

25日下午4时50分至6时许，至广和楼观看富连成社演剧，剧目为赵盛璧、荣富华、孙盛文、叶盛章等主演之《恶虎村》。晚7时30分许至10时，赴冯宅出席招待晚宴，除左团次一行及梅、冯、辻听花外，出席者尚有姚玉芙、齐如山、李世戡及在华日本人波多野乾一等。③其间左团次观摩梅氏家藏明清戏剧脸谱若干册，频频询问。梅兰芳其时正在筹备第二

---

① [日]伊藤绰彦.关于1919年和1924年梅兰芳的日本公演[J].冉小娇，译.戏剧，2013，3.

② [日]辻听花.日本名伶市川左团次之谈话[N].顺天时报，1924-08-26(5).

③ 袁英明所著《东瀛品梅》（北京：北京大学出版社，2013年3月）第55页收有当日冯宅合影一帧，原照刊于日本玄文社出版的《新演艺》第9卷11号（1924年11月出版），早稻田大学坪内博士纪念演剧博物馆收藏。

次赴日公演，表示将携带左团次所观脸谱中的"最有价值之脸谱数十幅"前往日本。

26 日晚 9 时，赴城南游艺园观坤伶碧云霞、吴桂芳演《三戏白牡丹》，借以考察坤伶演剧。

27 日下午 2 时，通过波多野乾一介绍，往访京剧名净郝寿臣，考察中国戏剧脸谱。郝亲扮张飞，为市川示范京剧勾脸并合影留念。下午 4 时 30 分，至中和园观剧，剧目为赵鸿林主演之《英雄义》、高庆奎主演之《战长沙》。晚 9 时 20 分，偕辻听花、由森三九郎前往富连成社考察京剧教学，与社长叶春善会晤，详细询问京剧的教学方法及富连成社种种情形，并观看该社次日拟演剧目《连环套》的排练。左团次离社时，叶春善令全体学生行三跪礼拜送。又至三庆园观坤伶李桂芬《辕门斩子》、琴雪芳《白门楼》。

28 日，市川左团次嘱辻听花代购天福堂羊肉包子 1500 只，送至广和楼，作为礼物赠予富连成社全体学生。下午 5 时 30 分，市川偕夫人出席送别晚宴，席间与富连成社社长叶春善、剧评家汪侠公深入讨论有关中日戏剧的问题。

9 月 29 日，市川左团次一行离京赴津，据辻听花在《顺天时报》披露的行程计划，是由天津转道青岛乘船返日，则在北京的 5 天日程，构成了左团次本次实地考察中国传统戏剧的绝大部分内容。①

二、守田勘弥在北京与梅兰芳同台

不同于市川左团次因为未能实现与梅兰芳的合演，从而后期专注于考察中国戏剧的访华经历，守田勘弥在 1926 年 7 月至 9 月进行的朝鲜及中国的东北、北京、天津、青岛、上海各地巡回演出是比较圆满的，在这之中，自然又以北京公演期间与梅兰芳同台合演为最大的亮点。

守田勘弥到京前，其剧团负责人由森三九郎先期前往北京与梅兰芳接

---

① 市川左团次在京访问行程细节，参见 1924 年 8 月、9 月《顺天时报》。

洽，并呈交两度给予梅兰芳访日支持的大仓喜八郎男爵介绍信，希望实现守田与梅的同台演出，梅欣然允诺，并主动在演出收入分配上做了非常大的让步。由于守田勘弥和梅兰芳的同台业已确定，中国媒体也首次对日本演员来华演出表现出了相对高涨的热情。以辻听花主笔的《顺天时报》为代表，媒体自守田勘弥到北京前一个月左右，开始对这次访华演出进行预热报道，形式包括披露守田一行的详细行程，发表对于歌舞伎的介绍和观演注意事项，刊登守田勘弥剧照，刊载演出剧目说明书等。一些剧评家表示，出于礼尚往来，对歌舞伎著名演员在北京的首次演出，理应在规格上予以重视，如汪侠公所说：

> 梅兰芳曩赴日本演剧，彼邦朝野各界人士，特别欢迎、种种优待，无微不至。厥其原因，一在尊重国交，一在仰慕梅名，自始至终毫不怠慢。……该伶（指守田勘弥，笔者注）等首次来都，且系第一次演唱，北京剧界团体，应极预备欢迎，梅兰芳、杨小楼、余叔岩、尚小云等，亦宜早为发起筹备欢迎会，藉敦睦谊，关于两国剧界感情及联络，不得忽之也。①

8月20日晚，守田勘弥一行抵京，21日晚即在开明戏院演出，连演三天，剧目分别为：

21日《镰仓三代记》《连狮子》；

22日《大藏卿》《道成寺》；

23日《鞍马山》《六歌仙》。

梅兰芳的剧目安插在每日两出歌舞伎剧目之间，分别为：

21日《战蒲关》（与王凤卿、刘景然合演）；

22日《金山寺》；

23日《六月雪》（与龚云甫合演）。

此外萧长华、诸如香等在京演员，也在歌舞伎剧目之前演出《一匹布》

---

① 汪侠公. 北京剧界宜预备欢迎日伶来京 [N]. 顺天时报，1926-08-03(5).

等开场戏。

这次合演的票价为：楼下前排五元，楼下后排二元，楼上散座五元，头级包厢四座四十元，二级包厢五座二十五元。①

这一票价在当时是非常之高的，三天演出的票房收入超过一万元，而其中至少七成的收入归于日方，梅兰芳本人系义务演出，分文不取。为表示对梅兰芳慷慨支持的谢意，日方特拿出 500 元委托梅兰芳捐赠慈善团体，并在离京后以守田勘弥个人名义，于 8 月 25 日、26 日在《顺天时报》刊载申谢启事。守田等离京前，梅兰芳委托夫人福芝芳替日方演员量体裁衣，彻夜为其每人赶制一身中式服装作为礼物。1930 年冬，梅兰芳访美路经东京，守田勘弥等在火车站迎接时，还特意穿上这身服装，成为一段佳话。

三、艺术互通与"公共外交"：两次日伶访华的意义与影响

市川左团次和守田勘弥的两次访华演出和考察活动，具有多方面的意义，也产生了一些实质性的交流成果。

首先，使中国观众和剧评家直观地了解到歌舞伎演出的形式与特色。在此之前，除一些具有留学或游学日本背景的戏剧爱好者和工作者，中国传统戏剧界仅有少数演员如梅兰芳、夏月润等，或通过访日演出，或通过赴日考察日本剧场设施等活动，对以歌舞伎为代表的日本传统戏剧形式有所认知；而更为广大的中国观众及剧评家等，并没有更多了解日本演剧的机会。时任《盛京时报》主笔的剧评家穆辰公，在观看市川左团次于奉天剧场的三日公演后，总结了一些对歌舞伎的初步认识：

　　日本戏完全是一种歌舞剧，音乐和演员很有密接的关系，这一点和中国剧很相同。并且有时演员仅仅作身段和表情，而由音乐班替他

———————————

① 　参见开明戏院广告，载《顺天时报》1926 年 8 月 18 日第 5 版。

们唱，这种例子，在中国高腔里面是有的。

日本剧所演的故事，多一半是武士和美人的恋爱佳话，但其结果每每出之以情死，在这一点，是日本戏的特色，也可以明白日本人的性情和风格。

日本戏的服装，似乎与日本以往的制度文物不甚悖谬，贴切时代，日本戏似乎比中国戏明瞭一点。

物质文明至于今日，除了日本帝国剧场和有乐座，所有剧园多系是旧式，日本人观剧风格，依然保守维新以前的旧习惯，足见日本人富于保守性质。[①]

尽管因为"尚没有批评日本戏的能力"，穆辰公的剧评显得浅显，同时又有不少错误，但他仍然觉察出了一些中日传统戏剧间相通的元素，从题材、情节、服装、剧场设置等角度发表了对歌舞伎乃至日本人国民性的一些体悟，展现的是文化交流间一种相对平和而积极的态度。

其次，当时日本一流的演员通过访华活动更为全面立体地了解了"原汁原味"的中国传统戏剧，包括舞台上的表演、舞台下的演员训练体系，并且促进了中日之间的剧目改编交流。这一系列交流带来的影响如此深远，以至于数十年后，直到 21 世纪仍在发挥作用。

当梅兰芳进行访日公演时，出于演出效果考虑，在剧目上有所选择，更为偏重于歌舞表演，使得其演出在富于个人特色的同时，难以兼具中国传统戏剧的丰富性。对于这一点，早有日本剧评家予以指出，如坂元雪鸟在观看梅兰芳首次赴日公演后写道：

据说他（指梅兰芳，笔者注）不依靠"技"（笔者按：雪鸟所谓的"技"指表演，且偏重中国戏曲中的武技）取胜，如果作为"唱伶"也不出色，那么中国戏剧里最重要的两条他都缺乏。花了天价买票，只看到了中国戏剧里马马虎虎的部分，东京人也是够天真的。如果下次

---

① 穆辰公. 穆辰公之市川左团次剧评 [N]. 顺天时报, 1924-09-05(5).

再邀请（中国剧团），希望请来能演真正中国戏的、能表现中国本土特点的剧团，而且不是一晚演一场戏，是一晚连演几出戏。[①]

　　一方面是出于交流需要适当改变既有的演出形态，另一方面是少数精通中国传统戏剧的日本剧评家的不满，在这种情况下，日本一流演员亲身体验全面的中国传统戏剧演出，使得交流更为充分具体。如市川左团次在短短 5 天时间内，以对脸谱的考察为重点，有针对性地以"男、女、童"三类观摩北京戏曲演出，还专门访问了富连成社科班，这对于此前只看过一次京剧演出的左团次来说，收获是极为丰富的。归国之后，左团次请剧作家松居松翁为其翻译京剧《汾河湾》并改编为歌舞伎《凯旋的将军》（事实上是以中国题材剧的名义，以改良后的"新派"歌舞伎形式）上演，由左团次本人扮演薛仁贵。而守田勘弥在访华结束归国后，也上演了由京剧《法场换子》改编的同名歌舞伎。虽然改编上演中国题材剧，在日本传统戏剧界历史悠久，但直接将京剧剧目改编搬演并不多见。这两出剧目，作为市川左团次和守田勘弥访华后的直接成果，事实上也与梅兰芳访日活动共同启发了 20 世纪后半期一些全新中国题材歌舞伎剧目在日本的上演。近四十年间影响最大的，莫过于守田勘弥之孙五代目坂东玉三郎从 20 世纪 80 年代起进行的一系列中国题材新编歌舞伎剧目的创排演出。

　　由于两代守田勘弥（包括十三代目守田勘弥的养子、后继者十四代目守田勘弥）与梅兰芳多次交流建立起的深厚情谊，以及梅兰芳本人艺术魅力的巨大影响，作为十四代目守田勘弥养子、后继者的坂东玉三郎从青年时代起就以梅兰芳为他本人艺术道路的标杆。后来坂东玉三郎终于成为享名最盛的歌舞伎艺术家之一，其艺日进，其志弥坚，以至于 1987 年他为排演新歌舞伎《玄宗与杨贵妃》（井上靖原作），专门与饰演玄宗的十五代目片冈仁左卫门共赴北京，向梅葆玖、梅葆玥学习京剧身段。演出中玄宗戴王帽、着蟒袍，杨贵妃戴凤冠、着宫装，京剧韵味十足。坂东玉三郎进而又于 1989 年以能乐《杨贵妃》为故事内核，编排了歌舞伎《杨贵妃》，

---

① 　[日]坂元雪鸟. 来到帝国剧场的梅兰芳 [J]. 新演艺, 1919, 6: 41.

其在剧中仿京剧扮相梳大头、舞水袖，所穿戴的水钻头饰、白底平金绣女帔均在中国制作。2006 年起，他又为仿效梅兰芳演出昆曲而学习《牡丹亭》，并于 2008 年、2009 年、2013 年多次携苏州昆剧院进行国际公演。推原这一系列举措的前因，莫不以梅兰芳访日为这段因缘的起点，以随之而发的市川左团次、守田勘弥访华为继。此外，2018 年，富连成社首任社长叶春善嫡孙叶金森赴日拜访当今市川左团次时（四代目，即 1924 年访华的二代目左团次之孙），左团次还殷切表示了希望赴中国演出的意愿，并将当年二代左团次手书的"义"字条幅交给叶金森。这幅墨宝为当年二代左团次归国后写就，拟赠给叶春善的，后因多方面原因未能送出，这段因缘亦终于距二代目左团次访华 94 年后接续。

最后，民国期间日本演员访华活动既为当时的中日高层互动提供了契机，更与梅兰芳等中国演员访日共同构成了新中国成立后两国文化友好交流的基础。

1924—1928 年是中日两国戏剧交流相对频繁的 5 年，在这段时间内，中日关系在各方势力制约下保持着微妙的平衡。控制中原地区的直系军阀，与北面亲日的奉系军阀冲突不断，向南又面临着广州国民政府北伐的压力，形成了腹背受敌的格局。在这样复杂的形势下，各方高层的密切接触成为一种必需，而日本演员访华显然可以为中（主要是直、奉两系军阀）、日双方高层人员提供非正式会晤的机会与场合。这一点，日人辻听花在《日伶来都之结果》一文中进行了较为明确的总结。他认为日本演员的访问（主要是守田勘弥的访问）除增进两国在戏剧方面的交流，"亲密中日名伶之交谊""巩固中日剧界之联络"外，还有"日侨与名伶相识""敦睦中日要人"的作用，特别指出"此次兰芳、中日实业家，及由森（三九郎）所开宴会，其列座者，不止彼我名伶，又多中日各界要人，故虽平日未深相识者，而因此机会屡相接触"[1]。而从更广阔的历史区间来看，1924 年、1926 年的两次日本演员访华，梅兰芳 1919 年、1924 年的两次访日演出，与绿牡丹、十三旦、小杨月楼、韩世昌等中国演员的访日活动一起，共同

---

① ［日］辻听花 . 日伶来都之结果 [N]. 顺天时报，1926-09-01(5).

组成了完整的民国中日戏剧交流过程，事实上也为新中国成立后两国文化交流和民间友好交往打下了坚实的基础。20世纪50年代中期开始逐步趋向正常化的中日关系，是以芭蕾舞、歌舞伎和京剧作为文化先驱的，中日两国间的文化艺术交流，经常被赋予纯粹艺术交流和民间交往之外的意义，事实上以一种既不同于政府外交，又不同于一般民间往来的面貌存在着，更近于所谓"公共外交"的定位。

四、文化交流态度与媒体作用：由日本演员访华反响平淡引发的一点思考

与梅兰芳访日造成大规模轰动效应，留下大量图片、影像、评论资料不同，市川左团次和守田勘弥的两次访华活动反响相对平淡得多。如果说市川是因为仅以个人名义专注于中国传统戏剧考察，社会反响平平情有可原，那么同为首次在他国文化中心地区展示本国传统艺术的守田勘弥，他当时引起的社会反响，与梅兰芳相比则显得黯然失色。市川左团次与守田勘弥都是日本歌舞伎界的一流艺术家，在本国享有非常高的声誉，较之梅兰芳访日前在中国剧界的地位并不逊色，却在相似的访问活动中收获了差异甚大的结局，对于这一点，理应进行一些分析。

首先，两次歌舞伎访华活动，事实上初始定位都仅为商业演出，在"对外跨文化传播"的意义上缺乏周密的计划。梅兰芳的访日活动受到日本财团和两国资本家双方的共同支持，事前进行了充分的准备，调动了丰富的媒体报道及评论资源，形成了强大的媒体评论场，使梅兰芳名震东瀛。反观之，无论是市川左团次还是守田勘弥，其访华活动背后并无充足的前期策划支撑，事前对访华长远意义的估计不足，导致很多准备工作并不到位；而媒体话语的薄弱，更使得两人在中国的活动势单力孤，缺乏记载，不仅影响当时中国观众对日本传统戏剧的认知，也让后世戏剧史研究对其罕有关注。事实上，注重商演收益，相对地并不那么重视国际传播效应，是歌舞伎演员和企业的传统思路，这固然与日本传统戏剧行业的高度市场化直

接相关，但同样出身于京剧高度市场化运营环境的梅兰芳，却和其团队同道高度重视京剧对外传播效应本身，甚至到了不惜"亏本"交流的地步，这就不能不说，双方存在思路上的差异。2016年4月笔者赴日访问松竹株式会社[①]时，采访了时任松竹国际公演室室长的中野正夫。中野表示，松竹当前的海外演出每年无固定场次，日本政府在鼓励企业对外进行交流性演出的同时，往往不提供资金支持，因此进行海外演出，能否收回成本仍然是首要考量因素。可见首重商演收益的思路，在日本歌舞伎现行市场模式下，事实上仍在延续。

其次，两国的媒体及剧评发展水平有差异。梅兰芳访日活动留下来的重要资料，包括大量的日本媒体报道和戏剧评论，其丰富程度令人叹为观止，没有发达的媒体环境和富有活力、深度的戏剧评论氛围，恐怕难以成就梅兰芳在日本巨大的影响力。相比之下，当时中国媒体发展速度较日本迟缓，而且由于当时国内政治环境不稳定，媒体报道的重心始终放在时事政治方面，对于文化活动的关注度偏弱。在两次日本演员访华时，北京地区几乎仅有《顺天时报》一家媒体，基于其亲日背景和对戏剧领域的长期关注，对市川左团次和守田勘弥加以报道评论。同时，在20世纪30年代之前，发表在中国报纸上的剧评虽多，但大多为"捧角"文字，说是"剧评"，实则更应称为"人评"，且多是某角"扮相好""台步佳"等"口水文章"，富有深度的剧评相对较少。即便是批评中国剧评"颇极简单，无大价值"的辻听花，其本人主持的《顺天时报》剧评也被诟病为"其捧场文字毫无技巧，一味把美好的形容词堆砌上去"。[②]这样一来，市川左团次和守田勘弥的访华活动，在宣传和评论方面，既谈不上报道规模，又没留下丰富而有深度的观演感受和评论，其反响平淡也就在情理之中了。对于民国时期

---

① 松竹株式会社创立于1895年，最初是一家经营剧场的企业，后来发展成一家大型综合性艺术制作与经纪公司，业务范围涵盖电影产业、卫星电视，以及包含歌舞伎、落语和漫才、交响乐、歌剧、音乐剧等众多内容的舞台演出产业。松竹在近一百年间，掌控了日本全部的歌舞伎市场，制作和经营所有歌舞伎演出，目前所有的职业歌舞伎演员，也都是松竹旗下的签约艺人，所有歌舞伎演员的各类演艺活动，包括舞台演出、影视剧演出，以及参加电视节目等，都由松竹统筹安排。

② 包缉庭. 京剧的摇篮：富连成 [M]. 太原：山西人民出版社，2008：164.

戏剧文化活动的研究，相当依赖当时媒体报道所构建的资料环境，上述反差产生的影响，已不仅止于具体文化交流个案的成功与否，事实上已影响到了人们对于"文化交流"这一原本是互动行为的认知，进而影响到了文化交流史的书写。也就是说，在一定程度上，对于率先发起传播交流活动一方的梅兰芳，我们由于材料充分给予了充分的关注，但对于日本艺术家的交流反馈互动，则在上述二者研究材料的差距基础上，被有意无意地忽略了。

进入 21 世纪，距 20 世纪早期的中日传统戏剧相互传播活动已约一个世纪之久，当前的国际文化传播，已经成为各国软实力的展现，被提升到了国家战略高度，其受重视程度已与当年不可同日而语。亚洲国家如日本、韩国，早在 20 世纪末就制定了文化产业与文化传播深度结合的战略方针，二十多年来，正在逐步取得成效；我国亦在 21 世纪初提出了文化"走出去"，并在十余年间，在与"公共外交""一带一路"倡仪等大背景结合之下不断完善。回顾百年前的民间中日传统戏剧文化初始互动，考察其成功经验和失败教训，特别是注重传统文化传播活动与媒体的全面、高效结合，可为当前我国优秀传统文化对外传播，提供有实际意义的参考思路。

■ 作者简介

姜斯轶，博士，北京外国语大学艺术研究院讲师。

■ 来　　源

本文原载于《艺术学界》2019 年第 1 期。

"四大名旦是我封"

——"白党首领"沙大风与荀慧生

黄骁

摘　要　沙大风是民国时期非常活跃的媒体人，他创办的《天风报》在
天津风靡一时，并先后发掘出刘云若和还珠楼主两位知名通俗
小说家。沙大风热爱戏曲艺术，在梨园界和传媒圈广交朋友，
擅于利用媒体资源评剧捧角，"冬皇""四大名旦"等封号皆是
出自他之手。众多名伶中，沙氏与荀慧生的交往最为密切，除
撰写文章外，还不遗余力地帮其出版专集专刊，在以簇捧荀伶
为核心诉求的"白社"地位极高，有"白党首领"之誉，是荀
慧生身边重要的智囊。

关键词　沙大风;《天风报》;四大名旦;荀慧生

　　荀慧生是民国时期著名的京剧旦角表演艺术家，荀派艺术的创始人，
与梅兰芳、程砚秋、尚小云一起共享"四大名旦"的美誉。"四大名旦"
的成就，固然是天赋与努力使然，但也离不开身边文化人的帮助。以剧评
人、媒体人为主体进行的"捧角儿"活动，构成了民国京剧独特的生态现象。
如梅兰芳身边拥有"梅党"，他们在生活和艺术多个方面为梅兰芳起到了
强有力的帮衬作用。在荀慧生的艺术生涯中，文化人同样扮演了极为重要
的角色，由于荀伶早年曾以白牡丹作为艺名，他身边的文人就有了一个别
样的称呼——白社，亦称白党。

　　荀慧生在北京立足，北京的"白社"给予他很大的支持，后在沪上打
出名声，上海"白社"也有很大贡献。这个为捧荀慧生而成立的捧角组织，

将提升荀伶的知名度和社会影响力作为首要目标，在生活、经济、艺术上均提供直接的帮助。在"白社"众多文化人里，有一人比较特别，他长期工作生活在天津和北京，却与上海"白社"交往密切。他长期活跃在剧界与新闻界，充分利用职业的便利和良好的人际关系撰写评论、发表观点，为荀慧生艺术事业的发展出谋划策。他就是有着"白党首领"之称的著名报人——沙大风。

一、擅长交际的民国报人

沙大风（1900—1973）（图 1），原名沙厚烈，笔名游天，号挽谭余室、沙氏乐府。因为沙游天中的"天"，英文是"sky"，与俄语人名中的"斯基"发音相似，遂有人中西合璧称其"沙游斯基"。沙大风个性鲜明，平时总是喜欢戴一副墨镜，是一个诙谐健谈、不拘小节的文人，朋友则认为他落拓不羁，颇有名士遗风。在平时的生活与工作中，沙大风善于交际，据他的儿子沙临岳回忆，沙氏和津、京、沪、杭的很多朋友都是知交，包括了罗瘿公、翁偶虹、严独鹤、秦瘦鸥、杜月笙等社会名流，并曾说"如果一旦落魄不堪了，也可以在朋友处吃三年"[1]。广阔的社会交际资源，成了沙大风开拓事业的人脉保障。

图1　沙大风像[2]

近代中国的办刊业兴起于十九世纪中叶，宗教类、商业类、政党类等各种报纸办得风生水起，逐渐呈繁荣之态。民国建立后政府实施新闻自由政策，报业得以进一步蓬勃发展。经过袁世凯时期的短暂倒退，五四运动后，报刊业又迎来新的生机，民营报纸快速成长，百花齐放，不仅出现了很多有影响力的专

---

① 俞亦平 . 一对表兄弟　南北两报人——记报界闻人金臻庠、沙厚烈 [N]. 今日镇海 . 2013-09-04.

② 转自全国报刊索引数据库 . 金刚画报 [N]. 复刊 8, 第二版 , 1939: 1.

业报刊，而且一些报纸的娱乐、民生相关的副刊，如《申报·自由谈》《大公报·文艺》等也都很有知名度。

沙大风正是在这样的报刊媒体发展环境中学习成长。他先是在《北洋画报》办"戏剧专刊"，后任《天津商报》主编。到了二十世纪二十年代末，沙大风在天津以个人名字创办《大风报》，自任社长，由于与当时有名的《大公报》谐音，《大风报》后被告知需要改名。1930年，在得到好友荀慧生的资助后，《大风报》正式更名为《天风报》。这份报纸版面很多，副刊"黑旋风"非常有名，刊头为李逵京剧脸谱画像，其下写有韵文表明该刊宗旨："本风旨趣，以文会友，投稿诸君，同奋身手，遣兴怡情，园地公开，略备文玩，聊酬高厚，敬请帮忙，同人顿首。"[①]"黑旋风"内容常常借古讽今，涵盖民间轶事、剧坛趣闻，此外，这里还是民国通俗小说的重要阵地，受到业内普遍关注，被誉为"最精彩之一页，可称为该报重心所寄"[②]。《天风报》日销量从几千迅速破万，沙大风也名声渐响，开始在报业拥有一席之地，成为二十世纪三十年代天津文化界的知名人物。

沙大风创办《天风报》的历史贡献，不仅在于打造了一份广受读者欢迎的天津小报，还捧出了两位著名的通俗小说作家——刘云若和还珠楼主。民国时期很多报纸为扩大销量，都会采取连载通俗小说的方式，既能吸引眼球，又能持续吊人胃口。刘云若和还珠楼主在刊载作品之前，均非小说名家，正是通过《天风报》开始获得知名度。从这一点足以看出报社社长沙大风在选人上的独到眼光，也间接推动了民国通俗小说的繁荣。

刘云若和沙大风曾在《北洋画报》和《天津商报》共事，关系甚好。1931年，沙大风刚刚创办《天风报》，就邀来刘云若任副刊"黑旋风"主编，这段时间里，刘云若开启了小说创作之路，开始在《天风报》上连载自己创作的第一部言情小说《春风回梦记》，并在天津读者群里引起巨大反响。

小说的成功，也给《天风报》带来了可观的收入，"销量一路走高，

---

① 侯福志 . 刘云若与《天风报》[N]. 天津老年时报 , 2009-11-12.

② 黑旋风之快人快语——沙大风之狮子吼 [J]. 新天津画报 , 第 4 卷第 4 期 , 1943.

1931 年一度达到 13000 份, 在小报中居首"①。沙大风作为社长, 对于这一可喜变化自然看在眼里, 十年之后, 回忆起《春风回梦记》给《天风报》带来的知名度, 沙大风用"天风因春风而风行, 春风因天风而益彰"②来概括, 表达二者有互相成就之意。

沙氏对刘云若的关照不仅于此, 刘在其他报刊上所发的连载小说, 因报社遭废刊而无法续稿, 沙大风主动为其小说考虑"转移阵地", 将中断的稿子移至《天风报》发表, 此举令刘倍受感动。1939 年, 刘云若小说《情海归帆》出单行本, 沙氏在所作序中称其为"天津桥上"的"怪杰", 并赞其"下笔如有神助", 拥有"日处斗室, 挥生花笔, 写人间世"和"不慕利禄, 不求闻达"的胸襟, 可以将"举凡脂粉地狱可悲可泣之事迹, 尽入其腕底毫尖, 使魑魅无所遁形"。③ 作为有十多年交谊的挚友, 沙大风利用所能掌控的媒体资源, 对刘云若的事业发展起到了极为有效的推动作用。

民国著名武侠小说家还珠楼主的名声也是通过《天风报》打响。还珠楼主本名李寿民, 原是天津邮政局的一名职员, 1932 年, 经朋友唐鲁孙介绍, 李寿民结识沙大风。沙氏得知李寿民文笔优美, 便发出约稿邀请, 且稿酬从优。李寿民由此开始以还珠楼主为笔名创作《蜀山奇侠传》, 经《天风报》连载后, 反响强烈, 广受欢迎, 也从而奠定了还珠楼主在武侠小说史上的地位。

发现和提携还珠楼主, 再次证明了沙大风有着敏锐的视角和伯乐的眼光, 他们之间也拥有非常良好的情谊。值得一提的是, 还珠楼主在打响名声后, 在一次看戏时结识了"四大名旦"之一的尚小云, 并创作多出京剧剧本, 其文笔中的侠义情怀与尚伶刚健挺拔的表演风格相得益彰, 从而成就了一段京剧史上文人与艺人合作的佳话。

刘云若的言情小说和还珠楼主的武侠小说, 在二十世纪三十年代的天

---

① 侯福志. 刘云若与《天风报》[N]. 天津老年时报, 2009-11-12.

② 张元卿. 沙大风与刘云若、还珠楼主 [M]// 张元卿. 民国北派通俗小说论丛. 太原: 山西古籍出版社, 2001: 173.

③ 见沙大风. 情海归帆·序 [M]// 张元卿. 民国北派通俗小说论丛. 太原: 山西古籍出版社, 2001: 122.

津报界独领风骚，沙大风和他的《天风报》也因此在民国报刊史上留有一笔。沙大风和他们的感情一直持续了很多年，后来抗战爆发，随着还珠楼主的南下上海和刘云若的闭关写作，《天风报》的"铁三角"时代也就此终结。

二、辛辣犀利的"评剧巨擘"

进入报刊媒体行业的同时，沙大风也开始了评论生涯。沙氏关注社会热点，能够针砭时弊，用笔杆子去揭发社会不公现象。由于笔锋犀利，爱憎鲜明，他的时评被称颂一时。1943 年，《新天津画报》上有一段对当年"黑旋风"栏目的介绍，亦对沙大风的辛辣风格做了评论：

> "黑旋风"主持正义，深入人心，危言议事，大多皆大风执笔，快人快语，尤敢发人所未发。前日大风又著论谓应为贪官污吏铸铁像，笔锋犀利，所向无前，此"黑旋风"之真精神，亦即沙大风之真面目，拜读一遍，五体投地，望本此精神，再接再厉，务使贪污绝迹，政治明朗……①

民国时期京剧成为大众娱乐最受欢迎的艺术，酷爱京剧的沙大风，也将爱好带到了他所从事的媒体工作中来，他评剧论戏，留下了很多高质量的剧评，有"评剧巨擘"②之称呼。沙大风有着进步的戏剧观，几十年看戏下来，一直笔耕不辍，经常在报刊发表戏剧评论。早在 1928 年，28 岁的沙大风就在《开场白》一文中认为戏剧"其所负使命，确有开扬文化、改进国家社会之功能"③，对戏剧于当时社会的作用和意义有清晰的认识；同年，沙氏还表达过"戏剧之真义，在乎描写平民阶级之生活"④的思想，认

---

① 黑旋风之快人快语——沙大风之狮子吼 [J]. 新天津画报，第 4 卷第 4 期，1943.
② 津门杂记 [J]. 立言画刊，第 315 期，1944.
③ 游天. 开场白 [N]，北洋画报，第 166 期，1928.
④ 游天. 戏剧是平民的 [N]，北洋画报，第 192 期，1928.

为社会在军阀的连年蹂躏下，百姓已经民不聊生，民怨难以申诉，这就特别需要戏剧来激励人心。

沙大风的戏剧评论继续保持着社会时评敏锐犀利的风格，即使面对如日中天的梅兰芳也不曾留情。1929年年底，梅兰芳开启为期数月的访美演出，将中国京剧推广至大洋彼岸，受到美国各界的欢迎与支持。梅兰芳此番访美对于中国戏剧而言具有里程碑式的意义，同时也令国内艺术界、新闻界广泛关注，各方多是给予了肯定的态度。不过，沙大风在1930年5月所发的一篇名为《梅兰芳游美之成绩》的评论则逆势而行，对梅君访美几乎给予全面否定：

大吹大擂之梅兰芳剧团出发赴美，将中国文艺雅剧贡献于碧眼黄髯之辈，不但言语俗尚不能了解，即于两国国民性亦完全不能融合……

中国戏剧娴雅文秀之格调，尤以青衣戏之一唱三叹、风流蕴藉为彼邦人士所万万不能领会。故上次梅氏亲信齐如山致凌霄汉阁函，谓梅氏所携诸剧皆未博美人之同情，盖美人批评中国剧，有一字之考语，"瘟"而已矣……①

考虑到中美语言和文化的差异，沙大风并不看好梅兰芳此次出访，言语间甚至带有"看笑话"之意。更重要的是，他引用齐如山与徐凌霄的信函，表达美国人对梅剧的负面评价，这种批评之声不仅比较少见，而且与齐如山在《梅兰芳游美记》里对梅访美的肯定口吻大相径庭。文章最后，沙大风甚至不忘再"酸"一下：

梅氏借口美国炎热，先将遣一切随从配角人等先返国，本人亦将于月内遄回，于实行预定计划不过十之二三，其失意可知。鄙人当梅氏之行，即抱怀疑态度，今果不幸而验。但梅氏此行成绩虽不佳，然西人从此得见东方高尚之歌舞、文雅之唱白，使其千百年后文化进步

① 沙大风.梅兰芳游美之成绩[N].天风报,1930-05-05.

之际，反顾其本来艺术性之幼稚，而了然于中国剧之可贵，此则梅氏此行其引为绝大之成功者也。^①

沙大风与四大名旦均有私交，但与荀慧生关系最为密切。该文发表于1930年5月，正是"四大名旦"争次序的关键之年，以如此力度嘲讽梅兰芳访美，参考同时期捧荀的文章与举动（出版专集专刊），也显得有些耐人寻味。

1936年，沙大风在《天风报》上开辟"菊花锅"专栏，发表了很多类型不同的文章，涉及戏剧教育、知识考据、伶人品评等方面。如《北平戏剧教师之缺乏》^②一文，揭示了北平戏剧界老生、花脸、丑角等师资匮乏的现象，形容有的老师皆"小学生之师傅，不能教徒弟成名家"。不过，和这些行当比起来，青衣师资"好不恐慌"，"因有一代宗匠之王瑶卿在"；又如《现在的评剧家》一文，沙大风认为评剧"关系文化艺术之兴替，民族意识之盛衰"，并对评剧界互相攻伐的现象进行了批评，直言评剧家"应自尊自贵，勿为伶人作应声虫，勿为戏园做广告"^③。沙大风犀利的戏剧评论一直是《天风报》的特色，"菊花锅"专栏也和小说连载一样，成为非常受读者欢迎的版块。

对于旧剧的改良问题，沙大风有着深刻的认知。1947年，他在《半月戏剧》发表评论《旧剧是否封建遗毒》^④，针对有人认为旧剧"是封建遗毒"的问题阐述了自己的观点，并提出问题："我们第一要检讨旧剧本身是不是封建时代的一种麻醉人心的东西？这种东西，究竟是站在封建方面（包括官僚与资产阶级）还是反封建方面的东西？与现时代的环境，究竟是顺流还是逆流？"沙氏在随后文中列举"凤阳花鼓戏"以及《五人义》《打渔杀家》等例子，用剧中的反封建元素驳斥了所谓"旧剧是封建遗毒"的说法，认为评剧的问题不在于是否改良，而是改得够不够，提出如果"不够适应现

---

① 沙大风. 梅兰芳游美之成绩 [N]. 天风报, 1930-05-05.
② 大风. 北平戏剧教师之缺乏 [N]. 天风报, 1936-05-05.
③ 沙大风. 现在的评剧家 [N]. 天风报, 1936-09-17.
④ 沙游天. 旧剧是否封建遗毒 [J]. 半月戏剧, 第6卷第2期, 1947.

代，应当加以补充与扩展"的观点。旧剧改良问题在"五四"时期就有过很多讨论，到了二十世纪四十年代末，依然是戏剧行业的热点话题。沙大风是民国京剧辉煌的见证者之一，作为接受传统文化教育的报人，他对改良旧剧的认知，应是比较全面而系统的。

媒体人的属性让沙大风具有强烈的捧角意识，为梨园人士加封尊号是他屡试不爽的捧角手段，这也成为他的另外一种剧评方式。沙氏策划宣传过的一些尊号，在观众中留下深刻印象，继而约定俗成广为流传。譬如王瑶卿的"通天教主"尊号和孟小冬"冬皇"的美誉，皆出自沙氏手笔。① 以"冬皇"为例，沙大风在《天津商报》做编辑期间，曾在副刊"游艺场"开辟"孟话"一栏，为孟小冬"做起居注"，自称"老臣"，而称孟为"冬皇"，并以"吾皇万岁"敬之。1938 年，沙大风在《天风报》以"微臣"为名发表《喜冬皇将出台》文章：

> 小冬吾皇，息影养晦，将及半年，一般善造谣言者，均谓吾皇卷青灯，虔心修度，决意绝迹歌台，此谣一出，天地变色，菊圃无光，而妖祟横行，群思篡窃正位，予以忧之，乃上表若谏，务以天下苍生为重……一般窃号自娱之辈，闻此正言法曲，必当知所戒惧而稍稍敛迹也。吾皇万岁万岁万万岁。②

文中言辞谦卑，与封建时代写给帝王奏折的口吻如出一辙，表露着沙大风捧角评论的风格与文采。沙氏的"冬皇"一出，南北大小报纸纷纷效仿，传遍四海，甚至对孟小冬都很少直呼其名了，这不得不说是沙大风的贡献。经过沙大风的不懈努力，"冬皇"一词终被炒热，成为孟小冬的专有称呼，并风靡大江南北。1948 年，沙大风又在《半月戏剧》上占据整版发文《冬皇外纪》："奉天承运，统一环宇，当今冬皇，名震四海，光被九

---

① 该观点引自李洪珍. 京剧"四大名旦"谁最强？ [N]. 新民晚报，2015-10-07.（注：关于"冬皇"的来由将在下文论述，但"通天教主"一说或仅为一家之言，尚无公认的说法。）

② 微臣. 喜冬皇将出台 [N]. 天风报，1938-08-19.

州岛。声容并茂，加恩德于万民。聪明天睿，传谭余之一脉。"①该文称"冬皇"之处二十有余，用洋洋洒洒的四千字分析了孟小冬的演唱技巧与表演风格，并加入个人抒怀之感，颇有"皇家老臣"之风，可称沙大风捧角评论的上乘之作。

三、助推荀伶的"白党首领"

沙大风所封最有影响的尊号，当属"四大名旦"。民国初年，直系军阀曹锟的内阁大臣高凌蔚、程克、吴毓麟等四人被冠以"四大金刚"称号，彼时京中伶人名气最盛的四位旦角演员——梅兰芳、程砚秋、尚小云和朱琴心，曾被《顺天时报》冠以"伶界四大金刚"称号。之后随着政界变动和艺坛发展，四大金刚又有了新的组合，朱琴心发展遇阻，一蹶不振，同时"皖派中梁士贻独赏荀慧生，当时北京堂会几为荀一手包办，以前奔走于朱、尚之门者，转而捧荀，于是梅尚程朱之四金刚，一变而为梅荀尚程之四金刚矣！"②图 2 为沙大风与荀慧生。

图 2 "白党首领"沙大风与荀慧生③

① 沙游天 . 冬皇外纪 [J]. 半月戏剧，第 6 卷第 10 期，1948.
② 中中 . 四大名旦得名之原始 [J]. 半月戏剧，第 6 卷第 4 期，1947-05.
③ 转自全国报刊索引数据库 . 畏夏 [N]. 北洋画报，第 141 期，1927.

　　"四大名旦"的称谓，是沙大风借用"四大"的概念，在二十世纪二十年代《大风报》创刊号上首次提出的。沙氏赞赏梅尚程荀四人的艺术造诣，认为之前"四大金刚"的叫法有"金刚怒目"的含义，"与四旦的娇美英姿不相吻合，所以提笔一改"，就有了"四大名旦"①的称谓。对于此说的真实性，上海文史馆馆员薛耕莘曾在《上海文史》撰文称"梅兰芳亲口对他说过这样的话"，宁波镇海的陈崇禄也表示，"曾见沙大风的一枚印章，上有'四大名旦是我封'这七个字"②。这些都从侧面证实了"四大名旦"之名最初确由沙大风所起。③之后几年，通过报刊媒体的名伶评选、名旦征文以及唱片灌制等活动的举办，"四大名旦"正式叫响，并最终成为中国戏曲艺术乃至中国文化中的特定符号，具有深远的历史影响和文化地位。

　　沙大风最初提出"四大名旦"，虽只是借助媒体为伶人封尊号的炒作手段，但考虑到他和荀慧生之间的深厚交情，又让该尊号显得耐人寻味。沙大风不仅是"白社"成员，而且是里面的重要人物，被称为"白党首领"④。早在 1923 年，沙大风就在上海"白社"成员严独鹤主编的《红杂志》上发表文章《近今旦角之两大派》，为处于事业起步阶段的荀慧生投石问路、宣传造势。文中沙大风将荀慧生与梅兰芳相提并论为"瑶卿嫡传之两大派"，并把尚小云和程砚秋两旦角归在"兰芳嫡派之下"⑤，虽未进行过多赘述，但所排梅、荀、尚、程四旦角的次序已不言自明。

　　1927 年，沙大风组织上海"白社"编辑出版了《留香集》(又名《白牡丹》)，这是荀慧生艺术生涯中的第一部个人专辑，也是向上海戏迷票友

---

① 俞亦平. 一对表兄弟　南北两报人——记报界闻人金臻痒、沙厚烈 [N]. 今日镇海，2013-09-04.

② 上述观点引自李伶伶. 荀慧生全传 [M]. 北京：中国青年出版社，2010: 6.

③ 国家图书馆藏有 1930 年 5 月 2 日到 1938 年 8 月 31 日的《天风报》，但惜未藏有其前身即《大风报》，由此尚不能直接证明。

④ 1927 年，《北洋画报》第 141 期刊登了沙大风与荀慧生的合影，公开将沙氏称作"白党首领"。

⑤ 游天. 近今旦角之两大派 [J]. 红杂志，第 13 期，1923.

宣传推广荀伶的重要材料。《留香集》由沙游天编辑，袁寒云审定，宗威、冯叔鸾、郑子褒、严独鹤、荀慧生先后作序。五人在序中皆点出沙氏之名，肯定了其贡献，特别是荀慧生，作为被捧之对象，他自然深刻了解这部专辑对自己的意义，因此对"沙游天先生将列公赠我、指教我的诗文、评论印成书册"，表达出"受宠若惊"和"惭愧万分、无地自容"的感激之情，并表示要"争一口气，不辜负列公这般的美意"①。这部《留香集》是荀慧生的第一部个人专辑，对荀伶舞台艺术和个人魅力进行了充分宣传，也为荀慧生之后的几部专辑和专刊奠定了良好的基础。

时隔一年，沙大风又在《北洋画报》策划了"荀慧生号"。在自办《天风报》之前，沙大风曾在《北洋画报》任职，他所策划的"戏剧专刊"版面也是该报的特色。在这期"荀慧生号"中，收录荀伶山水近作和三张戏装照、一张便装照，以及吴昌硕所书"小留香馆"匾额。此外还收录三篇文章：樊樊山的《荀郎曲》仿照当年《梅郎曲》而作，大力夸赞荀慧生的才艺；抱一的《荀慧生五出戏》从身段、唱功、念白等角度分别介绍了荀伶来天津演出的五个作品，可看作是对荀此次演出的总结；沙大风则自己撰文《荀慧生有整理旧剧之功》。沙氏在文中先指出京派伶人素以唱作见长，但对戏本身多断章取义，只演精华部分，令观众只知其然而不知其所以然；然后话锋一转，以《玉堂春》为例论述"荀慧生近年注意全本之戏，由注意于旧戏之全本者"，并带动了梅兰芳、尚小云等演全本戏，荀伶以"整理旧剧为职志"，有"筚路山林之功"②。和樊樊山、抱一的两篇文章相比，沙文字数并不多，但对荀慧生有着很高的褒奖与肯定，不得不说是一篇高水平的捧角佳作。

1932年，由长城唱片公司为梅、尚、程、荀四伶灌制的《四五花洞》唱片，风靡全国，也被认为是到了这时"'四大名旦'的名词，才算真正

---

① 荀慧生. 小留香馆主人序 [M]// 沙游天，编辑，袁寒云，审定. 留香集. 京城印书局，1927.

② 游天. 荀慧生有整理旧剧之功 [N]. 北洋画报，1928-04-04.

被国人接受"[1]。沙大风见证了唱片的录制过程，由于"以名次之后先，为身价之轻重"[2]，当日各方为演唱次序反复角力，一波三折，录制过程远比想象复杂。最终，当时地位难与梅、程、尚三旦同日而语的荀慧生得以演唱第三句，这正是由沙大风为荀出谋划策所致。

据荀慧生日记记载，"四大名旦"灌《四五花洞》的时间是1932年1月11日，在6天前的1月5日，荀慧生就已经同梅、程、尚和郑子褒见过面，初步商议了灌唱片之事。当日下午，"游天自天津来"，之后5天的日记中，皆能看到"与游天共饭""与游天闲谈"[3]等记录，可见这几日二人共处的时间有很多。

虽然当时"四大名旦"的称谓已经叫响，但外界对四人的先后排名仍有争议，或称"梅尚程荀"，或称"梅程荀尚"，除了梅兰芳居首没有争议外，其他三旦都不愿意排在靠后位置。沙大风回忆，唱片灌制当日，"予携荀同往，知必有此一场争执，乃嘱慧生，无论如何，不让第三句，以第三句乃一低腔，适合于伊之嗓音为理由，以为抵抗"[4]。在沙氏的建议下，荀慧生执意唱第三句，这就破坏了原先定好"梅程尚荀"的次序，加之后来赶到的尚小云又临时要求改唱第二句，现场一时陷入僵局。最后，程砚秋显示出更高一等的气度，自愿唱第四句，唱片终得以"梅尚荀程"的演唱顺序灌制成功。

沙大风不仅以出众的策划能力和媒体嗅觉，在民国时期新兴媒体领域占据一席之地，更由于其在戏剧方面的专业素养和与荀慧生的良好关系，成为职业剧评家，帮助荀伶的艺术事业取得巨大成功。以"白党首领"沙大风领衔，由严独鹤、袁寒云、舒舍予（非戏剧家老舍）、吴昌硕等社会名流组成的"白社"，也成为"梅党"之后又一个值得关注的文人捧角集团。

---

① 葛献挺."四大名旦"产生的经过和历史背景（五）[J].中国京剧，2007,(5).

② 中中.四大名旦得名之原始[J].半月戏剧，第6卷第4期，1947-05.

③ 荀慧生.小留香馆日记[M].北京：中国戏剧出版社，2016:205-206.

④ 沙游天."四大名旦"《五花洞》留音追纪[J].半月戏剧，第6卷第11-12期合刊，1948-11.

■ **作者简介** ━━━━━━━━━━━━━━━━━━━━━━━━━━

　　黄骁，博士，北京外国语大学艺术研究院讲师。

■ **来　　源** ━━━━━━━━━━━━━━━━━━━━━━━━━━

　　本文原载于《戏曲艺术》2020 年第 3 期。

The Modernisation of Chinese *Xiqu* With a Case Study of Major Kunqu Productions in Mainland China, 2001—2013

Yang Ming

Abstract: The modernisation that the Chinese theatre has been going through since the early 20th century has been twofold—in both the domain of *huaju* (spoken drama) and that of *xiqu* (Chinese indigenous theatre). However, the broad scope of such discussions exceeds the remit of this paper. Therefore, the discussions in this paper are focused on the development of Kunqu—a major *xiqu* form—to shed light on the study of the modernisation of Chinese theatre. This paper reviews the major Kunqu productions in mainland China between 2001 and 2013, analyses their specific characteristics, and examines those characteristics against the general tendency of *xiqu* modernisation in the 20th century. It considers the contemporary development in the early 21st century as well as offering expectations as to future trends in modernisation.

Keywords: Chinese Theatre Modernisation; *Xiqu*; Kunqu; mainland China productions (2001—2013)

As a major form of Chinese indigenous theatre (*xiqu*), Kunqu has been a part of the modernisation that the Chinese theatre has been going through since the early 20th century. Research on the development of Kunqu during this process will shed light on the study of the modernisation of Chinese theatre.

This paper reviews the major Kunqu productions in mainland China between 2001 and 2013, analyzes their specific characteristics, and examines those characteristics against the general tendency of *xiqu* modernisation in the 20th century. It considers the contemporary development in the early 21st century as well as offering expectations as to future trends in modernisation.

Xiqu, Modernisation, and Kunqu: in the 20th Century

It is quite necessary to review the definition of *xiqu* first, before embarking on the discussion of its modernisation. The connotation of Chinese Theatre has gone through fundamental changes since the beginning of the 20th century. It used to refer to the indigenous theatre forms of China, such as *nanxi* (Southern Theatre), *zaju* (Variety Plays), and Kunqu. By the turn of the 20th century[1], new theatre forms including *wenmingxi* (the "civilized drama"), *huaju* (the spoken drama)[2], opera, and dance drama had been introduced into China[3] and started to

---

[1] Chen Baichen and Dong Jian (1989) take the year 1899 as the moment when the first western-style drama was staged in Shanghai, whereas other scholars believe it was started with the production of *Heinu yutian lu* (The Black Slave's Cry to Heaven) based on Harriet Stowe's *Uncle Tom's Cabin* by Chunliu She (the Spring Willow Society) in Tokyo, Japan in 1907. Chen Baichen and Dong Jian. *Zhongguo xiandai xiju shigao* (A draft history of modern Chinese drama). Beijing: Zhongguo xiju chubanshe, 1989. Dong Jian. *"Zhongguo xiju xiandaihua de jiannan licheng—20 shiji Zhongguo xiju huigu"* (The difficult course of Chinese theatre modernisation—a review of Chinese theatre in the 20th century). *Wenxue pinglun* (Literary Review), no. 1 (1998): 29-39.

[2] The relationship between *wenmingxi* and *huaju* is disputed. Some scholars believe the former is the predecessor of the latter while others argue that *wenmingxi* is the embryonic form of *huaju*. See Dong Jian (1999), Hu Xingliang (2004) and Liu Siyuan (2006). Hu Xingliang. *"20 shiji Zhongguo xiju de jige wenti"* (A number of questions in the study of Chinese drama in the 20th century). *Yue haifeng*, no. 4 (2004): 40-41. Liu Siyuan. "The impact of shinpa on early Chinese huaju." *Asian Theatre Journal* 23, no. 2 (2006): 342-55.

[3] The latter three never achieved the same popularity and predominance onstage as *huaju*. As a result, in narratives on modern Chinese theatre, *huaju* has been employed as the default synonym of western theatre, as is to be seen in the essays by Zhang Geng and other Chinese scholars.

acquire an increasingly large influence. To distinguish the indigenous traditions from the newly introduced forms, *xiqu* (literally the "theatre [of] tunes") became the standardized reference of the Chinese indigenous theatre[①], owing largely to the popularization of the term by Wang Guowei through his series of publications on classical Chinese theatre between 1912 and 1917. Meanwhile, (*xiyang*) *xinju* ("[Western] New Plays") was used for the imported forms from the West, as well as China's immediate Asian neighbour in the East-Japan. A co-existing *huaju-xiqu* system within the Chinese theatre thus came into being, and entered the regular discourse of Chinese theatre scholarship.[②] This duality has led to the modernisation of Chinese theatre being twofold, if not even more disparate–the differences arising from the multiple possibilities as was exemplified in the guiding principles set forward by Zhang Geng in his essay titled "The Nationalization of *huaju* and the Modernisation of the Old Theatre"[③] in 1939. The broad scope of such discussions exceeds the remit of this paper. Therefore, all discussions in this paper hereafter, unless specified otherwise, are restricted to the domain of *xiqu*.

The modernisation of *xiqu* in the 20th century is rightfully referred to as a "tortuous path" (Dong, 1998) due to the complexity and intricacy of the social,

---

① When viewed in different perspectives, it was also referred to as *jiuxi* (Old Theatre) in comparison to the "New" and *guoju* (National Theatre) as against the "Western".

② See, for example, Dong (1998), Ruan (2003), and Shi (2010) on the *huaju-xiqu* duality. Ruan Nanyan. *Zhiyehua lutu zhong youyang de tuoling: Xin Zhongguo jushe yanjiu* (The melodious ting of camel bell on the path to professionalization: A research of New China's troupes). Master's thesis. Guangxi Normal U, 2003. Shi Xusheng. *"Xinchao yanju": Zhongguo xiju xiandaihua de luoji qidian* ("new fashion theatre": Logic start of Chinese theatre modernisation). *Guangdong shehui kexue* (Social Sciences in Guangdong), no. 4 (2010): 127-134.

③ "Old Theatre" referred to *xiqu*, as Zhang Geng explicitly expounded in his later works. See Liu (2004). Liu Tao. *"Xiqu yishu jingshen yu xiqu xiandaihua—Zhang Geng xiqu meixue sixiang chutan"* (Spirit of *Xiqu* arts and *xiqu* modernisation—a preliminary exploration on Zhang Geng's *Xiqu* aesthetics). *Wenyi yanjiu* (Literature & Art Studies), no. 2 (2004): 41-48, 158-159.

political, economic and cultural changes taking place during the process. It is something of a challenge to divide that history into phases, and summarize the features in those phases respectively, yet the creation of such divisions and summarizations is imperative for such discussions to begin. Dong suggested three phases: first, the negation and criticism of *xiqu* as being obsolete and backward (starting in the 1910s), followed by the rebuilding and utilization of the old art form for new content (starting in the 1920s), and finally, the identification with the term *xiqu* and reassessment of its value (starting in the 1980s). In the previous year, Hu put forward a division with four phases in his study of *xiqu* modernisation in the 20th century: the beginning phase (starting with the May 4th Movement in 1919), the second phase of "putting the new wine in the old bottle" (starting with the outbreak of the War of Resistance Against Japanese Aggression), the third phase of "'*San bingju*' (Three Simultaneous Developments) and modern plays" (starting with the founding of the P.R. China in 1949), and the last phase of "explorations and reforms amidst the crisis" (starting with the "New Era" beginning in 1978). Since the year 2000, similar dating and defining endeavours have also been undertaken by scholars in the continued discussions on the modernisation process in the 20th and the unfolding 21st century[1]. Those discourses have certainly contributed to the theoretical construction and the re-arrangement of the historical data. Nonetheless, there are also common deficiencies, mainly the lack of definitive dates (or years) for the starting and ending of the periods described. There is also a gap in the post-1949 analysis, due to the selective omission of any mention of the "Cultural Revolution". For example, Hu deliberately skips this period, taking a "great

---

[1] See Shi (2004) and Ai (2008). Shi Xusheng. "*Xiandaihua yu jingdian hua: 20 shiji Zhongguo Xiqu de wenhua xuanze*" (Modernisation and canonization: Cultural choice of Chinese Xiqu in the 20th century). *Xiju yishu* (Theatre Arts), no. 3 (2004): 25-35. Ai Lizhong. "*Ershi shiji Xiqu xiandaihua xinlun*" (New Theories of Xiqu modernisation in the 20th century). *Xiju wenxue* (Drama Literature), no. 10 (2008): 6-10.

leap forward" from the "17 years after the founding of P.R.C." immediately to the "New Era"; Dong simply dismisses this era, condemning *xiandai geming yangbanxi* (the Modern Revolutionary Model Works) as "a freak" that "confronted and obstructed the true modernity of theatre," hence "the days when *yangbanxi* is at its peak (i.e. the "Cultural Revolution"[①]) are the days during which China's theatre modernisation process was forcibly blocked," which is "an indisputable fact" (1998). Understandably, such deficiencies are due to the previously stated complexities and intricacies on that "tortuous path"—which often deviates from a linear course of development, thus denying the convenient plotting of developments along a temporal axis.

I propose to divide the modernisation process of *xiqu* in the 20th century into two halves, with the year 1949 as the demarcation line. Prior to 1949, the efforts towards a modernised *xiqu* were largely sporadic and incidental—made only by scholars, artists, and professionals active in certain theatre forms; however, since the founding of P.R. China in 1949, modernisation has become a state endeavour—one which has incorporated not only theatre but practically all major aspects of the society, of which the best exemplification is *shixian sihua* (the Realization of "Four Modernisations"—in agriculture, industry, national defence, and science and technology). The first half is to be further divided into three sections: section one (from 1901 to the late-1910s), the intellectuals' critique of the traditional Chinese theatre; section two (from the 1920s to the mid-1930s), the *xiqu* artists' experiments for a modernised theatre; and section three (from the late-1930s to 1949), the joint efforts to combine the traditional forms with the modern themes. The government's participation is a running theme for the second half, which varied in terms of the spans and scales of dominance and influence, dividing this period into three sections along the linear timeline: section one (from 1949 to 1966), the nation-wide campaign to modernize *xiqu*

---

① The author's note.

through the "*Xiqu* Reform" initiated and implemented by the state; section two (from 1966 to 1976), the monopoly of the Modern Revolutionary Model Works—manifested mostly in the form of Jingju, while other *xiqu* forms were banned and troupes disbanded—under state leadership, aiming to achieve the modernisation of China's theatre by "making the foreign things (such as the "western" instruments, setting, lighting, costume, and makeup) serve China and [making] the past serve the present"; and section three (from 1978 to 2000) [①], the synthesized drives, including "new" western thoughts introduced after the implementation of the Opening up and Reform policy, the audience and market, the professionals' trials, and the government's by-then diminished influence via guidance and the granting of awards.

Would the development of Kunqu conform to the course of *xiqu* modernisation in the 20th century?

Kunqu (also translated as Kun Opera) is one of the oldest Chinese indigenous theatre forms and is still widely performed across the country on stage today. It originated in the 16th century during the Ming Dynasty (1368—1644) and achieved about two hundred years of prosperity as China's national theatre form. Kunqu carries on the characteristics that it inherited from older forms, and it has exerted great influence on the development of a number of the newer ones. The comprehensive fusion of performance elements in Kunqu includes song, speech, dance, acting and acrobatic display, and it boasts a treasury of materials for new plays and numerous scenes that have been transplanted to other forms. It is regarded as exhibiting "the highest taste of classical dramatic literature", claiming the "perfect system of classical theatre

---

① Although the "Cultural Revolution" ended in 1976, it didn't connect immediately to the New Era, which arrived following the convening of the Third Plenary Session of the Eleventh Central Committee of the Chinese Communist Party in December, 1978, at which the Opening up and Reform policy was adopted and the state's focus shifted to the "construction of socialist modernisation".

performance", and enjoying the status of *bai xi zhi mu/zu* (Mother/ancestor of hundreds of *xiqu* forms).[1]

Scholars of *xiqu* in China generally identify three periods in which efforts were made to revitalize Kunqu since its decline in the late Qing Dynasty (1644—1911). Two of these periods played out in the 20th century. The founding of *Kunju Chuanxi Suo* (the Institute for the Preservation and Transmission of Kunqu) in 1921 is seen as the nexus of Kunqu's first revitalization. Founded through the individual efforts of a number of Kunqu enthusiasts, the Institute suffered from its unstable financial footing; it suffered such that after only five years of the planned six-year program of its first class (the *Chuan* class), the funding ran out. The Institute's "early graduating" students formed troupes including the *Xiannishe* (the Xianni Society). But they did not flourish, and were eventually disbanded some ten years later.

The second revitalization was marked by the instant sensation of the 1956 production of the Kunqu play *Shiwu guan* (Fifteen Strings of Cash). Famously, Premier Zhou Enlai said of that production: "This one play has saved an entire theatre form" because it "sets a good example for carrying out the policy of 'Letting a hundred flowers blossom and weeding through the old to bring forth the new' ". With this new favour from the government and party leaders, Kunqu soon saw the founding of the seven professional troupes by the late 1950s—the very same troupes that are active again today, the recruiting and training of new performers, the performances of both classical and newly-written plays, and the publication of academic research on Kunqu history and practice. However, Kunqu lost the political ground it had gained soon after the "Cultural Revolution" started. All schools and troupes were disbanded and Kunqu

---

[1] It has become the standardization in the reference of Kunqu in Chinese theatre scholarship. See Niu et al (1996), Li Xiao (2006), and Zheng Lei (2005) for example. Niu Biao et al. *Zhongguo Kunqu yishu* (Chinese Kunqu art). Beijing: Beijing yanshan chubanshe, 1996. Li Xiao. *Chinese Kunqu Opera* (Cultural China). San Francisco: Long River Press, 2006. Zheng Lei. *Kunqu*. Hangzhou: Zhejiang renmin chubanshe, 2005.

artists were forced to find other careers (Cong, 2007), thus ending the second revitalization after barely ten years.[①]

After the "Cultural Revolution", all the previously disbanded Kunqu companies were re-established, and productions were made, including both the "traditional plays" and exploratory works like *Xue shouyin* (The Bloody Handprint), an adaptation of Shakespeare's *Macbeth*–re-setting the story in a Chinese context–by the Shanghai Kunqu Company (Shangkun) in 1987. Yet, in general, the situation for Kunqu was becoming so difficult by the end of the 20th century that, as UNESCO observed in its *Proclamation*, "Kunqu performances... since 1990, have only been staged sporadically" (2001). This was the condition in which Kunqu lay at the tail end of the 20th century.

If we examine it against the modernisation process of *xiqu* in the 20th century, Kunqu's trajectory, at first glance, does not seem to be in accordance with the general tendency—specifically that in the first half of the century. It does make more sense, however, when one takes into consideration that the dominant *xiqu* form during that period was Jingju, crowned as *guoju* (the "National Theatre"), while Kunqu was struggling for its very existence. The establishment of the Institute was exactly such an act of self-rescue. By the beginning of the 20th century, Kunqu had long lost the glory of its heyday, owing to a combination of causes: the competition from other newer theatre forms (represented by Jingju), the interruption of sponsorship by the court and the officials after the ending of the Qing Dynasty in 1911, and the loss of appeal to the audience as an elite theatre. All this had taken place long before critiques were undertaken by the advocates of modernisation. It was the *chuan* class graduates who not only extended Kunqu's life by carrying on the tradition till the end of the first half of the *xiqu* modernisation; more importantly, they helped to boost the modernisation

---

① Cong Zhaohuan. "*Wo suo qinli de Li Huiniang shijian*" (My experience of the Li Huiniang case). *Xinwenxue shiliao* (Historical Materials of New Literature), no. 2 (2007): 54-62.

progress through the 1950s, with their production of *Shiwu guan* both for Kunqu and for *xiqu* as a whole. If one wants to elaborate on the reasons underpinning *Shiwu guan*'s success, it has to be noted that the Central Committee of the Communist Party of China was launching a campaign against bureaucracy and subjectivism in the mid-1950s. And this play—which was adapted from a Ming play that tells the story of an official making amends following a case of mismanagement by his former colleagues due to the inadequacy of their investigation skills and general arrogance—was taken as an ideal showcase. Kunqu offered a perfect example of the role the state played in the modernizing of the theatre. Between 1956 and 1966, Kunqu precisely followed the *San bingju* policy to: "developing modern plays, revising, sorting out, and staging good traditional plays, and promoting newly written historical plays." Despite that advantage, Kunqu couldn't be spared the common fate meted out to the non-Jingju *xiqu* forms during the "Cultural Revolution". Since the beginning of the New Era, along with other *xiqu* forms, the Kunqu artists were exploring different approaches, including the intercultural experiment embodied in the production of *Xue shouyin*. Another production by Shangkun in 1995—*Sima Xiangru*—based on the life story of a historical figure, explores how the title character is confronted with temptations of fame, wealth and achievement, loses himself temporarily in those pursuits, but eventually restores his peace of mind by returning to a simple life. Obviously, that was an attempt to approach the historical figures and events from the contemporary, "modern" perspectives by projecting then-current values and methodology onto the past, which was a primary "modernizing" approach as set forth in the *San bingju* principles.

Kunqu, *Xiqu*, and Modernisation: in the 21st Century

In this section, I will review the major Kunqu productions in the 21st

century, aiming to pinpoint both their connections to its tradition in the process of modernisation in the 20th century and the changes that are taking or have taken place. There are three main reasons why I set the timeframes as starting in 2001 and ending in 2013.

First, the year 2001 stands as a landmark not only because it marks the beginning of the new millennium; more importantly, it was on May 18th of that year that Kunqu was proclaimed by UNESCO as a "Masterpiece of the Oral and Intangible Cultural Heritage of Humanity". Kunqu's third revitalization can be said to date from UNESCO's *Proclamation*. That *Proclamation* has brought about a tremendous momentum to the revitalization of Kunqu, with more productions, increased audience numbers, (re-) kindled academic interest in Kunqu-related studies, and a larger and steadier investment of money and attention by governments at various levels. According to *The Yearbook of Kunqu Opera-China 2012* (Zhu Donglin), there were 45 full-play (as against *zhezixi–* highlight scenes) productions between 2001 and 2012[①②]. I have selected the following productions on the basis of three criteria to be met simultaneously: 1. These were the most "well-known" productions in that period–they were given widespread media coverage and received many critiques, thus offering rich materials for analysis; 2. Ten out of the twelve plays were rehearsed and performed during my 2013 field study, so I have observed the productions in a live condition (I had observed and studied the other two plays in live performances previously in my preliminary field work). There are recordings available on DVD or online for future revisits and analysis; and 3. They have their specific impact on the Kunqu of this period in exploring different ways in aspects such as play writing, music composition, directing, acting, costumes,

---

① The article in the 2012 Yearbook didn't provide the details of the 45 productions nor even a list of titles. I unsuccessfully tried to contact the Editor-in-Chief and the article author to find more information.

② There is no statistical record in *Yearbook 2013* of the new productions in 2013.

stage setting, and lighting.

Second, Kunqu's third revitalization has attracted the attention of a variety of social sectors in China, and has received constant support in policy and funding. During the following decade since the *Proclamation*[1] was issued, the numbers of plays staged, overall productions, and audience members, are believed to have reached levels unprecedented since the 1920s.[2] However, little theoretical work has simultaneously been conducted from the aspect of theatre, which seems to justify the call from Zhu Donglin for more scholarship to appear on practical Kunqu productions in this period (2013).

Third, and finally, the information and data for analysis are based on my pre-dissertation field research between August, 2013 and June, 2014 on major mainland Chinese Kunqu productions since 2001. Although I continue to collect and update my data base, the focus is nonetheless fixed on the period between 2001 and 2013.

I follow Zhang Geng's model of categorization, which has been employed in *xiqu* scholarship since the 1950s–traditional historical plays, newly written historical plays and modern plays. I group the major recent Kunqu productions into three categories: the classic plays, new historical plays and contemporary plays.

I will review the productions in each category with a brief introduction to each play respectively, a summary of the process by which the play was

---

[1]　See Zhao Bo and Xu Jingjing (2011); and Yi Yan (2011). Zhao Bo and Xu Jingjing. "*Shiwuguan 50 nian hou zai jin jing, Kunqu mouqiu quanmian fuxing*" (*Shiwuguan* comes to Beijing again after 50 years–Kunqu seeks a full-scale revitalization). http: // news. sina. com. cn/o/2006-05-19/21188972673s. shtml. Yi Yan. Kunqu zhe shi nian ("Kunqu during the 10 Years"). *People*'s *Daily*. 19 May 2011: 20.

[2]　This circumstance cannot be absolutely confirmed, due to the lack of readily available data concerning audience and productions prior to 2001. In my research, I aim to uncover the specific data by delving into the records at the major Kunqu companies and the State Statistics Bureau of China.

produced, and a discussion of the special features of that production. Then, I will compare productions in different categories. Finally, I will summarize the general features of these 21st century Kunqu productions.

The Classic Plays

Productions in the first category focus on the classic plays from the Kunqu repertory. They attach great importance to keeping the presentation of those plays "authentic," and, most importantly (at least important for publicity purposes), are performed by young actors (trained by master Kunqu artists). The most notable example for this category is the Youth Version of *The Peony Pavilion* (hereafter YVPP), the first production that advocates a "Youthful Restaging".

The Youth Version of *The Peony Pavilion* (2004)

YVPP refers to the specific production of *The Peony Pavilion* jointly staged by Bai Xianyong and the Suzhou Kunqu Company (Sukun) that debuted in 2004. It is the single production that has attracted the greatest interest from audience, scholars, and governmental cultural and arts bodies. It remains the production given the most public performances—the 200th 3-night performance was given at China's National Centre for the Performing Arts on December 8-10, 2011[1], and it has exerted great influence on the development of Kunqu since its premiere. Bai Xianyong was the individual who came up with the concept of the "youth version" at the early stage of planning. As Bai explicitly stated on various occasions throughout the years from 2003 to now, this is a play about a couple of young lovers, performed by a pair of young actors about the same age as the

---

[1] To this day, YVPP still inspires public performances, but on most occasions it is in the form of *jinghuaban* the highlights version, which consists of 7-8 scenes in one night. I did not give a time reference for the highest record on the number of performances given because it is the all-time highest till now.

leading characters (mid-20s), with the aim of reaching a new, young audience, and thereby rejuvenating the old tradition of Kunqu.

The Peony Pavilion has remained one of, if not the single most popular chuanqi plays since its original writing by Tang Xianzu in around 1598. There are many reasons behind its instant sensation and enduring popularity, from the great literary beauty in the lyric to the romantic and bold visions it alludes to. As its alternate title The Return of the Soul indicates, it tells the story of a young girl who dies for love and is resurrected with love; the pursuit of passion and love against the bonds of social convention, and the advocacy of a form of spiritual freedom from the Confucian restrictions on desire and individuality. The rich content in this 55-scene play ranges from the love romance between the hero and the heroine to the military and political struggles over the destiny of the Song Dynasty between the Song empire, the Jurchen invaders and their collaborators. And it has been staged very often—albeit during these two centuries mostly in the form of zhezixi—the highlight scenes[1] except during the interruption of the "Cultural Revolution". In the last few years of the 20th century alone, The Peony Pavilion was brought onto the main stage multiple times, among which was the first truly full-scale production in that century, at the Lincoln Centre in 1999, under the direction of Chen Shizheng, which ran 6—7 hours per night for a total of 20 hours on three nights[2]. There has also been the production directed by Peter Sellars in 1998, and the 1999—2000 production by Shangkun-performed

---

[1] According to Lu Eting in his History of Kunqu Performance (1980, 2006), there might be full-play productions by the court troupe during the Qianlong Era, but very unlikely by the private troupes and commercial troupes due to the strains of money, cast, materials and time. Lu Eting. Kunju yanchu shigao (A draft history of Kunqu performance). Shanghai: Shanghai wenyi chubanshe, 1980. Kunju yanchu shigao (A draft history of Kunqu performance). Shanghai: Shanghai jiaoyu chubanshe, 2006.

[2] There were heated debates on whether Chen's production of PP was authentic Kunqu, but according to Chen himself, what mattered more to him was the play as a vehicle to demonstrate Chinese culture, not the form of Kunqu (Chen's interview, 1998).

in 3 sections for a total of 34 scenes. These have added to the legacy of earlier productions in the 1980s and the recurring, contemporary productions by other Kunqu companies.

Even though it was not the earliest of the Kunqu productions after 2001, the YVPP stands out as a milestone in setting up a model that has impacted the Kunqu productions yet to come in many ways. In play- (re) writing, the YVPP is described as an "orthodox, authentic and honest restaging" (Bai Xianyong) of the original. Following its self-imposed rule of "cutting but not changing", the original 55 scenes were reduced to 27 scenes, with some re-arrangement in the order of their appearance. There were also words in the 27 scenes that were taken out, but among the lyrics that were kept, every single word remains the same as in the original script.[①]

In performance, the production also followed tradition; the young male and female lead were trained under the master actors for one year, after which they were taken as official pupils by going through the conventional ceremony of kneeling down and kowtowing to their masters. The acting conventions, including singing, speaking, dancing, were preserved and carried on by the young generation of actors in the performance.

In terms of the musical aspects, western instruments were incorporated into the orchestra, which also uses traditional Chinese instruments like the holed wind instrument (*xun*) and the set chimes (*bianzhong*), which had not been a regular part of the Kunqu ensemble. Western composition methods were employed in the production, too, such as creating two motif pieces for the hero and heroine respectively-which lent the two characters unique musical

---

① That is of course quoting Bai and other people repeating him, because, strictly speaking, there hasn't been such a thing as the "one and only" original script. Throughout the years, there are numerous versions of the scripts published and used in actual performance. Bai and his staff certainly stick with one such version, but it is arguable whether they should be considered "authentic" original.

images, and made each more easily identifiable. Despite the methodological western-ness in composing these motifs, they were originally extracted from the defining melodies in the two characters' signature arias, and developed into larger pieces. There is only one piece of music that was completely original— that written by Zhou Youliang, the Music Supervisor, composer and conductor of the production. He chose to put the *Prologue* of the play to music, using it as a most striking refrain at the end of each section, thereby connecting the 3-night performance into a united entity. Incidentally, this piece was constantly mistaken not for a newly written one but as a set tune *qupai* of Kunqu. Those instances of "Kunqu-ness" in the music exist thanks to the original work having been crafted within the scope of the rules and regulations of Kunqu (Zhou Youliang, 2014). In addition to the western methodology, there were also new treatments of the vocal accompaniment, including "chiming-in" *bangqiang* (literally "helping with the tune") borrowed from other *xiqu* forms like *chuanju* (from Sichuan) and offstage singing, as in the *Prologue*.[①]

Arguably more conspicuous than the musical aspect were the eye-catching costume designs. Take for example, the silk dresses for the 12 actresses playing the flower spirits, which were all hand made by the embroidery workers of

---

① It should be noted that, 1. Zhou Youliang composed the music with a visual image in mind – at least that was what he said at the interview, so that was a desired effect for the beginning of the play; 2. It was also a contingent device, as Zhou failed to find a *cangyin* for the Prologue, and Wang Shiyu had to step in, but Wang refused to appear on stage. This is going to be Youth Version! Besides, he was the master teacher. It was inappropriate for him to perform either, though in some cases – to be checked out – Wang was persuaded by Bai to perform anyway. So it is likely that the offstage singing in YVPP was not meant to be how it was adopted in the following productions, and used to the extreme as in *The Dream*, which might be a misunderstanding-led distortion. This detail is yet to be confirmed. Zhou Youliang. *Qingchun ban Mudanting yinyue xiezuo gouxiang* (conception of the music composition for the Youth Version of *The Peony Pavilion*). In *Qingchun ban Mudanting quanpu* (The complete music score of the Youth Version of *The Peony Pavilion*). Suzhou: Soochow University Press, 2014: 229-239.

Suzhou, who sow 12 patterns of flowers to represent the different flowers in each of the 12 months of a year. Chen's 1998 production was the immediate predecessor that started to use the embroidery work in costumes but YVPP was the one that raised the significance of costumes to a higher level, to be part of the spectacle of the performance (Fig. 1, Fig. 2).

Fig. 1   12 Flower Spirits in silk dresses   **Fig. 2   Du Liniang posing at the end of the 1st section**

     Images of traditional Chinese brush paintings and calligraphy were used as part of the stage setting and props. It also served to indicate the time and venue, to depict certain moods, or to establish certain connections–as with the huge pieces of calligraphy works of poems written by Du Fu and Liu Zongyuan, who were the ancestors to the heroine and the hero respectively. Unlike many productions prior to the YVPP, which would fill the space on stage with various props and devices, its stage was almost "pristinely empty and bare"; sometimes there were only one table and two chairs as in the plainest traditional form of setting. *Er dao mu* (the second curtain) was invented after the western style of theatres were introduced into China in the late 1800s and early 1900s, and commonly used to cover up for changes of scene and prevent audience distractions through the appearance of the stage crew onstage. With the help of lighting and the onstage actors helping with the scenery changes and props placements during blockings, the same effects were achieved in YVPP even without use of the second curtain.

The Jade Hairpin (2008)

In 2008, *The Jade Hairpin* was produced by Bai and Sukun, with basically the same cast of Sukun and the guest team with Bai from the YVPP. There are of course differences; when compared to *The Peony Pavilion*—a rich and powerful masterwork, *The Jade Hairpin* is more like a sketch: brisk, engaging, and amusing (Yue, 2006). There is no passionate love sufficient to transcend the barriers between life and death, no battle of wits and valour fought for the safeguarding of the dynasty. Instead, *The Jade Hairpin* tells the story of romance between a young couple betrothed to each other at birth by their parents, but separated since childhood due to the tumult of wars. Years later, they meet at a nunnery. The young man—Pan Bizheng—is studying for the next round of imperial examinations, and the girl—Chen Miaochang—is living as a nun. After the mutually favourable impressions of each other, Pan takes the initiative, checking out the mutuality of his affections by teasing Chen through his zither playing. This takes place without much success. But, after sneaking into Chen's bedroom, where he finds a love poem written by her, revealing her true affection for him, the two youngsters firmly take vows to be united as husband and wife. Yet Pan's aunt, the abbot of the nunnery, uncovers the romance and tries to prevent a scandal by forcing Pan to cross the Yangtze River to take the imperial examinations. Chen rushes to the river and catches up with Pan in a small boat on the autumn river. And, though they finally part with each other, it is a parting filled with not only tears but also hope—Pan and Chen exchanging the jade hairpin and the fan pendant as a token of their love and hope for a reunion in future. The full play of this joint production consists of 6 scenes that altogether take 3 hours—as against the 9 hours plus for the YVPP. Among the prominent scenes are the "Teasing with the Zither" "Stealing the Poem" and "The Autumn River" scenes, which are also regularly performed as *zhezixi* as highlight scenes holding artistic merit on their own terms.

Despite those differences, *The Jade Hairpin* is a continuation of the same experiments concerning the form's aesthetic system that were proposed, tested, revised, and re-tested in the YVPP. The 2009 anthology on the production, engineered by Bai and receiving contributions by the cast and guest artists, is titled *The Story of Jade Hairpin: Zither, Tunes, Calligraphy and Paintings— New Aesthetics of Kunqu*, which points out the key aspects that were further emphasized in this play, i.e. the zither, the traditional calligraphy, and the Chinese brush painting. As the scene title suggests, the zither is certainly the crucial element in the scene "Teasing with the Zither". As a matter of fact, a precious Tang Dynasty ancient zither of over 1200 years of history was played for the focal moment of the zither-playing correspondence between the hero and the heroine, as well as for other scenes of the play as part of the orchestra. Yet, comparatively speaking, images of Chinese calligraphy and brush paintings are given more "visible" appearances in the performance. The simple-lined drawings of Bodhisattva and the lotus held in Buddha's hand are projected onto the backdrop as the setting for events taking place at the Buddhist nunnery. And the calligraphy works are likewise employed throughout the play—from the first scene of "Seeking Shelter at the Nunnery" to the last "The Autumn River" scene, varying from the easily legible regular script to the barely legible running script, to script in such a bold cursive style that the Chinese characters take on the graphic effects of paintings, as are seen in the "Zither" scene and the "River" scene, in which the characters of "lotus" and "autumn river" are functioning-through their visual expressivity—as background paintings. The greatly enhanced application of Chinese calligraphy and painting works, together with the usage of the ancient zither, are intended to fulfil the goal Bai and his colleagues set for the production of *The Jade Hairpin*—to restore Kunqu as a theatrical form of true elegance (Fig. 3, Fig. 4).

Fig. 3　Backdrop with character of "lotus"　　**Fig. 4　Backdrop with characters of "Autumn River"**

Peach Blossom Fan: 1699 (PBF 1699) (2006)

As one of the two most successful Kunqu plays in the early Qing Dynasty, *The Peach Blossom Fan* was written by Kong Shangren in the late 1600s. The play consists of 44 scenes, and tells the story between Hou Fangyu—a 19-year-old scholar and Li Xiangjun—a 16-year-old courtesan in the upheavals of the final years of the Ming Dynasty. Hou and Li fall in love with each other at first sight, and soon get married, receiving the praises and blessings of their friends. However, a deposed official—Ruan Dacheng—humiliated by Hou and Li's rejection of his wedding gifts as an attempt to buy their favour, frames Hou for treason. Consequently, Hou has to flee during his honeymoon. Now Li is left alone, Ruan tries to force her to be remarried to the Prime Minister. In order to preserve her chastity, Li makes up her mind to kill herself, and barely survives the wound. Her blood is splashed onto the fan, which becomes their love token. Out of admiration for her courage and determination, one of their friends saves the fan for art by painting some peach blossoms on top of the blood stains, thus turning it into the "peach blossom fan" that gives the play its title. However, when Hou and Li are finally reunited with each other, their personal turmoil settled by the transition from the Ming to the Qing, they feel that any individual happiness they could possibly gain is meaningless. Now their nation is lost, so they tear up the fan and give up all worldly pursuits, becoming a Buddhist monk and nun respectively.

The *PBF 1699*—a tribute to the year when it was first performed—was produced by the Jiangsu Kunqu Company (Shengkun) three years after the YVPP made its debut. Although the director Tian Qinxin publicly denied the influence from YVPP in an interview in 2006, there were some common features identifiable in *PBF 1699*, such as the youthfulness of the cast, the goal for an authentic performance—as close as possible to how it was nearly 300 years ago, and the emphases on resuscitating certain dying practices in Kunqu as an elegant form of theatre. While the YVPP took pride in the fact that the age of the main actors in its cast were "close to the age" of the characters they would portray at the premiere, the *PBF 1699* claimed that its actors were exactly as young as the leading characters. The average age of the cast was a mere 18 years. Take for example the two actors playing the character of Li Xiangjun in the two halves of the play: Shan Wen was 16 and Luo Chenxue was 18, exactly the same age as Li was at the time of the story's setting. The playwrights and director took great pains to retrieve the scripts and the music scores from the Qing Dynasty to ensure that the production would be presented in the same way it was several centuries ago. As against the 3 scenes that were often performed as *zhezixi*, the play's 44 scenes were in essence preserved in *PBF 1699* by re-organizing them into 6 acts, hence maintaining the structural balance among the civil–emphasizing singing and acting, and the martial–stressing fighting, and combat–scenes originally in the play. As in the handling of *The Peony Pavilion*, there was "only cutting but no changing" in the script of *PBF 1699*. The young actors went through highly exhaustive training over a six-month period to learn from the teachers for singing, speaking, dancing and fighting in the same ways that the teachers learned from their masters, so that the performance carried on the tradition passed down from the predecessors. The 291 sets of costumes for nearly 60 cast members were, as with YVPP, all hand-made by over 300 embroidery maids in Suzhou.

And the *PBF 1699* production had its own unique attributes as well, the most striking one being its treatment of the performance space on stage through the set and lighting design. As the story takes place in the city of Nanjing, the temporary capital of the Late Ming, dark glass was used for the whole floor instead of the carpets usually covering the Kunqu stage, to create the visual effect of the Qinhuai River that runs through the entertainment as well as political quarters of the city, by emulating the shadows and reflections of the water and helping render the impression of boat-rowing on the imaginary river more convincing. Another innovative device was the three "walls" onstage, and they were made of white translucent screens on which the masterpiece *The Prosperous Market in the South Capital* from the Ming Dynasty was painted. The commonly used backdrop was replaced by the centre screen downstage, which partially veiled the orchestra. In front of the other two screens on stage left and stage right, 18 chairs were lined up on the narrow runways. When those chairs were taken by actors and *jianchang*—the stage crew, it was at once as if they were waiting for their respective turns for entrance in an onstage resting zone, and at the same time that they themselves were among the audience for on the events taking place in the core performance space on the moveable platform, a "stage within a stage". Major events in the focal scenes took place on that platform. Equipped with a parallel frame structure, it created a visual effect similar to that of a camera lens or a mounted painting, hence a double-layer, or an "illusion within an illusion" (Fig. 5).

Fig. 5　Stage Design Effect, *PBF 1699*

The New Historical Plays

Among the people who work with Kunqu, many hold the following view: there are so many extant classic plays that there is no more need to create new Kunqu plays. Bai Xianyong, for one, has stated his disbelief on different occasions , adding that "there are simply too many things to learn (about the classic plays) and too much work to do in order to pass them on to the next generation." While such an argument does sound reasonable, new Kunqu plays have been written and produced before, after, and at the same time as the classic plays regularly restaged.

Jingyang Zhong (The Jingyang Bell) (2012)

The first example of the new historical plays shares certain similarities with the restaging of classic plays. Those plays have been created on the basis of the extant *zhezixi*—the highlight scenes from complete plays that are still regularly performed. Often with the help of newly-written connecting scenes and/or lines, the extant scenes are reorganized and woven into these full-length play formats under a new title. The 2012 Shangkun production of *Jingyang zhong* serves as a good example. The original *chuanqi* play was titled *Tie guan tu* (The Painting by the Iron-Crown Taoist Priest), which tells about the life of different characters during the last days before the fall of the Ming Dynasty—from the last emperor Chongzhen, who hangs himself on a plum tree after the palace was taken, to the lady-in-waiting seeking revenge for the emperor and empress with the enemy. It ends with the emperor and all his loyal followers turning into immortals after death and ascending to heaven. The new play selected five extant scenes that were the most popular and best preserved, and worked them into a complete play of seven scenes (reduced to six scenes since July, 2013). Those scenes are the highlights of either the performing skills such as singing, dancing and fighting or the intense emotional conflicts of characters, e.g. the one when the emperor forces the empress and princess to commit suicide to save them from humiliation by the enemy. Since those scenes were staged in basically the same way as they were passed down, they are regarded as a best attempt to preserve the "authenticity" of the original plays nearly as effectively as the restaged classic productions.

In addition to the preserved "authenticity", this production was known for its innovations. For example, the "title subject"—the Jiangyang Bell—is given symbolic meanings. The bell was struck three times in the production, the first time in the opening scene, for convening the court to discuss the defence of the capital against the insurrectionary army. The Minister of Defence then stepped forward for the mission—he fought to death, courageously and desperately, in the following scene "Shower of Arrows", a display of combat skills. The second time, the bell rang on the cusp of fall of the besieged capital. No officers or officials answered the call. The only person eventually showing up was a eunuch. He won the emperor's trust, and was assigned to safeguard the city gate, which the eunuch opened to usher in the enemy. The third and last time coincided with Chongzhen fleeing the palace. Obviously, the bell was not struck by a hand from the Ming court but from the enemy's camp, and thus its tolls not only served as the death knell for the Emperor but also signalled the change of the regimes. While depicting the emperor's predicament, the character attacked many social ills keenly felt by the contemporary audience–corruption, materialistic pursuits, betrayal in the face of either threat or temptation. Last but not least, the emperor made the final call before he committed suicide: "Future generations, learn the lessons from my failure and do not commit the same errors!"—an explicit attempt to evoke the current zeitgeist through the mouth of a historical figure.

Gongsun Zidu (2007)

Another variety among the new historical plays is the "transplanted" play, which borrows the original source of stories from other *xiqu* forms, rewriting them to fit into Kunqu's specific rules regarding lyric and musical composition. *Gongsun Zidu* was transplanted from the Jingju play *Fa Zidu* (The Expedition against Zidu) by the Zhejiang Kunqu Company (Zhekun). It was originally a "ghost play" telling about the jealousy-driven General Gongsun Zidu shooting his commander Ying Kaoshu in the back at the battlefield and stealing all the glory. Kaoshu's ghost then arrives to haunt Zidu until he is eventually driven crazy and kills himself. The production team's main purpose was to explore the ways of expression for the role type *wusheng*—the male martial characters, whose appeal by and large resides in action–dancing, fighting and doing acrobatics. The play went through numerous revisions including nine script drafts by four playwrights over the ensuing ten years. When it was formally staged in 2007, the final product fulfilled the initial goal in the role-type characterization by enhancing the skills of singing, speaking and acting of the *wusheng* actor and, in the meantime, reinforcing the traditional strength in combating and acrobatic techniques. What is more, the production attached great importance to probing into the characters' inner world—where conscience and vanity, revenge and forgiveness, and guilt and pride constantly appear in conflict. The ghost of the deceased Kaoshu was reduced to the imaginary product of Zidu's stresses, freeing the play from the stereotype of revenge by the ghost to a story that inquires into the nature of the soul. Zidu's suicidal act in the end was no more an act of madness; instead, it was the result of a choice he made with a clear mind, the result of the yearning for integrity and honour triumphing over that for greed, fame and power, thus elevating the character to the status of a flawed tragic hero.

Ban Zhao (2001)

Ban Zhao is an original Kunqu play created by Shangkun in 2001. It was based on the life of a historical figure in the Han Dynasty (206 BCE—220 CE). The title character Ban Zhao is the little sister of a court historian who passed away in his prime, leaving behind the voluminous work—the history of the Han Dynasty—only half-finished. Ban Zhao takes over the daunting task, devoting the rest of her life to completing the project. Along the way, she is faced with various challenges while her mind is fixed on the project; her marriage fails, and her husband subsequently drowns himself; her best friend and soul mate departs, and her own health declines. In the end, Ban Zhao endures the hardships all by herself, finally completing the compilation of the Han history. The next day, with a smile on her face, she sinks into sleep while sitting beside the mound of the finished volumes—a sleep from which she never emerges.

The play was largely the continuation of the way of thinking that was found in *Sima Xiangru* in the 1990s; the characters were in essence the present-day intellectuals. Though set in the past, they embodied the modern values and the spirit of the contemporary times, and faced the contemporary temptations the same way people are tempted today. These characters, however, resolutely hold onto their principles. What also remains noticeable is the conscientious pursuit in the creation of the character. The play was a custom-made piece created upon the request by the female lead actor Zhang Jingxian, who played the title character throughout the performance. To play roles encompassing the entire life of Ban Zhao, from a young, worry-free 14-year-old girl to a newly-wed maid in her early 20s, to a middle-aged widow, and at last the old lady in her 70s appearing in the final scene, Zhang broke down boundaries among the different role types expected of female characters; she designed the specific vocal expressions, hand gestures, postures, costumes and makeup designs for the character at different ages and in different identities.

The Contemporary Plays

The contemporary plays refer to the works written by today's playwrights—which tell stories concerning the life of people since the May 4th Movement in 1919. Between 2001 and 2013, there were altogether four productions of the contemporary plays, only two of which were main stage productions, both by the Beijing-based Northern Kunqu Company (Beikun). The production in 2011 was titled *Jiu jing juechang* (The Last Song of the Old Capital), depicting the bitter experiences of four Kunqu actors in Beijing before 1949 (hence the "old capital" of the title). The magnetism of the production lay in the intricate structure of "plays within the play", which were carried out by real Kunqu actors from Beikun playing the characters of Kunqu actors, while, in turn, these actor-characters would play different characters, hence the second layer of playing.

Beikun's 2012 production of *Ai wu jiang* (The Boundless Love) was a "contemporary play" true to its type. It was based on a true story that took place in Beijing in 2011: Learning the news that his mother was dying from a severe case of hepatitis, realizing that the only chance to save her would be a liver transplant, and that there was no suitable donor available, the 22-year-old college graduate immediately returns from the US, and despite his mother's protestations, donates more than half of his liver for the surgery, saving his mother from death. The production was truly "contemporary" in various perspectives: all characters wore "real-life" contemporary costumes, high heels and T-shirts in place of the thick-sole boots and water sleeves, eliminating any possibility for *xiqu*'s conventionalized stage gait and hand gestures; stage dialogs were interspersed with words like "internet" and "email"; a colossal prop bridge was set on wheels and moved about the stage manually. Three huge LED screens were set up in the back of the stage as the backdrop, on which images were projected, indicating the change of scenes. Moreover, the concept of the chorus was borrowed from Greek tragedy. This chorus role was performed by the full cast, fulfilling the role of narrator, commentator, and backing vocalists while the lead characters were singing.

Like the contemporary plays in other *xiqu* forms, the two production teams made admirable efforts in experimenting with different means of expression. They were, however, both confronted with the common challenges when a traditional art form takes on a modern theme: the incompatibility between the lyrics of songs and the modern language; the limitation of the real-life costumes on the conventionalized movement system, and the absence of the usual stylized Kunqu aesthetics–hampering not only the Kunqu artists but also the audience.[①]

Summary

Although the modernisation of *xiqu* had long been proposed in theory, and put into practice in the 20th century, its concept and principles were not clarified until the beginning of the 21st century. The delay owed to a number of factors. First, as an unprecedented enterprise, modernisation is a constant process of exploration, involving experiment, learning from trial and error, revision, and exploration again. Consequently, the development of theory on modernisation goes through a pattern of "negation and affirmation" repetitively. Second, the course of *xiqu* modernisation has been impacted by the social, economic, and specifically the political changes in the 20th century. Our subsequent reflections on the experiences of the past century make it possible for us to conduct theoretical formulation with greater precision and clarification. Simultaneously, we must acknowledge that the clarity of hindsight does not rule out the appearance of disagreements and disputes.

What is the core concept for the modernisation of *xiqu*? In essence, it is "to reflect the daily life, mentality and aesthetics of modern times through the *xiqu* art, by assigning new meanings to the traditional form while maintaining its essential features."[②]

If we comb through the major Kunqu productions mentioned here against this core concept, we will find at a glance those that fit well with the need to demonstrate the genre through modernized works: the contemporary plays,

---

① Based on my interviews with both Kunqu workers and audience.

② The definition is based on the combination of ideas in the works of Dong (1998), Zhang Geng (2003), Liu (2004), and Gong (2011). Zhang Geng. *Zhang Geng wenlu* (Literary records of Zhang Geng). Changsha: Hunan wenyi chubanshe, 2003. Gong Hede. Zhang Geng xiansheng yu Xiqu xiandaihua (Mr. Zhang Geng and Xiqu modernisation). *Zhongguo xiju* (Chinese Theatre), no. 11 (2011): 38-39.

of course, for "realistically representing the modern Chinese people's mental outlook and aesthetic tendency," and the new historical plays, for "examining the historical themes from modern perspectives, thus incorporating the modern conceptions of culture and aesthetics and the spirit of the times" (Zhang, 2003).

The classic plays seem to be elusive, though. All the three productions I have reviewed here were already among "the favourite artistic works of the Chinese people", examples of work that enjoys "a ready market among the audience", as Zhang Geng puts it. One sees an apparent polarity in those productions. On the one hand, they tried to connect with the present-day audience, specifically the younger generation, by enacting plays about the love of young characters by young actors, hence the "youth version". On the other hand, the productions chose to subscribe to a "subtraction but no addition" approach to working with the original scripts and "preserving the authenticity of the performing tradition as it was centuries ago" in both training and onstage performance. In addition, "new old things" were introduced into the Kunqu productions, including the (technically anachronistic) one-thousand-year-old zither from the Tang Dynasty in the ensemble, the employment of cursive calligraphy works as stage props, the Ming Dynasty painting masterpiece projected onto the curtains, to name but a few. The productions were permeated with contradictions and received diverse pronouncements–praise for updating the best of traditions, denunciation as marketing tricks, and questions on being super-conservative, over-commercialized, or simply regressive.[1]

What are those productions? Shall they be viewed as recreations of the past, regarded as contemporary variations, or recognized as modernized productions?

My answer is: yes, they are to be considered as truly modernized productions. In other words, they exemplify the fruit of *xiqu* modernisation in the

---

[1]　The publications on YVPP are numerous and the opinions varied, the majority of the responses being positive.

classic plays. Again, I shall look at Zhang Geng for reference. Despite the fact that he advocated the creation of the contemporary plays, Zhang firmly believed in the significance of the classic plays in the modernisation of *xiqu*: "the life in the past is not isolated from the present, as one can always learn from history." As a result, it is possible that the classic historical plays to be rendered through a new lens, examining and expressing the life, thoughts, and actions of the past while reflecting the spirit of modern times. The key lies "in the re-interpretation of the historical characters" (Liu, 2004). In this specific case, however, since the preserved performing practices may have prevented the "re-interpretation" of the "characters," we will turn away from the people within the plays to look at another aspect in these productions—Kunqu, the "re-interpretation" of the "art form". Instead of setting out to change the preoccupation that Kunqu was an ancient art tradition, Bai and other producers were dedicated to reinforcing it. However, once the plays were enacted, the art tradition, the eternal theme of love, the well-tempered performance skills, were all brought to life through the incarnation by the young actors. These performances reached out freshly to the audience, provoking a process of "re-interpretation" from within. This is the realization of true modernisation in production.

The challenges to fit the "youth version" production of Kunqu classic plays into the box of modernisation may point to a possibility that the re-interpretation of Kunqu as an ancient tradition, not merely the restoration to its early stages, might be also an alternative to those manifestations of modernisation that attempt to propel the form along a linear temporal axis.

Conclusion

I have reviewed the major Kunqu productions in mainland China since 2001 and studied them within the framework of the modernisation of *xiqu*.

One may have discovered that the discussion of modernisation could be attributed to a certain starting point, despite the disputes involved[1], but the process is open-ended. It is necessary to point out that, in the Chinese context, "the modernisation" is an ongoing process. Even if certain terms like the Four Modernisations, which was proposed in the 1960s, with the year 2000 set as the hallmark for completion, have faded from today's political lexicon, new versions of modernisation have continued to appear on the horizon.[2] As for the field of theatre studies, the process of modernisation will most likely remain in the common language, for "it (the modernisation) is a long-term, difficult course that deepens continuously" (Gong, 2011).

The long currency of the term "modernisation", remaining in circulation almost in exclusivity, has given rise to concern. Since the beginning of the 21st century, Guo Hancheng, the former collaborator and later the successor to Zhang Geng in both academic and administrative leadership, enthusiastically suggested that the creation of contemporary plays be regarded as the "touchstone of the modernisation of *xiqu*", that once the qualifications are met, it will mark the triumphant completion of the stage of "*Xiqu* Reform" and the entrance into that of "*Xiqu* Construction" (2002, 2006, 2013, 2014; Guo Guangyu, 2005). The proposal is arguably an attempt to introduce new terms into the phrasebook to replace the word "modernisation" and prepare for its retirement. Unfortunately, as my previous discussion indicates, the current reality is that Kunqu is not yet

---

[1] See Hu Xingliang (1997), Dong (1998), Shi (1999), and Ai (2008). Hu Xingliang. 20 shiji Zhongguo xiqu de xiandaihua tansuo (Exploration in modernisation of Chinese Xiqu in the 20th century). *Wenyi yanjiu* (Literature & Art Studies), no. 1 (1997): 47-62. Shi Xusheng. Ershi shiji Zhongguo huaju yu Xiqu guanxi jiegou daolun (Introduction to the structure of relationship between Chinese spoken drama and Xiqu in the twentieth century). *Xiju* (Drama), no. 4 (1999): 76-82.

[2] The most recent major example is "the advancement of the modernisation of national governance system and governance capacity", which is put forward by Chinese President Xi Jinping in 2013.

ready to face the test of the "touchstone" with the productions of contemporary plays.

Lastly, we have to be aware that this paper has thus far merely touched upon the modernisation of *xiqu*, which is only half of the overall modernisation of the Chinese theatre (the other half being the nationalization of *huaju*). Even if I abstain from questioning the validity of such a dualistic coexistence of *huaju-xiqu* under the broad aegis of Chinese theatre (for oversimplification), I cannot help being suspicious of the legitimacy of the implied, if not declared, opposition between nationalization and modernisation in the dichotomy. In other words, will nationalization in time negate modernisation? Or, by following the same vein of thought as I put forward in the previous paragraph—about the inadequacy in the vocabulary of modernisation, will modernisation inevitably or inherently involve nationalization? Is it possible that the Chinese theatre, either *huaju* or *xiqu*, will be modernized via nationalization and nationalized during modernisation? I firmly believe that such questions are legitimate in advancing the discourse of Chinese theatre modernisation—a subject which I look forward to addressing in my next paper.

■ 作者简介 ━━━━━━━━━━━━━━━━

杨明，博士，北京外国语大学艺术研究院讲师。

■ 来　　源 ━━━━━━━━━━━━━━━━

本文原载于 *Modernization of Asian Theatres: Process and Tradition*，Ed. Yasushi Nagata, Ravi Chaturvedi. Singapore: Springer Singapore, 2019: 165-185.

《保护非物质文化遗产公约》释义

唐璐璐

摘　要　《保护非物质文化遗产公约》是文化遗产领域具有全球影响的重
要公约之一。该公约的出台，既有《老鹰之歌》和"不眠广场"
等关键事件的影响，也有挽救《保护民间创作建议案》失效和《保
护世界文化和自然遗产公约》缺失的内在需求。该公约形塑了
一种全新的遗产保护范式，即赋权社区、群体和个人。缔约国
大会和政府间保护非物质文化遗产委员会及其相关文件，保证
了该公约的正常实施和各缔约国的履约。

关键词　保护非物质文化遗产公约；非物质文化遗产；联合国教科文组织

2003 年 10 月 17 日，在联合国教科文组织大会第 32 届会议上，通
过了《保护非物质文化遗产公约》（以下简称"2003 年公约"），该公约于
2006 年 4 月 20 日正式生效。2003 年公约是继 1972 年的《保护世界文化
和自然遗产公约》（以下简称"1972 年公约"）之后，联合国教科文组织（以
下简称"UNESCO"）在文化遗产领域出台的又一项形塑遗产保护范式并
具有全球影响力的重要公约。截至 2021 年 5 月，2003 年公约共有 180 个
缔约国 ①，在 UNESCO 的成员国中批准者超过 90%，接近全面批约。②

---

① The States Parties to the Convention for the Safeguarding of the Intangible Cultural
Heritage (2003)[EB/OL]. [2021-05-01]. https://ich.unesco.org/en/states-parties-00024.

② 《基本文件·2003 年〈保护非物质文化遗产公约〉》（2018 年版本）[EB/OL]. [2021-
05-01]. https://ich.unesco.org/doc/src/2003_Convention_Basic_Texts-_2018_version-
CH.pdf.

一、2003 年公约的缘起

（一）关键事件：从《老鹰之歌》到"不眠广场"

关于 2003 年公约和非遗概念的起源，国内外学者已做过详细梳理。[①] 因此，本文不再从学术史角度进行细致爬梳，而是关注几次关键事件，或者说是几个故事，它们对于启动 2003 年公约具有决定性影响；而它们本身也已成为一种民间叙事，是非遗领域相关学者、专家、UNESCO 官员等谈起公约源头绕不开的话题。

1. 一首歌与一封信

1970 年，美国流行音乐唱作人保罗·西蒙（Paul Simon）和阿特·加芬克尔（Art Garfunkel）发行了一张名为《忧愁河上的金桥》（*Bridge over Troubled Water*）的专辑。[②] 他们可能不会想到，流行音乐将与文化遗产发生碰撞，并持续几十年影响了关于文化遗产保护问题的讨论。该专辑中的一首歌曲《老鹰之歌》（*El Condor Pasa*）大受欢迎，也获得了众多艺术家的青睐，在随后几十年中被不断改编。然而，这首歌曲引起了巨大争议，既包括对其所有权的跨国争议，秘鲁政府宣布《老鹰之歌》为国家文化遗产，玻利维亚则一直表达这是属于玻利维亚的民歌；也包括歌曲著作权及相关利益归属的争议——是属于创作歌曲的艺术家、注册版权的作曲家，还是

---

① 例如，可参见 Noriko Aikawa. An Historical Overview of the Preparation of the UNESCO International Convention for the Safeguarding of the Intangible Cultural Heritage[J]. *Museum International*, 2004, (56), issue 1-2；巴莫曲布嫫. 非物质文化遗产：从概念到实践 [J]. 民族艺术，2008, (1): 6-17。UNESCO 将与 2003 年公约出台相关的工作分为三个阶段，分别是：1946 年至 1981 年的第一阶段；1982 年至 2000 年从世界文化政策大会到发布《我们创造性的多样性》（*Our Creative Diversity*）报告；2000 年以后及公约起草阶段。参见 UNESCO 官网 . Working towards a Convention [EB/OL]. [2021-05-01]. https://ich.unesco.org/en/working-towards-a-convention-00004.

② 西蒙和加芬克尔（*Simon & Garfunkel*）二人组合是 20 世纪 60 年代美国著名的民谣组合，该专辑是两人合作的最后一张专辑，获得了当年的格莱美唱片奖，也是该组合销量最大的专辑。

安第斯山的土著人？^①

这些争议，以玻利维亚共和国外交和宗教部部长 1973 年致 UNESCO 的一封信达到高潮，而这封信被 UNESCO 视为 2003 年公约诞生的礼炮。^② 信中声称，当前，民间音乐、舞蹈、手工艺等形式没有得到任何国际公约的保护，正遭受非法、隐秘的商业化和输出，而这些行为是对传统文化的严重破坏。先不论玻利维亚政府保护民间文化的立场问题^③，这封信的结果就是 UNESCO 开始更为关注民间文化保护问题。事实上，UNESCO 在通过 1972 年公约之后，就有一些会员国关注到保护"非物质遗产"（当时还未形成此概念）的重要性。之后，UNESCO 于 1982 年设立了非物质遗产处（Section for the Non-Physical Heritage）。^④ 但这一时期，UNESCO 关注的重点或者说保护理念是从知识产权保护的角度考虑的；因此，是与世界知识产权组织（以下简称"WIPO"）共同推进工作的。^⑤

1989 年，联合国教科文组织大会第 25 届会议通过了《保护民间创作建议案》（以下简称"1989 年建议案"），这标志着在对民间创作的保护上，UNESCO 与 WIPO 分路扬镳。^⑥ 该建议案明确了"民间创作是人类的共同

---

① [冰岛] 沃尔迪玛·哈福斯坦，张举文. 山鹰之行：非物质文化遗产的制造过程 [J]. 文化遗产，2018, (5): 79-83. 该文为哈福斯坦专著的一个章节，也可参见其专著 Valdimar Tr. Hafstein, *Making Intangible Heritage: El Condor Pasa and Other Stories from UNESCO* [M]. Bloomington: Indiana University Press, 2018.

② [冰岛] 沃尔迪玛·哈福斯坦，张举文. 山鹰之行：非物质文化遗产的制造过程 [J]. 文化遗产，2018, (5): 79.

③ 玻利维亚当时的政府是通过政变上台的军事专政政府，而写信的外交和宗教部部长是一名法西斯主义者。土著人艾马拉人和克丘亚人的身份实际上正受到强力压制，他们被要求认同为玻利维亚同胞，他们的歌曲和舞蹈被政府挪用为玻利维亚的国家文化。参见 [冰岛] 沃尔迪玛·哈福斯坦，张举文. 山鹰之行：非物质文化遗产的制造过程 [J]. 文化遗产，2018, (5): 82.

④ 巴莫曲布嫫. 非物质文化遗产：从概念到实践 [J]. 民族艺术，2008, (1): 6.

⑤ 施爱东. "非物质文化遗产保护"与"民间文艺作品著作权保护"的内在矛盾 [J]. 中国人民大学学报，2018, 32(1): 5.

⑥ 施爱东. "非物质文化遗产保护"与"民间文艺作品著作权保护"的内在矛盾 [J]. 中国人民大学学报，2018, 32(1): 6.

遗产"①，也就是说，不再强调民间创作是某国、某区域或某人的私有财产，而是为全人类共享的。因此，保护的重点就不是注册知识产权，而是转移到其存续力。② 它强调，"各国政府在保护民间创作方面应起决定性作用，并应尽快采取行动"③。这种转变，与 UNESCO 一贯的立场和愿景也是一致的，就是讲求文化的多元化、包容性，要建立对话和相互理解的渠道，消除仇恨与偏狭，从而推进人类世界的和平。④

2. 一个广场与一次会议

第二个是关于"不眠广场"（Jemaa el-Fna）⑤ 的故事。广场位于摩洛哥马拉喀什麦地那⑥ 入口处，存在历史已逾千年，是被列入《世界遗产名录》的广场中唯一仍在使用的。"不眠广场"是摩洛哥乃至非洲最繁忙的市场之一，历来是当地无数民间表演的场所：讲故事、耍蛇、算命、吃玻璃、杂耍、音乐和舞蹈表演等；晚上，广场则化身大型的露天餐馆，从水果摊到烤肉摊一应俱全，吸引着摩洛哥和国外的游客。然而，这样一个具有重要社会和文化功能的空间却面临现代化的侵蚀。20 世纪 90 年代，马拉喀什市政当局和一些商人计划拆除广场周围的几座建筑，代之以一座高层购

---

① UNESCO. *Recommendation on the Safeguarding of Traditional Culture and Folklore*, adopted by the General Conference at its twenty-fifth session, Paris, 15 November 1989. [EB/OL]. [2021-05-01]. 来源：UNESCO 数字图书馆. [2021-11-24]. https://unesdoc. unesco.org/home.

② 详细的学术史梳理可参见施爱东."非物质文化遗产保护"与"民间文艺作品著作权保护"的内在矛盾 [J]. 中国人民大学学报, 2018, 32(1): 2-11; 朱刚. 联合国教科文组织保护非物质文化遗产的事件史考述——基于《建议案》和《"代表作"计划》的双线回溯 [J]. 青海社会科学, 2019, (6): 214-219, 238.

③ UNESCO. *Recommendation on the Safeguarding of Traditional Culture and Folklore*, adopted by the General Conference at its twenty-fifth session, Paris, 15 November 1989. [EB/OL]. 来源：UNESCO 数字图书馆. [2021-11-24]. https://unesdoc.unesco.org/home.

④ 参见 UNESCO 关于其愿景的叙述, UNESCO in brief-Mission and Mandate [EB/OL]. [2021-05-01]. https://en.unesco.org/about-us/introducing-unesco.

⑤ 也有音译为"杰马夫纳广场""德吉玛广场"，本文采用阿拉伯语世界更为熟知和通用的"不眠广场"。

⑥ 即旧城，1985 年以"马拉喀什的阿拉伯人聚居区"被列入 UNESCO《世界遗产名录》。

物中心和为购物者服务的地下停车场。①

以长期居住在马拉喀什的西班牙作家胡安·戈伊蒂索洛（Juan Goytisolo）为代表的一批民间人士开始为保护这个"不眠广场"奔走。他们成立了非政府组织"广场之友"（Les Amis de la Place）并向 UNESCO 寻求帮助。②1996 年，戈伊蒂索洛联系了时任 UNESCO 总干事的费德里科·马约尔（Federico Mayor），希望 UNESCO 通过授予荣誉的形式，给予"不眠广场"国际认可，从而保护该文化空间。戈伊蒂索洛与马约尔见面时，进一步提出了保护人类口头文化遗产及人类创造力的重要性。③ 马约尔非常支持戈伊蒂索洛的建议，而且恰逢 UNESCO 在筹备非遗公约（即后来的 2003 年公约）的相关工作，因此这一呼吁被及时响应了。1997 年，在总干事及相关部门的支持下，UNESCO 在马拉喀什召开了一次关于保护大众文化空间的国际研讨会④，除了聚焦"不眠广场"的价值与困境外，也旨在推进非遗保护的国际行动⑤。马拉喀什会议从推土机的铁臂下抢救了"不眠广场"⑥，也推动了"宣布人类口头和非物质遗产杰作"（Proclamation of Masterpieces of the Oral and Intangible Heritage of Mankind）⑦ 计划的协商，

---

① Valdimar Tr. Hafstein. *Making Intangible Heritage: El Condor Pasa and Other Stories from UNESCO*[M]. Bloomington: Indiana University Press, 2018: 91-92.

② Valdimar Tr. Hafstein. *Making Intangible Heritage: El Condor Pasa and Other Stories from UNESCO*[M]. Bloomington: Indiana University Press, 2018: 93.

③ 朱刚. 联合国教科文组织保护非物质文化遗产的学术史考释——基于从马拉喀什会议到《"代表作"计划》的演进线索 [J]. 民俗研究 , 2020, (5): 9.

④ 关于马拉喀什会议详细的学术史梳理 , 可参见朱刚. 联合国教科文组织保护非物质文化遗产的学术史考释——基于从马拉喀什会议到《"代表作"计划》的演进线索 [J]. 民俗研究 , 2020, (5): 9.

⑤ Valdimar Tr. Hafstein. *Making Intangible Heritage: El Condor Pasa and Other Stories from UNESCO*[M]. Bloomington: Indiana University Press, 2018: 93.

⑥ 马拉喀什市政当局此后为"不眠广场"制定了详尽的保护措施 , 但"保护"也产生了许多新的问题 , 可参见 Valdimar Tr. Hafstein. *Making Intangible Heritage: El Condor Pasa and Other Stories from UNESCO*[M]. Bloomington: Indiana University Press, 2018: 98-101.

⑦ "杰作"（masterpiece）背后的逻辑意味着遗产有等级之分 , 后来被更显公平的"代表作名录"（representative list）替代。

成为助力 2003 年公约出台的加速器。

（二）现行文件的失效与缺失：1989 年建议案与 1972 年公约

如果说《老鹰之歌》和"不眠广场"在推动 2003 年公约的出台方面有偶然的因素，当时国际文书在非遗保护方面的缺失则是促使 UNESCO 出台 2003 年公约的内在动力。

1. 1989 年建议案的失效

2000 年前后，民俗学领域盛行强烈的（自我）批评风潮，这也间接影响到对 1989 年建议案的评估与反思。经过十年的发展，人们发现，由民俗学者和政府官员精心编制的 1989 年建议案并没有达到理想效果。因此，1999 年，在美国华盛顿数名民俗学家、人类学家、遗产政策决策者以及史密森学会（Smithsonian Institution）民俗与文化遗产中心联合召开了一次会议，试图挽救该建议案的失败。[①] 与会人员提出，在遗产政策和项目保护中，利益相关者的参与是缺失的，因此，"为了有更好的依据以及更有效的政府行动，本文件建议增加对那些跟创造、保护、研究及传承民俗和传统文化息息相关的群体的列举和说明"[②]。这就明确了利益相关者参与非遗活动的重要性。

此次华盛顿会议对 1989 年建议案的评估，为 2003 年公约提出新的遗产保护范式提供了重要经验，包括明确利益相关者的范围、与可持续发展结合、突出文化经纪人的重要性等方面。[③]

---

① ［比利时］马克·雅各布. 不能孤立存在的社区——作为联合国教科文组织 2003 年《保护非物质文化遗产公约》防冻剂的"CGIs"与"遗产社区"[J]. 唐璐璐, 译. 西北民族研究, 2018, (2): 16.

② ［比利时］马克·雅各布. 不能孤立存在的社区——作为联合国教科文组织 2003 年《保护非物质文化遗产公约》防冻剂的"CGIs"与"遗产社区"[J]. 唐璐璐, 译. 西北民族研究, 2018, (2): 16.

③ ［比利时］马克·雅各布. 不能孤立存在的社区——作为联合国教科文组织 2003 年《保护非物质文化遗产公约》防冻剂的"CGIs"与"遗产社区"[J]. 唐璐璐, 译. 西北民族研究, 2018, (2): 16.

2. 对 1972 年公约的批评

UNESCO 出台 1972 年公约的背景是：一方面，两次世界大战后，兴起了保护历史遗迹的运动；另一方面，面对前所未有的环境恶化和物种灭绝，环保主义开始盛行。因此，文化遗产保护与自然遗产保护相结合的理念应运而生。1972 年公约为很多相关的国际救援行动提供了制度框架。[①]

尽管 1972 年公约在全球取得了显著成效，但它也在很多方面招致了批评。例如，在《世界遗产名录》中，主要是欧洲的、基督教的遗产，甚至连自然遗产都偏少，主要是文化遗产；存在着严重的"南北"失衡，名录的遗产项目主要集中在欧洲，撒哈拉以南的非洲项目数量极少。除此之外，1972 年公约受到的严肃批评主要包括四点。一是碑铭主义（monumentalism），该公约对于文化遗产的定义根源于欧洲的历史建筑概念，对规模和特权过于迷恋，遗产名录更关注宫殿、城堡、大教堂等形式。二是物质主义（materialism），与碑铭主义紧密相关，该公约将遗产限定为"有形"的，从而制造了遗产的二分概念[②]，并且强调了物质的重要性。三是生态隔离（ecological apartheid），虽然自然遗产和文化遗产保护被置于同一个框架下，但也彻底区分了对自然和文化的保护，若要列入《世界遗产名录》，二者是有不同衡量标准的。这种自然与文化二分法，将人类生活从自然环境中彻底剥离了。四是真实性原则（doctrine of authenticity），这也是近年被人们一直反思和重新评估的。现在对真实性概念的普遍看法是，这是极其欧洲中心主义的，将影响《世界遗产名录》在全球的信誉。[③]

正是因为 1989 年建议案在实践中的失效和 1972 年公约被诸多诟病，一份更具有操作性，更体现 UNESCO 对文化多样性、可持续发展等重要议题态度的国际性文书呼之欲出。

---

① Valdimar Tr. Hafstein. *Making Intangible Heritage: El Condor Pasa and Other Stories from UNESCO*[M]. Bloomington: Indiana University Press, 2018: 58.

② 即使后来出台了 2003 年公约，在 UNESCO 的框架下，遗产仍然是被分为"物质"和"非物质"的，这种二元对立依然存在。

③ Valdimar Tr. Hafstein. *Making Intangible Heritage: El Condor Pasa and Other Stories from UNESCO*[M]. Bloomington: Indiana University Press, 2018: 59-62.

二、2003 年公约中的重要概念与理念

（一）非遗的概念及特征

2003 年公约的宗旨就是保护非物质文化遗产；尊重有关社区、群体和个人的非物质文化遗产；在地方、国家和国际一级提高对非物质文化遗产及其相互欣赏的重要性的意识；开展国际合作及提供国际援助。①

究竟何谓非遗？根据 2003 年公约的定义，非物质文化遗产，是指被各社区、群体，有时是个人，视为其文化遗产组成部分的各种社会实践、观念表述、表现形式、知识、技能以及相关的工具、实物、手工艺品和文化场所。非遗主要包括五个方面的内容：口头传统和表现形式，包括作为非物质文化遗产媒介的语言；表演艺术；社会实践、仪式、节庆活动；有关自然界和宇宙的知识和实践；传统手工艺。②

非遗有两个重要特性。首先，它是具有包容性的，人们"可以共享非物质文化遗产的各种表现形式，这些表现形式可能与其他人的实践相似"。"非物质文化遗产不会引发特定的实践是否专属于某种文化的问题。"③ 因此，在 2003 年公约框架下，不鼓励用类似"独特的"（unique）这样的形容词描述非遗项目。其次，非遗具有活态性，是在不断变化和演进的，保护的目的是确保其存续力，"保护的重点在于世代传承或传播非物质文化遗产所涉及的过程（processes），而非具体表现形态的产物（production）"④。包容性与 UNESCO 主张文化多元化的一贯立场一致，也是与现有国际人

① 《基本文件·2003 年〈保护非物质文化遗产公约〉》（2018 年版本）[EB/OL]. [2021-05-01]. https://ich.unesco.org/doc/src/2003_Convention_Basic_Texts-_2018_version-CH.pdf.
② 《基本文件·2003 年〈保护非物质文化遗产公约〉》（2018 年版本）[EB/OL]. [2021-05-01]. https://ich.unesco.org/doc/src/2003_Convention_Basic_Texts-_2018_version-CH.pdf. 关于非遗的概念及所涵盖领域的进一步说明，可参考：Kit of the Convention for the Safeguarding of the Intangible Cultural Heritage[EB/OL]. [2021-05-01]. https://ich.unesco.org/en/kit.
③ 巴莫曲布嫫. 何谓非物质文化遗产？ [J]. 民间文化论坛, 2020, (1): 115.
④ 巴莫曲布嫫. 何谓非物质文化遗产？ [J]. 民间文化论坛, 2020, (1): 117.

权文件一致的，符合各社区、群体和个人互相尊重的需求；而活态性则体现出顺应可持续发展的要求。

（二）赋权社区、群体和个人的遗产保护范式

如果说 1972 年公约的遗产保护范式是由专家和政府主导的，2003 年公约所采取的则是一种全新的赋权社区、群体和个人的遗产保护范式，这也是吸取了 1989 年建议案的经验教训，以吸纳更多利益相关者参与遗产活动。2003 年公约第 15 条奠定了这种遗产保护范式的基础，"缔约国在开展保护非物质文化遗产活动时，应努力确保创造、延续和传承这种遗产的社区、群体，有时是个人的最大限度的参与，并吸收他们积极地参与有关的管理"[①]。

需要说明的是，2003 年公约对于"社区""群体"和"个人"没有明确定义，所有尝试定义这些概念的努力都失败了。因为"社区""群体"和"个人"在 2003 年公约框架中是一种敏化性（sensitizing）概念，而非确定性（definitive）概念。[②] 任何说明或者限定，都会削弱 2003 年公约范式的影响力、可能性和适用性。[③]

另外，需要注意的是，"社区、群体，有时是个人"是作为一整条准则出现在 2003 年公约的基本文件中的，也即"社区""群体""个人"是享有平等地位的。但在非遗保护实践中，甚至是在 UNESCO 系统内部，

---

① 《基本文件·2003 年〈保护非物质文化遗产公约〉》（2018 年版本）[EB/OL]. [2021-05-01]. https://ich.unesco.org/doc/src/2003_Convention_Basic_Texts-_2018_version-CH.pdf.

② 确定性概念是"事务的概念"，而敏化性概念是"关系的概念"，前者适用于自然科学中的独白式论题，而后者适用于人文社会科学中的对话式论题。敏化性概念没有明确的属性和参照点，但在处理经验实例时可以提供参考感和方向感。参见刘力，管健，孙思玉. 敏化性概念、基耦与共享：社会表征的对话主义立场 [J]. 中国社会心理学评论, 2010, (1): 217-233.

③ [比利时] 马克·雅各布. 不能孤立存在的社区——作为联合国教科文组织 2003 年《保护非物质文化遗产公约》防冻剂的 "CGIs" 与 "遗产社区" [J]. 唐璐璐，译. 西北民族研究, 2018, (2): 13.

都存在一种偏向，就是赋予"社区"一词特权，对其提及和强调远多于"群体"和"个人"。①这种倾向可能是为了减少这一套敏化性概念带来的复杂性，但同样会削弱 2003 年公约范式的适用性，因此是要避免的。只有保持"社区""群体""个人"的平等地位，才能保证更多的利益相关者参与到非遗活动中，从而保证这种新的遗产保护范式的有效性。

三、2003 年公约的运行机制

2003 年公约的最高权力机关是缔约国大会，大会每两年举行一次常会；同时，在 UNESCO 内设立政府间保护非物质文化遗产委员会（以下简称"委员会"），委员会委员国由缔约国大会选出，任期四年，按规则进行换届。

缔约国大会与委员会会议定期召开，保证了 2003 年公约也具有"活态性"，与该公约相关的"工具包"能随着非遗全球实践的发展及时更新。例如，2015 年，保护非物质文化遗产政府间委员会第十届常会上通过了《保护非物质文化遗产的伦理原则》，"该等伦理原则是对 2003 年公约、实施该公约业务指南和各国立法框架的补充，旨在作为制定适合当地和部门情况的具体伦理准则和工具的基础"②。2018 年 6 月，在保护非物质文化遗产公约第七届缔约国大会上通过了《总体成果框架》。"总体成果框架含有清晰确定的目标、指标和基准以及以成果为导向的监测系统，是衡量 2003 年公约对各级影响的工具。"③该框架确定了非遗保护的长期、中期、短期成果以及 8 个专题领域；在 8 个专题领域之下，确定了一组 26 项核心指标

---

① ［比利时］马克·雅各布. 不能孤立存在的社区——作为联合国教科文组织 2003 年《保护非物质文化遗产公约》防冻剂的"CGIs"与"遗产社区"[J]. 唐璐璐，译. 西北民族研究，2018, (2): 13.

② 《基本文件·2003 年〈保护非物质文化遗产公约〉》（2018 年版本）[EB/OL]. [2021-05-01]. https://ich.unesco.org/doc/src/2003_Convention_Basic_Texts-_2018_version-CH.pdf.

③ 《基本文件·2003 年〈保护非物质文化遗产公约〉》（2018 年版本）[EB/OL]. [2021-05-01]. https://ich.unesco.org/doc/src/2003_Convention_Basic_Texts-_2018_version-CH.pdf.

以及一组 86 项相关评估要素，旨在有效评估 2003 年公约的产出、成果和影响。

各缔约国在实施 2003 年公约时，主要遵循《实施〈保护非物质文化遗产公约〉的业务指南》（以下简称《业务指南》）。根据非遗全球实践，《业务指南》也会及时由缔约国大会修正。例如，为了将 2003 年公约与联合国《变革我们的世界：2030 年可持续发展议程》相结合，《业务指南》新增了第六章"在国家层面上保护非物质文化遗产和可持续发展"，从包容性社会发展、包容性经济发展、环境的可持续发展以及非物质遗产与和平四个主要方面明确了保护非遗与可持续发展之间的联系。

2003 年公约在全球影响力最大的一项工作是委员会根据缔约国的提名编辑、更新和公布《人类非物质文化遗产代表作名录》《急需保护的非物质文化遗产名录》以及《优秀实践名册》，这也是在国际一级保护非遗的重要措施。《业务指南》对相关列入标准有详细说明。在 2003 年公约生效前被宣布为"人类口头和非物质遗产代表作"的项目全部纳入《人类非物质文化遗产代表作名录》。根据《业务指南》第 27 条，委员会设立的名为"审查机构"的咨询机构负责对相关名录的申报、推荐以及 10 万美元以上的国际援助申请进行审查。审查机构负责向委员会提出建议，以便其做出决定。委员会在公平考虑地域、非遗各领域的代表性后，确定 12 名审查机构成员，包括来自非委员会委员缔约国的 6 名非遗领域合格专家和 6 个经认证的非政府组织。① 根据 1972 年公约，主要由国际文物保护与修复研究中心（罗马中心）、国际古迹遗址理事会以及国际自然及资源保护联盟等专业机构为其委员会提供咨询。② 而根据 2003 年公约第 9 条，"委员会应建议大会认证在非物质文化遗产领域确有专长的非政府组织具有向委员

---

① 《基本文件·2003 年〈保护非物质文化遗产公约〉》（2018 年版本）[EB/OL]. [2021-05-01]. https://ich.unesco.org/doc/src/2003_Convention_Basic_Texts-_2018_version-CH.pdf.

② 《基本文件·2003 年〈保护非物质文化遗产公约〉》（2018 年版本）[EB/OL]. [2021-05-01]. https://ich.unesco.org/doc/src/2003_Convention_Basic_Texts-_2018_version-CH.pdf.

会提供咨询意见的能力"①。目前，全球共有 193 个经缔约国大会认证的非政府组织向委员会提供咨询②，未来还将继续增加。可以发现，与 1972 年公约相比，2003 年公约委员会在进行决策时，除了向专家或专业机构咨询外，也非常重视非遗领域非政府组织的建议。咨询机构数量多，覆盖非遗各个领域，也考虑到地域平衡，可以及时吸收来自全球非遗实践的反馈，这也是符合 2003 年公约一贯立场的，可吸纳更多利益相关者参与到非遗保护的活动中。

同时，我们也不能忽视，2003 年公约在实施过程中也面临一些问题。根据 UNESCO 内部监督办公室（Internal Oversight Service）在 2013 年对使用该公约的第一个 10 年进行评估的结果，可以发现，全球许多国家和地区对于履约存在一系列误解和挑战。例如，将 2003 年公约与 1972 年公约的概念和原则混淆；社区对自己的非遗项目缺乏认识；社区对该公约和国家保护计划的知识不足等。③ 因此，2003 年公约期望通过赋权社区、群体和个人而建立的"自下而上"的遗产保护范式，距离真正实现仍要跨越现实的鸿沟。在该公约的实施中，需要克服面临的全球性、地区性和全球在地化的问题；而缔约国也需要在非遗保护实践中不断思考国际规则与地方实践的缝合，以推进非遗的可持续发展。

---

① 《基本文件·2003 年〈保护非物质文化遗产公约〉》（2018 年版本）[EB/OL]. [2021-05-01]. https://ich.unesco.org/doc/src/2003_Convention_Basic_Texts-_2018_version-CH.pdf.

② 参见 UNESCO 网站, Accreditation of Non-Governmental Organizations to Provide Advisory Services to the Committee [EB/OL]. [2021-05-01]. https://ich.unesco.org/en/accreditation-of-ngos-00192.

③ Barbara Torggler, Ekaterina Sediakina-Rivière (with Janet Blake as consultant). Evaluation of UNESCO's Standard-setting Work of the Culture Sector, Part I: 2003 Convention for the Safeguarding of the Intangible Cultural Heritage, Final Report, UNESCO, Paris, 2013: 39-40. [2021-11-24]. https://ich.unesco.org/doc/src/IOS-EVS-PI-129_REV.-EN.pdf.

■ 作者简介

唐璐璐，北京外国语大学艺术研究院副教授，非物质文化遗产国际传播研究中心主任。

■ 来　　源

本文原载于《中国非物质文化遗产》2021 年第 6 期。

技术力量下的剧场新景观

——以 2021 年央视春晚为例

赵立诺

摘 要 XR、5G 等信息技术的登台亮相，是 2021 年央视春晚的最大亮点，它呈现出一种传统舞台艺术与当代数字艺术同台竞演的融合性景观。本文通过对其技术传统与语言本质的研究，探讨了春晚剧场首次出现的远程虚拟表演主体与人类的同台表演这一现象，作为一种全新的语言实验对于当代剧场艺术语言本质上的影响，作为大众文化的奇观消费对艺术带来的负面效果，及对人类数字化未来的预示作用。

关键词 春晚；XR；5G；计算机图像；赛博经验

2021 年央视春晚，数字技术备受瞩目，它突破了以往通过搭建投影和全屏幕舞台的方式扩展舞台空间、增强视觉冲击力的功能，开始用虚拟现实技术重塑表演主体，用移动屏幕扩展舞台边缘视域，并通过增加以 5G 高速联通的后场屏幕，将整个演播大厅空间制造为一个 360 度沉浸式数字显像空间，使得整个央视春晚从内而外的焕发着高科技属性，并呈现出传统舞台艺术与当代数字艺术同台竞演的融合性景观。

但是，科技与艺术的结合并没有让它收获一致的好评，尽管大多数评论认为 2021 年央视春晚"兼具思想深度、情感温度与艺术新高度"①，但

---

① 中国日报网 . 2021 年春晚描绘新时代精气神 [N/OL]. 北京青年报，2021-04-2-12，https://baijiahao.baidu.com/s?id=1691452824154608173&wfr=spider&for=pc.

依然有一些评论认为"春晚已经没有什么可以写的东西了"①，这不禁令人困惑——是其所使用的数字技术效果平平，还是它沦为了无意义的形式？抑或是，这种两极评价的现状，是如今科技走向艺术发展过程中的一种必然？

一、新剧场：走向大众的技术实践

早在 20 世纪初，工业革命引领的机械技术与电力技术已经走入中国的舞台艺术，中国舞台艺术便开始在机械技术与电力技术的夹持之下，突破古典审美模式②，将以声台形表、起承转合等为基础的传统戏剧舞台样式，改造为更具融合性的艺术形式，并拓展着当时的观众的审美感知。"上海新舞台""共舞台"以及京剧艺术家周信芳的新京剧，在 20 世纪初至 20 世纪中叶，以舞台的机械改造、连环戏、杂技以及魔术布景，甚至电影为卖点，一举成为当时中国大众文化界最具消费性的文化实践之一。③而现在，央视春晚承袭了中国舞台艺术的实验与拓展精神，也逐渐发展成为最具融合性、最具接受度的舞台艺术与大众文化形式。

卡腾拜夫曾在谈及剧场的媒介间性（intermediality）时说到，"剧场艺术能够融合所有其他艺术形式，构成了艺术的基本模式，故可表达社会诸种文化形式"④。换句话说，剧场艺术之所以可以充分反映社会文化，并不仅仅在于作品的内容维度，也在于它的形式维度，因为剧场空间对于所有艺术种类、形式与语言保持开放性。在这个意义上，剧场空间的本质就是

---

① 3 号检票厅员工. 曾经春晚是很好看的 [EB/OL]. https://mp.weixin.qq.com/s/RDgzgO EZ5KeIVctFfbgsug,2021-02-10.

② 贤骥清. 剧场撷谈：共舞台之流变 [J]. 档案春秋，2017, (5): 55-58.

③ 李镇. 戏影连环——20 世纪 20 年代上海连环戏略观 [J]. 当代电影，2017, (4): 101-108.

④ Kattenbelf C. Theatre as the Art of the Performer and the Stage of Intermediality[M]// F. Chapple, C. Kattenbelt, eds. *Intermediality in Theatre and Performance*. Amsterdam/ New York: Rodopi, 2006: 31-41.

融合的、开放的、多媒介的，技术为剧场提供更为丰富和复杂的表达方式，也不断促进着剧场艺术自身媒介属性、物质属性的改变。

技术与春晚的关系也在于此。与一般的表演艺术相比，春晚更具综合性，在表演品类上较为全面，强调以剧场为中心，而非以内容种类为中心；比起一般单一品类的剧场而言，春晚的剧场更具开放性，甚至可变性，这一点在初创时已可见端倪。1983 年以前，春晚的功能、影响力和作用形式主要限于中央电视台工作社群内部①，以茶座的形式组织，以内部人员参与娱乐为主要目的，人人既是表演者也是观众②，其空间更多是作为一个承担节庆仪式的公共空间，而非艺术空间，也不存在任何技术性支持。1983 年，春晚开始面向全国观众直播，这一般被看作其正式的初创起点③，其形式也更加正式，拥有了一个由舞台和观众席组成的基本形式的剧场，并引入了直播技术，将原本互动的、即时的、不可复制的半娱乐、半舞台的公共空间，转为一个大众的、影像的、可复制的、以传播为目的的剧场空间和摄影棚空间，并直接完成了从舞台到电视的再媒介化（remediation）。所以，对于春晚而言，技术成为其诞生不可或缺的元素，使之成为一个拥有着复合结构"剧场 + 电视 / 表演 + 影像"的跨媒介艺术形式，并从源头上决定了春晚的媒介属性。

另外，将原北京台的"人民联欢活动"④节日集体活动进行直播，也

---

① 1956 年春节，中央新闻纪录电影制片厂曾制作过一部以"春节联欢晚会"为题的纪录片，1978 年央视复播后，制作了一期"迎新春文艺晚会"，仍然是录播，因全国电视机数量匮乏，所以主要是集体观看的形式。参见宫承波，张君昌，王甫. 春晚三十八年——板型改革开放，欢乐国人大年 [M]. 北京：中国广播影视出版社，2020: 2-3.

② 第一届春晚在一个 600 平米的茶座间举办的，演员与观众同处一个平面范围，空间上来看，两者之间并没有清晰的界限划分。参见刘胜枝，蒋淑媛. 央视"春晚"的创新之路 [J]. 电视研究，2014, (7): 54-56；2021 牛年春晚倒计时，舞美设计剧透来了！历年春晚舞台大盘点 [EB/OL]. 搜狐新闻，2021 年 2 月 2 日 16 点 2 分，https://m.k.sohu.com/d/513940360?channelId=4&page=1.

③ 王娟. 媒介仪式与社会再现：三十六载除夕舞台的传播学解读 [M]. 北京：光明日报出版社，2019: 3.

④ 郭镇之. 从服务人民到召唤大众——透视春晚 30 年 [J]. 现代传播，2012, 34(10): 7-12.

是一次将小规模的、集体性的娱乐，生产为大众消费文化形式的技术化改造，这看似在电视产业、大众文化逐渐升温的 20 世纪 80 年代是水到渠成的事情，但事实上却彻底改变了春晚的社会功能和艺术走向。它不仅成为中国媒介与技术文化的重要力量，更推动了春晚的特殊的仪式价值与传播价值①，使其更具有国家叙事的意味，成为建构中国当代国家叙事、主流文化的重要板块。

建立了"剧场＋直播"的基本范式之后，春晚历年的技术改造主要在三个方面：第一是春晚舞台与演播大厅的改造（20 世纪 80 年代给水泥舞台增加八角透光玻璃平台的主表演区，20 世纪 90 年代彻底改造为机械舞台，2005 年后升级为数字影像舞台②），主要针对的是春晚剧场的基本物质条件，用以丰富其空间表达；第二是直播渠道与技术手段的升级，主要是随着中国广电网络技术逐步发展进行改造，从 20 世纪 80 年代的模拟信号直播发展为数字高清电视、互联网与 VR 融合直播，使春晚的跨媒介结构更富多样性和开放性；第三个是内容层面，主要用以增强单个作品的呈现效果，例如在 2012 年全息 LED 辅助的歌曲节目《万物生》中，歌手萨顶顶的四周播映着大型的、缓缓浮动着的奇花异草，与其空灵的声音质感、环保题材的歌词相得益彰，无论是现场还是电视直播，其吸引力、艺术性都被大大增强。在这一技术进程之中，剧场空间不断被重新形塑，传统舞台空间逐渐被环幕影像空间取代，舞台美术越来越多由运动影像替代，大多数作品都化为了"影像＋"的融媒介作品。或可说，春晚从一个功能清晰的"剧场—影像"大众化实践，逐渐变为一种中国当代最具现代性，尤其是技术性实践、跨媒介实践的代表性形式。

"新技术喷涌"③ 的 2021 年春晚尤为如此。大多数媒体大年初一的标

---

① 邵培仁，范红霞. 传播仪式与中国文化认同的重塑 [J]. 当代传播，2010, (3): 15-18.

② 杨建蓉. 从传统到全息：央视春晚舞美的奇观演绎 [J]. 影视制作，2010, 16(5): 68-71.

③ "中央广播电视总台编务会议成员姜文波介绍，这届春晚'新技术喷涌'，有多个'首次'"，参见蔡姝雯，张宣，杨频萍，等. 共襄春熙，中国年里新科技 [N]. 江苏科技报，2021-02-19(A2).

题都集中于"刘德华、周杰伦到底来没来春晚？"[①]"春晚到底有几个李宇春？"[②]这些话题，将公众的目光拉向技术层面；随后的导演访谈、央视幕后纪录片[③]，内容也几乎都聚焦于谈论技术的实现而不是作品的创作过程。[④]在 2021 年关于春晚的所有话语中，可以说，新技术的风头已经压过了节目 / 内容，几乎成为 2021 年春晚的主角，更是完胜以往最受欢迎的小品、相声对大众文化的引领作用。

通过观察，被广泛谈论并对 2021 年春晚影响力最大的新技术主要在如下四个方面。

第一是机械装置与大型高清显像技术，主要体现在舞台设计上。舞台安装有 154 套升降台和 63 套升降冰屏，两侧有两个可以像扇面一样打开的大型移动屏，可以在需要时让舞台变为一个 180 度的沉浸性、环绕式、立体化的影像空间。[⑤]这就使得舞台不仅仅是一个承载内容 / 信息的实体空间，其本身也变为一个内容 / 信息的输出者，而置身于央视一号大厅的观众宛如置身于一个 180 度的实体 VR 环境系统（virtual reality environment system）当中，观众可以感受到的不仅仅是舞台表演所带来的审美体验，还有巨型界面所带来的沉浸感和震撼。

第二是数字图像处理技术、即时渲染技术与直播技术的融合，即XR 技术。XR 的全称是扩展现实（extended reality），原指 VR（virtual

---

① 李水青. 2021 央视春晚黑科技全盘点：刘德华、周杰伦到底来没来春晚？[EB/OL].智东西，2021 年 2 月 14 日 6 点 33 分，https://www.ithome.com/0/535/224.htm.

② 九派娱乐. 春晚李宇春一键变装 18 套华服，春晚到底有几个春春？[EB/OL]. 腾讯网，2021 年 2 月 11 日 23 点 16 分，https://new.qq.com/rain/a/2021-02-11-A097N500.

③ 参见央视网纪录片《加油 2021—2021 春节联欢晚会幕后纪事 2021-02-18》，央视网，2021 年 2 月 18 日 21 时 36 分，https://tv.cctv.com/2021/02/18/VIDELHX74orOa-9Qv4RKjGU2N210218.shtml.

④ 参见央视新闻客户端《大量创新技术！今年春晚"亮"在哪？》，2021 年 2 月 12日 10 点 42 分，https://www.jwview.com/jingwei/html/m/02-12/381395.shtml；新京报记者刘玮. 对话春晚副总导演夏雨：希望向观众传达什么？[EB/OL]. 新京报客户端，2021 年 2 月 14 日，https://mp.weixin.qq.com/s/NQNuQDT0URLXvr_ke0eviw.

⑤ 资料来源：揭秘|折叠冰屏、旋转楼梯……央视春晚你不知道的舞台设备 [EB/OL]. 网易，2021 年 2 月 26 日 12 点 29 分，https://www.163.com/dy/article/G3OTUGR40511QTBC.html.

reality）、AR（augmented reality）、MR（mixed reality）三种技术的融合，是一种将影视后期、3D 制作与游戏引擎联合开发的技术形式，用以无缝连接现实物理空间与虚拟世界，以头戴显示器或投影、3D 屏幕等方式显像或综合显像。① 由于这一技术尚在发展初期，暂时很难实现合成、即时渲染与现实空间立体综合显像合一的理想状态，所以春晚的 XR 技术大多为"裸眼 3D + AR + 直播"的形式。② 例如，电视机前的观众在《灯火里的中国》里看到张也和周深置身于不断变换的城市景观之中（立体影像），在《牛起来》《莫吉托》里看到远在港台的刘德华、周杰伦同时出现在虚拟画面和现场，在《天地英雄》中看到甄子丹和吴京在山川、湖泊河流中展示绝技，但是现场观众却看不到同样的景象。③ 所以，XR 技术事实上将2021 年的春晚彻底变为两个完全不同的文本：一个在电视机前，极尽绚烂，极尽变换；另一个在演播大厅里，由大银幕放映和现场表演组成，《山水霓裳》的李宇春只有一个，《听我说》的洛天依也没有在天上飞。

电视屏幕上飞舞的洛天依，是 2021 年春晚的第三项重要的技术，即虚拟人技术。但是，它所使用的只是这一技术的基本思想和底层逻辑，而非全面实现。虚拟人是一种融合了 AI 与数字图像处理的新型技术，其目的是为了实现人体各个组织、器官的全面数字模型。但在当下技术之下，一般是在赛博空间里用数字建模制作一个虚拟代身（avatar），供计算机或VR 玩家在赛博空间中操纵一个指代自己的可视化身体，用于"可视化交

---

① 朱剑飞，师雁子. 云端的文化盛宴——2021 年央视春晚现象扫描 [J]. 新闻爱好者，2021, (4): 83-86.

② 王莹. 融合创新 家国情怀——2021 年中央广播电视总台春晚亮点分析 [J]. 传媒，2021, (8): 14-16.

③ 就现有材料来看，并没有证据说明现场的观众可以看到电视机前观众所可以看到的影像，也有春晚人员受采访时称由于舞台地板亮度过高的关系（LED 屏），3D全息立体投影无法在舞台上使用（来自以上引用材料），所以现场观众所看到的刘德华和周杰伦应是大银幕上的 2D 放映，周深和张也的周围也没有满场的灯笼，所有的图像仅只显示于 180 度升降舞台的屏幕上，与电视机前所看到的效果有所不同。

互环境、虚拟漫游系统、网络应用平台"。① 虚拟人技术的文化意义在于，它连接了被屏幕或界面隔开的赛博世界与现实世界，让玩家 / 用户可以在虚拟世界中一面体会到自我的存在，一面感知到两个世界的对等与联通，从而加深沉浸性和真实感。② 在《听我说》中，洛天依并非任何人的虚拟代身，但是它却同样具有一个虚拟身体和虚拟身份，具有了虚拟人的底层逻辑；洛天依与王源、月亮姐姐的同台，通过春晚这一传统大众媒介，在视觉上拉通了赛博世界与现实世界的关系，从文化上建构了真实人与赛博格 / 虚拟人的对等关系，彰显了虚拟人技术的哲学意图。

第四是通信技术。导演组在观众席后墙安装了 154 块连接独立 5G 高速信道的超高清大屏幕，原是为了防控新冠疫情，用以播放观众"云观看"的实时影像以替代现场观众。③ 由于疫情减轻，154 块大屏幕就从"观众席"的替代方案，转而成为一个具有联动效应的影像化"后场舞台"。这些屏幕可以播放大量内容，并与前场的"180 度全屏幕 + 裸眼 3D"的舞台前后呼应，使得整个央视一号演播大厅的全部空间，变成一个近似于 360 度屏幕包裹的全沉浸装置系统，让传统以舞台为中心的剧场结构向后场偏移，重塑了演播大厅、传统剧场的媒介形式与空间构成。

除此之外，本届春晚也使用了最新的摄影技术，例如全景自由视角拍摄技术（一镜到底）、Mosys Star Tracker 摄像机的跟踪拍摄、交互摄影技术以及虚拟合成等④，辅助 XR 技术实现了那些不曾实现过的奇观。作为重要的节庆仪式、国家叙事的承担者，2021 年的春晚对于技术的使用，也改变了技术曾经的辅助地位，使其从剧场结构中凸显出来，甚至赋予其一种

---

① 钟世镇，李华，林宗楷，等. 数字化虚拟人背景和意义 [J]. 中国基础科学，2002, (6): 14-18.

② 参见翟振明. 有无之间——虚拟实在的哲学探险 [M]. 孔红艳，译. 北京：北京大学出版社，2007: 29-33.

③ 参见央视网纪录片《加油 2021—2021 春节联欢晚会幕后纪事 20210218》，央视网，2021 年 2 月 18 日 21 时 36 分，https://tv.cctv.com/2021/02/18/VIDELHX74orOa9Qv4RKjGU2N210218.shtml.

④ 刘璐宁. 中央广播电视总台 2021 年春节联欢晚会技术创新及应用 [J]. 现代电视技术，2021, (4): 40-46.

更为重要的身份，使之具有了作品本身、文本本身的价值。在这个意义上，这不仅是一场后技术时代用以更新体验的全民性的集体实践，也是一场技术逐渐以显学姿态走向大众的文化实践。

二、重塑的表演主体：新语言的入场

2021年春晚所使用的诸多技术都位列最前沿，尤其是5G、XR，还未投放市场已经在春晚中先行试水，毫无疑问为观众带来了全新的感知经验：人们首次看到了远在港台的刘德华、周杰伦，宛如分身般出现在北京的春晚，真实到有观众发现"连刘德华在舞台上的倒影都做出来了"[①]；看到了18个李宇春同台表演；看到了二次元人物飞舞在剧场中……这大大超越了近年来主流舞台"影像＋表演"的跨媒介形式。5G和XR技术的引入不仅重塑了舞美，更第一次将人类—实体的表演主体重塑为数字图像的表演主体。

在某种程度上，《牛起来》《莫吉托》比其他的作品往前走了一步，这两部作品加入了"云录制"，也即一种非即时性的远程访问。远程访问的引入不仅仅是多种媒介技术、数字技术的有机融合，而且试图重新建构人们（在剧场中）关于地理和距离的感知经验。"刘德华、周杰伦到底来没来春晚"这个命题，事实上指向的是一次关于"新型视觉"与认知关系的重塑，因为"地理—位置"不仅是一个空间概念，在经验层面，它同时强调了时间性[②]，这种时间性是人类数十万年在地球上的生存经验。但是，这两部作品却将远在异乡的"人"以毫无破绽的方式搬移、显示到了北京春晚，将时间感抽离了出去。换句话说，这种搬移、显示，强调的是"位置

---

① 如何评价刘德华、关晓彤、王一博在2021央视春晚上表演的《牛起来》?[EB/OL].
https://www.zhihu.com/question/443970776/answer/1726307452.

② [德]海德格尔·存在与时间（中文修订第二版）[M].陈嘉映，王庆节，译.北京：商务印书馆，2016：150-151.

信息"，而不强调"距离"①，这与人们日常的"赛博经验"具有极高的一致性。但不同的是，日常的赛博经验所针对的是计算机、手机等显示终端设备，而这一次，人们面对的是一个实体空间。尽管这个实体空间依旧居于电视机屏幕中，但是"直播"又赋予了它客观存在的真实性与合法性。所以，剧场作为一个实体空间，直播作为对这个实体空间"正在发生"的指认，共同完成了一次对于"地理—位置经验"的转译：在数字技术所建构的高清晰度形象中，香港、台湾被置换成为一个"数据库位置"或者"云端空间"，原本在手机、计算机显示器上生成的二维世界的赛博经验，被移植到了剧场的三维世界的经验中，对舞台的"观赏经验"被转译为对数据库的"访问经验"。

　　所以 XR 技术与云录制在《牛起来》和《莫吉托》中的使用，在某种程度上让观众突然面对一个吊诡的视觉场景：虚实结合，魔术般变换，改变着现有事物的尺度。②因为它在这个"实体—赛博"空间中，改变了刘德华、周杰伦的名字与形象原本所指代的含义——客观实在的人。刘德华、周杰伦变成了一个计算机图像、一个网络文档、一个数据库，而这个图像、文档和数据库与实体表演主体（王一博、关晓彤等）在舞台空间上无缝衔接，同台表演。实体的人、实体的表演主体，在这一时刻也被转译成为一个"元文本"，正如同无论元文本被储存在哪台服务器上，无论服务器居于何地，也不影响用户的阅读和提取；无论刘德华、周杰伦本人居于哪个地理位置，也都不影响剧场提取 XR 版本的"他"。对于观众而言，新的认知体验被建立：作为实体的"刘德华"与作为虚拟图像的"刘德华"，似乎具有了视觉—认知上的对等性（如图1）。于是，在一个本来必须以"人类—实体表演主体"为基础的剧场空间中，"实体主体"被"虚拟主体"所取代，人类被计算机图像所取代，在场被缺席所取代。但这种替换并非全部，在《牛起来》中，虚拟主体与实体主体共同出现，在同一"剧场空间—电视影像"

---

① 这正如互联网。参见 [美] 保罗·莱文森. 数字麦克卢汉——信息化新纪元指南 [M]. 何道宽, 译. 北京：社会科学文献出版社, 2001: 193-197.

② 参见 [加拿大] 马歇尔·麦克卢汉. 理解媒介——论人的延伸 [M]. 何道宽, 译. 南京：译林出版社, 2011: 18.

中，反而更加具象化地展示了网络的虚拟空间被延伸至剧场的实体空间的过程。

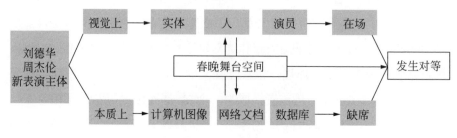

图 1　春晚舞台空间中虚拟／现实对等性

在这个过程之中，剧场的基本语言也发生了转变。以"人类—实体／演员"表演为主体的"自然语言"（人类身体语言、口头语言和置景语言等），开始与 XR 技术的基本语言相融合。XR 技术最核心的三个部分是：编程语言／机器汇编语言、远程传输以及即时渲染显像。所以，与自然语言共同起作用的，是上述 XR 技术的三个组成部分背后的基本语言，也即计算机数字语言、远程光电信号与通过显卡转换的模拟信号。

从而，可复制的艺术与不可复制的艺术被融合起来，计算机图像的编辑、设计、演练，替代了传统演员的排练、彩排，可以随时调整、改变，远程图像（或其他媒介）与现场表演合为一体。剧场仿佛成为一个网络的显示终端，它接入网络（或即时，或提前），它将远程光电信号转换成为数字信号，通过游戏引擎、编程、计算机图像处理等过程，再将内容通过强大的显卡，即时渲染到"舞台—电视"上，最终成为一个在实体空间中无法分辨真假的图像。

此时，剧场也发生了转译，它被接入互联网，它被安装上了巨型的显示屏幕，它由数台高速计算机操作。在物质属性的层面，剧场已经宛若一个巨大的计算机，从一个以舞台为中心、以强调表演为目的的空间，变成了一个同时容纳无法区分的人类与计算机图像的"显示终端"。

在这个层面上，XR 技术与剧场的融合并不是数学关系，而是一个化学反应。用公式表示大致如图 2 所示。

$$\begin{array}{ll} \{\text{实体表演者A、B}\cdots\cdots\} & \{\text{实体表演者A、B}\cdots\cdots+\text{远程虚拟表演者va}\} \\[4pt] \dfrac{\text{人}}{\text{自然语言}} \in \text{传统剧场ot} + \text{XR} \Rightarrow \dfrac{\text{人}+(\text{计算机图像}+\text{远程数据}+\text{即时渲染})}{\text{自然语言}+(\text{计算机数字语言}+\text{远程光电信号})} \in \text{新剧场nt}\{\text{nt}\mid\text{ot}+(\text{va}+\text{显示终端})\} \end{array}$$

图 2　舞台语言转译流程图

在图 2 中，分子表达表象，分母与主分母表达本质。所以表演者作为"文化表象"放在分子的位置，其"物质表象"（人类）放在分母的位置，其"语言本质"（自然语言等）放在主分母的位置，它们共同属于传统剧场 ot（old theatre）的表演与语言形式。加上 XR 技术，原本稳定的、相互生成的公式，开始发生相应变化，但也一一对应于文化表象、物质表象和语言本质这三个部分。

这时我们可以清晰地看到在这个过程中发生变化的不只是表象层面：当文化表象加入了远程虚拟表演者 va（virtual actor）时，物质表象发生畸变——表演者还是人类，但是 va 的背后却是技术和机器。至语言层面，与人类自然语言合作的是数字语言与光电信号。这些则属于新剧场 nt（new theatre）。nt 由传统剧场 ot 和互联网内容 va 与显示终端的硬件设备构成。

通过公式，我们可以更加清晰地看到技术走入艺术，使艺术的各个层面发生改变的过程。XR 技术将虚拟引入了现实，在认知上打破了常识物理学，这种影响引起的是一种化合反应，具有改变本质的力量。

春晚的不同之处在于其主体观众是电视机观众而非剧场观众，XR 技术与直播技术相连，也即只有电视机前的观众才能看到刘德华和周杰伦出现在春晚的剧场舞台上。但是，实际现场全息投影[①]早已可以实现剧场空间 3D 数字表演主体的显像，此次只是因为舞台亮度原因而没有使用。[②] 这意味着，剧场也可以以投影的模式，实现电视上的奇观。而这也正是此次春晚为剧场艺术所做出的最大贡献：它似乎预示着一种关于远程的、数字

① 全息投影非全息 LED 显像，而是一种 3D 投影技术。姚婉欣."全息"投影数字技术在舞台设计中的应用研究 [J]. 中国包装，2014, 34(2): 28-30.

② 参见央视网纪录片《加油 2021—2021 春节联欢晚会幕后纪事 20210218》，央视网，2021 年 2 月 18 日 21 时 36 分，https://tv.cctv.com/2021/02/18/VIDELHX74orOa9Qv4-RKjGU2N210218.shtml.

的、图像的语言在表演艺术领域的入场。

三、新视觉：奇观，模仿与魔术审美

20 世纪 20 年代有声电影刚出现时，"美国观众争先恐后地观看这些音乐影片，他们对于唱词和歌手嘴唇动作的完全一致，感到十分新奇。"[①] 声音技术构成了一种富有吸引力的奇观，让好莱坞一时热衷于"重复这些取巧而容易的做法，时髦的（有声）作品被大量仿制，由此赚了很多钱"[②]，但是卓别林、雷内·克莱尔、茂瑙、爱森斯坦等诸多电影大师却对这种新技术强烈抵制，他们认为"这些影片对电影艺术并没有什么贡献可言"[③]。

与剧场艺术的自然语言相比，电影语言的基础是其机器本质。电影的发明基于十九世纪电力技术、机械技术、材料技术，以及光学和生理科学等方面的研究[④]，麦克卢汉甚至认为"电影是机械主义的最高表现"[⑤]。依照这个逻辑，电影引入新技术，形成新语言，理应要比剧场容易得多，但是有声电影初期依旧出现"对言语迷恋与滥用、音乐泛滥成灾……视觉因素无立锥之地、摄影机仅是被动地去拍那个说话或唱歌的人"[⑥] 等诸多问题。同样的疑惑也常被用于探讨照片和绘画的关系。一般认为，照片的出现"接

---

① [法] 乔治·萨杜尔电影艺术史 [M]. 徐昭，陈笃忱，译. 北京：中国电影出版社,1957: 198.

② [法] 乔治·萨杜尔电影艺术史 [M]. 徐昭，陈笃忱，译. 北京：中国电影出版社,1957: 203.

③ [法] 乔治·萨杜尔电影艺术史 [M]. 徐昭，陈笃忱，译. 北京：中国电影出版社,1957: 203.

④ 克拉里认为是十九世纪初开始的"主观视觉"的视觉文化转向，影响了包括运动影像、幻透镜等在内的一系列主观视觉技术的流行。参见 [美] 乔纳森·克拉里. 观察者的技术 [M]. 蔡佩君，译. 上海：华东师范大学出版社，2017: 150-204. 同时参见 [法] 乔法·萨杜尔. 电影通史·第一卷·电影的发明 [M]. 忠培，译. 北京：中国电影出版社，1983: 9-136.

⑤ 参见 [加拿大] 马歇尔·麦克卢汉. 理解媒介——论人的延伸 [M]. 何道宽，译. 南京：译林出版社，2011: 18.

⑥ 周传基. 有声电影的形成与演变 [J]. 北京电影学院学报，1984, (1): 38-59.

管了由绘画垄断的现实主义任务，摄影解放了绘画，使之能够从事其伟大的现代主义使命——抽象化分离"①，并在某种程度上参与了绘画走向现代主义的历程②，由此发展出许多新的技法和形式③，诸如多点透视、点彩画、拼贴画甚至装置艺术、行为艺术等。换句话说，照片为人们提供了相对完整的、复刻现实的图像视觉经验，而原本"承担这一任务的绘画则得以从中摆脱出来"④，可以开始探索新的感知经验。

尽管在新感知经验的创造动力上，绘画与电影完全相反，一个是市场促进，一个是艺术自觉，但它们使用的新技法、新技术，所生产的新的感知维度，例如声音、拼贴等，都在观众识别和处理方面存在一定难度。因为传统的、固有的艺术范式为人们构建了基本的审美感知，技术则带来了新的维度，人脑需要对新维度进行习得，以锻炼神经系统的适应性。⑤可是对于艺术创作而言，新的维度的产生给艺术家们带来了全新的语言形式，这种表达尚未成熟，更难以立刻与旧有的创作模式相融合。所以我们才看到，初期的有声电影的声音处理无法与视觉相得益彰，绘画也从大众艺术走向先锋艺术。这些现象都与新技术与新语言之间的互相推动有关。

如前所述，以自然语言为主的剧场艺术同样正在经历着新技术的冲击，经历着语言—技术的变革。⑥与其他艺术剧场不同，春晚更热衷于对新技术的使用。一是因为它是一种大众化，甚至是消费化的剧场艺术，它的审

---

① 这是一般的观念。桑塔格也提出了她认为绘画本身在摄影之前具有了现代主义的趋势的观点，但是论述并不充分，这里取其对于一般观点的描述。[美] 苏珊·桑塔格 . 论摄影 [M]. 艾红华，毛建雄，译 . 长沙：湖南美术出版社 ,1999: 110.

② 参见 Mirzoeff N. An Introduction to Visual Culture[M]. London: Routledge, 1999: 65-71.

③ 参见 [美]H. W. 詹森，[美]J. E. 戴维斯詹森 . 艺术史 [M]. 艺术史组合翻译实验小组，译 . 北京：世界图书出版公司 , 2013: 941-942.

④ Bazin A. *What Is Cinema*[M]. vol. 1, by Jean Renoir tran, London: University of California Press, 2005: 10.

⑤ 参见 Kohn A. Visual adaptation: Physiology, Mechanisms, and Functional Benefits[J]. *Journal of Neurophysiology*, vol. 97, no. 5(May 2007): 3155-3164.

⑥ 黄鸣奋 . 新媒体戏剧研究初探 [J]. 戏剧艺术 , 2009, (4): 86-93.

美导向与商业电影有异曲同工之处，以大众审美为基准，对奇观有着天然的趋向性。二是因为中国近代以来海派剧场的机关布景传统①所带来的魔术般的"技术—幻觉"体验本就是中国现代性体验的重要组成部分②，这种现代性体验对于当代中国的现代化征程，尤其对指征"中国梦"与"百年中国崛起"的集体意识有着重要的作用。三是因为国家对于数字技术、互联网、通信技术以及 VR、AR 的大力支持与推动③，央视春晚作为一个具有国家叙事意味的重要媒介事件，国家宏观层面的支持对之具有间接推动的作用。这些都决定了技术的"新"对于春晚的重要性。

从艺术的角度出发，新颖度决定了奇观性与吸引力，但也决定了其在艺术语言上的青涩。尤其当这一新语言的推动不是从艺术家出发，而是由大众消费、文化传承与国家叙事等外围层面推动时，对"技术—语言"的使用就会突出"使用"本身，而忽略其在美学维度与其他语言之间的共融性与契合度。最典型的依旧是刘德华、关晓彤、王一博的歌舞《牛起来》。首先，尽管作为开场作品之一，《牛起来》不仅承担着审美任务，而且承担着烘托节庆气氛的任务，具有雅俗共赏的功能，但是舞台 180 度大屏幕充溢着红色影像，关晓彤、王一博、配舞者、刘德华、机器牛都身穿红色衣服，表演主体没有得到突出，视觉信息排列缺乏主次，色彩过于饱和。其次，在 XR 的录制表演与现场表演的契合上也尚有缺乏，如何定位、如

---

① 朱方遒. 京剧"海派化"的焦虑与舞台技术实践 [J]. 戏剧文学，2020, (1): 130-139.

② 彭丽君. 哈哈镜：中国视觉现代性 [M]. 张春田，黄芷敏，张历君，译. 上海：上海书店出版社，2013: 241.

③ 近年来国家从政策层面对于虚拟现实技术与产业进行大力推动，并于 2021 年正式将 VR、AR 列入"十四五规划"的"数字经济重点产业"。参见工业和信息化部关于加快推进虚拟现实产业发展的指导意见 [EB/OL]. 中华人民共和国国家互联网信息办公室网站，2018-12-26, http://www.cac.gov.cn/2018-12/26/c_1123903256.htm；习近平总书记向 2018 世界 VR 产业大会致贺信 [N/OL]. 央广网，2018-10-19, http://jx.cnr.cn/2011jxfw/xwtt/20181019/t20181019_524389567.shtml；中华人民共和国国民经济和社会发展第十四个五年规划和 2035 年远景目标纲要 [N/OL]. 中华人民共和国中央人民政府网站，2021-03-13, http://www.gov.cn/xinwen/2021-03/13/content_5592681.htm.

何与现场表演合作都是首次实验①，时间紧，任务重，技术、表演、导演之间的配合也未形成体系，从最终呈现效果看，刘德华部分的舞蹈风格显得略微突兀，与关晓彤、王一博的表演很难形成一个统一体。最后，整体表演设计略显粗糙，所有舞蹈和表演都似乎缺乏设计，相互之间的配合度也略有不足，更未有任何特殊的、技巧性的美感；而一个在大屏幕和 XR 中多次出现的对联"智能互动万家乐，年俗同欢满园春"，作为点题之作，其平仄、对仗均有不足之处，表达过于直白，缺少雕琢。换句话说，技术的引入并没有带来作品的丰富，《牛起来》的视听信息的契合度与美感反而因此降低，艺术设计、编排弱化，热闹有余，美感不足。

同样的问题更突出地表现在张也、周深的《灯火里的中国》和吴京、甄子丹的《天地英雄》节目之中。与《牛起来》过于饱和的风格相比，这些作品看似拥有了一些视觉层次。但是，高清晰度、高模仿度、高立体化的运动影像的使用，依旧存在过度清晰、视觉信息爆炸的问题。《灯火里的中国》从琳琅满目的城市景观，到剧场大厅穹顶飘浮的灯笼，再到演员脚下升腾的楼宇，不断变换的立体画面充斥电视屏幕，反而冲淡了歌曲本身的动人之处与情感共鸣。《天地英雄》在舞台上再现了一个高山流水的武侠世界，两位武术明星试图通过表演为观众再现绿林好汉的武侠世界；然而，剧场中的高山流水景观并不能与表演相得益彰，它的存在让整个舞台充斥运动影像所带来的奇异性，而遮蔽了演员表演本身的魅力，缺乏虚实相生的舞台审美。

"模仿"是艺术的生成过程之一，但是"模仿"早已不被看作是艺术的唯一目标。②在舞台艺术中，象征、符号、意象等诸多指代性的手法，展现出超越性的理念与思考，早已形成一整套富于变化的、含蓄意指的、与观众可以相互理解的符号。但是 XR 技术将舞台艺术中的含蓄意指化为了直接意指；从象征的、多义的形式重新回到模仿的、固定的形式；将表现性的舞台化为运动影像的再现性舞台，审美体验化作好奇、惊

---

① 孙硕 . 2021 年总台春节联欢晚会后期制作特点 [J]. 现代电视技术 , 2021, (4): 53-56.
② ［法］丹纳 . 艺术哲学 [M]. 傅雷 , 译 . 北京 : 现代出版社 , 2017: 14.

讶、震惊、疑惑，替代了传统审美中的想象、思考、解读等审美感知。事实上，对于艺术而言，这正是由于新语言进入而产生的必然结果，即回到起点。

就技术含量最低的语言类作品而言，视觉性也正在抢占戏剧性的美学价值。例如小品《阳台》，原本作为观众席替代品的 154 个大屏幕被看作逻辑连接的关键点，甚至导演认为"如果没有背后那些大屏幕，这个小品就不成立"①。而其他没有技术加持的语言类作品，小品《一波三折》《大扫除》、相声《年三十的歌》等无一例外被弱化了戏剧性与讽刺的力度，间接地失去了更受人们欢迎的生动鲜活的对话风格。语言类作品的式微，是近年来春晚被诟病的重要原因，这种现象的发生，一方面与如今作品对于节庆语境、仪式的追求有关，而另一方面也不能说与编导演过于注重技术与视觉，甚至变相地忽视了戏剧表现力无关。

新技术所带来的语言的青涩，并没有影响其在奇观消费上的影响力，这与其剧场艺术的本质有关。一方面，统一的、封闭的空间让"科学与技术……展示它们最具威胁性和最魔幻的维度"②。虽然在各项剧场艺术品类中，这些新语言尚显稚嫩，但是却创造出一种魔术般的动人魅力。与 20 世纪早期的观众一样，如今的观众也同样"面对亦真亦幻的景象，惊诧阻断了认知，认知战胜了惊诧，两种心理交替发挥作用……产生了交织着焦虑、恐惧和欣喜的复杂快感"③，在认知上"游走于理性秩序和神秘奥妙之间"④，矛盾、悖论、惊讶共同形成了一种审美上的震惊与赞叹，几乎掩盖了其在艺术层面的缺憾。另一方面，作为新生事物，XR 等新技术，在现

---

① 参见央视网纪录片《加油 2021—2021 春节联欢晚会幕后纪事 20210218》，央视网，2021 年 2 月 18 日 21 点 36 分，https://tv.cctv.com/2021/02/18/VIDELHX74orOa9Qv4RKjGU2N210218.shtml.

② 彭丽君. 哈哈镜：中国视觉现代性 [M]. 张春田，黄芷敏，张历君，译. 上海：上海书店出版社，2013: 242.

③ 张隽隽. 区隔与融合：魔术师卡尔·赫兹的电影放映及其观众研究 [J]. 电影艺术，2020, (1): 133-139.

④ 彭丽君. 哈哈镜：中国视觉现代性 [M]. 张春田，黄芷敏，张历君，译. 上海：上海书店出版社，2013: 219.

阶段所实现的，仅是艺术家们最朴素的想象空间，还未形成更具有创见的美学思想，更没有形成任何得以通用的语言范式。可分流的观众们的要求又极高——青年观众希望春晚有 3D 大片的质感，中老年观众则希望春晚可以重回经典年代——这些近年来的春晚吐槽现象[①]，都是导致 2021 年春晚受到两极评价的重要原因。在嬗变过程中，艺术语言面对着新的挑战，艺术规律也在发生着改变，审美文化更具多元化、流动化。

央视春晚的规模、受众、延续性与综合性在全世界范围内都无出其右者，央视春晚是全球最重大的华人集体活动之一，是中国电视文娱的第一品牌，被看作当代中国表演艺术的"大观园"。[②] 所以，春晚既承担着推动剧场艺术的重任，也反映了整个中国，乃至全球华人文化圈的文化、艺术的主流形式和发展方向，实现着国家对内、对外形象的建构与传播。这就使得春晚的意义与价值早已超越了作为一台综合性文艺晚会的价值。春晚在一系列变革、革新的过程中，从以往内容上的突破走向视觉上的突破，从节目类型的突破走向了更全面性的技术突破，从艺术门类内部水准的突破走向艺术形式的突破，在某种程度上，也使得这一大众文化形式、舞台艺术形式走向更为复杂的实验领域，面对更大的挑战。或可说，在这个审美方式、生存方式乃至存在方式发生剧烈变革的时代，艺术品及其评论也都是断裂的、两极的，面对春晚这一特殊文本，尤为如此。2021 年的春晚，是一次重要的技术融合与剧场语言的全新实践，它的成功与遗憾一方面预示了未来的技术发展方向，另一方面更预示着人类生存、境遇的剧烈变迁与正在面对的挑战。

---

① 刘晓伟 . 狂欢理论视阈下的微博狂欢研究——以新浪微博 "春晚吐槽" 现象为例 [J]. 新闻大学 , 2014, (5): 102-109; 赵爽 . 过度娱乐化对公共事务带来的价值危机——以马年春晚 "微博吐槽热" 现象为例 [J]. 青年记者 , 2014, (17): 5-6.

② 文城 . 央视春晚应利用其文娱第一品牌滚动式发展 [N/OL]. 中国网 , 2013-02-07, http://www.china.com.cn/opinion/node_7177035.htm.

■ **作者简介**

　　赵立诺，博士，北京外国语大学艺术研究院讲师，XR 互动媒介联合实验室执行主任。

■ **来　　源**

　　本文原载于《中国文艺评论》2021 年第 6 期。

第五部分

国际传播理论探讨

中国国际传播的故事思维转向

高金萍

摘　要　新冠肺炎疫情暴发以来，中西舆论斗争日趋激烈。媒介环境变迁是思维方式转型的客观条件和必要条件，而思维方式转型必然导致媒体话语生产和传播策略的变革。从"媒介环境—思维方式—传播实践"的三元分析框架出发，结合全球传播型态下的中西舆论斗争，本文认为当前中国要从加强故事思维，以思维方式转型引领媒体话语变革和传播策略创新，探索国际传播能力提升的新路径。

关键词　中国国际传播；国际传播能力；舆论斗争；故事思维

　　按照辩证唯物主义原理，外在的社会环境和媒介环境影响并决定着传播者的思维方式，思维方式决定着传播者的话语生产和传播行为。新冠肺炎疫情深刻改变了全球格局和媒介环境；与此同时，中西舆论斗争日趋激烈。面对大变局，习近平总书记在 2021 年 5 月 31 日中共中央政治局第三十次集体学习时，强调"要深刻认识新形势下加强和改进国际传播工作的重要性和必要性，下大气力加强国际传播能力建设"。当前提升中国国际传播效果、自塑真实的中国国家形象，要从国际传播者的思维方式转变入手。本文基于"媒介环境—思维方式—传播实践"的三元分析框架，使用文本分析法和规范研究法，通过考察当下全球媒介环境的变迁，分析其引发的中国国际传播思维转型，探索伴随而来的国际传播话语体系和传播策略变革，回答中国国际传播思维方式为什么转型、如何转型、思维方式转型促动实践如何变化等问题。

一、中国国际传播思维研究文献综述

2008 年 12 月，胡锦涛在纪念中国电视事业诞生暨中央电视台建台 50 周年的贺信中提出，"适应国内外形势的发展变化，积极构建现代传播体系，进一步提高国内国际传播能力"。翌年 6 月，中共中央下发《关于印发〈2009—2020 年我国重点媒体国际传播能力建设总体规划〉的通知》，明确提出坚持走改革创新之路，形成与我国经济社会发展水平和国际地位相称的国内国际传播能力。以这一政策为导向，十余年来中国逐步构建了以新媒体和电视媒体为主导、以中央级新闻媒体为核心的"现代国际传播体系"。[①] 在中国国际传播媒体规模和技术获得大幅提升后，国际传播思想意识和思维方式就成为制约中国国际传播能力发展的关键。

已有研究较少关注"国际传播思维"，据中国知网检索相关文献仅有 28 篇，从研究趋势来看，研究国际传播思维的文献最早出现于 2010 年，主题为汉语国际教育传播；[②]2011 年有学者论及军事新闻国际传播的创新思维问题。[③] "国际传播思维"主题的文献涉及 11 类思维，分别为新思维 / 创新思维、融合思维、内宣思维、间性思维、产品思维、用户思维、互联网思维、战略思维、大数据思维、制度思维、搭车思维。据中国知网检索，仅见国内电视节目编辑、新闻报道写作等微观层面分析故事思维的研究成果，如侯文华的《用故事化思维方式进行电视编辑的研究》、程超《故事思维在新闻写作中的应用》等。[④] 在文学创作等领域中关于故事思维的研究，往往聚焦于故事情节设计、用情绪感染受众。已有文献中未见从思维

---

① 2009：中国国际传播迈出六大步 [EB/OL]. 2021-03-06, 国务院新闻办公室网站：http://www.scio.gov.cn/wlcb/yjdt/Document/533647/533647.htm.

② 2010 年出现 2 篇涉及"国际传播思维"的论文：罗兵，李萃. 对外传播新思维：开设国内孔子学院的设想 [J]. 新闻界，2010, (6)；张彩霞. 论对外汉语教育传播的战略思维 [J]. 社会科学家，2010, (12).

③ 翁淮南. 全球一体化背景下军事新闻对外传播新思维 [J]. 中国记者，2011, (9): 40-41.

④ 侯文华. 用故事化思维方式进行电视编辑的研究 [J]. 新闻传播导刊，2015, (6): 8；程超."故事思维"在新闻写作中的应用 [J]. 电视指南，2018, (18): 225.

方式角度对中国国际传播转型研究的成果。

本文使用 Web of Science 数据库搜索，检索词为"story thinking and China""tell Chinese story"，检索时间为 2000—2020 年，在 Web of Science 核心合集中获得 68 篇相关文献。其中涉及的主要话题为中西方文学中的故事视角、性别研究中的故事结构等。仅有 2 篇涉及中国国际传播与中国故事的文献，*Examining Strategic Narratives in Chinese Official Discourse under Xi Jinping*（《习近平中国官方话语战略叙事研究》）分析了中国政府对国际和国内观众设计的"中国故事"的战略叙事方式，认为其论证模式和话语策略呈现了"中国特色社会主义"的世界秩序。[1]*How Journalists Think While They Write: A Transcultural Model of News Decision Making*（《记者写作时如何思考：基于跨文化的新闻选择模型》）通过对中美两国记者在跨文化环境下新闻选择的比较研究，基于认知心理学、决策学和传播效果建立了新闻选择模型，基于该模型，文章提出记者在新闻选择中都背离自己的直觉，而这正是新闻选择标准全球化的趋势。[2]国外文献更关注话语策略与传播心理考察，缺少对中国故事的传播策略研究。

讲好中国故事、传播好中国声音，是十八大以来中国共产党国际传播实践的创新性思想，是中国国际传播转向故事思维的制度保障。习近平总书记在十九大报告中提出"推进国际传播能力建设，讲好中国故事，展现真实、立体、全面的中国，提高国家文化软实力"，为中国国际传播改革创新提供了遵循路径。2018 年在全国宣传思想工作会议上，习近平总书记提出"重塑外宣业务、重整外宣流程、重构外宣格局"，强调展示真实立体全面的中国形象是加强中国国际传播能力的重要任务。新冠肺炎疫情带来世界格局的重大转变，中国在国际社会中的地位也随之而变，中国急需建立与自身国际地位相适应的国际传播力，改变西方主导国际话语权的局

① Lams, Lutgard. Examining Strategic Narratives in Chinese Official Discourse under Xi Jinping[J]. *Journal of Chinese Political Science*, 2018, vol. 23(3): 387-411.

② Zhong, Bu; Newhagen, John E. How Journalists Think While They Write: A Transcultural Model of News Decision Making[J]. *Journal of Communication*, 2009, vol. 59(3): 587-599.

面，塑造符合中国实际的可亲、可信、可敬的国家形象。为此应尽快适应媒介环境变迁，加快思维方式转型，引领媒体话语与传播策略变革。

二、媒介环境的结构性变迁与国际舆论交锋

媒介环境指围绕媒介构成的社会情境，其核心是传播媒介与传播型态。21 世纪以来，分享功能突出的平台型媒体（社交媒体）全球影响力日益超过机构型媒体，在增进人类共识、协调行动方面，发挥着巨大作用。新冠肺炎疫情暴发，加速了人类传播向社交媒体和平台型媒体转型的进程。

（一）国际传播平台的转移

2010 年以来，全球国际传播平台快速转向，基于互联网技术特别是移动互联网技术的社交媒体和平台型媒体超越了国际广播电视，成为国际新闻传播的主要平台，社交媒体在人类传播史上最全面地将个人与全球系统联结在一起。2011 年社交媒体的线下影响力已经超过其他媒体[1]，尼尔森调查数据显示，社交媒体不仅在美国占据传播主导地位，而且正在成为全球现象，成为人类的数字化生活方式。全球知名市场调查机构 eMarketer 和凯度公司的社交媒体调查报告证实，2015 年中国数字媒体用户使用时长首次超过传统媒体，社交媒体用户呈现快速增长态势，日趋主流，社会化媒体已经建立了强大的影响力；[2] 社交媒体成为中国最为活跃且最有发展潜力的媒体平台。

新传播环境下，每个人都能够通过社交媒体向世界发出自己的声音，个体化传播、民众化传播成为全球传播的特征之一。拥有几十亿用户的、全球最大的社交媒体"脸书"，自称是世界上"最个性化（个体化）的报纸"

---

[1]　社交媒体 2011 年状况：高速发展 1. 0 时代已结束 [EB/OL]. 中文业界资讯站：https://www. cnbeta. com/articles/tech/159384.htm, 2011-10-22.

[2]　2015 年中国社交媒体核心用户数据分析 [EB/OL]. 中文互联网数据咨询网：http://www.199it.com/archives/362161.html,2021-03-23.

（personalized newspaper），它迎合了新型全球化时代个体意识极大张扬的特点。这些个体化的用户从稳固的传统中"抽离"出来（disembedding），反过来又急需建立"关系网络"以重新嵌入（reembedding）社会，进而促动社会新的整合形式和控制形式出现。普通民众在社交媒体中共同分享苦恼、焦虑或"小确幸"，众多孤独的个体围绕在某个社交媒体周围，形成了一个个社交媒体共同体。[①] 社交媒体为人们再造了网络化的交流空间，在这里实现了人际关系的本质功能——交流，这既是人们使用社交媒体的动力来源，也是全球传播时代人类视社交媒体为人际社交关系的网络化的真实写照。

全球多家数字新闻研究机构的报告显示，已经趋于稳定的社交媒体使用在新冠疫情期间再度出现大幅上升之势。2020 年 5 月牛津大学路透新闻研究所发布研究报告，对全球 40 个媒体市场共计 8 万名受众的调查显示，疫情期间社交媒体使用上升了 5%；很多人首次使用脸书和WhatsApp，而这种新的媒体使用可能长期延续进而替代过去的媒体使用习惯。[②]

（二）全球传播型态下的舆论斗争

人类传播型态的变革是社会整体发展水平和政治、经济、文化、技术规约的结果，传播型态也反过来影响媒介环境的变迁。全球化带来的资本、商品、服务和人员等的全球流动，以及迅速普及的互联网技术，推动人类进入全球传播型态。全球传播旨在通过构建全球范围内自由而均衡的信息传播，促进理想的国际关系、群际关系和人际关系的建设，最终实现全球关系的公正化、合理化，实现和保障人类的自由和幸福，它符合人类共同应对全球性危机和挑战的信息传播需求。[③] 国际传播时代，主流媒体手持

---

① [德]乌尔里希·贝克，[德]伊丽莎白·贝克-格恩斯海姆. 个体化[M]. 李荣山，范譞，张震强，译. 北京：北京大学出版社，2011，（序 2）：26.

② Rasmus Kleis Nielsen. https://www.digitalnewsreport.org/survey/2020/,2020-03-25.

③ [美]伽摩利珀. 全球传播（第 2 版）[M]. 尹宏毅，译. 北京：清华大学出版社，2008，（前言）：3.

喇叭向世界传播中国声音；全球传播时代，社交媒体让人人都有麦克风，每个人都能成为向世界讲述中国故事的传播者。

中西之间的舆论交锋和媒体战是长期存在的，1989 年之后每一次中美关系紧张时期都会爆发中美舆论交锋，新冠肺炎疫情的暴发激化了中美舆论交锋，美国及其盟国对中国机构型媒体连环打压，对中国国家形象的污名化现象加剧。这一方面是全球传播领域逆全球化浪潮的显现，另一方面是霸权国家阻挠信息的自由流动；表面上是维护本国企业利益和政治利益，实质上是以网络安全或其他理由为借口限制他国媒体或互联网公司本土落地。全球传播型态下舆论斗争的主渠道已从国际广播和国际电视，转移至社交媒体和平台型媒体，新冠肺炎疫情期间的中美舆论斗争将成为中国国际传播的拐点，外在的舆论斗争必然激发内在的国际传播能力的调适。

媒介环境影响着人们的传播习惯和思维方式，人们的思维方式反过来又深刻影响着人类传播格局。媒介环境的变迁是国际传播思维方式转型的客观条件和必要条件，准确把握新媒介环境的变化，主动适应新的传播型态和媒体平台，是加快提升国际传播能力、提升中国国家形象的必由之路。

三、中国国际传播思维方式转型

思维是人们对客观的综合反映，即人的大脑对客观世界的反应和认识。思维方式决定了人的行为，行为决定后果。基于此，国际传播思维方式客观呈现着国际传播者对媒介环境的认知和反应，进而表现为国际传播者的话语表述和传播策略。社交媒体为主导的媒介环境下，移动互联网技术消融了"私人领域"与"公共领域"的界限，私人情感大量进入公众舆论，个体的情感被公共化、国际化；互联网的交互性也激发了受众对共同情感和体验的共享，甚至使得情感呈现激进化或"极化"。舆论战和媒体战放大了国际受众接受惯习中对故事性和情感性因素的需求，民粹主义和民族主义观点、意见和情绪前所未有地凸显。长期以来以分析思维（analytic thinking）为主导的中国国际传播，沿袭旧的思维方式难以提升传播效果。为适应新媒介环境变迁，中国国际传播应尽快转变思维方式，强化故事思维（story thinking）。

分析思维指遵循"用事实说话"的思考角度和方式，在信息传播中使用演绎推理等方法，经过逐步分析、仔细研究、细节铺陈，最后表明观点和立场，以信息的逻辑和说理为核心。国际传播中的分析思维方式强调客观的事实性文本，在话语层面表现为用事实来揭示真相、辨析真理；在传播策略层面表现为通过机构型媒体或主流媒体代表国家和政府解构不实报道、阐明立场态度、塑造国家形象。当前，中国的机构型媒体受到美西方的严酷限制，延续分析思维取得理想传播效果显然是非常困难的。

故事思维指注重用联想型的故事叙事作为组织、策划和塑造形象的主要手段，运用联想、隐喻等将新闻事件置于其他情景，通过对信息、知识和情感的整合加深人们对新闻事件的理解。故事思维方式强调使用情感性的故事性文本，在话语层面强调以诉诸情感的故事直击人性痛点，用人类共通的情绪增进文化认同、促进跨文化传播；在传播策略层面表现为强化社交媒体的关系构建功能和多元传播主体生产的特性，以个体化的方式与他人共享观点和意见，在情绪濡染中融入事实和观点，构建民族国家形象。

社交媒体是最适合讲故事的媒体。从媒体功能角度来看，一方面社交媒体的分享性能够激发共情，使网民通过对个体经历的讲述把个体体验的人类共通情绪传播给更多受众，这是说服并打动他人凝聚共识、增进认同、共享价值的有效方式；另一方面社交媒体释放、分享、感染个体情绪的特征能发挥社会动员作用，唤起社会行动。① 从传播主体角度来看，社交媒体拥有远远超越机构型媒体的多元传播主体，多元传播主体生产了多样化的传播文本，制造了多元化的话语体系。正如亚里士多德所言，人们无法通过智力去影响别人，情感却能做到这一点。在能够带来情感体验的故事分享中，国际公众可以找寻社会一致性，获得归属感，进而形成更为真实、客观的中国印象。

---

① 赵云泽，刘珍. 情绪传播：概念、原理及在新闻传播学研究中的地位思考 [J]. 编辑之友，2020, (1): 51-57.

思维方式既是一种思考角度，也是一种思考能力。思维方式是一个复杂的结构，其深层的表现有情感、意志等暗流及更深的以潜意识存在的思考分析态度，浅层的表现则为人的语言和行为。语言是人类的思维工具，也是人类的交际工具；话语是特定社会语境中人与人之间进行沟通的具体言语行为，是传播者与受众通过信息传播而展开的沟通活动。[①] 人们创造了媒体话语，媒体话语又是人们思维方式的具象呈现。换而言之，思维方式又是话语生成和发展的深层机制。先有思维而行为于后，人的传播行为是传播思维的结果，传播思维是人的传播行为的先导；不同的传播思维决定着不同的传播行为。

四、故事思维与媒体话语变革

中西方在思维方式上的差异建构了不同的媒体话语体系。从新闻文化传统来看，西方重视分析思维和差异思维方式，在媒体报道中强调新闻信息与观点意见的分离，强调逻辑的严密和事实的陈述；中国擅长综合型思维和整体思维方式，早在维新运动时期梁启超创办的《时务报》就体现出新闻与观点混杂、善用比喻和隐喻表达观点等特点。社交媒体为主导的全球传播型态下，民众化的信息往往呈现出新闻与意见的融合，与现代媒体报道新闻信息与观点意见分离这种貌似的客观性相比，民众化的意见公开表达是一种更加诚恳的、可信赖的话语策略。大量受众调查显示，媒体的吸引力不仅仅来自于可验证的信息的吸引力，意见的吸引力才是最重要的吸引力，美国现代新闻之父约瑟夫·普利策认为"（表达意见的）评论是媒体的心脏"。中国特色话语体系应回归中国传统思维方式，从中国人擅长的综合型思维和整体思维出发，强化故事思维以构建中国特色话语体系、阐述中国价值观。

故事思维重视挖掘中国好故事，讲述有温度、有广度、有深度的中国

---

① 高金萍."明镜"与"明灯"：中国主流媒体话语与社会变迁研究 (2003—2012)[M]. 北京：中国人民大学出版社，2017: 23.

故事。人类生而懂得故事，即使他不能够理解逻辑，但是能够理解故事。所谓"有温度"是指新闻故事蕴含着积极、正面的情感要素。理性的说教和灌输能够说服人，有情绪的故事才能够打动人。社交媒体传播实现了人际关系的重建，人际关系的本质是相互依赖和交流，包括物质、知识、情感、智慧上的相互依赖和交流。传播有情感的新闻故事，以情（情绪或情感）动人、以情感人，是对人际传播的回归，借助情理交融的故事模式与国外受众互动有助于取得他者的认同，实现塑造客观、真实、全面的中国国家形象的传播目标。2019年12月至2021年4月，CGTN连续推出四部新疆反恐纪录片，回应国际舆论对新疆反恐问题的不实言论和报道。四部纪录片从新疆普通民众的视角出发，用人性化、人文化的叙事方式揭示"三股势力"对新疆稳定的破坏、暴恐行动的极端化，揭示涉疆问题的复杂性和斗争的艰巨性，以情说理、寓理于情，取得良好的国际反响。

所谓"有广度"是指新闻故事能够让更多的受众理解。故事思维强调综合，着眼全球讲故事。其一，国际传播话语要与国际受众建立直接关联。虽然"中国梦"与"美国梦"具有相似的话语内容，"美国梦"强调每个人经过努力不懈的奋斗便能在美国实现美好生活梦想，这一话语从移民角度出发，对于世界各国民众都具有强大的感召力和融合力。而"中国梦"不仅强调中国人民生活幸福之梦，而且强调中国的国家富强之梦、伟大复兴之梦，深入挖掘"中国梦"中蕴含的由个体到群体、由自我到国家的价值蕴含，可以极大地提升"中国梦"的张力，提升这一话语与国际受众的关联度。其二，要以全球化的眼光审视国际传播的信息，发现其蕴含的全局性意义。新冠肺炎疫情暴发后，中国政府提倡的"人类命运共同体""人类卫生健康共同体"影响力日增，这些话语让国际受众深切感受到中国把世界各国、全球公众视为一个整体，时刻体现着"你中有我、我中有你"的大国情怀和责任担当，客观上强化了大国媒体声音、展示了国家正面形象。其三，在重大国际事件中要积极发声，体现中国态度、中国观点。如果对他国发生的重大事件保持沉默，久而久之难免给国际公众造成中国对不关己事者不发言的印象，对于西方媒体来说相当于拱手让出话语权。①

所谓"有深度"是指新闻故事蕴含着人类共同价值和整体价值。20 世纪 90 年代以来的全球化被称为"美式全球化"，2008 年的金融危机实质上是以美国为中心的全球金融资本主义的内爆②，它宣告了"美式全球化"的溃退，是近 30 年来美国等西方发达国家金融和产业虚化的后果，暴露了新自由主义的危机，让美国一极主导的国际秩序面临重重挑战。在这一背景下，中国提出"一带一路"倡议并主张以经济、政治、安全、文化等多种长远利益为纽带构建"人类命运共同体"，这一中国方案坚持共商、共建、共治、共享的原则，是一种新的全球治理价值观和利益观。"人类命运共同体"已被载入联合国不同层面多份决议③，一定程度上体现为一种全球意识，对推动全球治理体系变革、构建新型国际关系和国际新秩序的共同价值规范发挥着重要作用。"人类命运共同体"体现着中西方对理想社会的基本追求，把人类的共同价值和整体价值置于传播活动的首位，顺应了人类社会从封闭走向开放、从歧视走向公平的趋势，打破了 20 世纪以来相对封闭的不平等体系。④ "人类命运共同体"也是全球传播追求的平等而均衡传播这一目标在哲学层面上的体现，是中国好故事的价值内核。

正如福柯所指出的，话语不仅仅是符号。媒体话语已经超越了单纯语言和言语行为的范畴，包含着建构这些话语对象的实践与关系，镌刻着话语言说者的思维方式及其价值观念，并以之濡染国际受众。

---

① 翁淮南 . 全球一体化背景下军事新闻对外传播新思维 [J]. 中国记者 , 2011, (9).

② 赵月枝 , 姬德强 . 传播与全球华语权力转移 [M]. 北京 : 世界知识出版社 , 2019: 2.

③ 2017 年 2 月 10 日，联合国社会发展委员会第五十五届会议呼吁国际社会本着合作共赢和构建人类命运共同体的精神，加强对非洲经济社会发展的支持。3 月 17 日，"人类命运共同体"写入联合国安理会关于阿富汗问题的第 2344 号决议。3 月 23 日，"人类命运共同体"写入联合国人权理事会关于"经济、社会、文化权利"和"粮食权"的两个决议。11 月 1 日，第 72 届联大负责裁军和国际安全事务的第一委员会（联大一委）通过了"防止外空军备竞赛进一步切实措施"和"不首先在外空放置武器"两份安全决议，"构建人类命运共同体"理念载入这两份联合国决议。

④ 丁晔 . 马克思恩格斯世界历史理论与人类命运共同体构建 [J]. 科学社会主义 , 2019, (4).

五、故事思维与传播策略创新

思维方式决定传播策略，思维方式的转变决定传播策略的转型。分析思维重视过程演进，传播策略上强调细微曲折和说理分析；故事思维强调全局性、综合性，传播策略上注重整体推进和激发共情。面对西方对中国机构型媒体的限禁，中国应积极探索扩大传播主体、丰富平台应用，在传播策略上变机构型媒体为主为机构型媒体与民众个体并重，变阵地战为阵地战与运动战兼顾。

打赢美西方对华媒体战，中国应积极培育个体传播、民间传播以及非政府组织传播，吸纳多元主体共同讲述中国故事，善用民众话语、网络话语讲好中国故事、传播中国文化，善用关键舆论领袖（KOL）和网络文化博主等阐明中国方案、中国智慧。互联网技术为民众赋权，提供了广泛而多样的传播参与机会，信息传播出现了"民众化转向"（the demotic turn），民众既是传播活动的接受者，更是媒体内容的制作者。[①] 国际传播时代，普通民众难以进入国际新闻的视野，国际新闻的主角只有名人、政客、商业巨头；全球传播时代，民众通过全球性社交媒体展示自己，通过优兔、抖音发送自制的视频，利用脸书向世界传播自己的故事，通过观看、浏览、点赞、评论参与信息内容创作。刘欣和李子柒等新生的关键舆论领袖和网络文化博主通过社交媒体传播中国声音，建构了全球传播时代壮观的媒介景观。吸纳广大民众成为中国故事的讲述者，将极大提升中国故事的"声量"。

打破美西方国家对华舆论限禁，在传播策略上要变阵地战为阵地战与运动战兼顾。所谓阵地战，指机构型媒体或主流媒体利用自身传播平台自塑国家形象；运动战指机构型媒体或主流媒体利用全球性社交媒体平台展现国家形象。过去，阵地战是国际传播的主导方式，世界各国通过国际广播和国际电视传播其价值观，提升本国影响力；运动战是全球传播时代国

---

① [澳] 格雷姆·特纳. 普通人与媒介：民众化转向 [M]. 许静，译. 北京：北京大学出版社，2011：12-17.

家政府拓展其影响力的重要方式，如新华社在脸书、推特和抖音上开设账号发布信息等。中国国际传播采用阵地战与运动战融合的传播策略，能够整合其资源优势和品牌优势，借力社交媒体取得传播效果倍增效应。

时任《人民日报》社长的杨振武指出"一个故事胜过一打道理"①，未来传播属于拥有故事思维的人。直面媒介环境的变迁，转换思维方式，抢占传播先机，转变话语体系，是提升中国国际传播能力的有效路径。

■ 作者简介

高金萍，北京外国语大学国际新闻与传播学院教授，博士生导师，马克思主义新闻观研究中心主任。

■ 来　　源

本文原载于《中国编辑》2022年第1期。

---

① 人民日报评论部. 习近平讲故事 [M]. 北京：人民出版社，2017，（序言）：1.

作为行动的受众商品论

——斯迈思《传播：西方马克思主义的盲点》的历史性及当代意义

盛阳

摘 要 在当代传播思想的历史书写中，受众商品论被普遍描述为一种抽象的思辨哲学，这与理论的缘起——理论最初被视为一种具有特定的政治指向和社会建构功能，因而作为一种实践哲学被历史性地提出——这一历史事实之间，存在巨大的张力。重读理论创始人达拉斯·斯迈思的文本《传播：西方马克思主义的盲点》及其思想和社会语境，是还原理论的知识发生学，并在新的历史条件下激活理论的政治动能的可行路径。将文本置于传播理论的整体脉络中考察可以发现，受众商品论存在严格的使用边界、历史条件和思想对象。斯迈思的理论想象同时建立在地缘政治中的西方和思想格局上的中国。毛泽东思想中对文化和政治的创造性论述，及其在中国社会主义传播实践中召唤的反霸权的行动主义，是理解斯迈思传播理论得以成型并最终落地于实践的重要线索。

关键词 传播政治经济学；受众商品论；传播思想史；马克思主义；达拉斯·斯迈思

一、研究缘起

受众商品论是加拿大传播学者达拉斯·斯迈思（Dallas Smythe,

1907—1992）最早在《传播：西方马克思主义的盲点》[①]（*Communications: Blindspot of Western Marxism*，以下简称《盲点》）一文中系统阐述的大众传播批判理论[②]。艾琳·米汉（Eileen Meehan）[③]、赵月枝[④]、李·阿尔茨（Lee Artz）[⑤]、菲利普·纳波利（Philip Napoli）[⑥]、克里斯蒂安·福克斯（Christian Fuchs）[⑦] 等传播学者都曾梳理过这一理论及其引发的"盲点辩论"（the blindspot debate）在不同历史阶段的发展。其理论价值也得到了学者们不同层面和不同程度的确认。[⑧]

　　尽管受众商品论的理论想象力启发了众多学者就传播政治经济议题继续深耕，并提出了基于时代的、批判的受众商品论知识更新。[⑨]但是在当代，

---

① 这篇论文也被收录于斯迈思的学术论文集《逆时针：传播研究透视》。为便于文本分析，以下对文本的引述和标注均采用论文集版本。

② Smythe, D. Communications: Blindspot of Western Marxism[J]. *Canadian Journal of Political and Social Theory*, 1977, 1(3): 1-27; Smythe, D. *Counterclockwise: Perspectives on Communication*[M]. Boulder: Westview Press, 1994: 266-291.

③ Meehan, E. Commodity Audience, Actual Audience: The Blindspot Debate[M]. in J. Wasko, V. Mosco & M. Pendakur (Eds.), *Illuminating the Blindspots: Essays Honoring Dallas W. Smythe*. Norwood, NJ: Ablex, 1993: 378-397.

④ Zhao, Y. After Mobile Phones, What? Re-embedding the Ocial in China's "Digital Revolution" [J]. *International Journal of Communication*, 2007, (1): 92-120.

⑤ Artz, L. Media Relations and Media Product: Audience Commodity[J]. *Democratic Communiqué*, 2008, 22(1): 60-74.

⑥ Napoli, P. Revisiting "Mass Communication" and the "Work" of the Audience in the New Media Environment[J]. *Media, Culture & Society*, 2010, 32(3): 505-516.

⑦ Fuchs, C. Dallas Smythe Today-The audience Commodity, the Digital Labour Debate, Marxist Political Economy and Critical Theory[J]. *Triple C*: *Communication, Capitalism & Critique*, 2012, 10(2): 692-740.

⑧ 比如，赵月枝认为从受众商品论到社交媒体"受众商品论 2. 0"的演绎，体现了"传播政治经济学者的学术创新路径"，王洪喆指出"电视将受众作为商品转卖给广告商"所具有的"普遍意义"。参见赵月枝 .《马克思归来》：网络时代的马克思主义与传播研究 [J]. 清华大学学报（哲学社会科学版），2018, (3): 1-16；王洪喆 . 歌唱里的劳动与逃离 [J]. 南风窗，2014, (15): 92-94.

⑨ 张志华，董欣佳 . 劳动力商品化视角下的网络直播 [J]. 文艺理论与批评，2018, (1): 121-129；吴鼎铭 . 网络"受众"的劳工化：传播政治经济学视角下网络"受众"的产业地位研究 [J]. 国际新闻界，2017, (6): 124-137；胡钰，虞鑫 . 构建中国特色新闻学：何以可能与何以可为 [J]. 国际新闻界，2016, 38(8): 92-115.

伴随着将"资本主义全球化"之"过程"理解为"全球资本主义"之"定势"的特定认知，受众商品论存在着被教条化、去历史化和普遍化解读的理论陷阱，一定程度上造成了对理论发生语境和现实指向的失焦。既有对斯迈思经典文献的话语分析和谱系学研究已对其理论发展和时代性做出了规范化的知识梳理[①]，但大都疏于对斯迈思时代受众商品论现实意义的再历史化。理论的实践性在不同的历史条件下有不同的现实指向，需要在全球结构和动态的历史语境中才能被充分理解。信息资本主义时代的国际劳动分工、生产消费的全球分布失衡、文化身份建构的"再疆域化"等社会现状，均提醒我们警惕受众商品论被"普遍主义化"。[②]

建构普遍主义并非斯迈思的理论愿景。如果重返《盲点》文本及其所处的思想和社会历史语境，就会发现受众商品论原本并非一种拘泥于理论空间的普遍主义"抽象哲学"，而首先是一种落地于传播实践、基于特定历史条件、面向特定社会对象的历史主义"斗争哲学"。比如，受众商品论首先就有严格的理论边界，斯迈思认为，彼时的北美电影业就不能用受众商品论来分析。其次，受众商品论的灵感来源超越了狭义上的传播学知识谱系，而是斯迈思对以萨米尔·阿明（Samir Amin）、保罗·巴伦（Paul Baran）和保罗·斯维奇（Paul Sweezy）等学人为代表的西方马克思主义"非劳动时间"论说的回应，其理论的活力则源于生动的现实感和实践性。这与李金铨批评的当代中外传播研究"内卷化"[③]的趋势背道而驰。

事实上，传播研究中并非"万物皆可受众商品论"，斯迈思也并非出

① 夏冰青. 数字劳动的概念、学派与主体性问题——西方数字劳工理论发展述评 [J]. 新闻记者, 2020, (8): 87-96；陈世华. 传播政治经济学的话语逻辑与权力考量——基于《传播：西方马克思主义的盲点》一文的分析 [J]. 新闻大学, 2018, (1): 90-99, 152；姚琳. 再论批判学者的社会实践——以传播政治经济学先驱达拉斯·斯麦兹为例 [J]. 新闻大学, 2010, (6): 86-94.

② Murdock, G. Profits of Deceit: Performing Populism in Polarised Times[J]. *European Journal of Cultural Studies*, 2020, 23(6): 874-899；盛阳. 全球传播与政治经济学的互构与重校：一种传播思想史的理论评述 [J]. 全球传媒学刊, 2020, (4): 6-23；Fuchs, C. *Reading Marx in the Information Age: A Media and Communication Studies Perspective on Capital Volume 1*[M]. New York: Routledge, 2016.

③ 李金铨. 传播研究的典范与认同 [J]. 书城, 2014, (2): 51-63.

于寻求一种普遍主义传播理论的"疯狂动机"而提出受众商品论。理论的提出和使用，必然存在其特定的历史边界与文化边界。但是在当代传播思想史的书写中，关于受众商品论的论述恰恰在知识发生学、知识社会学和知识谱系学意义上"失焦"了。比如，对斯迈思传播思想成型十分重要的毛泽东思想和中国社会主义传播实践，在思想史的书写中被遮蔽了。①

基于对理论发展状况的回溯，本文将回应以下问题：受众商品论如何在特定的历史条件下生成并与对立思想互动？受众商品论的现实指向是什么？如何从理论提炼实践意义？通过对《盲点》的文本分析，本文试图还原一个马克思主义实践哲学的"理性的斯迈思"，而非"妄想的斯迈思"。本文提出，受众商品论需要在三种互构的历史与思想语境中被重新评估：受众商品论首先建立在"垄断资本主义"这一时间和空间的双重坐标系中，有缜密的现实适配性和分析条件；其次，它是一种行动的理论，有明确的发生逻辑和社会改造内涵；最后，它是一套深受中国革命实践与理论影响，并将之充分内化的西方理论。在传播理论的整体脉络中重新定位受众商品论的知识发生，不仅丰富了对北美冷战传播思想史"媒介东方主义"之外的理解，而且为重建斯迈思行动主义的传播思想打开了从文本到历史的知识社会学视野。

二、逆向阅读：比对《德意志意识形态》与斯迈思传播思想

正如《盲点》标题所示，受众商品论的论战对象是西方马克思主义。作为斯迈思提出受众商品论的理论缘起，西方马克思主义的基本内涵是什么？思想从哪里来？如果说作为哲学文本的《德意志意识形态》基本主导了二十世纪社会主义革命条件下西方马克思主义的理论发生，以及西方马

---

① 史安斌，盛阳. 追寻传播的"另类现代性"：重读斯迈思的《中国笔记》[J]. 清华大学学报（哲学社会科学版），2019, (5): 136-148.

克思主义对"青年马克思主义""文化马克思主义"的知识想象和问题设定，那么从《德意志意识形态》到西方马克思主义，再到斯迈思传播思想的"逆向阅读"，是理解斯迈思之所以提出"反西方马克思主义"传播理论的重要切口。

作为马克思与恩格斯早期的代表性论著，《德意志意识形态》主要处理的问题是：如何理解作为社会结构组成部分的意识形态，意识形态与政治经济结构存在何种基本关系。基于这一路径，恩格斯最早在《德意志意识形态》中描绘了最脍炙人口的"共产主义社会"图景："随自己的兴趣今天干这事，明天干那事，上午打猎，下午捕鱼，傍晚从事畜牧，晚饭后从事批判……"有别于恩格斯在此处将意识形态行动安置于特定的共产主义物质基础之上的处理方式，马克思在这段文字下面补充说："共产主义对我们来说不是应当确立的状况，不是现实应当与之相适应的理想。我们所成为共产主义的是现实的运动，那种消灭现存状况的现实的运动，这个运动的条件是由现有的前提产生的。"①

如何解释马恩在这里看似相悖的理论修辞？如果说恩格斯对共产主义的判定是，在劳动时间随着社会革命取消资本化形式之后，无论是劳动阶段还是非劳动阶段，社会行动均表现为社会人的自在行动，那么马克思则将争取自在行动的历史进程安排在历史内部，而不是资本主义历史之后，强调一种突破线性史观的历史行动。②"共产主义"在马克思看来应该是一项社会性的、历史化的"现实运动"。③接下来的问题是，如果"劳动时间"是这一现实运动的对象，"非劳动时间"能否随着"劳动时间"的共产主义改造，自发地发展为共产主义形式？

---

① [日] 广松涉. 文献学语境中的《德意志意识形态》[M]. 彭曦，译. 南京：南京大学出版社，2008: 34.
② 鉴于斯迈思在《盲点》中提出的"劳动时间"和"非劳动时间"特指马克思主义意义上的社会化劳动与意识形态行动，本文特别用"劳动时间"和"非劳动时间"这一对概念来处理马恩在此处论及的"物质基础"与"意识形态"问题，以确保行文的连续性。
③ 周展安. 作为一项"现实运动"的共产主义及其射程——从《德意志意识形态》出发的思考 [J]. 文艺理论与批评，2018, (3): 25-40.

对"非劳动时间"历史条件与现实呈现的不同理解，构成了斯迈思批判传播思想的基点。斯迈思认为，由于马克思时代"非劳动时间"尚未被组织到资本主义生产体系中，在马克思的论断中，"非劳动时间"的社会活动只被理解为一种劳动力再生产的"村社工业"（cottage industry）。[①] 虽然马克思所处的时代尚未出现商品的品牌化和广告盛行，他的思想清单中也并不存在"非必要劳动时间的资本化"议题[②]，但资本主义在二十世纪的发展却带来了全新的问题：如果历史进程中的"非劳动时间"在"劳动时间"共产主义化之前反而先被资本化了，如何从解放政治的意义上理解"非劳动时间"或传播？换句话说，当人的需求首先表现为由资本塑造和管理的需求，如何想象作为商品的打猎、捕鱼和批判之于人的发展？

正是基于这一思想，斯迈思在 1977 年的《加拿大政治与社会理论学刊》（*Canadian Journal of Political and Social Theory*）上正式发表《盲点》，明确指出传播与政治经济学之间存在"系统性断裂"，并用受众商品论向西方马克思主义的主导话语发起挑战。[③]

三、重返文本：受众商品论的知识构成

（一）作为商品的受众力：理论的基点

顾名思义，受众商品论的核心是如何理解商品。在当代西方传播理论中，受众商品论有以下典型解释：大众传播售卖受众[④]，社交媒体售卖"用

---

① Smythe, D. *Counterclockwise: Perspectives on Communication*[M]. Boulder: Westview Press, 1994: 275.

② Smythe, D. *Counterclockwise: Perspectives on Communication*[M]. Boulder: Westview Press, 1994: 280.

③ 盛阳. 全球传播与政治经济学的互构与重校：一种传播思想史的理论评述 [J]. 全球传媒学刊, 2020, (4): 6-23.

④ Wasko, J. The Political Economy of Communications[M]. in J. Downing (Ed.), *The SAGE Handbook of Media Studies*. Thousand Oaks, CA: SAGE, 2004: 312.

户信息"①，广告商购买"观看时间"，如果节目观看时间为"必要劳动时间"，广告观看则为"剩余时间"（surplus time）。② 在国内，受众商品论也被普遍表达为：商业化媒体通过出售受众的注意力和闲暇时间以实现"资本复制"③，工人阶级作为受众的信息被售卖形成"阶级剥削"④，积极受众的价值生产⑤，受众作为媒介竞争的本质被广告费用购买⑥，等等。以上论述从不同角度解读了受众商品论的当代理论面向，但从斯迈思的历史逻辑出发，这些论述都模糊了"抽象受众"和"作为劳动力的受众"两者的差异。尽管斯迈思本人早期的确讨论过电台时间（station time）、受众忠诚度（audience loyalty）、收视率、媒体节目作为广电媒体多元化商品的理论可能性⑦，但他后来明确指出，媒体的商品首先并非"注意力"（attention），而是劳动价值论意义上相对劳动力的"受众力"（audience power）。⑧ 如何理解斯迈思精确定位商品的思想转型？福克斯的解释是，尽管斯迈思受众商品论的提法在 1951 年已经出现，但概念界定在当时仍然十分模糊，要等到 20 世纪 70 年代才被明确阐释。⑨

如何理解理论的表达在其发生与发展之间的历史落差？回到《盲点》，

---

① Mosco, V. *The Political Economy of Communication* (2nd edition)[M]. London: SAGE, 2009: 137.

② Jhally, S. *The Codes of Advertising*[M]. New York: Routledge, 1987: 76.

③ 胡翼青. 论大众传播的历史性与意识形态性：基于技术的知识社会学视角 [J]. 南京社会科学 , 2018, (3): 112-119.

④ 何晶 . 媒介与阶层——一个传播学研究的经典进路 [J]. 新闻与传播研究 , 2014, 21(1): 78-93, 127.

⑤ 蔡润芳 . "积极受众"的价值生产——论传播政治经济学"受众观"与 Web2. 0 "受众劳动论"之争 [J]. 国际新闻界 , 2018, 40(3): 114-131.

⑥ 陈世华 . 传播政治经济学的话语逻辑与权力考量——基于《传播：西方马克思主义的盲点》一文的分析 [J]. 新闻大学 , 2018, (1): 90-99,152.

⑦ Smythe, D. The Consumer's Stake in Radio and Television[J]. *The Quarterly of Film, Radio and Television*, 1951, 6(2): 109-128.

⑧ Smythe, D. *Dependency Road: Communication, Capitalism, Consciousness, and Canada*[M]. Norwood, NJ: Ablex, 1981:22-51.

⑨ Fuchs, C. Dallas Smythe Today-The Audience Commodity, the Digital Labour Debate, Marxist Political Economy and Critical Theory[J]. *Triple C: Communication, Capitalism & Critique*, 2012, 10(2): 692-740.

可以发现斯迈思不但将传播分析的起点定位于商品分析，并且商品在此并非一种现象学的抽象概念，而是落脚于马克思主义的物质性概念。作为熟读马克思经典论述的学者，很难不把斯迈思理论分析的路径选择与马克思在《资本论》中的理论切入联系起来。马克思 1867 年在《资本论》第一版序言中直言："对于资产阶级社会来说，劳动产品的商品形式，或者商品的价值形式，就是经济的细胞形式。"[①] "商品"不仅是《资本论》第一卷第一章的标题，而且正是首先对商品"细胞"和商品拜物教给予彻底的政治经济学解剖，马克思才逐步深入对资本主义整体的实证批判。马克思曾形象地比喻，"谈劳动能力并不就是谈劳动，正像谈消化能力并不就是谈消化一样"，因此需要从使用价值和交换价值区分一般劳动和作为商品的劳动力。斯迈思同样强调受众力区别于受众的社会化生产和资本积累功能。在他看来，媒体商品不是受众，不是注意力，更不是一般劳动，而是类比劳动力的受众力。作为商品的受众力才是受众商品论的基点。

对斯迈思而言，商品作为传播学分析的起点，在思想上延续了以马克思为基准的西方批判理论传统，确立了以商品和劳动价值论为坐标的受众分析脉络。如果忽略从马克思到斯迈思的思想延续性，就很难理解斯迈思为何从商品这一概念展开传播的政治经济学分析，也很难精准把握斯迈思对商品的定义。需要从马克思对劳动和劳动力的严格区分，以及劳动力商品化的历史角度理解受众和受众力概念的重要差别。[②]

（二）传播与劳动：知识的构成

受众商品论核心讨论了传播与劳动之间的政治经济关系，以及受众、大众媒体和广告在传播的社会化建构中扮演的行动角色，具体包括三个方面。

---

① ［德］马克思. 资本论（第一卷）[M]. 中共中央马克思恩格斯列宁斯大林著作编译局，译. 北京：人民出版社，2004：8.

② ［德］马克思. 资本论（第一卷）[M]. 中共中央马克思恩格斯列宁斯大林著作编译局，译. 北京：人民出版社，2004：201.

第一，受众劳动的双重性。劳动力被售卖给广告商的劳动时间，对消费品的提供者而言起到市场功能（marketing functions）的作用，对劳工而言起到劳动力生产和再生产的作用。斯迈思称这两种同步行动为"联合的过程"（joint process）。其中，媒体内容是垄断资本培养和维持这一交换关系的"免费午餐"；劳动力再生产则是劳动力通过契约关系重新为资本捕获的"圈地"过程。①

第二，大众传播的主导性。"争夺受众"是垄断资本主义时期大众传播机构的主要目标。大众媒体通过隐秘的"广告＋节目＋广告"的"汉堡夹心"机制，在广泛的"受众生产资料"中生产受众商品，并将商品打包出售给广告商。媒体集团间的竞争，衍生出特定时间段播放特定节目的传播制式，生产出"儿童时间""家庭主妇日间时间""购物清单"等传播内容的"竞争网络"（rival networks），从而确保特定类型受众的定向定点流动。②

第三，传播行动的总体性。包括广告机构、电视节目制作商、新闻媒体、娱乐设施分发商、私有制家庭和个体家庭成员等广义的传播机制在内，作为整体的垄断资本主义履行了劳动力的雇佣、支付、生产、分配、销售和再生产这一套完整的政治经济职能。③但在总过程中，受众商品论存在理论的适用边界，比如电影业就不适用于受众商品论分析。这是因为电影不像广播电视行业一样，试图在私有化基础上形成"异化的家庭场景"（alienated separate homes）塑造"观看即劳动"的受众，而是继承了古典剧场、剧院和文化中心的运营方法，以售卖特定时空的座席为主导经济模式。④

---

① Smythe, D. *Counterclockwise: Perspectives on Communication*[M]. Boulder: Westview Press, 1994: 269.

② Smythe, D. *Counterclockwise: Perspectives on Communication*[M]. Boulder: Westview Press, 1994: 272.

③ Smythe, D. *Counterclockwise: Perspectives on Communication*[M]. Boulder: Westview Press, 1994: 271.

④ Smythe, D. *Counterclockwise: Perspectives on Communication*[M]. Boulder: Westview Press, 1994: 291.

（三）情境设置：知识建构的社会面向

从目的论视角看，受众商品论是一种社会化的情境设置论，认为媒介传播的社会功能首先并非解决问题，而是设置情境。斯迈思引用《哈佛商业评论》（*Harvard Business Review*）1976 年发表的文章《服务的工业化》（*The Industrialization of Service*），其中指出"消费者并不购买物品（things），他们购买解决困难的工具（tools）"。[①] 这句话可以很好地解释了传播的情境设置功能。在此，广告的传播流程可细分为：第一步，在工人的思想意识中设立困境；第二步，提供解决困境的类型化商品；第三步，提供在类型化商品中选择特定品牌的理由。[②]

情境设置论说的理论意义在于证明传播的社会控制性，而非受众的自发理性。即便消费者在媒介接触中列出理性的购物清单，这份清单的生成仍然基于困境的媒介化塑造。受众"理性选择"的背后是非理性的媒介议程设置。[③]

（四）政治经济：知识建构的思想面向

从学科建制的视角看，受众商品论是一种思想性的政治经济学说。尽管属于传播理论的知识建构，斯迈思在文中回应更多的问题是如何从政治经济学的角度理解传播：如果垄断资本主义条件下的劳动人口非睡眠时间均为劳动时间，那么劳动的产品是什么？如果受众的阅听行为（readerships）是商品，那么在商品生产过程中，谁扮演支付者？

受众商品用经济学术语表示为"非耐用生产品"（non-durable producers' good）。受众的劳动，特指受众"学习购买特定品牌的消费品，

---

① Levitt, T. N. The Industrialization of Service[J/OL]. Harvard Business Review, 1976. https://hbr. org/1976/09/the-industrialization-of-service.

② Smythe, D. *Counterclockwise: Perspectives on Communication*[M]. Boulder: Westview Press, 1994: 277.

③ Smythe, D. *Counterclockwise: Perspectives on Communication*[M]. Boulder: Westview Press, 1994: 278.

并相应使用劳动收入，产生购买行为"。这在斯迈思看来需要彻底的政治经济学分析，无法用"心理操纵"来解释广告与受众的关系：如果认识到在特定的历史阶段，广告商和劳动力均忠实于——而非反抗——垄断资本主义体系，依附于这一体系的广告商与受众之间就不是操纵与被操纵的控制关系，而是契合关系。其中，受众配合完成了资本积累的最终环节。①

斯迈思在此与英国文化研究学者斯图亚特·霍尔（Stuart Hall）的观点恰好相左。斯迈思认为文化议题的核心是其中出现了社会化劳动，霍尔则认为文化议题的核心是阶级意识形态：正是在生活方式中"上升"为中产阶级，而非"向下抛落"（downwards towards minimum wage level），即文化的变量中，工人阶级才生成"无阶级感的意识"（a sense of classlessness）。②

（五）从《矛盾论》出发：知识的跨时空建构

受众商品论的理论意义在于创造性地提出，大众传播同时在上层建筑和"基础设施的生产活动"（infrastructural productive activity）中扮演重要角色。尽管遗留了如何计算受众生产中的剩余价值这一在后续"盲点辩论"中依旧"悬而未决的问题"③，这一论断仍然挑战了西方马克思主义在当时对传播功能一元论——即传播仅执行意识形态功能——的垄断性解释。斯迈思如何对这个颇具颠覆性的思想展开论证？他在此引用了毛泽东的《矛盾论》："当政治文化等等上层建筑阻碍着经济基础的发展的时候，对于政治上和文化上的革新就成为主要的决定的东西了"④，并指出这一论断提供了有效解释当代资本主义大众媒体何以发展至此的马克思主义理论基础。

《矛盾论》是革命领导人在1937年7月中国革命时期回应党内教条主

① Smythe, D. *Counterclockwise: Perspectives on Communication*[M]. Boulder: Westview Press, 1994: 272.

② Hall, S. A Sense of Classlessness[J]. *Universities & Left Review*, 1958, (5): 26-32.

③ 赵月枝.《马克思归来》：网络时代的马克思主义与传播研究 [J]. 清华大学学报（哲学社会科学版），2018, (3): 1-16.

④ 毛泽东. 毛泽东选集（第一卷）[M]. 北京：人民出版社, 1991: 326.

义、经验主义和主观主义思想而写的两篇奠基性哲学论文中的一篇，另一篇为《实践论》。中国学者对此并不陌生。但特别的是，斯迈思引用中国共产党人对文化和政治的创造性论述，并非出自对中国革命的理论体察，而是为了反驳西方马克思主义，即论证政治、文化不仅是对立于物质基础的意识形态，而且更重要的是一种具有政治能动性、执行社会职能、反映特定经济模式和生产理念的政治经济过程。作为理论起点的商品、传播的情境设置社会面向和政治经济思想面向，都需要在创造性的文化思想中得到理解。在这个意义上，与其说斯迈思本人是经济化约论者（economy reductionist），不如说斯迈思挑战了经济决定论思想。^① 后者对物质基础与上层建筑的二元论，反而主导了马克思主义在二十世纪欧陆左翼理论界的正统叙事。^②

为了论证意识形态的主观能动性只有在政治经济的过程中才能被充分体认，斯迈思还意味深长地对比了中国在"无产阶级文化大革命"期间的传播，"正如中国人在'文革'期间所强调的，如果人们将时间花费在照顾他们的个人兴趣和感受（sensitivities）上，他们就无法摆脱资本主义影响，同时建设社会主义"^③。可见，斯迈思对中国传播分析的出发点和落脚点是

---

① 美学学者刘康从毛泽东的意识形态理论角度，讨论了毛泽东以"文化决定论"挑战"经济化约论"在理论表述上何以可能这一问题。参见刘康.文化·传媒·全球化 [M]. 南京：南京大学出版社，2006.

② 值得一提的是，"两论"长期以来一直是西方左翼阵营的重要读本。它不但是阿尔都塞、阿兰·巴丢等"马克思在西方的保卫者"的精神指导和思想指南，而且在西方造成了广泛的思想震荡和社会影响。美国总统约翰·肯尼迪甚至因此在1962年冷战时期建议五角大楼官员阅读毛泽东著作。不仅如此，"两论"提出的政治文化运动的辩证法，还在传播学领域影响了包括斯迈思在内的诸多批判学者。比如《实践论》就被翻译、收录到比利时著名传播学者阿芒·马特拉（Armand Mattelart）和美国出版商、艺术与政治学者西斯·赛格拉伯（Seth Siegelaub）1979年编辑出版的"传播与阶级斗争"（Communication and Class Struggle）丛书的第一卷中，作为批判传播经典文献流传至今。参见 Mattelart, A. & Siegelaub, S. (Eds.). *Communication and Class Struggle: Capitalism, Imperialism*[M]. New York: International General, 1979.

③ Smythe, D. *Counterclockwise: Perspectives on Communication*[M]. Boulder: Westview Press, 1994: 272.

资本主义全球化过程中北美的垄断资本主义。在后来者看来，斯迈思对中国"文革"理念的青睐因颇具浪漫化色彩而显得与现实脱节。但是从《矛盾论》文本出发的跨时空知识建构，并不妨碍他站在西方的视角发展"理论联系实际"的马克思主义实践哲学。在"冷战"时代，斯迈思发展出一套以中国传播实践为基准、以中国革命理论对文化和政治的创造性论述为底色、以文化的政治经济能动性为思想对象的受众商品论，进而在思想取向上影响了一代代传播学人。

四、重塑边界：受众商品论的发生语境

在《逆时针：传播研究透视》（*Counterclockwise: Perspectives on Communication*，以下简称《逆时针》）一书第十五章中，斯迈思在"盲点"议题中的基本观念被概括为"非睡眠时间均为劳动时间"（non-sleeping time is work time）。作为截至当前唯一一本带有自传性质的斯迈思论文汇编，《逆时针》是研究斯迈思传播思想的重要文本。该书由他的学生托马斯·古拜克（Thomas Guback）负责编辑整理，并于斯迈思辞世两年后的 1994 年正式出版。如何理解书中将受众商品论概括为劳动时间的"扩大化"？其发生语境是什么？

回到斯迈思对这一概念的完整表述，"垄断资本主义条件下的物质现实是，绝大多数人的全部非睡眠时间均为劳动时间"（the material reality under monopoly capitalism is that all non-sleeping time of most of the population is work time）。① 可以发现，斯迈思对劳动时间"扩大化"的判断基于四个历史语境：垄断资本主义（而非垄断时期之前的竞争资本主义）、物质现实（而非从文化想象和思想观念层面对传播的现象学阐发）、绝大多数人口（雇佣劳动关系中相对垄断资本主义的绝大多数劳动人口），以及全部非睡眠时间（传播与劳动的时间限度）。它们分别从社会结构、唯

---

① Smythe, D. *Counterclockwise: Perspectives on Communication*[M]. Boulder: Westview Press, 1994: 263.

物主义认识论、劳动关系的社会化构成和辐射程度四个方面，对劳动时间"扩大化"做出理论修辞和语境限定。传播劳动是"时间的政治"，也是社会分工中"空间的政治"。

（一）社会结构：北美本土语境

尽管早在资本主义成为社会主导结构之前，一般经济产品和作为特定产品形态的传播产品早已萌生，作为社会文化建构的大众传播机构，报纸杂志也早在十八世纪的资本主义中出现，但大众传播成为社会主导机构并兑现其政治功能，需要等到垄断资本主义在十九世纪晚期将主要经济基础转移到广告业之时——"传播"升级为塑造社会政治的"大众传播"（mass communication），现代社会相应地被媒介和知识分子描述为"大众社会"（mass society）[1]——才成为现实。

在斯迈思看来，垄断资本主义不但是"冷战"时期美国的本土现实，也是北美传播的政治经济结构之所以遭到欧陆学者无视的原因。尽管受到北美资本主义的结构性挤压，国家政权在欧陆传播活动中始终"在场"。在媒体执行意识形态社会功能的主导范式下，商业传播的劳动问题很容易被遮蔽。欧洲在传播政策上与北美的历史反差，不仅在地缘政治上构成了美国垄断资本主义全球化战略难以逾越的障碍，在知识建构层面，也使得北美传播业"雇佣劳动"议题跳脱出欧洲西方马克思主义者的思想田野，成为其理论格局中的文化"时差"（cultural lag）。[2]

北美本土语境的关键词是"垄断"。是否认识到"垄断"这一概念之于垄断资本主义的重要性，在斯迈思看来是能否辨识传播商品的思想门槛。垄断资本主义在此不仅是时间限定，更是空间限定。只有在垄断资本主义的条件下，资本寡头才扮演需求管理（demand management）、支配受众力、

① 程曼丽，王维佳. 对外传播及其效果研究 [M]. 北京：北京大学出版社，2011: 110-111.

② Smythe, D. *Counterclockwise: Perspectives on Communication*[M]. Boulder: Westview Press, 1994: 268.

实现剩余价值积累的社会角色。[①]"意识工业"（consciousness industry）中的市场调研机构扮演助攻，从事媒介视听率和传播效果分析。[②]即便在传播行政学派的历史叙事中，这一论断也并不陌生。比如，在媒介效果经典文本《大众传播效果研究的里程碑》的叙述中，二十世纪四五十年代一项针对美国商业社会"两级传播"现象的经典案例"迪凯特研究"，就是在哥伦比亚大学拉扎斯菲尔德团队操刀的基础上，分别吸纳来自专业出版社（McFadden Publications）和民意调查组织（Roper Polling Organizations）的资金支持。在意见领袖理论的创造性发现中，后两者据称分别出于招揽广告和了解意见形成过程的目的给予注资。[③]

（二）辐射程度：全球史语境

脱离斯迈思对世界传播秩序的全球史想象，就无法从其思想内部把握斯迈思对垄断资本主义历史、现状和未来的判断。在他看来，二十世纪七十年代美国在信息传播等行业中塑造的垄断资本主义"胁迫政治"，需要在中国社会主义文化传播实践等"解放政治"的"跨体系"全球秩序重构中得到理解。1977年的斯迈思依旧对他1972年的中国传播调研念念不忘即是明证。[④]此外，垄断资本主义条件下劳动时间扩张的"绝对主义"，恰恰体现了社会主义政治经济和传播实践在话语和行动层面对北美垄断资本主义构成的政治冲击力。因此，尽管斯迈思笔下"全部劳动时间"中的"全部"（all）一词在修辞学的意义上更像一种极端的、缺少统计核算的"去科学主义"表达，但正是这一"绝对主义"表达所传递的否定性情感极具

① Smythe, D. *Counterclockwise: Perspectives on Communication*[M]. Boulder: Westview Press, 1994: 288.

② Smythe, D. *Counterclockwise: Perspectives on Communication*[M]. Boulder: Westview Press, 1994: 270-271.

③ [美]希伦·A. 洛厄里，[美]梅尔文·L. 德弗勒. 大众传播效果研究的里程碑（第三版）[M]. 刘海龙，等，译. 北京：中国人民大学出版社，2009: 123.

④ 史安斌，盛阳. 追寻传播的"另类现代性"：重读斯迈思的《中国笔记》[J]. 清华大学学报（哲学社会科学版），2019, (5): 136-148.

政治能动性和政治感召力，不仅强化了根除资本主义结构性危机的历史迫切性，而且构成了斯迈思用学术召唤政治、用话语打通行动的"知识理性"。

在《信息资本主义的兴起与扩张——网络与尼克松时代》中，丹·席勒将传播业视为"冷战"格局下美国资本主义现代化的对象，历史地分析了数字资本主义如何在国家、资本和技术集团的极力簇拥下，春风化雨般地吸纳、推迟，乃至转移了资本主义的结构性危机。① 与这一地缘政治分析的路径不同，斯迈思突破了传统"冷战"社会科学中的"美苏两极"话语，将传播置于"三个世界"的全球视野，不仅想象和重构了平等政治在第三世界传播实践中的现实表达，还将中国社会主义实践视为解决资本主义危机的现实出路。

斯迈思曾指出，全球传播秩序的奠定与维护，需要在世界范围内群策群力，广泛听取来自第三世界国家的智慧，包括灵活运用毛泽东思想、执行"公社传播"实践的中国经验。② 这一叙事在当时的西方左翼阵营中极具思想挑战性：它不仅颠倒了从"全球边疆"到"欧美中心"主导的历史发展阶段论，而且重塑了"边缘地带"的革命者和解放者在传播行动层面的历史主体性，从而体现了斯迈思挑战西方普遍主义现代性叙事的理论雄心。

由此，我们才能理解为什么斯迈思在《盲点》开篇就点名论战的对象是西方马克思主义：虽然西方马克思主义无形中扮演了欧美左翼话语空间中的知识"霸权"，但斯迈思仍然明确指出西方马克思主义存在致命弱点——"忽视了大众传播系统经济和政治的重要意义"，认为大众传播的重要性仅在于"它们生产意识形态、黏合资产阶级体系的能力"。他认为，这完全背离了历史唯物主义，是一种唯心主义的臆断，即便不是"反科学主义"（non-scientific），也是一种"前科学主义"（pre-scientific）。"就像之前的'以太'说，为了确保能合理地解释其他现象（结果），而颠倒过来

---

① 丹·席勒. 信息资本主义的兴起与扩张——网路与尼克松时代 [M]. 翟秀凤，译. 王维佳，校译. 北京：北京大学出版社，2018.

② Smythe, D. *Counterclockwise: Perspectives on Communication*[M]. Boulder: Westview Press, 1994: 216-217.

假定这一现象（原因）的先验性存在"①。

（三）劳动关系的社会化构成：马克思主义理论语境

斯迈思认为，马克思主义者对大众传播系统提出的第一个问题应该是"它们为资本提供何种经济功能"，以"实现资本主义生产关系的再生产"。因此，执行传播政治经济功能的大众媒体，广告、市场调查、公共关系和产品包装设计等相关机构，才被斯迈思认定为西方马克思主义的盲点。他指出，纵然这些机构的传播活动与消费者意识、需求、休闲时间使用、商品拜物教、劳动和异化等议题直接关联，对传播和话语的意识形态分析有必然的理论和现实意义，但更为重要的是"意识工业"在执行意识形态教化功能之外的根本职能。一旦将"意识工业"转译为一种"传播劳动"，就可以看到其中存在大量被忽视的唯物主义议题。这些议题包括劳动价值论、流通费率、"特殊商品"（劳动力）价值论、无产阶级形式、垄断资本主义条件下的阶级斗争等，在认识论层面更贴近经典马克思主义的政治经济光谱。②

由此可知，在斯迈思的论述中，垄断资本主义条件下的传播不仅是"资本主义意识形态密集型"的意识工业，更重要的是"劳动力密集型"的传播劳动。与其说这些传播机构外在于文化研究的视野，不如说这些传播机构的政治经济属性被主导的文化研究取向所遮蔽。值得一提的是，斯迈思在批判特定社会政治条件下的传播政治经济结构、批评西方马克思主义媒介文化研究基本方法论的基础上，发展出媒介商品／意识形态"双重属性"的"传播价值论"。换句话说，传播的政治经济功能在思想史语境中被斯迈思"前景化"。在基本社会结构层面，斯迈思提供了一套关于北美传播业社会动能的历史主义叙事。

① Smythe, D. *Counterclockwise: Perspectives on Communication*[M]. Boulder: Westview Press, 1994: 267.

② Smythe, D. *Counterclockwise: Perspectives on Communication*[M]. Boulder: Westview Press, 1994: 267.

在《资本论》的副标题中，马克思将理论的社会功能标定为"政治经济批判"。[①] 与马克思的政治经济学实际上是"政治经济批判"类似，在历史主义叙事脉络中发展的传播政治经济学，就其理论面向而言更准确的表述应该是"传播政治经济批判"，就其现实功能而言则是"作为行动"的传播政治经济学。有趣的是，这一理论识别的知识社会学，与二十世纪八十年代社会主义市场化改革以来，中国语境中媒体"双重属性"在传播政策和观念中的提出和确立，形成了价值指向上的历史错位。[②]

（四）唯物主义认识论：以西方为中心的思想语境

尽管北美传播学在实存层面似乎远离唯物主义的认识论哲学，但斯迈思恰恰认为这是传播理论的知识误区。他基于历史唯物主义的认识论提出，垄断资本主义中传播劳动的商品不是消息、信息、形象、意义、娱乐、教育等"精神实体"（mental entities），而是阅听行为，即马克思在商品流通基本公式"C=M=C"中指出的商品 C。斯迈思激进地指出，马克思之后西方的马克思主义阵营在此基本沦陷了：暂且不论诸如麦克卢汉等媒介现象学的辩护士，也不论传播学领域内如卡拉·诺顿斯登（Kaarle Nordenstreng）、汉斯·恩森斯伯格（Hans Enzensberger）、西斯·汉姆林克（Cees Hamelink）、赫伯特·席勒（Herbert Schiller）、格雷厄姆·默多克（Graham Murdock）、彼得·戈尔丁（Peter Golding），甚至当时的斯迈思本人等或多或少受到马克思影响的学者，就连列宁、凡勃仑（Thorstein Veblen）、约翰·加尔布雷斯（John Galbraith）、马尔库塞、阿多诺，前述的巴伦、斯维奇和其他正统的经济学家，统统被斯迈思列入他想"讨教"的人物清单。[③]

---

① [德] 马克思. 资本论（第一卷）[M]. 中共中央马克思恩格斯列宁斯大林著作编译局，译. 北京：人民出版社，2004.

② 李彬. 新时期：社会变迁与新闻变革札记 [J]. 山西大学学报（哲学社会科学版），2015, 38(3): 1-45.

③ Smythe, D. *Counterclockwise: Perspectives on Communication*[M]. Boulder: Westview Press, 1994: 268.

在斯迈思看来，这些左翼思想家虽然都正确地用唯物主义阐释了物质基础的政治经济结构，但一旦涉及传播，他们基本都陷入了唯心主义。不难看出，斯迈思点名的大多都是西方左翼阵营中至今都颇具威望的文化政治学者。比如默多克和戈尔丁 1973 年在西方左翼理论阵地《社会主义年鉴》（*Socialist Register*）发表了《建构大众传播的政治经济学》（*For a Political Economy of Mass Communications*）一文，最早提出传播研究需要在方法论层面就"整体性"和"实践性"做出反思。①

与主流思想家论战的理论决心，说到底来自斯迈思对引入挑战霸权的毛泽东思想、重建西方批判传播理论可行性的确定。在此，理论的落脚点是西方现实。一篇讨论改革开放后中国"数字革命"的文章提出，"自行车之后是什么"是斯迈思在二十世纪七十年代末中国即将改革开放之际提出的关于中国发展的基本问题，他在"中国为寻找一种有别于资本主义现代性的另类社会主义"这一历史语境中提出这个问题，衷心希望中国能避免"走资本主义道路"。② 诚然，这的确体现了斯迈思对中国传播与社会发展的殷切希望，但是作为替西方寻找出路的传播研究,《自行车之后是什么》与其说首先表明了斯迈思对中国传播的理论想象与政治期待，不如说根本传达了他从"西方"这一特定视角阐发的政治关切，且以西方传播的未来为依归。③

在历史唯物主义的认识论语境中，斯迈思更为迫切想解决的核心问题并非中国往何处去，而是包括大众传播在内的西方资本主义体系何去何从，中国社会主义能否改造、引领和重构西方，如何在全球史的结构性视野中，找到能够突破西方垄断资本主义并适用于西方历史条件的普遍主义。这同样适用于理解《盲点》的写作背景和斯迈思投入其中的政治期待。细

---

① Murdock, G. & Golding, P. For a Political Economy of Mass Communications[J]. *Socialist Register*, 1973, 10(3): 205-234；盛阳. 全球传播与政治经济学的互构与重校：一种传播思想史的理论评述 [J]. 全球传媒学刊, 2020, (4): 6-23.

② Zhao, Y. After Mobile Phones, What? Re-embedding the Ocial in China's "Digital Revolution" [J]. *International Journal of Communication*, 2007, (1): 92-120.

③ 达拉斯·斯迈思，王洪喆. 自行车之后是什么？——技术的政治与意识形态属性 [J]. 开放时代, 2014, (4): 95-107, 94.

读文本可以发现，斯迈思在建构受众商品论的过程中，有意识地、有选择地直接引用、间接发展了毛泽东思想中关于文化政治的理论构想，甚至想象了一个超越西方马克思主义的"东方马克思主义"。斯迈思还曾特别指出东方马克思主义不是别的，就是"中国的"马克思主义。① 尽管《盲点》一文中没有明言这个隐含的命题，但在其 1978 年发表的、延续了《盲点》思想性的另一篇文章中，斯迈思却给出了更为详尽的解释。② 比尔·麦乐迪曾评价，斯迈思之所以能够取得超越经济学、传播学和社会学的理论成就，正是得益于他对包括毛泽东思想在内的理论资源的充分吸纳。③

斯迈思是在对西方马克思主义的识别中提出东方马克思主义这一议题的。但同样可以说，正是因为斯迈思认识到东方马克思主义不是一种抽象的理论思辨，而是在中国的一种"理论的实践"和"实践的理论"，才更加激发了他的理论想象力：通过受众商品论，斯迈思试图召唤传播研究中真正的"科学社会主义"。这彰显出他以超越西方马克思主义的姿态为历史唯物主义辩护的先锋性。在思想史的意义上，这丝毫不亚于同为毛泽东思想阐发者的法国哲学家路易·阿尔都塞（Louis Althusser）在《保卫马克思》（*Pour Marx*）中对欧陆后结构主义发起的理论挑战。

五、从话语到实践：受众商品论的行动主义

当代传播思想史的知识建构，历史中传播学广袤的理论阐释力和思想弹性实际上被大大低估了。重读受众商品论，不仅能够还原知识的社会政治面向，更重要的是能够直观看到，斯迈思对传播的思考不仅满足于塑造

---

① Smythe, D. *Counterclockwise: Perspectives on Communication*[M]. Boulder: Westview Press, 1994: 292.

② Smythe, D. *Counterclockwise: Perspectives on Communication*[M]. Boulder: Westview Press, 1994: 292-299.

③ Melody, B. Dallas Smythe: Pioneer in the Political Economy of Communications[M]// Smythe, D. *Counterclockwise: Perspectives on Communication.* Boulder: Westview Press, 1994: 5.

一种规范化的传播理论，相反，他极力反对这种传播研究的认识论窠臼，努力在回应垄断资本主义的社会现实中建构作为行动的传播理论。现实感也因此构成了传播理论的整体脉络中受众商品论鲜明的理论特色。

（一）行动一：重建实践的传播理论

由上文可知，北美本土、全球史、马克思主义理论和历史唯物主义的认识论，共同奠定了受众商品论的发生基础。但这里尚待解决一个核心问题：斯迈思为何在受众商品论的知识建构中，同时将列宁和西方马克思主义者列为论战对象？学界一般认为，西方马克思主义起源于二十世纪二十年代共产国际内部的"左"倾思潮，是一种试图清理列宁思想遗产、"既反对列宁主义又自诩为马克思主义的思潮和流派"。[①] 可见西方马克思主义是作为对正统马列主义的"离经叛道"出现的。作为公认的历史唯物主义者，列宁为何在斯迈思的论述中与西方马克思主义被共同指认有唯心主义倾向？如何在斯迈思的思想谱系中理解作为行动者的列宁？

回应这些问题，实际上就是在回应受众商品论的行动逻辑。回到《盲点》正文的尾注，斯迈思引述了列宁 1921 年《新经济政策报告》中的一段话："苏维埃政府成立后的最初几周，关于私人广告的国家垄断法令命运如何？……现在回头看，我们当时竟然天真到可爱……我们的敌人，比如那些资产阶级，都在以否定国家政权的方式，报复维护国家政权的法令。"列宁在报告中提到的法令由他在 1920 年 7 月签署。这份由劳动国防委员会提出的，关于建立俄罗斯苏维埃联邦社会主义共和国无线电报事业的法令指出，"无线电台的建设工程属于国家特殊重要的工作，应予紧急进行"[②]。即国家作为媒介行动主体，在反霸权运动中扮演了塑造话语政治的重要角色。

由此可见，"政治"在列宁报刊思想中非但没有缺席，反而始终在场：列宁曾一度仅仅将大众媒体视为一种操纵手段，但他很快便意识到自己在

---

① 程曼丽. 研究马克思主义新闻观不可忽视列宁主义——兼谈从马克思主义的苏俄化到马克思主义的中国化 [J]. 新闻与写作，2019, (11): 65-70.

② 赵水福. 列宁与无线电广播（下）[J]. 北京广播学院学报，1980, (4): 98-101.

这一问题上曾经有多么天真。他的"帝国主义理论，缺乏对广告、垄断资本主义和帝国主义之关联的承认"[①]。与其说斯迈思从传播学的角度否定了列宁主义，不如说斯迈思将列宁"历史化"，从"发展的列宁主义"内部，重新理解特定历史阶段的列宁：斯迈思对列宁的批评，其实是批评他早期对媒介的认识无异于后来的西方马克思主义，即将传播仅仅解读为一种政治的话术。正如彭达库所言，"传播政治经济学者强调根据实际情况不断调整自身的研究方法"[②]。斯迈思对列宁在不同历史条件下话语张力和思想演进的阐发，恰恰证明了斯迈思理论的实践面向。

正如列宁在部署新经济政策时期的宣传工作时所说，"组织全国范围的生产宣传的必要性，是由政治局势的一切特点决定的""这是我们国家机构最必要的工作""如果我们不能恢复我国的经济，我们就会被打败"。[③]斯迈思从列宁思想内部重建传播理论的实践属性，不仅论证了新经济政策阶段列宁从文本到实践、从实践到文本交织的媒介行动主义，更重要的是，斯迈思紧扣列宁新闻思想的实践性，建构了一种从话语到实践的、作为行动的传播理论。

（二）行动二：启动盲点辩论

受众商品论的提出，也证明了斯迈思作为行动主义者与西方马克思主义论战的写作初衷。在论述垄断资本主义的需求管理与劳动价值论的关系时，斯迈思大量引用了马克思的《资本论》和《政治经济学批判大纲》（*Grundrisse*），并提出"前大众传播时代"的劳动力再生产没有品牌商品、大众广告和大众媒体的参与，是"家庭手工业"的成果，以此证明理论的发生需要基于特定的历史语境，而不是教条的文本：

---

① Smythe, D. *Counterclockwise: Perspectives on Communication*[M]. Boulder: Westview Press, 1994: 287.

② [美] 曼殊纳特·彭达库, 姚建华. 传播政治经济学、"三个世界"理论与民族志研究方法——《传播政治经济学经典文献选读》序 [J]. 新闻爱好者, 2020, (1): 53-56.

③ [苏] 列宁. 列宁全集（第 40 卷）（第 2 版）[M]. 北京: 人民出版社, 1986: 141.

　　在马克思时代和他的分析中，资本主义生产的首要方面是工人从一般商品生产资料（the means of producing commodities-in-general）中异化。如今，资本主义生产的首要方面已经变成工人从生产和再生产他们自己（the means of producing and reproducing themselves）这一过程中异化。①

　　这是斯迈思与西方马克思主义理论分歧的根本。在斯迈思看来，二十世纪垄断资本主义社会中的主要矛盾已经从马克思时代工人同生产资料的分离，转变为工人同劳动力生产和再生产过程的异化。正基于此，斯迈思明确指出西方马克思主义者在认识论上的盲点：他们没能够基于新的历史条件重新分析社会主要矛盾，反而错误地认为，垄断资本主义条件下工人自身仍然是劳动力的独立生产者。斯迈思认为，实际上出卖劳动力的劳动者个体，不一定"充分必要"地等同于生产和再生产这一劳动力的劳动全部。后者还必须包括大众媒体和广告。

　　进一步说，受众商品论不仅在文本层面重构了马克思主义关于意识工业的理论想象，在话语上更积极回应了彼时英语世界的激进思想。受众商品论灵感的直接来源是欧陆重要的思想家萨米尔·阿明。1974 年 9 月，阿明在美国左翼期刊《每月评论》（Monthly Review）发表《赞扬社会主义》（In Praise of Socialism）一文，明确提出社会劳动时间和非劳动时间的支配、塑造和再生产关系：

　　　　社会时间分为非劳动时间和劳动时间。但是这里前者的存在只是为了后者服务。它并非休闲时间（leisure time）——正如它是在人被异化之后的错误意识中被误读的那样——而是恢复时间（recuperation time）。这一功能性的恢复，是社会化组织的，而不是个人生产的——

---

① Smythe, D. *Counterclockwise: Perspectives on Communication*[M]. Boulder: Westview Press, 1994: 273.

尽管从表面上看的确如此。[①]

这一论断为斯迈思带来的启发是，如何突破哲学的二元论，重建社会的辩证法。在斯迈思看来，与其说阿明在"休闲时间/恢复时间"的二分法中分析资本主义非劳动时间，不如说这里体现了资本主义发展的必然性，即将"休闲时间"改造为维系资本主义生产关系的"恢复时间"——这也是《德意志意识形态》问世之后，新生成的意识工业的根本特征。因此，尽管阿明提出劳动力再生产是社会化过程——而非个体过程——斯迈思仍然指出，阿明的盲点是并没有意识到大众媒体直接生产了受众商品。[②]需要辩证唯物地理解"劳动力生产与我们作为人去生活的可能性"之间的关系。[③]斯迈思在此显然不满阿明理论的"无的放矢"：只有明确大众媒体作为劳动力再生产的物质基础，才有可能提出针对性的社会改造方案。

尽管阿明本人此后并没有就这一分歧做出直接回应，但《盲点》一经刊出，便在传播学领域激发了关于传播物质性的盲点辩论。福克斯称之为媒介社会学发展的重要基石。[④]从 1978 年开始，《加拿大政治与社会理论学刊》相继刊发了默多克、比尔·里温特（Bill Livant）、萨特·嘉里（Sut Jhally）等学者围绕"受众商品论究竟是不成熟的经济还原论，还是完整的媒介理论"这一辩题展开的论战，以及斯迈思的理论回应。[⑤]1979 年 4 月，

① Amin, S. In Praise of Socialism[J]. *Monthly Review*, 1974, 26(4): 8.

② Smythe, D. *Counterclockwise: Perspectives on Communication*[M]. Boulder: Westview Press, 1994: 288.

③ Smythe, D. *Counterclockwise: Perspectives on Communication*[M]. Boulder: Westview Press, 1994: 273.

④ Fuchs, C. Dallas Smythe Today—The Audience Commodity, the Digital Labour Debate, Marxist Political Economy and Critical Theory[J]. *Triple C: Communication, Capitalism & Critique*, 2012, 10(2): 692-740.

⑤ Murdock, G. Blindspots about Western Marxism: A reply to Dallas Smythe[J]. *Canadian Journal of Political and Social Theory*, 1978, 2(2): 109-119; Smythe, D. Rejoinder to Graham Murdock[J]. *Canadian Journal of Political and Social Theory*, 1978, 2(2): 120-127; Livant, B. The Audience Commodity: On the "Blindspot" Debate[J]. *Canadian Journal of Political and Social Theory*, 1979, 3(1): 91-106; Jhally, S. Probing the Blindspot: The Audience Commodity[J]. *Canadian Journal of Political and Social Theory*, 1982, 6(1/2): 204-210.

刊载里温特《受众商品论：关于"盲点"辩论》（*The Audience Commodity: On the "Blindspot" Debate*）一文的《学刊》干脆将马克思头像设为当期封面，以"马克思与马克思主义再考察"（Marx and Marxism Reconsidered）为主题，专题讨论商品拜物教、意识形态和文化研究议题。不仅如此，盲点辩论中阐发的受众商品论，随后更成为斯迈思 1981 年出版的成名作《依附之路：传播、资本主义、意识与加拿大》（*Dependency Road: Communication, Capitalism, Consciousness and Canada*）一书的立论基点。[1] 1993 年，曼殊纳特·彭达库（Manjunath Pendakur）、珍妮特·瓦斯科（Janet Wasko）和文森特·莫斯可（Vincent Mosco）为追思斯迈思而编著和出版的著作《照亮盲点：纪念达拉斯·斯迈思文集》（*Illuminating the Blindspots: Essays on Honoring Dallas W. Smythe*）直接以"盲点"为题，由此可见，启动盲点辩论是斯迈思对传播学的重要贡献。

二十世纪七十年代后期，传播政治经济学也开启了理论勃发的新阶段。瓦斯科一针见血地指出，盲点辩论见证了传播政治经济学在此时期被"重新定义"，知识框架走向马克思主义的过程。[2] 比如有学者提出，大众媒体不仅生产受众商品，而且生产商品收视率（commodity ratings）[3]；传播劳动者并非受众，而是统计收视率的数据分析师[4]。有学者就此进一步质疑受众商品的理论意义，原因是受众行为并不受资本主义的直接控制。[5] 受众商品论不仅丰富了传播政治经济学的理论发展，也遭遇到不同学派的知识挑战。比如女性主义学者提出，性别议题才是受众商品论更应该讨论的，因

① Smythe, D. On the Audience Commodity and Its Work[M]//M. Durham & D. Kellner (Eds.), *Mass Media and Culture: Key Works*. Oxford: Blackwell Publishing, 2006: 230.

② Wasko, J. The Political Economy of Communications[M]//J. Downing (Ed.), *The SAGE Handbook of Media Studies*. Thousand Oaks, CA: SAGE, 2004: 312.

③ Meehan, E. Commodity Audience, Actual Audience: The Blindspot Debate[M]//J. Wasko, V. Mosco & M. Pendakur (Eds.), *Illuminating the Blindspots: Essays Honoring Dallas W. Smythe*. Norwood, NJ: Ablex, 1993.

④ Bolin, G. Symbolic Production and Value in Media Industries[J]. *Journal of Cultural Economy*, 2009, 2(3): 345-361.

⑤ Caraway, B. Audience Labor in the New Media Environment: A Marxian Revisiting of the Audience Commodity[J]. *Media, Culture & Society*, 2011, 33(5): 693-708.

为女性才是其中最受盘剥的群体。^① 福克斯通过重读法兰克福学派，指出受众商品论一方面存在对意识形态学说的误读，但另一方面也适用于互联网平台的劳动分析。^② 学者们延续受众商品论的思路，提出平台资本主义"移动受众商品"（mobile audience commodity）^③、"道德经济"、"礼物经济"（gifting economy）^④ 等诸多新兴议题。篇幅所限，本文无意详细盘点盲点辩论的知识演进，但从中已可瞥见受众商品论对西方传播理论脉络的形塑作用。需要指出，基于笔者对相关文本的有限阅读发现，尽管诚如瓦斯科所言，受众商品论的马克思主义理论内涵已经被学者们充分挖掘，但令人遗憾的是，中国元素及其正向的实践性在讨论中基本被遮蔽。

六、总结与反思

本文无意深描受众商品论的现实效用，而是试图基于知识社会学路径，提炼斯迈思在建构受众商品论时并行的思想和行动轨迹，以此深化对理论的思想史探讨。在斯迈思看来，思想是行动的理论支撑，行动是思想的现实基点。

① Meehan, E. Gendering the Commodity Audience. Critical Media Research, Feminism, and Political Economy[M]//E. Meehan & E Riordan (Eds.), *Sex & Money. Feminism and Political Economy in the Media*. Minneapolis, MN: University of Minnesota Press, 2002: 220.

② Fuchs, C. Dallas Smythe Today—The Audience Commodity, the Digital Labour Debate, Marxist Political Economy and Critical Theory[J]. *Triple C: Communication, Capitalism & Critique*, 2012, 10(2): 692-740.

③ Manzerolle, V. Mobilizing the Audience Commodity: Digital Labour in a Wireless World[J]. *Ephemera*, 2010, 10(3/4): 455-469.

④ Murdock, G. Political Economies as Moral Economies. Commodities, Gifts, and Public Goods[M]//J. Wasko, G. Murdock & H. Sousa (Eds.), *The Handbook of Political Economy of Communications*. Malden, MA: Wiley-Blackwell, 2011: 30.

（一）作为辩证法思想的受众商品论

基于对理论知识构成的文本分析可知，以商品作为分析基点、以垄断资本主义传播劳动总过程中大众媒体、受众和广告商之间的社会关系为分析主体，借助中国革命理论阐发的受众商品论，首先是一种批判的辩证法思想。斯迈思在《盲点》文末提出，如果认识到垄断资本主义时代大众媒体售卖受众力这一现实，那么就需要更加深入地讨论这个现象到底意味着什么。在他看来，这说明上层建筑和物质基础发生了"主要的决定的"（principle and decisive）融合——斯迈思在此特别强调"主要的决定的"——这个说法依旧来自毛泽东的《矛盾论》。作为辩证法思想的受众商品论，首先需要辨识特定历史条件和社会关系的主要矛盾。斯迈思认为，垄断资本主义条件下大众传媒的主要矛盾在受众力作为商品被出售和受众作为劳动力的生产与再生产之间。在这个矛盾的主导方面，意识工业造成了三种人的异化：受众与劳动之后的"非劳动时间"异化，受众与市场化的一般商品异化，受众与自身劳动力生产和再生产异化。[1]

受众商品论的辩证性在于，"受众的异化"命题中的"受众"不但是作为个体的受众，也是作为行动集体的、参与社会化劳动的受众。劳动的社会化，激发斯迈思进一步思考集体层面的意识形态问题。他因此激进地提出，不仅劳动理论需要被重新解释，与劳动相关联的意识形态理论也需要获得新的阐释。[2]他甚至列出了一长串需要被清理的理论清单：马克思主义理论中关于社会意识（或虚假意识）的论述、阶级斗争的本质、垄断资本主义和性别沙文主义条件下的无产阶级本质、作为复数的国家理论（或国家理论的多种可能性）等[3]，为之后的学科探索奠定了理论基础。

---

[1] Smythe, D. *Counterclockwise: Perspectives on Communication*[M]. Boulder: Westview Press, 1994: 286.

[2] Smythe, D. *Counterclockwise: Perspectives on Communication*[M]. Boulder: Westview Press, 1994: 286.

[3] Smythe, D. *Counterclockwise: Perspectives on Communication*[M]. Boulder: Westview Press, 1994: 286.

（二）作为社会行动纲领的受众商品论

　　启动与西方马克思主义论战的盲点辩论、建立实践的传播理论构成了斯迈思社会行动的现实面向。在此，斯迈思不仅将知识清理的对象最终指向"当代垄断资本主义阶段的帝国主义和社会主义理论"[①]，而且进一步提出了社会行动的知识纲领：需要将阿明的西方马克思主义政治经济学与赫伯特·席勒的文化帝国主义理论联系起来，才能完整地阅读美利坚帝国和大众传播之间的复杂关联。[②]作为社会行动纲领，受众商品论不但是国际关系宏观分析与传播工业微观分析的综合，更是理解冷战帝国秩序下文化和政治经济重建的行动基点。"失去跨国公司生产受众商品这一特定的历史视野，依附国和边缘国家的'可乐殖民'（cocacolonisation）就无法在马克思主义理论中得到合理解释。"[③]尽管落脚于马克思主义理论，我们仍然可以从中读出斯迈思传播思想的西方中心主义。比如，他强调跨国公司垄断资本主义全球化的单向度，客观上把资本主义的扩张树立为历史分析的基点，这反而远离了他本人极为推崇的劳动价值论。后者认为劳动是创造历史的基点，劳动者才是历史分析的基点。

　　但同时，斯迈思也寄希望于从传播行动切入，用传播实践突破既定的资本主义宿命论。不仅受众商品论的起点是马克思主义，其终点也指向马克思主义：作为行动的受众商品论，在二十世纪社会革命中指向的是一种富有理论想象力的传播实践运动，"在科学技术的意识形态分析中，受众商品论将会有助于发展出一套非经济决定论的、开放的（non-positive）、非欧洲中心主义的马克思主义"。[④]不难看出斯迈思在更广阔的社会空间中

---

① Smythe, D. *Counterclockwise: Perspectives on Communication*[M]. Boulder: Westview Press, 1994: 286.

② Smythe, D. *Counterclockwise: Perspectives on Communication*[M]. Boulder: Westview Press, 1994: 287.

③ Smythe, D. *Counterclockwise: Perspectives on Communication*[M]. Boulder: Westview Press, 1994: 287.

④ Smythe, D. *Counterclockwise: Perspectives on Communication*[M]. Boulder: Westview Press, 1994: 286-287.

对受众商品论抱持的理论期待。基于历史唯物主义的西方社会视野和基于全球史的思想流动在此发生碰撞，与其说体现了斯迈思传播思想难以自洽的话语矛盾，不如说斯迈思的理论想象同时建立在地缘政治中的西方和思想格局上的中国之上。

（三）理论的历史性及其当代启示

理论的意义，需要回到理论的发生史中挖掘。回到《逆时针》，可以发现古拜克早已提供了一条解读《盲点》的关键线索：尽管论文发表于1977年，但其实斯迈思早在二十世纪六十年代就已经提及这篇文章了，可以推测斯迈思对相关议题的思考比这一时间更早。但至今无法确切解释的是，为什么斯迈思在等待如此之久后，才决定将受众商品论的思想公之于众。[①] 文本的历史性和未完成感，为我们提供了一条阅读斯迈思传播思想发展的知识社会学线索：如果从普遍主义、去历史化的视角阅读《盲点》，认为理论可以超越时空结构被泛化理解与运用，就不能解释斯迈思何以如此谨慎地对待受众商品论的发表与传播。对他而言，理论是历史的产物，不仅要从历史和社会关系中得到解读，更要进入实践。在这个意义上，受众商品论与其说是斯迈思客观言说的解释对象，不如说是他基于不同的历史条件，不断发展的思想对象和行动对象。

本文的理论意义在于辨析受众商品论在理论起点与当代表达方面的历史落差（比如，被售卖的到底是受众、注意力还是受众力）：无论是理论误读，还是基于时代语境对理论表述的动态调整，回到历史原点可以看到受众商品论与其当代主流阐发的不同面貌。理论最初指向特定的历史条件、社会关系，有着特定的行动目标。此外，本文回到传播思想史，还原了受众商品论与二十世纪中国革命理论之间的历史钩沉，回到传播理论的整体脉络，细致盘查了受众商品论的知识构成、发生语境、行动主义内涵及其理论突破性。但更重要的是挖掘文本的现实意义：在全球公共卫生危机、

---

① Smythe, D. *Counterclockwise: Perspectives on Communication*[M]. Boulder: Westview Press, 1994: 263.

政治经济和传播秩序不断重组、数字网络与平台资本重构文化消费格局的新条件下，受众商品论不应被视为一种笼统解释垄断资本主义核心区域之外的文化传播过程的普遍主义理论，否则就无法理解社会主义国家以人民为主体的现实话语与实践定位，也无法把握包括金砖国家在内的政治主体及其传播行动在当代全球传播秩序建构中的反霸权内涵，以及带来的复杂的社会权力关系调整。[①]

相反，只有在对其当代语境、适用范畴和理论想象力进行重新辨认、定位和清理之后，以垄断资本主义为根本指向、与中国革命思想发生内在关联的受众商品论才能在超越其发生史的基础上，被纳入信息地缘政治、媒介化时代、跨文化媒介政治经济等更为复杂的动态的理论框架，发挥行动主义更为深入的现实功能。对中国传播研究而言，新的命题是如何在全球产业分工、国家传播战略规划和社会文化传统等现实格局中定位中国传播的理论坐标，激发受众商品论的行动意义，而不是用受众商品论限制我们时代的传播理论想象力。

■ **作者简介** ━━━━━━━━━━━━

盛阳，博士，北京外国语大学国际新闻与传播学院讲师。

■ **来　　源** ━━━━━━━━━━━━

本文原载于《新闻记者》2021 年第 3 期。

---

① Thussu, D. & Nordenstreng, K. (Eds.). *BRICS Media: Reshaping the Global Communication Order?*[M]. New York: Routledge, 2021.

能力的"绵延"：朝向生命哲学的跨文化传播能力研究

张楠　姜飞

摘　要　基于传播学理论背景与国际传播建设中跨文化素养培训的现实需求，跨文化传播能力研究普遍以"效果"为导向，忽视人的主体能动性对人的"能力"的作用。本文以人的主体性为哲学视野，爬梳了跨文化传播能力研究中对人的主体性界定存在的两种取向——实体主体性与认知主体性。客观经验主义范式"具象—事实"人的知识论基础缺乏对作为"抽象—本质"人的生命主体的"人本主义"关照。本文以生命哲学为哲学视角，探索式地建构跨文化传播及跨文化传播能力研究的新视野，将其整体性地汇入 20 世纪现代哲学的"人本主义"转向中，以期与同行商榷。

关键词　跨文化传播；跨文化传播能力；主体性；生命哲学；跨文化直觉

从跨文化传播研究的发展历程来看，自 20 世纪 50 年代爱德华·霍尔（Edward Hall）创立跨文化传播研究领域以来，跨文化传播研究"逐渐走过了一个早期创立（20 世纪 50—60 年代）、学科规划（60—70 年代）、学理深入（80—90 年代）、反思转型（90 年代至今）的阶段"，"跨文化传播能力"作为跨文化传播研究中的理论"路标"[①]，一直"是跨文化交际学的

---

① 姜飞. 美国跨文化传播研究形成发展的理论脉络 [J]. 新闻与传播研究，2010, 17(3): 17-27.

核心概念之一"①。最初跨文化传播研究在美国的兴起具有较强的实用主义倾向，旨在提升外派人员的交际能力和工作效力，服从、服务于外派人员心理和行为预测。近年来，一些非西方国家开始加入跨文化传播研究的队伍中来，"特别是以中日韩为代表的东方文化以人际关系为核心，以情感为纽带，强调道德修养与人格魅力的功效，淡化知识与技能的作用"②，为跨文化传播能力研究提供了新的理论视野。本文亦以此为出发点和立足点，从主体性哲学的视角对既有的跨文化传播理论进行范畴化，尝试性地将生命哲学引入跨文化传播研究，拟探索新的研究范畴与研究空间。理论是概念的信息逻辑体系，建构新的理论或理论视野，首先需要对概念进行界定与厘清。

一、"跨文化传播能力"的概念界定

跨文化传播能力包含两个核心概念——"跨文化传播"与"能力"。就"跨文化传播"概念而言，汉语语境的跨文化传播至少包含三个不同的英文概念："cross-cultural communication""inter-cultural communication""trans-cultural communication"。③这三个不同的概念范畴作为定语系数对"能力"进行再范畴化，跨文化传播能力的概念也呈现出三个层面的概念类型。

（一）"跨文化传播"的概念界定

"cross-cultural"即"穿越""跨骑"物理边界④，在"交叉文化或交叉文化地域""涉及多种文化或文化地域"的语境下⑤，对多种文化下的比较，

---

① 戴晓东.跨文化传播能力研究 [M].北京：外语教学与研究出版社，2018：2.
② 戴晓东.跨文化传播能力研究 [M].北京：外语教学与研究出版社，2018：8.
③ 姜飞，黄廓.对跨文化传播理论两类、四种理论研究分野的廓清尝试 [J].新闻与传播研究，2009，16(6)：53-63，107.
④ 姜飞，黄廓.对跨文化传播理论两类、四种理论研究分野的廓清尝试 [J].新闻与传播研究，2009，16(6)：53-63，107.
⑤ 单波.论跨文化传播的可能性 [J].广东外语外贸大学学报，2014，25(3)：5-12.

"方向是单向的"①。

"inter-cultural"即通过"介入文化他者（Other）文化的深层结构"②，"平等地认识他者、审视自我，在互动中进行理解与接受"③，方向是双向的。④

"trans-cultural"即"将所有人从各自历史性界定下来的文化堡垒中解放出来，统一、平等地放置到'天下'的哲学观念之下进行关照"⑤，"超越分裂的文化碎片，创造有生命力的公共文化空间"⑥。

（二）"能力"的概念界定

跨文化传播能力研究的核心词"能力"对应的英文原词为"competence"，competence在跨文化传播研究语境下，"广泛地被等同于理解（understanding）、关系发展（relationship development）、满意度（satisfaction）、有效性(effectiveness)、得体性（appropriateness）和适应性（adaptation）。同时competence的概念有时也等同于能力（ability）、技能（skill）和一种主观的评估效果（subjective evaluation impression）"。⑦ 因此，communication competence可以包含汉语中的传播能力、传播技能、传播理解力、传播清晰度、传播满意度、传播有效性、传播的得体性和传播适应性。

那么，当"communication competence"加上"cross-cultural""inter-cultural""trans-cultural"的定语"系数"时，"跨文化传播能力"呈现出三种

---

① 姜飞，黄廓 . 对跨文化传播理论两类、四种理论研究分野的廓清尝试 [J]. 新闻与传播研究 , 2009, 16(6): 53-63, 107.

② 姜飞，黄廓 . 对跨文化传播理论两类、四种理论研究分野的廓清尝试 [J]. 新闻与传播研究 , 2009, 16(6): 53-63, 107.

③ 单波 . 论跨文化传播的可能性 [J]. 广东外语外贸大学学报 , 2014, 25(3): 5-12.

④ 姜飞，黄廓 . 对跨文化传播理论两类、四种理论研究分野的廓清尝试 [J]. 新闻与传播研究 , 2009, 16(6): 53-63, 107.

⑤ 姜飞，黄廓 . 对跨文化传播理论两类、四种理论研究分野的廓清尝试 [J]. 新闻与传播研究 , 2009, 16(6): 53-63, 107.

⑥ 单波 . 论跨文化传播的可能性 [J]. 广东外语外贸大学学报 , 2014, 25(3): 5-12.

⑦ Spitzberg & Changnon . Conceptualizing Intercultural Competence[M]//*The SAGE Handbook of Intercultural Competence*. ed. Deardorff, D. K. Sage, 2009: 6.

基本概念范畴，即"cross-cultural communication competence""inter-cultural communication competence""trans-cultural communication competence"。

目前，多数学者并未在行文中明确将这三种概念范畴区分开来使用，也有在文中澄明概念的特指范畴的。在 Deardoff 2009 年编写的《跨文化能力手册》中，Ashwill 和 Thi Hoang Oanh 提到："cross-cultural competence 是和来自不同文化的人在不同的文化中工作好的能力，而 inter-cultural competence 是人的多面的状态，包括了解文化差异的存在，文化差异是什么，以及如何运用这些知识，简言之，就是适应不同文化的能力。"[①]Fons Trompenaars 和 Peter Woolliams 则提出了 hypercultural competence profiler（HCP）模型。将 cross-cultural competence，inter-cultural competence cross，trans-cultural competence 共同置入"超文化能力"（hypercultural competence）的亚结构中。"cultural competence 指按照多种文化系统规则行动的能力，能够根据在特定情景的文化需求正确地、得体地做出回应；inter-cultural competence 指能够接受和尊重差异，和其他文化的人进行成功的、有效的合作的能力；trans-cultural competence 指能通过调节差异性观点以达成和谐和创新的能力。"[②]此外，Bennett 则认为"inter-cultural communication competence 比 cross-cultural communication competence 更广泛地运用于心理学领域"[③]。inter-cultural communication 概念本身就比 cross-cultural communication 更为强调他者文化深层结构的介入性和接受性，那么作为修饰 competence 的定语系数，跨文化能力的词义也会发生重新范畴化。

综上，我们可以得出三种跨文化传播能力的操作性概念。

cross-cultural communication competence 强调的是能够穿越、识别、比

---

① Ashwill & Thi Hoang Oanh. Developing Global Competent Citizens[M]//*The SAGE Handbook of Intercultural Competence*. ed. Deardorff, D. K. Sage, 2009: 143.

② Fons Trompenaars & Peter Woolliams. Research Application[M]//*The SAGE Handbook of Intercultural Competence*. ed. Deardorff, D. K. Sage, 2009: 443.

③ Bennett, J. M. *The SAGE Encyclopedia of Intercultural Competence*[M]. Sage Publications, 2015: 240, 679.

较多种文化的能力。作为传播主体的"我"与他人（Other）通过单向比较的信息操作方式建构意义输送，强调跨文化语境下行为性的理解与合作，这种形态的跨文化传播能力可以理解为一种跨文化理解力或跨文化传播效力，一般表达为身体与身体行为的正确性、得体性与有效性。

Inter-cultural communication competence 侧重于表示能够接受、内化、尊重文化差异的能力。作为传播主体的"我"与他者（Other）通过双向介入的信息操作方式建构意义交叠，强调跨文化语境下心理性的接受与平衡，这种形态的跨文化传播能力可以看作是一种跨文化适应力，主要表达为心理与认知活动的适应性、涵化性与同化性。

trans-cultural communication competence 偏向于强调能够调和、生成、超越文化的能力。作为传播的主体通过超越性的意义生产建构新的文化空间，强调跨文化语境下生命性制造与创新，这种形态的跨文化传播能力主要表达为直觉与无意识的生成性与创造性。

值得注意的是，以上三个概念并不是全异概念，本文倾向于认为三者属于交叉概念，各有偏重，而这三者的任意一种或几种概念的集合也不全同于汉语语境中的"跨文化传播能力"，因此 cross-, inter- 和 trans- 只是"能力"的属性，不是本质，也不是构成因素。

二、跨文化传播能力研究中对人的主体性界定

概念的界定是理论建构的基础，概念内涵的多样化使得跨文化传播能力的研究呈现出不同的研究旨趣与偏向。目前，跨文化传播能力研究基本形成了以 cross-cultural 和 inter-cultural 为主要研究领域，以美国及其他西方国家为主要阵地，以客观经验主义为主要研究范式，"以自我为中心，以理性为准绳，以交际的效用和对过程的控制为目标"的研究取向。[①] 自然科学方法论对人与世界、社会与自然的认识论框制使得跨文化传播研究

---

① 戴晓东.跨文化传播能力研究 [M]. 北京: 外语教学与研究出版社, 2018: 8.

停滞于对人的经验性观察和反复的量性的实验上，执着于追求跨文化传播的"正确性、得体性、有效性、适应性"，将根植于西方价值体系中对"能力是一种美德"的信仰与追求上升为一种现代性神话。工具性利益的过度追逐使得我们几乎忘记了研究跨文化传播能力的初衷，即跨文化传播能力是人的能力，无论是"效力"研究还是"适应力"研究都是为了复原人、发展人而进行的，人应该占据跨文化传播能力研究的主体性地位。因此，以"人"的主体性视角来关照既有的跨文化传播理论，当前的跨文化传播能力研究呈现出两种逻辑。

（一）实体主体性逻辑

跨文化传播能力研究中存有将"人"界定为"实体主体"的视角逻辑。比如对作为"跨文化传播效力"的能力研究致力于对跨文化传播能力的构成要素及模型的研究。既有研究成果普遍认为能力是由动机、知识、技能构成的模型体，能力的提升与动机、知识、技能的培养具有一定的联系和规律，通过对动机、知识、技能的研究可以得出关于能力的普遍性知识，这种普遍性知识通过同质化培训或教育过程，就可以直接作用于个体的能力提升。这样的研究假设得以成立，其默认的前提是能力与人处于一种分割状态，人通过肉身存在以及身体行为为经验观察与能力研究提供"经验"，任何人无外乎是和"物"同源的无差别的实体。

跨文化传播效力的研究就如同物理学对自然界实体（如桌子、凳子等）的研究一样，物理学通过测量物体的"长度""面积"来量化并计算物体属性，跨文化传播效力研究把"人"当作肉身和肉身行为的"实体"，通过对"实体"显现的"可预测变量"的抽象，形成了跨文化传播能力评估研究的基本概念，如"个人主义/集体主义""权力距离""不确定性的规避"等解析性概念，在此基础上形成了不同种类的评估量表，并以此作为跨文化传播能力研究的知识性基础。但"概念"与"概念"的"量表"并不能代表物体本身。就像"长度""面积"等概念只是对物体在空间和时间维度的运动（或静止）状态的描述与抽象的解析概念，而不是物体本身。同理，"实体"化能力研究如同将人的肉身行为"物理化"，传播主体"行为"的"度"与"量"只是人的能力的"开显"，而不能作为人的能力本身来看待。虽然，跨文化传播能力研究的概念抽象和量表表达是描述人的跨文化传播能力的必要性研究，但沉浸在"解析世界"的传播主体不可避免地过分关注人在交际中的"度"与"量"，造成人与"能力"的主体性分离，人的主体性被"物"的"主体性"代替，人自身的差异性与特性被悬置，使得跨文化传播蒙上了具有高度现代性色彩的工具理性。跨文化传播能力研究不再关注作为"能力的主体"的人的活生生的生活体验，而只关注肉身行为的"有效性"和"得体性"。因此，在一定程度上，跨文化传播能力研究将人的跨文化传播能力从一种主体性能力转向为一种局限于外在于人的、物化的应用型职业竞争力，在一定程度上限制了跨文化传播能力研究的应然性理论视域。

（二）认知主体性逻辑

相对于把人作为"实体主体"的"跨文化效力"研究，跨文化适应力研究开始关注人作为"实体主体"之外的"认知主体性"，即人不仅仅因为具有行为性肉身而具有主体性，同时人也因作为认知的主体而具有主体性。认识具有对象性，人"通过意识活动构建观察与行动、认识与实践的主客体关系"。[①] 客体作为意识相关项进入主体的视域中，参与主体认知，重构新的主体性，因此，作为"认知主体"的人是主体间性的人。

这类跨文化传播能力研究主要包括文化他者的跨文化适应、跨文化敏感、跨文化协商、跨文化关系发展和跨文化人格的研究。相对于跨文化传播效力研究中"能力"与"人"的割裂状态，跨文化适应力的研究着眼于"能力"之于"人"的内置性，以及"能力"对于人的状态的改变与提升。研究者的研究视野逐渐从行为实体的正确性与得当性的效力研究中抽离出来，转向关注人在跨文化场景中的心理、感受、情感、关系的变化与发展。在这一方面，西方与非西方学者都取得了一定的研究成果。比如，Kim 等

---

① 郭湛 . 主体性哲学：人的存在及其意义 [M]. 北京：中国人民大学出版社，2011: 11.

进行的跨文化适应研究。Kim 认为，旅居者进入陌生的文化环境之后，会经历"文化濡化"（enculturation）、"文化涵化"（acculturation）、"去文化化"（deculturation）和"文化同化"（assimilation）的适应过程，最终成为跨文化人（intercultural man）[①]；而 Bennett 等的跨文化敏感发展理论则将人的适应过程分为六个阶段：否认、抵御、轻视、接受、适应、整合；还有非西方学者基于"关系取向"[②]"道德取向"[③] 和"人格取向"[④] 的人本主义视角研究等。

　　然而，目前就跨文化适应力研究中对人作为"认知主体"的状态界定和描述还存在着可商榷的分歧。例如，Kim 等和 Bennett 等的跨文化适应和跨文化敏感发展理论均强调"跨文化人"和"整合"作为主体跨文化适应终点的理想状态，戴晓东认为："跨文化人不一定是跨文化适应过程的终点，人们在超越原有单一文化认同，成为跨文化人之后，还会向自己的文化传统回归，在更开放的视野中重新确立文化认同。""Bennett 的敏感模型也存在类似问题，模型没有充分揭示跨文化传播能力发展的曲折性和复杂性。"[⑤] 其实，Kim 等和 Bennett 等的研究还是把人的生命的适应活动描绘成按照固有规律进行机械运动的过程，Kim 等和 Bennett 等研究的人是被"事实化"了的"事实"和"物"，有"精神""实体性"的倾向，作为"认知主体"的人仍没有获得人的原初本真的主体性，还未完全脱离"实体化"的主体性取向。

　　因此，从整体上来看，目前跨文化传播能力的研究基于两种对人的主体性界定视角——"实体主体性"和"认知主体性"。"认知主体性"的人虽然较"实体主体性"的人更注重人的感觉，但是受实证主义的自然科学

①　[美]William B. Gudykunst, [美]Young Yun Kim. 与陌生人交际——跨文化交流方法 [M]. 上海：上海外国语教育出版社，2007: 360.

②　Dai,X. D. and G. M. Chen. On Interculturality and Intercultural Communication Competence[J]. *China Media Research*, 2015, 11(3): 100-113.

③　Xiao,X. S. and G. M. Chen. Communication Competence and Moral Competence: A Confucian Perspective[J]. *Journal of Multicultural Discourse*, 2009, 4(1): 61-74.

④　高一虹 . 跨文化交际能力的"道"与"器" [J]. 语言教学与研究，1998, (3): 39-53.

⑤　戴晓东 . 跨文化传播能力研究 [M]. 北京：外语教学与研究出版社，2018: 226-227.

方法论影响，二者对的人的界定仍旧将"人"视为是生产经验的"具象—事实"人。然而，理想状态的跨文化传播能力主体的人的状态应是超越性的，是向哲学世界"抽象—本质"人的还原。因此，研究目标与研究方法之间出现了"危机"，即研究目标的理想人的状态是"抽象—本质"人，而研究方法中既存的人的状态却是"具象—事实"人，"本质"的人与"事实"的人是基于不同的知识论基础的，这种知识的"危机"实质上就是胡赛尔在《欧洲科学危机和超验现象学》中谈到的十九世纪整个欧洲实证科学出现的知识性危机。胡塞尔认为，科学之所以出现危机，乃在于它已完全变成了实证科学，科学的理念完全被"实证主义地还原成了单纯的事实科学"；由此，科学才不再与人的"生活"或"生命"相关，即使相关，也已把人造成一种"事实"，"纯粹的事实科学造就纯粹事实的人"。人丧失了"生活意义"和"生命意义"；人要回归"生存"，科学研究要回归"生活世界"，即那个"通过知觉实际地被给予的、被经验的并能被经验到的世界"。[①] 因此，朝向"人"的跨文化传播能力研究需要回归"生活世界"，以生命哲学的视野来寻求"抽象人""本质人"的应然状态及价值，为 trans-cultural 层面的跨文化传播能力研究提供新的视角。

三、生命哲学视域下跨文化传播及其能力的"绵延"

跨文化传播能力研究要回归生活世界，就要突破"理性"的束缚。"理性"色彩源自黑格尔以来确立的"绝对理性"的哲学基础，十九世纪下半叶，尼采和叔本华就认识到了将"理性"推至极致的世界舍弃了人类生命的鲜活，因此将哲学的方向转向生命的"非理性"世界，给人类生命输入了"意义"的血液。狄尔泰说："生命是基本事实，它必定会构成哲学的出发点。"[②]

---

① [德]埃德蒙德·胡塞尔. 欧洲科学危机和超验现象学 [M]. 张庆熊，译. 上海：上海译文出版社，1997: 58.

② [德]威廉·狄尔泰. 历史中的意义 [M]. 艾彦，逸飞，译. 北京：中国城市出版社，2002: 11.

生命哲学认为人不是因为作为认知的主体而具有主体性，而是因具有活生生的生命而具有主体性，因在生存的维度里，追求意志、信念、欲望、情感、记忆和自由等内在价值而具有主体性，生命主体性高于一切。

　　生命主体性是西方现代哲学主体性理论的显著特征，并引发了十九世纪末二十世纪初西方哲学的"人本主义"转向。语言学、精神分析学、阐释学等领域纷纷挑战"理性"传统，将目光投向长久以来被人忽视的"非科学、非理性、非逻辑的心灵活动领域，如处于自觉意识阈限以下的种种心理活动，像情感、直觉、无意识、意识流"①等。生命的主体性在诸学科中都得到了不同程度的显现和强调，当然也影响了早期的传播研究。20世纪初期，帕罗阿尔托学派的核心人物贝特森和他的学生们发现了"元传播"（meta-communication）问题，并提出了"人不能不传播"的观点。帕罗阿尔托学派的学术实践是将"传播"纳入人的主体性的积极探索。但是，由于跨文化传播研究的"效果导向"，"人本主义"的视角总体上仍处于压抑状态。但是，我们不可否认的是"人不能不传播"，"传播"是人之常态，是生命存续的基本属性。从"非理性"的视角重新审视"传播"，并将传播纳入人的生命主体性之中，或许才能重拾"传播者"作为"人"之存在本真，以突破和拓展当前跨文化传播研究的局限，回归跨文化传播的应然视域，将跨文化传播研究乃至传播学研究整体性纳入20世纪生存论的哲学转向中。

（一）跨文化传播的"绵延"：从"物理时间"到"纯粹时间"

　　从时间的维度来看跨文化传播的时间域，美国主导的跨文化传播研究对跨文化传播的时间域的界定是"空间化"的时间域，这是德国古典哲学以来所确立的时间观念。以 Kim 的跨文化适应理论为例，"文化濡化""文化涵化""去文化化"和"文化同化"其实是将人的动态适应过程视为一连串的静止状态的综合，是对人的时间性适应过程进行的空间性分解；同时，Kim 还认为人的跨文化适应过程最终会以平衡的"跨文化人"状态作

---

① 朱立元.当代西方文艺理论（第三版）[M].武汉：华东师范大学出版社,2014: 4.

为适应的结果而中止，"中止"即意味着时间的"有限性"，亦是"空间化"的时间概念。总之，Kim所谓的"跨文化适应"是一种"量"的累计过程，"量"为"同"中之"异"，也是"异"中之"同"，跨文化适应，即在"同"中积累"异"，在"异"中积累"同"，最终达到"异"与"同"的平衡状态，是为中止。因此，这种适应观认为跨文化传播是发生在空间化的时间内的，如同钟表用空间的刻度方格来表示时间一样。

然而，柏格森认为这种以钟表的指针和刻度来度量的时间，是分割性质的，是数量上的积累，是"物理的时间"，除此以外，还有"一种是纯粹的，没有杂物在内"的时间，即纯粹的时间。① 钟表指针的运行在人的视觉和听觉上是不可度量的，这种不可测量具有不可分割的性质，因而此时的时间是性质上的变化，是心理的时间。所谓物理时间是时间空间化，纯粹时间是空间时间化；物理时间是理智的，而纯粹时间是直觉的；物理时间是同一的，纯粹时间是差异的；物理时间是断裂的，纯粹时间是连续绵延的。"绵延"是柏格森生命哲学的主要理念，他认为，生命本身乃是在时间（纯粹时间）绵延无限的创造进化。

柏格森的"时间—绵延"为我们开启了另外一个思考的视角——纯粹时间的视角，这也是跨文化传播应然存在的时间视角，因为跨文化传播是时间绵延的，不存在中止。跨文化传播本身具有双焦点——"文化"与"传播"。② 本质上来说，跨文化传播的过程是跨越双重（"文化"和"信息"）边界的过程。按照泰勒对文化的定义，文化"是包括全部的知识、信仰、艺术、道德、法律、风俗，以及作为社会成员的人所掌握和接受的任何其他的才能和习惯的复合体"③。文化是人的生存的方式，文化是人的生命意识的创造性表达，文化是不以人的生命的终结而中止的，文化是处于连续变化之中的，世界上没有完全相同的两种文化，文化是差异之存在。因此，

---

① [法]柏格森.时间与自由意志[M].吴士栋,译.北京：商务印书馆,2011: 74.

② 姜飞.从学术前沿回到学理基础——跨文化传播研究对象初探[J].新闻与传播研究, 2007, (3): 31-37, 95.

③ [英]爱德华·泰勒.原始文化：神话、哲学、宗教、语言、艺术和习俗发展的研究 [M].连树声,译.上海：上海文艺出版社,1992: 1.

文化在时间中是"绵延"的，文化以及文化的边界不在物理时间内，而在纯粹时间内。同时，信息也同时存在于物理时间与纯粹时间之中。物理时间的信息场是由身体媒介或技术媒介建构的，当身体与技术退场时，信息也随之消逝，物理时间的传播会因信息的消逝（即时性存在）而中止。但是，纯粹时间的信息是由人的意识、感知、情感和记忆建构的，是充盈于生命而"绵延"的，即使媒介退去了，这种生命的"绵延"也不会中止，因为意识、感知、情感、记忆不会消逝，反而会以因为物理时间内的传播的终点为起点而趋向"绵延"的生存中。因此，信息的传播在纯粹时间中是"绵延"的，永不中止。综合"文化""信息"双焦点的时间域，跨文化传播不仅仅存在于物理时间内，还存在于纯粹时间内，而在柏格森看来真正的时间并非物理时间而为纯粹时间。因此，在生命哲学的视域下，跨文化传播能力研究的视野应从"物理时间"的"跨文化传播"延伸至"纯粹时间"的"跨文化生存"。

（二）跨文化传播者的"绵延"：从"中止差异"到"中止同一"

传播者是生命存在的"存在"者，"存在"同时间一起，其状态在时间内发生。"差异"的"存在"为内在性的时间，"同一"的"存在"则为外在性的时间。前者为纯粹的时间，后者为物理的时间。当我们把跨文化传播的时间域延伸至"纯粹的时间"之后，对于"存在者"的理解与认识是否可以从"同一"走向"差异"呢？

既往的跨文化传播研究追求传播者的"同一"结果（"跨文化人"），回避"差异"。美国的跨文化传播研究着眼于研究传播如何达成"同一"的结果，即传播要兼具"有效性"和"得体性"。所谓"有效性"与"得体性"其实是建立在传播的"度"的"量"的同一性要求的基础上的。半个世纪来，跨文化传播理论的研究也试图探寻这种"度"的"量"的同一性标准。比如，霍尔发现的"空间距离"概念，不同的文化对"空间距离"的标准是不一样的，要想达到传播的"有效性"和"得体性"，必然要探索同一性的"标准"范畴，范畴以内的则认为是"合法的"（有效且得体），范畴以外的则认为是"非法的"（低效或失当）。所以，既往的跨文化传播研究目标是如何最大程度地中止传播者心灵"差异"，以探寻传播者行为"同一"。

柏格森的生命哲学却打破了同一的存在走向了差异的存在，为我们思考跨文化传播的应然视域提供了另一个视角。柏格森认为差异来源于存在的展开和存在的自我创造过程。存在的展开与创造伴随着生命的变化与成熟，"对于有意识的生命来说，要存在就是要变化，要变化就是要成熟，而要成熟，就是要连续不断地进行无尽的自我创造"[①]。而且，存在的状态是时间过程里的无尽的"流"，源源不断。因此，生命也表现为不停顿地自我创造和状态随时更新。因此，差异不是生命之"滞胀"，而是生命之"创造"。生命只有创造与进化，才能赋予存在以"绵延"的主体性。因此，纯粹时间的"绵延"需要能动的生命与差异的心灵。

回顾既往的跨文化传播研究，追求同一的真理是为了修复处于失衡的人的主体性，以维持其生命的尺度，但是，也恰恰是因为追求行为的同一，而丧失了生命与心灵的自由。跨文化传播领域的相关研究表明，人在陌生的文化环境下会发生"文化休克"和"文化震荡"，从而无法正常生活，主体的生理与心理经受巨大的折磨。所谓"文化休克"与"文化震荡"，实质是因为文化的疆界性引发了周遭环境的陌生化和生活世界的非可持续化。周遭社会的"生产能力和与之相应的社会关系的状况，制约着人的主体性的现实状况"[②]，人的生存尺度被大大消减，人的主体性走向没落。跨文化传播研究最初的着眼点就是要让人处于没落的主体性得以恢复或提升，所以才去探索同一标准的普遍真理。但是，实证主义的行为范式的"同一"却割裂了人与人的主体性的关系，人的主体性不但没有因为跨文化知识或经验的习得而复原或提升，反而受到大大的禁锢。心灵失去了自由，生命失去了能动性与创造性，生命的"存在者"——传播者的"绵延"被中止。

因此，生命哲学视域下的跨文化传播研究应该探索如何在人的主体性的复原中强化人的心灵内化陌生经验的能动性，并将此汇入自身生命的创

---

① [法]柏格森.时间与自由意志[M].吴士栋，译.北京：商务印书馆，2011：8.

② 郭湛.主体性哲学：人的存在及其意义[M].北京：中国人民大学出版社，2011：3.

造与进化中，达成跨文化传播者在纯粹时间的"绵延"。

（三）跨文化传播能力的"绵延"：从"理智"到"直觉"

跨文化传播能力研究的核心词"能力"对应的英文原词为 competence，"competence"原意为"竞争"（同 rivalry），《韦氏词典》上对 competence 的现代定义是"有足够的知识（knowledge）、判断（judgment）、技能（skill）或力量（strength）的性质（quality）或状态（state）（就某一特定职责或某一特定方面而言）"。从字面意思来看，"足够"一词说明了能力的可"量"化特征，"性质"或"状态"指"能力"在一定阶段内"属"和"种"的相对稳定性。因此，"competence"的实指是主体在一定阶段内，相对于其他主体，就某一对象而能动显示出来的"量"性综合状态。

competence 的阶段性、相对性、对象性和有序性的内涵确立了以跨文化培训为实用导向的跨文化传播能力研究的基本逻辑，即跨文化传播能力是某一个体相对于其他个体，在某一文化范畴中，所具有的知识、技能的优势综合。比如，一个美国外交官在被外派日本前，必须要学会使用日语，掌握日本人文化特征和交际技巧，这样便可认定为是一个具有跨文化传播能力的人。但是这样的能力界定导致了一种情况，那就是如果这个外交官再被派往其他国家的时候，会发现以往的跨文化知识并不能完全转化为对其他国家的传播能力。那么，这个外交官是否还具有跨文化传播能力？

上述问题暴露出的问题其实是跨文化传播能力的"现时性"与"未时性"、"相对性"与"绝对性"、"对象性"与"普遍性"之间的巨大张力。这种张力来自于本尼迪克特、霍尔等人类学家以来确立的跨文化传播研究的"范畴化"与"标准化"的思维方式。如本尼迪克特《菊与刀》对日本文化的"范畴化"，霍尔的《无声的语言》《超越文化》对无意识文化的"范畴化"等，均是以"美国文化"为中心，通过与其他文化的对比，寻找文化"范畴"之存在，廓清文化之"边界"，从而归纳出文化差异的种种"模式"，并将此写入跨文化传播的知识体系中。也就是说，跨文化传播能力在一定程度上是一种"范畴化"文化的能力，是在混沌的文化整体中看出"分离"

的分析能力。这种"范畴化"能力是"现时的""相对的""对象的"，是"静态"生成的一连串的状态。柏格森将这种可分割的、非连续的、"空间性"的分析状态看作是物理时间的"理智"状态。

这种"空间性"的理智状态使得人将事物本身的不可测量性破坏为"碎片化"的可测量性。人的主体性在跨文化传播中按照"民族／国家""宗教信仰""高语境—低语境""一元时间—多元时间"等范畴被肢解了。结果是，人只可以应用语言和言语在理性范围内进行"空间"性的"身体"交流，但是却无法获得关于文化"时间"性的"心灵"全貌，就如同芝诺曾经提出的"飞矢不动"和"阿基里斯追龟"两个哲学悖论一样。以"飞矢不动"为例，芝诺曾设想一支飞行中的箭在每一个时刻都处于一个特定的空间位置，由于时间不是无持续时间，那么箭在每一个时刻都没有时间而只能处于静止状态；而整个运动期间只包含时刻，而每个时刻只有静止的箭，所以，飞行的箭总是静止的，它不能在运动，而我们看到的箭却是运动的，所以形成了所谓的"芝诺悖论"。柏格森点出，芝诺的错误在于将时间与空间的混淆，所谓"飞矢不动"是将"飞矢"分割为断裂的"空间点"和"时间点"之后在物理时间上的"不动"，这是概念化、逻辑化的数量分析的理智结果。而我们在描述"飞矢"的时候是以心理时间的感觉来描述，在这个过程中，我们默认地将物理时间的"空间点"并入心理的"时间点"中，原本连续的直觉理智割裂为非连续的，时间与空间的混淆导致了"悖论"的出现。跨文化传播能力的"芝诺悖论"就在于文化的心理时间的"绵延"与跨文化传播能力"物理时间"的理智之间的矛盾。文化本应是属于"时间—绵延"的，应然的跨文化传播能力是凌越于理智之上的、关于整体性"文化"的统觉能力，而不仅仅局限在非连续的、空间的分析理智内。

柏格森解决"芝诺悖论"的方法就是从物理时间的"理智意识"跳脱出来，来建构心理时间中理智的"绵延"——直觉。格伯纳认为，"直觉是指已经成为无私的、自意识的、能够静思自己的对象并将该对象无限制扩大的本能"。[①] 生命哲学始终与"直觉"相连，而不是与"理智"相连；

---

① ［英］罗素．西方哲学史（下卷）[M]．马元德，译．北京：商务印书馆，2016：381-382．

直觉的认识通达事物的绝对，而理智的认识只通达事物的相对；直觉认识事物具有连续性，而理智认识事物具有断裂性；直觉所认识的事物是时间性的，理智所认识的事物是空间性的。直觉的方法被柏格森确认为是哲学的"精确性"方法。将"直觉"的方法融入跨文化传播能力研究，将跨文化传播能力提升到"直觉"的视野，是生命哲学带给我们的重要启示。

柏格森认为直觉来源于经验的世界，"在直接的经验里，实体显然是不息的川流，是连续不断的变化过程，只有直觉以及同情的内省才可掌握它"①。"直觉"的方法是回归经验的生活世界中，以自我为中心，以生命为主体而进行的感觉综合。跨文化直觉力不再是外在于人的实体性能力，也不再是依托人理性的认知能力，而是一种生命本能性的、无意识的、非理性的、绝对的、时间的主体性绵延。那么，跨文化直觉何以成为可能呢？

一方面，跨文化直觉力可以来自于本能的创造力与弹韧力。柏格森认为，生命本身乃是绵延无限的创造进化，生命是不断创新、不断克服物质阻力的生命冲动。"生命的进化不是用适应环境可以说明的，适应只能说明进化的迂回曲折，那就好比是一条经过丘陵地通过城镇的道路的迂曲。"②文化他者的跨文化适应之旅往往起始于"文化休克"或"文化震荡"，当身体和心理的"休克"与"震荡"对生命主体性产生巨大的阻碍，生命本能的创造力与弹韧力就会使文化他者在陌生的文化环境中奋力地将周遭陌生经验转化为生长的能动力，从而保持主体性的自由活动能力，在奋力找出新的出路的同时，在一些对立的传播障壁中间获得更大的运动自由。因此，跨文化适应不是文化他者主体性被动瓦解的过程而是生命进化的创造性过程，是从周遭生活世界汲取符合所属类或种的东西最终形成超越的过程，跨文化传播能力不是生命的应激"反应力"，而是在朝向构建更加充盈、更具创造力的主体性过程中形成的弹韧力。

另一方面，跨文化直觉力是一种持续的思考力与判断力。柏格森认为，"进化所走的道路的尽头没有城镇，没有明确的目标。机械论和目的论有

---

① ［法］柏格森. 时间与自由意志 [M]. 吴士栋，译. 北京：商务印书馆，2011: 2.
② ［英］罗素. 西方哲学史（下卷）[M]. 马元德，译. 北京：商务印书馆，2016: 381-382.

同样的缺点：都以为世界上没有根本新的事物，机械论把未来看成蕴涵在过去当中，而目的论既然认为要达到的目的是事先能够知道的，所以否定结果中包含着任何根本新的事物"①。跨文化传播没有最终的平衡状态，作为"信息"的文化并不会固守在某一点上，文化信息在永恒的互动与影响中实现消损与增益。当作为"文化他者"的传播者进入陌生的文化环境之内生存、生活的时候，正是"自我制止把它的现在状态和以前各状态分离开的时候"②，跨文化的能力开始发生"绵延"，即"把过去和现在做成一个有机整体，其中存在着相互渗透，存在着无区分的继起"③。因此，每一次继起的跨文化传播能力都蕴涵着能力的过去与现在，现在即将成为过去，未来即将到来，而包容了更多的过去与现在的能力源源不断地为永远处于未完成状态的传播者提供着持续性思考与判断的能力，形成了可以持续生发跨文化传播能力的跨文化直觉力。

因此，作为理智的跨文化传播能力之"绵延"，跨文化直觉力是本能性弹韧力与持续性思考力的综合与统觉，是个体在本能冲动与压抑思考中生发不同有效能力的序列综合。跨文化直觉伴随着生命的绵延，是生命表面差异的能力得以统一的前（潜）存在，从一定程度上来说，跨文化直觉的概念是弥补跨文化传播能力研究"应然"和"本然"差距与冲突的创新式探索。

■ **作者简介**

张楠，博士，北京外国语大学国际新闻与传播学院讲师；姜飞，北京外国语大学国际新闻与传播学院院长，教授，博士生导师。

■ **来　源**

本文原载于《南京社会科学》2019 年第 9 期。

① [英]罗素.西方哲学史（下卷）[M].马元德，译.北京：商务印书馆，2016: 381.
② [英]罗素.西方哲学史（下卷）[M].马元德，译.北京：商务印书馆，2016: 385.
③ [英]罗素.西方哲学史（下卷）[M].马元德，译.北京：商务印书馆，2016: 381-382.

马克思主义真理观的三重内涵
及对新闻真实的启示

刘沫潇

摘　要　马克思主义真理观具有突出的实践性、彻底的批判性和鲜明的人民性。实践性意味着从实践出发把握真相，既反对机械唯物主义符合论真理观又反对唯心主义符合论真理观，对新闻报道的启示在于既要讲求证据又不能回避价值判断。批判性表明真理的"去蔽"与真理的"澄明"密切相关。开展批判是马克思把握真理的重要方式，突出体现在对具有遮蔽性的资产阶级意识形态的批判。社会主义新闻业要掌握真相话语权，需对扭曲现实的外媒报道和境外谣言进行回击，质疑、批判与去蔽资产阶级意识形态。马克思主义真理观的人民性内涵主要包括：通过实践改造主、客观世界，实现人的自我完善和共产主义；在真理把握中尊重人民群众的主体地位和首创精神。该内涵对新闻业的启示在于走群众路线，教育和引导人民，发挥真相有益于人民的社会效益。

关键词　马克思主义真理观；新闻真实；实践；意识形态

　　当下，符合论真理观主导着新闻真实的认知与研究，即通过强调记者的主观认知与客观事实之间的契合程度来获取和呈现"客观真相"。虽然学界不乏对符合论真理观的反思，特别是对"符合"的逻辑可能性的质疑及对其去历史化、去时空化倾向的批判，但却"破"有余而"立"不足，缺乏对反符合论的马克思主义真理观的深入探究，特别是未能清晰阐明马克思主义真理观对把握新闻真实问题的贡献。

诚然，马克思本人对真理问题的直接论述较少，但马克思有关真理问题的立场和看法可以从他的实践观、意识形态观和唯物史观等思想中分析总结得出。马克思主义真理观具有丰富的内涵：实践是基础，批判是方法，人民是立场。以上三方面均为认知和践行新闻真实带来了有益启示。

一、突出的实践性

实践性在马克思主义真理观中的重要地位为学界所认可，如学者们称实践性是马克思主义真理观的"突出特点"[①]、"本质"与"核心"[②]、"基石"和"首要特征"[③]。在研究马克思对真理问题的看法时，《关于费尔巴哈的提纲》（以下简称《提纲》）是必引证的重要文献。在《提纲》第 2 条，马克思明确指出："人的思维是否具有客观的真理性，这并不是一个理论的问题，而是一个实践的问题。人应该在实践中证明自己思维的真理性，即自己思维的现实性和力量，亦即自己思维的此岸性。关于离开实践的思维是否现实的争论，是一个纯粹经院哲学的问题。"[④] 可见，马克思主义真理观将真理问题从过去偏经验哲学的知识性真理观发展到了有明确现实关切和行动指向的实践性真理观。实践不仅是检验真理的标准，更是获取真理的方式，真理内生于实践之中。

过去很长一段时间，人们对马克思主义真理观的一个主要误解在于混淆了马克思主义真理观与符合论真理观之间的明确界限，即认为坚持马克思主义真理观就是坚持符合论真理观或坚持了符合论真理观即坚持了马克思主义真理观，实际上两者存在本质区别。马克思主义真理观既反对否认

① 郑光辉. 马克思主义真理观的再认识 [J]. 马克思主义研究 , 2013, (11): 101-107.

② 高家方. 马克思对黑格尔理性真理观的实践颠倒 [J]. 江汉论坛 , 2008, (12): 22-26.

③ 童建安. 论马克思哲学真理观的三个特征——读《关于费尔巴哈的提纲》第 2 条 [J]. 烟台大学学报（哲学社会科学版）, 2017, 30(5): 12-17.

④ [德] 马克思 , [德] 恩格斯. 马克思恩格斯全集（第三卷）[M]. 北京 : 人民出版社 , 1960: 3-4.

人的能动性的机械唯物主义或旧唯物主义符合论真理观，如费尔巴哈从客体的、直观的角度对真相的理解；也反对忽略物质实在、抽象的唯心主义符合论真理观，如黑格尔的"理性""精神"和"绝对观念"。在批判地继承和吸收费尔巴哈机械唯物主义真理观和黑格尔唯心主义辩证法真理观基础上，马克思发展了他辩证唯物主义和历史唯物主义的实践真理观。此外，马克思主义真理观还突破了符合论真理观将真理问题局限于认识论的窠臼，明晰了真理的实际功能和现实旨趣。

鉴于此，马克思主义真理观的实践性包含以下三方面：一是反对主观符合客观的机械唯物主义符合论真理观；二是反对客观符合主观的唯心主义符合论真理观；三是强调真理的现实性和功能性，即真理具有明确的行动指向和给社会带来变革的重要潜力。

（一）反对"客体思维方式"的机械唯物主义符合论真理观

马克思认为，机械唯物主义或旧唯物主义符合论真理观的缺陷在于其根本上忽视了人的能动性，以感性直观的方式把握真理。在马克思看来，真理的获得不是一个纯感觉或纯直观的过程，也非主体被动消极地或机械地反映客体以使自己的认知与客体实际相符合，相反，所有被认知的环境都打上了人的烙印，都是人对象性活动的产物。如马克思和恩格斯指出，费尔巴哈奉行的是一种以"单纯的直观"和"单纯的感觉"为特征的认知真理观，其认知主体是"一般人"而不是"现实的历史的人"，其错误在于没有意识到"他周围的感性世界决不是某种开天辟地以来就已存在的、始终如一的东西，而是工业和社会状况的产物，是历史的产物，是世世代代活动的结果，其中每一代都在前一代所达到的基础上继续发展前一代的工业和交往方式，并随着需要的改变而改变它的社会制度"。① 学者倪志安也认为以费尔巴哈为代表的旧唯物主义真理观运用了一种典型的"客体思

---

① ［德］马克思，［德］恩格斯. 马克思恩格斯全集（第三卷）[M]. 北京：人民出版社，1960: 48-49.

维方式"，从客体而非实践理解真理。① 虽然机械唯物主义在反对唯灵论上做出了贡献，但其主张的机械性与人的能动性对立，实际上陷入了一种消极、直观的反映论。

（二）反对过度推崇"自我意识"的唯心主义符合论真理观

马克思批判唯心主义符合论真理观对抽象的精神活动的过度强调，即认为真理来源于"理念"或"自我意识"，将对真理的追求等同于人的思维活动而非现实的实践活动。唯心主义符合论真理观的代表人物黑格尔在《小逻辑》中曾写到，"理念就是真理；因为真理即是客观性与概念相符合"②。马克思在《1844 年经济学哲学手稿》中批判了黑格尔将人和人的本质等同于"自我意识"，从自我意识出发并在自我意识范围内把握真理的思想，指出黑格尔将"物性"当作"外化的自我意识"，"物性因此对自我意识说来决不是什么独立的、实质的东西，而只是纯粹的创造物，是自我意识所设定的东西"。③这种以自我意识为主导的唯心主义真理观忽略了物质实在，其形式的、抽象的特质容易使人们对真理的把握脱离现实，而把历史的发展和物质对象看作是思想和意识的自我确证，从而丧失改造现实世界的动力。马克思对鲍威尔等青年黑格尔派的批判恰好点明了唯心主义真理观的这一隐患。虽然唯心主义真理观存在过度推崇"自我意识"的缺陷，但却凸显了真理认知中人的能动性，为马克思科学把握真理问题做出了贡献。

（三）强调真理"改变世界"的现实性和功能性

马克思主义真理观集变革性和行动导向于一身，真理在马克思看来绝不仅仅是一个认识论问题，还是一个实践论问题，具有鲜明的现实旨趣。

---

① 倪志安. 论从实践理解马克思主义真理的本质和属性观 [J]. 北京联合大学学报（人文社会科学版），2011, 9(4): 14-20, 25.

② [德] 黑格尔. 小逻辑 [M]. 贺麟，译. 北京：商务印书馆，1980: 397.

③ [德] 马克思，[德] 恩格斯. 马克思恩格斯全集（第四十二卷）[M]. 北京：人民出版社，1979: 167.

即对真理的追求是为了实现共产主义，这是马克思主义真理观与其他真理观相区别的显著特征。除了前述《提纲》第 2 条对思维"现实性"和"此岸性"的强调以及对鲍威尔等青年黑格尔派把握真理过程中脱离现实的批判外，马克思在《提纲》第 11 条还明确指出了利用真理改变世界（而非仅仅认识或解释世界）的必要性，即"哲学家们只是用不同的方式解释世界，而问题在于改变世界"。[①] 实际上，马克思本人的理论活动也深深扎根于社会现实，服务于现实需要，并推动了世界范围内工人运动的开展和革命事业的发展。可见，在马克思实践真理观中，真理是动词态而非名词态，把握真理的真正目的绝不仅仅在于实现对某事某物思辨性的正确认知，也不在于构建某种真理体系，而在于为社会带来有益变革，真理因此与社会发展密切相关，具有"改变世界"的功能与目的。

综上，具有实践性的马克思主义真理观既反对忽视人的能动性，反对消极、被动、直观的反映论，也反对在"自我意识"范围内将真理活动完全等同于人的思维活动的唯心主义真理观。真理在马克思看来既不是主观符合客观，也不是客观符合主观，而是一个客体主体化和主体客体化的双重对象化过程，是一个具体的、历史的实践问题。马克思主义真理观通过实践的联结和中介，弥合了主客体的二元对立，实现了主客体在实践中的统一。此外，由于实践本身的生成性特征，真理在马克思看来绝不是给定的或静态的，也非脱离人和具体社会历史语境的抽象哲学概念，而是植根于现实的人类实践活动，致力于"改变世界"而非仅仅"解释世界"。

二、彻底的批判性

彻底的批判性是马克思主义理论体系的一大鲜明特点，其不仅批判一种思想，还批判产生这种思想的物质基础，从批判宗教神学开始到批判资本主义私有制，在不断批判的过程中，马克思逐步建立了唯物史观。其中，

---

① [德] 马克思，[德] 恩格斯. 马克思恩格斯全集（第三卷）[M]. 北京：人民出版社，1960: 6.

马克思对意识形态的批判突出体现了内嵌于其真理观之中的批判性，因为意识形态本身具有遮蔽现实、扭曲现实和错误表征现实的特点，因而对意识形态的批判就是一种对现实的"去蔽"和对真理的"澄明"，即真理来自于对意识形态的批判与"去蔽"。当遮蔽性的意识形态被解构后，现实才得以以本来面目表征，真理才得以显现。学者何中华在评判马克思《提纲》第 2 条时也认为真理是"人的存在本身的'祛蔽'"和"人的存在的本真性的揭明"，"当意识形态遮蔽被逻辑地和历史地超越之后，人的存在及其历史才能以本真性的方式显现，这便是真理的发生"。[①]

然而，意识形态概念本身具有复杂性特点。英国马克思主义理论研究者特里·伊格尔顿（Terry Eagleton）曾在《意识形态：一个介绍》（*Ideology : An Introduction*）一书中列举了 16 种有关意识形态的定义，有些定义甚至彼此矛盾。伊格尔顿指出，在众多意识形态理论中，存在两种"主流传统"，这两种传统内含"不一致"和"争议点"。第一种传统主要关注"真实与虚假的认知"，即将意识形态当作"幻觉、歪曲和神秘"；第二种传统则更关注"思想在社会生活中的功能而非它们的现实或非现实"，该传统更偏向社会学而非认识论。[②] 根据伊格尔顿的划分，第一种传统主要从否定的角度把握意识形态概念，第二种则对意识形态采取了较中性的态度。

虽然马克思主义理论家对以上两种"主流传统"都有涉及，但马克思本人主要在否定意义上使用意识形态概念，即将意识形态作为对现实和真理的遮蔽进行批判。从博士论文《德谟克利特的自然哲学和伊壁鸠鲁的自然哲学的差别》起，马克思就开始了对宗教神学的批判，认为其作为一种特殊的意识形态颠倒了世界，剥夺了人们认识真理的权利并将真理视作一种"神授"。随后马克思在《德意志意识形态》中集中论述了其意识形态观，又在《资本论》中进一步开展了对资产阶级意识形态的批判。在对德国奉行小资产阶级空想社会主义思想的"真正的社会主义者"进行批判时，

① 何中华. 人的存在的现象学之真理观——再读马克思《关于费尔巴哈的提纲》第 2 条 [J]. 烟台大学学报（哲学社会科学版），2017, 30(5): 1-11.
② Eagleton T. *Ideology: An Introduction*[M]. London: Verso, 2007: 2-3.

马克思也指出，他们"把至今存在着的一切现实的私有制只看成是一种假象，而把从这种现实的所有制中抽象出来的观念看成是这种假象的真理和现实"。①

　　否定或批判意义上的意识形态通常具有以下三个特点。首先，倒置了社会存在与社会意识的关系。马克思曾有过如下比喻："如果在全部意识形态中人们和他们的关系就像在照相机中一样是倒现着的，那末这种现象也是从人们生活的历史过程中产生的，正如物象在眼网膜上的倒影是直接从人们生活的物理过程中产生的一样。"② 其次，意识形态服务于特定的阶级利益。马克思说："统治阶级的思想在每一时代都是占统治地位的思想。这就是说，一个阶级是社会上占统治地位的物质力量，同时也是社会上占统治地位的精神力量。"③ 最后，意识形态通常采用宏大的、普世性的说辞，神秘和虚幻地对现实进行遮蔽。马克思说："占统治地位的将是愈来愈抽象的思想，即愈来愈具有普遍性形式的思想。事情是这样的，每一个企图代替旧统治阶级的地位的新阶级，就是为了达到自己的目的而不得不把自己的利益说成是社会全体成员的共同利益，抽象地讲，就是赋予自己的思想以普遍性的形式，把它们描绘成唯一合理的、有普遍意义的思想。"④ 因此，对遮蔽性意识形态的批判要从批判产生这种意识形态的现实基础开始，对牵涉其中的权力和利益进行清楚认知，并警惕一些习以为常的普世性说辞。

　　需要说明的是，在否定意义上对意识形态进行批判并不意味着将意识形态等同于"虚假意识"，因为意识形态并不是完全的谎言或"扯淡"⑤，其

---

① ［德］马克思，［德］恩格斯. 马克思恩格斯全集（第三卷）[M]. 北京：人民出版社，1960: 554.

② ［德］马克思，［德］恩格斯. 马克思恩格斯全集（第三卷）[M]. 北京：人民出版社，1960: 29-30.

③ ［德］马克思，［德］恩格斯. 马克思恩格斯全集（第三卷）[M]. 北京：人民出版社，1960: 52.

④ ［德］马克思，［德］恩格斯. 马克思恩格斯全集（第三卷）[M]. 北京：人民出版社，1960: 53-54.

⑤ 根据哈里·G. 法兰克福（Harry G. Frankfurt）的《论扯淡》（*On Bullshit*），"扯淡"是指缺乏对真相的关注或对真相漠不关心。

主要以一种颠倒或扭曲的形式再现社会现实，阻碍人们对真理的理解和把握。恩格斯曾在给弗兰茨·梅林的一封信中将意识形态与"虚假意识"挂钩，认为"意识形态是由所谓的思想家有意识地、但是以虚假的意识完成的过程"。① 伊格尔顿质疑了这种看法，提出一般人都具有"适度理性"（moderate rationality），很难相信大部分人会在相当长的一段历史时期持完全"荒谬愚蠢"的观念和信仰。此外，伊格尔顿还指出，为了真正发挥效用，意识形态必须"至少对人们的经验有一些最低限度的了解，必须在一定程度上符合他们从与社会现实的实际互动中了解的社会现实"。② 因此，从人所具有的"适度理性"和意识形态的功能发挥来看，不可将意识形态对真理的遮蔽性等同于意识形态本身的虚假性。

三、鲜明的人民性

习近平总书记在纪念马克思诞辰 200 周年大会的讲话中谈到，"人民性是马克思主义最鲜明的品格"。③ 人是实践的主体，鉴于真理在马克思看来是一个"实践的问题"，其真理观必然关注人的目的和需求，包含对人的关怀。

马克思主义真理观的人民性与实践性和批判性密切相关，至少包含以下四方面。

一是在实践中改造主观世界，实现人的自我完善。学者于秀艳和王明文以马克思在《1857—1858 年经济学手稿》中对代表人的价值生成过程的三个发展阶段的划分为依据，提出马克思主义真理观的"人学向度"首先表现为"人的价值生成"，即"人们追求真理不是为了追求与己无关的客体，而是为了反观自身，达到人的自我完善或自我生成"。两位学者认为"实

① [德] 马克思, [德] 恩格斯. 马克思恩格斯全集(第三十九卷)[M]. 北京: 人民出版社, 1974: 94.

② Eagleton T. *Ideology: An Introduction*[M]. London: Verso, 2007: 12-14.

③ 习近平. 习近平在纪念马克思诞辰 200 周年大会上的讲话 [EB/OL]. 人民网 (2018-05-04) [2019-11-02]. http://cpc.people.com.cn/n1/2018/0505/c64094-29966415.html.

践活动的价值创生活动恰恰标志着追求真理过程中人的自我生成过程"。①

二是通过实践改造客观世界，实现共产主义。《提纲》第 2 条和第 11 条已经明确了真理"不是一个理论的问题，而是一个实践的问题"，不是为了"解释世界"，而是为了"改变世界"。马克思重视真理的"现实性"和"此岸性"，强调真理的社会功能和实际效益，其追求真理的目的是为了实现人类自由解放的共产主义。共产主义在马克思看来正是"用实际手段来追求实际目的的最实际的运动"。②

三是尊重人民群众的主体地位和首创精神，坚持真理掌握在实践的主体即人民群众的手中。唯物史观认为人民群众是实践的主体、历史的创造者。既然马克思主义真理观中真理在实践中生成，那么真理必然掌握在实践的主体——人民群众的手中，而非只是上帝的意志或少数天才和君主的意志。正如马克思所言："真理是普遍的，它不属于我一个人，而为大家所有；真理占有我，而不是我占有真理。"③

四是批判遮蔽性的意识形态，实现"人民的现实的幸福"。在《〈黑格尔法哲学批判〉导言》中，马克思指出，"废除作为人民幻想的幸福的宗教，也就是要求实现人民的现实的幸福……彼岸世界的真理消逝以后，历史的任务就是确立此岸世界的真理。人的自我异化的神圣形象被揭穿以后，揭露非神圣形象中的自我异化，就成了为历史服务的哲学的迫切任务。于是对天国的批判就变成对尘世的批判，对宗教的批判就变成对法的批判，对神学的批判就变成对政治的批判"。④可见，"此岸世界的真理"的实现建立在彻底的批判之上，除了对"宗教""神学"等"彼岸世界的真理"进行批判外，更要对"法"和"政治"等"此岸"意识形态进行批判，只有这样才能实现"人民的现实的幸福"。

---

① 于秀艳，王明文．马克思真理观的人学向度 [J]．人民论坛，2012, (29): 216-217.
② [德]马克思，[德]恩格斯．马克思恩格斯全集（第三卷）[M]．北京：人民出版社，1960: 236.
③ [德]马克思，[德]恩格斯．马克思恩格斯全集（第一卷）[M]．北京：人民出版社，1956: 7.
④ [德]马克思，[德]恩格斯．马克思恩格斯全集（第一卷）[M]．北京：人民出版社，1956: 453.

综上，人民性是马克思主义真理观鲜明的价值立场，人民性的价值观建立在实践性和批判性的真理观之上。实践是基础，批判是方法，人民是立场，三者构成了马克思主义真理观的丰富内涵。

四、对把握新闻真实的启示

（一）从实践出发把握真相，既讲求证据又不回避价值判断

马克思主义真理观具有突出的实践性，要求从实践的立场把握真相，既反对唯心主义符合论真理观也反对机械唯物主义符合论真理观。

首先，马克思对唯心主义符合论真理观的批判要求人们从实践而非"自我意识"出发探究真相，在唯物主义而非唯心主义的范畴中把握真相，对于新闻实践来说，即要尊重事实，讲求证据，开展深入现场的调查研究，掌握一手的经验材料。

其次，马克思反对从客体出发、纯直观纯感觉地理解真相的机械唯物主义符合论真理观，强调主体的能动性，将人对真相的把握视为一种对象性活动，反对抽离主观因素和价值判断、绝对客观和抽象的真相。以马克思实践真理观指导新闻实践，要求不回避自身的思想、感情和价值判断，公开表达符合人民根本利益的立场、态度与观点。

相比于"捏造事实、全凭想象"的唯心主义符合论真理观，坚持报道符合了客观实际就等于呈现真相的旧唯物主义符合论真理观对新闻业的迷惑性更大，特别是其中掩盖利益和价值判断的"客观性"说辞。除以往学界和业界对"客观性"原则的批判和质疑外，马克思实践真理观的主体性原则也表明获取真理性认知的有效方法和根本目的不在于剔除主观因素和价值考量，而是需要承认真理活动的主体性和价值性，这正是马克思对旧唯物主义符合论真理观的革新之处，也突出体现在马克思本人的报刊思想中。如马克思曾说，"报刊从理性上，同样也从感情上来看人民的生活状

况"。①在《〈莱比锡总汇报〉在全普鲁士境内的查封》一文中，马克思更是提出，"刚刚具有政治觉悟的人民对某一事件的事实可靠性不像对这事件的道德实质（事件通过道德实质来表现自己的行动）那样关心。这是事实或是杜撰，——而事件却始终是人民的思想、恐惧和希望的具体表现，是真实的叙述。人民看到自己这种本质在它的报刊的本质中反映出来，如果它看不到这一点，它就会认为报刊是某种无关重要的和不值一看的东西，因为人民不让自己受骗"。②可见，除了事实的准确可靠，体现"人民的思想、恐惧和希望"的"道德实质"意义重大，影响着人们对报道价值的判定。以辟谣求证为例，在处理与人民群众生活密切相关的谣言时，需在事实准确的基础上更进一步，挖掘谣言背后的社会心理和隐藏问题，探究人民的忧虑和希望，以缓释偏激情绪，促进问题解决。此外，毛泽东在《对晋绥日报编辑人员的谈话》中也提出，"我们必须坚持真理，而真理必须旗帜鲜明。我们共产党人从来认为隐瞒自己的观点是可耻的。我们党所办的报纸，我们党所进行的一切宣传工作，都应当是生动的，鲜明的，尖锐的，毫不吞吞吐吐的"。③

综上，马克思实践真理观下的新闻真实既提倡开展调查研究，讲证据，重事实，避免唯心主义倾向；又强调公开表达符合人民根本利益的立场与观点，不回避自身的思想、感情和价值判断，避免旧唯物主义的陷阱——以上两方面统一于新闻实践。

（二）质疑、批判、去蔽资产阶级意识形态以澄明真相

真理的"去蔽"与真理的"澄明"密切相关，开展批判是马克思把握真理的重要方式，彻底的批判性内嵌于马克思主义真理观之中，这突出体现在马克思对具有遮蔽性的资产阶级意识形态的批判，这种批判也见于其

① [德]马克思，[德]恩格斯.马克思恩格斯全集（第一卷）[M].北京：人民出版社，1956: 231.
② [德]马克思，[德]恩格斯.马克思恩格斯全集（第一卷）[M].北京：人民出版社，1956: 187-188.
③ 毛泽东.毛泽东新闻工作文选[M].北京：新华出版社，1983: 153-154.

本人的新闻作品中。学者以赛亚·伯林（Isaiah Berlin）通过对马克思新闻作品的分析，指出马克思"向他的读者简要介绍事件或人物，强调隐藏的利益和可能由此产生的邪恶活动，而不是行动者自己提供的明确动机，或这种那种措施或政策的社会价值"，其新闻作品具有独特的批判性，"处于其时代的领先地位"。①

　　在新闻领域，意识形态与真相关系密切。通过新闻的选择、过滤与筛选，媒体为统治阶级的意识形态进行合法性论证，一方面反映精英阶层的意志，另一方面边缘化任何不符合主流范式的意见，制造有关真相的"共识"。媒体因此成为维护统治阶级利益的有力工具和实现葛兰西所言的"文化领导权"或"文化霸权"的重要手段。意识形态之所以具有遮蔽性，部分源于其通常采用宏大的、普世的和无私利性的说辞来抑制人们的批判性思考，如部分西方媒体经常提及的"超阶级"和"超党派"的"客观公正"概念。赫尔曼和乔姆斯基在《制造共识：大众传媒的政治经济学》中曾提出西方媒体包含五层"新闻过滤器"的"宣传模型"。两位学者发现，通过该宣传模型，内含"系统性偏见"、号称"言论自由"和"客观公正"的西方媒体构建了比具有官方审查机制的专制国家更加隐蔽和自然的意识形态网络，从而掩盖了实际上财富和权力分配不均的状况，其提供的真相是经过过滤的真相。② 英国马克思主义学者戴维·麦克莱伦（David McLellan）在接受访谈时也提到，"当他们（弗朗西斯·福山等）断言意识形态终结的同时，意识形态却在资本主义国家以新的形式不断呈现……资本主义社会具备自动滋生意识形态的能力，比如英国的报纸传媒行业被资本家垄断，它们反映的实际上是资本家利益，体现的是资本家意识形态"。③

---

① Berlin I. *Karl Marx: His Life and Environment*(2nd ed.)[M]. London: Oxford University Press, 1960: 199.

② ［美］爱德华·S. 赫尔曼，［美］诺姆·乔姆斯基. 制造共识：大众传媒的政治经济学 [M]. 北京：北京大学出版社，2011: 1-31.

③ 薛睿. 关于马克思意识形态概念的理解——访英国马克思主义学者戴维·麦克莱伦教授 [J]. 马克思主义理论学科研究，2019, (3): 4-12.

因此，对社会主义新闻业来说，要掌握真相话语权，不能一味借用西方的"客观公正"原则做自说自话的报道，而是需要对资产阶级意识形态进行质疑、批判与去蔽，对扭曲现实、歪曲表征世界的外媒报道和境外谣言进行反击。外媒报道偏差很大程度上源于其意识形态和根深蒂固的偏见，因此在对报道进行批判性分析时，要注意洞察产生这种意识形态的社会存在，特别是隐藏其后的经济动因和利益诉求。怀疑和批判本身正是澄明真相的重要条件和有效方式，传播政治经济学学者赵月枝也认为，"在一个强势的世界资本主义体系中建设社会主义，需要有对资本主义意识形态的批判，需要强化用社会主义价值来引领舆论"。[①]

（三）走群众路线，教育和引导人民，发挥真相的社会效益

人民性是马克思主义真理观鲜明的价值立场，其考虑处于特定社会历史条件中人的目的和需求，体现对人的关怀。结合前述人民性的内涵，特别是通过实践改造主、客观世界以实现人的自我完善和共产主义以及在真理把握中尊重人民群众的主体地位和首创精神，得出马克思主义真理观对新闻业的如下启示。

首先，在报道事实的基础上，对人民进行教育和引导，使其在思想上不断成熟。新华总社原社长胡乔木在《解放日报》上曾发文称"报纸是人民的教科书"，要让人民可以通过读报，把"世界是怎么回事弄明白了，自己以前有些什么想差了，现在该怎么办，旁人是怎么办的，也统统有了个数目了"。[②] 可见，新闻业作为"人民的教科书"，承担重要的社会责任，不仅要提供具体的新闻事实，还要通过对事实的分析和判断，启示、教育和引导人们更好地认识世界，实现自我完善与发展。实际上，每次纠正谬误、求证真相的过程都是培养公众批判性思考习惯、提升公众媒介素养和认识世界能力的契机。

其次，及时回应割裂社会和制造恐慌的疑点信息，发挥媒体的社

---

① 赵月枝 . 新闻专业主义的迷思 [J]. 王芊霓 , 采访 . 文化纵横 , 2019, (3): 114-121.

② 刘建明 . 马克思主义新闻观经典读本 [M]. 北京 : 清华大学出版社 , 2009: 144-147.

会效益，探索和发展以解决问题为导向的"建设性新闻"（constructive journalism）。对扰乱社会秩序、制造舆情危机的疑点信息的辟谣求证不是为了激化社会矛盾，而是为了正视和调节社会矛盾，以解决问题、增进团结，实现建设性而非破坏性的报道效果，这部分体现了建设性新闻的特点。根据唐绪军的定义，建设性新闻是"媒体着眼于解决社会问题而进行的新闻报道，是传统媒体在公共传播时代重塑自身社会角色的一种新闻实践或新闻理念"，"积极"和"参与"是其两个重点。[①] 史安斌和王沛楠认为，在建设性新闻报道理念下，记者和编辑从"看门狗"转变为社会的"解困者""推动者"和"倡导者"。[②] 这种以解决问题为导向的建设性新闻服务于群众福祉，一定程度上体现了马克思主义真理观改造世界的实践性特点和考虑人民利益与需求的人民性立场。

最后，认识到真理掌握在实践的主体即人民群众手中，走群众路线，实现专业记者和非专业记者的结合。中共中央宣传部原部长陆定一在《我们对于新闻学的基本观点》中指出，报刊如果只限于"新闻五要素""记者亲自踏看"和"摄影报道"等，会犯"形式主义的错误"，实现不了真正意义的新闻真实，而"只有为人民服务的报纸，与人民有密切联系的报纸，才能得到真实的新闻"。[③] "与人民有密切联系"主要指的就是在办报过程中走群众路线，专业记者和非专业记者结合。在社会主义新闻业发展史上，类似的实践和倡导包括党报的通讯员制度，毛泽东的"全党办报、群众办报"方针以及2011年起中宣部领导下的全国新闻界"走基层、转作风、改文风"的学习实践活动。当下，在人人都有麦克风、信息质量参差不齐的社交媒体时代，媒体更要注重发挥群众的作用，由高高在上的发布和传递信息转为与群众进行平等对话，吸纳群众的力量，让群众参与真相共建。只有这样，媒体才有可能更及时、更迅速地发现谬误，澄明真相，有效降低虚假信息传播对社会产生的负面影响。

---

① 唐绪军. 建设性新闻与新闻的建设性 [J]. 新闻与传播研究，2019, 26(S1): 9-14.

② 史安斌，王沛楠. 建设性新闻：历史溯源、理念演进与全球实践 [J]. 新闻记者，2019, (9): 32-39, 82.

③ 刘建明. 马克思主义新闻观经典读本 [M]. 北京：清华大学出版社，2009: 165-173.

■ **作者简介**

刘沫潇，博士，北京外国语大学国际新闻与传播学院讲师。

■ **来　　源**

本文原载于《当代传播》2021 年第 3 期。

走出认知无奈与实践沼泽：跨文化传播学科的叙事重建

姜飞

摘　要　在深入认识传播技术革新和传播理论阈限呈现的巨大思想张力基础上，经历了跨文化传播思想史语境前置、实践问题语境错置和全球传播实践主体空置的尴尬之后，在全面向着第二个百年奋斗目标迈进和实现中华民族伟大复兴的征程上，是否需要以及如何探索中国的跨文化传播学成为一个目前隐而未发但迟早要发的问题。笔者不揣鄙陋，对既往的跨文化传播研究进行了某种程度上的文化批判，对这个领域的认知无奈和实践沼泽进行了深描，对跨文化传播领域理论性变迁和学科自觉做了探索性建构，进而从叙事重建的视角呼吁是时候开启跨文化传播学建设，商榷于领域方家。

关键词　跨文化传播学；国际传播；语境；叙事；重建

一、问题意识和研究缘起

　　人是文化边界的凝结体。所以，任何视角下的跨文化行为均以不同文化背景下的人为始终。由此，个体与家庭、学校、教会、机构、组织、地区、国家等社会空间单位的耦合和互动，衍生出人的集合（群体）性互动，带有个体的特质但又超越个体生成了一般主体特性。进而，不同主体之间的交往/交流，除考虑个体特质因素外，还需要综合考虑其他变量，如空间、时间（历史、朝代）、权力（技术、资本、政治）、文化（语言、种族、习俗、宗教等）等构筑的文化边界。

迄今被称为跨文化传播的理论和实践，大体上是从上述个体、组织、国家 / 地区三个主体性维度视角，在综合考虑多元变量要素基础上个体 / 主体跨越文化边界的行为实践与理论思考。具体到跨文化传播研究，在朝向某种思潮或者理论的过程中，还需考虑几个超级变量：研究主体——谁来研究和谁跨越谁；问题意识——谁的问题以及研究范式决定了问题解决的朝向；技术 / 通道——特定时间和空间背景下，任何研究范式下，信息在不同文化边界间的运动都涉及一个共同的均质性问题，就是信息传播技术和通道状态。

如对于传播问题的认识决定了跨文化多学科维度中共同的词根——communication 翻译的角度，也决定了其背后理论原点的落点。如果将原点落在语言学和教育学，则形成有关跨文化交际的理论与实践；将原点落在政治学和国际关系学，则形成有关跨文化交流的理论与实践；将原点落在新闻学和传播学，则形成有关跨文化传播的理论和实践。不同学科维度代表（或呈现出）不同研究范式的侧重点，形成比较、民族志 / 种族志和哲学三大范式。

超越学科视野，将跨文化传播理论与实践置放到全球和国际关系视野，跨文化传播理论的建构过程和结果也需要敏感地意识到其自身的"五 W"：第一，主体（who, for whom）——谁跨越谁，谁针对谁建构的理论；第二，时间（when）——什么时候 / 时代背景下建构以及理论时间有效性问题；第三，内核（what）——任何人谈及的跨文化传播（交际、交流）解决的是什么问题，形成什么研究和实践框架；第四，适用地区（where）——这个思潮或者理论从哪里衍生出来，又能适用于什么地区，及理论的空间适配性问题；第五，原因（why）——为什么会在上述特定的语境下诞生这样 / 那样的跨文化理论？为什么他者的理论可以像联合收割机一样在全球语境化传播？为什么特定理论已经失去理论解释力，而实践指导力依然被特定主体援用？理论作为实践经验和问题意识的概要与提升由特定主体假以时日生成的过程，为什么被统一到特定的理论生成机制（话语）下甚或需要加大精神药剂（理论自信）才可以复苏？

还有专业之上的视野，就是超越学科，超越地缘政治和国别的人文视角。理论上，似乎有理由、有信心在任何一个阶段和节点上面向任何主体说：跨文化传播（交际、交流、交往）就是信息借由多元化渠道（媒介）在全球跨越边界的流动行为。只是上述这些"五W"要素，原本应然性、自发性促进信息流动和理论提升的要素，本可以无目的而愉快地奔向一个近乎美学的客观行为（结果）——文化对话、文化和谐共处。但事实上，这一跨文化传播哲学或者美学目标，被搁置、规制、分裂、随意援用而又随手抛弃，致使跨文化传播研究（学）像个孤儿一样飘荡在语言学、教育学、国际关系、新闻传播学、哲学等学科的边界，似是而非地被述说，若有若无地被建构。是否需要一种勇敢的行为点破跨文化传播这种存在状态，为进一步的理论提升（进行中国的跨文化传播学建设）和实践导引化作碎石委身铺地，以期涅槃重生？

二、既往跨文化传播研究的文化批判

中国的崛起改变了全球地缘政治和传播格局，综合实力拉开差距，中国在世界上的地位界定产生某种程度的话语张力，从跨文化传播角度看，需要在反思历史、反思话语、反思知识生产的过程和机制的基础上重树历史观，进而指导中国的跨文化传播实践。如中国已经在经济总量上达到一定程度，在世界舞台上有着举足轻重的地位，但如何与世界范围内中国的老朋友求同存异，增加共性，消解西方媒体嵌入的文化认同压力和张力，演变成跨文化传播的重大理论方向？中国在具体的跨文化传播实践上是否能够有文化自觉，深刻认识并将一些百思不得其解的实践障碍归约到认知层面的自我问题，是否深刻批判殖民主义导致认知层面的文化前置，高度重视发展中国家共同经历的被殖民被压迫的历史，同这些国家一起批判殖民主义非人性的历史，变得无比重要。跨文化传播实践的成功源于思想和理论上的深度批判，与时俱进，树立正确的历史观，方可部分消解历史语境的"毒性"，规避观点和实践的错置，规避语境搁置带来的传播指导思想混乱，规避语境悬置带来的国际传播方向走偏，规避语境前置带来的新的奴役和发展道路方向的原地打转，为重建传播格局和重塑话语做出探索。

（一）跨文化传播研究的认知无奈

《交流的无奈：传播思想史》作者彼得斯认为，"交流是两颗脑袋借精细无误的符号手段产生的接触"[①]，其落脚点是接触，包括肢体、语言和思想衍生的符号，通过人际、组织、国别/地区范畴实现。彼得斯将交流界定在接触的层面而没有说是交融、交汇或共同体，表现了他对于交流/传播的消极认知侧面，一如其英文标题——*Speak To The Air*，翻译为"对空言说"或者"交流的无奈"都很恰切地再现了作者的意思。

这是一种从思想和认知层面对交流或传播的界定。有这样思想的人群不在少数。在这样的认知前提下，如果再在交流/传播这个术语前面加上特定的修饰语，如国际，变成国际传播，将传播的主体从"两颗脑袋"扩展到两个国家/地区"N多个脑袋"间的借助符号产生的接触，其"交流的无奈"更趋强烈甚至有可能是不可能的。于是，无论是研究者还是实践者都在国际传播领域看到这样的景观：大家都努力地谈论着彼此，这在实践层面是好操作的。从传播者的角度来说，有这样一个假设前提的逻辑链条：第一，谈论彼此之前在谈论方式和内容设计上有一个假设前提，就是目标受众会去收看收听；第二，有关内容传送渠道和终端是自由、开放和对等[②]的；第三，再进一步的假设和前提是，目标受众会相对客观地收听收看（而非带着刻板印象以及预设前提来收听收看）；第四，更进一步的理想假设和前提是，国际目标受众对内容感兴趣，在第一时间和第一落点都达到传播者的预期而没有时延。

但任何对于传播和传播学有所了解的人都会知道，上述四个逻辑假设

---

① [美]彼得斯. 交流的无奈：传播思想史 [M]. 何道宽，译. 北京：华夏出版社，2003：12.

② 对等，是信息传播基础结构上的物理性对等，引入第一和第二传播灰色地带的概念。

和前提是理论层面的理想状态，当传播术语前面添加了国际变成国际传播，主体的多元复杂、内容的包罗万象、传播渠道的政策规定和经济阈限以及信息传播基础结构发展的不对称、历史和政治因素导致的认知障碍与文化边界，再加上政治和军事等复杂要素导致的国家和地区关系的波诡云谲，都最大限度地放大了传播的"对空言说"特点，使得国际传播宏观的、一般性的、具象化的呈现仅是相互谈论层面的简单实践。

但国际传播主体可尝试就某一现象朝向某个主体群进行传播，类似"国际喊话"，也就是传播行为是在特定的传播设计指导下，要说给某个特定主体群听，并期待某种效果——目前传播和国际传播的效果导向，基本上就是在后者的层面上。无论是经济上的投入还是人力聚焦都自然而然地迫使单纯意义上的交流/传播随意性空间不断后退，通过计算来衡量传播效果的行为不断前进——通过计算"揪出"最核心的传播对象（战略传播），以最小的投入期冀最大的产出。这个精准传播效果导向的陷阱是以态度转变和行为发生（期待性行为）为目标灌注到认知填充行为的。也就是说，talk about others 类似撒传单，如果能够，当且仅当某个传播行为被受众接受进入其信息储备甚至是认知空间，就已经是很高的要求了。但 talk to others 不仅仅需要改变信息储备、认知空间，还要在态度上有所转变，在行为上有所动作或不动作。①

即便是 talk to others 也有不同的操作，如大众模式的国际传播 international communication，人际模式的 intercultural communication。国际

---

① 任何言说（speech）的目的都是朝向特定受众和收获特定效果，但是语言（language）本身就设定了这一传播目标的文化边界，这是一种自然边界，所以，他是说给他的国民听，说给英语世界听的。但翻译是一种将言说（speech）和语言（language）运用话语（discourse）的方式将句子（sentence）说给另外一种语言的人群的过程和结果，这就涉及俗称的跨文化，跨越话语和人文边界，即如何运用话语知识、能力并与翻译所处的时代语境（context）进行高度契合，既不违背言语的本来意思太多，又能有效达到传播效果，这本身就是传播美学的范畴或艺术传播行为，是一种行为艺术。回到根本，彼此对空喊话 talk about others，但有多少是 talk to others，还要根据我们的一贯经验，"听其言，观其行"，也就是说，通过行为实践折射、反观言语背后的思想和政策。

传播模式从大众传播转向小众或者分众的战略传播，其本质转向是目标受众设定转向关键舆论领袖，是国际传播和跨文化传播的折中模式，本质上还是国际传播的思路和模式，但受众收缩聚焦，只能算是国际传播范式的更新和延伸，亟须调整的是从思路和模式上引入跨文化传播，一国一策，一族一策，一群一策，甚至一人一策。本质差别就在于对 leaders（领袖）的认知，因为文化他者有两种：一种是均质文化背景下的另外一个你／我，是小写的 other；另一种是异质文化背景下的文化他者，是大写的 Other。均质文化背景下的传播，信息编码、解码的过程是相对开放的，文化的边界是相对清晰可辨的，传播语境是相对浅淡的，由此带来信息传递的折扣是较低的。而异质文化背景下的传播，上述三个方面几乎都是反的，带来的结果是，如果用均质文化背景下朝向另外一个你／我（邻居）的方式，面对无论是肤色、语言、国籍、历史都与你／我迥异的主体，传播的效果研究可能就不仅仅是在信息传递折扣多少这样一个层面上，而是需要增加对于传播效果观测的立体层次 [1] 和视阈象限 [2]——这让研究者进一步认识到，国际传播的宏观无奈对应的是国际传播的深水区，也可能是跨文化传播的精细活，是跨文化传播的真正工作区。

---

[1] 国际异质文化传播受众的立体层次，体现在两个层面：一是物理层面，二是精神层面。物理层面包括具象化的语言、肤色、种族／民族差异；精神层面包括历史、传统、文化在认知层面构筑的文化边界。换句话说，异质文化视野下的国际传播，目标受众自身的物理特质和精神差异要求传播者在意识层面统筹兼顾这些差异背后的要素视域边界和融合度，不是委曲求全（曲意逢迎）地主体收缩（或主体虚化），不单单是把脚放在对方鞋子里的"设身处地"，还需真切地树立他者意识，是在"你—我"视野下朝向"咱"及"你们—我们"视野下朝向"咱们"传播设计的过程中，纳入"他和他们"，是主体层面上的第三者，是话语空间里大家都舒适的"第三空间"，是超越地球之外居住在月球之上的"他们—咱们"的体量。

[2] 视阈象限包括历史遗产和政治负熵。如研究某一位政治领袖著述或言论的当今传播效果以及对于国家形象的效果增损补益，需要同时考虑历史上曾被广为传播和认知的同类型领袖著述或言论的历史遗产，综合比较二者的加减法。研究特定事件的国际传播效果，即便是这个事件无论从哪个角度都综合虑及个体、国家／组织的生命、安全、稳定和可持续，具有加强版的客观正确性，也需要考虑这样的信息传递过程中基于媒体的政治立场和国家／地区的地缘政治带来的政治负熵的综合乘数效应。

（二）跨文化传播研究的实践沼泽

1. 跨文化传播实践语境搁置反映认知层面价值沼泽

将国际传播整体的理论语境搁置，兑换为理论上的无视，或者不能看见，或者决定不看，或者折中公允姑且认为它的存在至多是和我们要做的和所想的是平行的，会因为跨文化他者意识的阙如将国际传播实践导向意识沼泽。如所谓"狗咬人不是新闻，只有人咬狗才是新闻"的理念，我们基本是无视的，或者说是不认可的，在中国的范围内，新闻观秉承的是列宁提出的"集体的宣传员、鼓动员和组织者"定位，新闻是启蒙、教育、引导。历史地看，党派和利益为导向的平衡与公众、利益和未来为导向的平衡，势必带来两种不同类型的制度设计。在前者基础上，新闻和新闻业被宏观树立为政权话语权旁的监督者角色，避免政权话语权领导者决策失误或导向失误，波及在野主体的利益；中观层面设立了迄今为止人们听到看到和正在讲授的新闻专业主义及理论；在宏观和微观层面上建构的学理合法性占据了新闻传播领域的道德高地，至于微观层面的新闻传播实践，则演变成了传播战略，包括"内外有别""外外有别"，背后无论是政治资本还是金融资本、能源资本，如何操控、引导国内和国际舆论，就演变成个案研究，似乎与此前鼎立的新闻价值观集体隐退价值无涉了。从学理层面来说，对于这种两张皮和双标行为，如果客观地多一些他者意识，就可以相对清晰地显现背后的逻辑。其实，负面新闻理念和正面引导新闻理念，本质上是新闻认知的不可或缺的两个维度，类似一个硬币的两面，任何将其理论张力放大到本质性矛盾的过程都可能演变为一种传播的政治[①]，具有临时性和话语暴力。无法正确看待"他者"也就无法恰切放置"我者"。出现"我者"与"他者"的张力大到两极分化甚或对立，事件和事件的传播实践和话语之间的张力就会加大，反过来会将占据道德制高点的话语悬空（高蹈踩空）甚至异化，这是当前提出某种超越一般主体价值观之上的价值观高地话语实践过程中需要警醒的话语和话语实践的张力冲突。

---

① 姜飞. 政治的传播与传播的政治辨析 [J]. 现代传播，2015, (9): 78-79.

2. 跨文化传播认知语境错置导致实践层面经验平移

将跨文化传播研究历史上的问题意识当作我们自己的问题意识，认为别人曾经面临的问题我们今天也将绕不过，进而套用他者的理论比照自我问题。具体个案背景下文化他者经验平移行为本身是一种默认，引发传播过程中传播资源大量投入，结果导致"大力无着"的失落感和传播话语"弦断无人听"的失语感也是自然。引进的国际传播理论和跨文化传播思想，基本上是美国及其西方盟友的实践，从主体视角来看，这些国家和地区是与殖民时期的宗主国结构基本重合的，他们在殖民时期、两次世界大战中一直都是一条战线上的战友，无论话语和修辞如何更新，他们对于世界控制体制机制的延续事实是无可辩驳的。那么，既有的传媒秩序的延续和在中国的延伸，与中国在向世界说明有关中国的文化事实的时候，与这个旧有的秩序如何调和，有没有可能调和，中国的国际传播从哪里出发，走向哪里等，都需要从宏观层面定位和重新建构，如果过于聚焦在策略和能力建设等微观层面，有可能南辕北辙。事实上，也到了这样一个时期深刻反思这样的问题：对于殖民主义建构的世界传媒秩序和全球传播格局不进行深入全面持续的批判，对于基于殖民主义和后殖民主义（文化新殖民）的传播制度设计没有进行全面深入持续的批判，对于文化他者微观层面传播结构和操作手法的学习和观摩，把他者经验也就是解决问题的方案和路径简单移植过来，都是语境错置、经验平移的风险性行为——就像没有验校血型就开始输血，没有做皮试就开始静脉输送青霉素。这样的话语实质和实践结果不仅仅是默认既有的世界传媒秩序和国际传播宏观格局。因为，任何悬置宏观语境和历史，只对中观理论进行诠释和学习，似乎都不由自主地衍生出认同和承继，对既有物理秩序的维护，实现历史文化和心理秩序的延伸，进而加大那些新兴国家宏观层面的文化冲突，并在文化心理上加剧异化的风险。一个直接的问题是，越来越多的外国人来到中国、移居中国①、进入中国的课堂，是向他们讲授中国文化和价值观，还是按照美国、

---

① 姜飞，孙彦然．"跨文化协商"：广州非洲裔移民身份建构研究 [J]. 新疆师范大学学报（哲学社会科学版），2017 (1): 115-130.

加拿大和澳大利亚等国家标准，进行某种多元文化主义范式的教育和传播；讲好中国故事的观念没有问题，是用西方新闻观来讲，还是用中国新闻观来讲；在将中国故事编织进入世界故事的过程中，如何实现价值观的统一性，即处理世界各个角落发生的新闻事件的手法和处置发生在中国的新闻实践的手法如何协调——这些问题值得思考。

3. 跨文化传播认知语境前置导致实践层面主体空置

语境悬置或者搁置的直接结果，是将传播过程中的个体主体性空置，而将他者文化经验经典化和前置化美化处理。无论是在教科书，还是在相关政策话语层面，自觉不自觉地使用前现代、现代、现代化的时间轴，自觉不自觉地使用文明世界和野蛮世界的二元对立分野，自觉不自觉地把文化置放到高级文化和低级文化差别判断序列，自觉不自觉地将民主、自由、平等等概念与特定国家和地区绑定叙事等，都属于将他者文化经验经典化、认知前置化，进而将文化我者的主体性空置的显现和结果。这样做的结果可能会在文化层面衍生出对本土文化创新和文化自觉的前摄抑制（后摄抑制）①，进而波及文化我者的文化生产和文化记忆机制，出现文化交往的副产品——文化自卑不可抑制地集体泛滥，具体到每个个体，对于被经典化的文化没有任何温馨提醒和有效的跨文化培训时，任何一次个体跨文化交际经验几乎都可以视为一种跨文化冒险——如学者所概括的，"我与活动、物体、地方、观点、任务、情绪等种种'他者'的每一次相遇，于我的视域而言都是一次冒险"，之所以用类似耸人听闻的术语——冒险，是因为借由历史和政治传播深深嵌入交际主体的刻板印象中，存在一种文化高低贵贱标准的前置效应；同时，个体视域下跨文化素养上的积累差异和全球范围内跨文化素养均势／平衡根本就无法期待，也存在事实上的不平等，大大加剧了文化个体彼此相遇时的文化震荡烈度和冲突的风险。如今，这样的冒险几乎是每时每刻都在进行，尤其是旅游和社交媒体上，从这个角

---

① 从心理学来看，前摄抑制是指先学材料对回忆后学材料的干扰，后摄抑制是指后学材料对回忆先学材料的干扰。前摄抑制与后摄抑制都是一种学习现象，即材料间会造成抑制或干扰作用。

度来看，对于经济增长以后国人大规模出境游带来的诸多文化冲突事件，似乎可以找到理解的端口了。

三、跨文化传播研究视角变迁与学科自觉的开启

跨文化传播，从微观、宏观和中观三个层面来看，全球性的研究与实践积累的丰富内涵和广阔外延都明示了研究视角的深度变迁轨迹。

从微观层面回归个体出生和发展的客观生态。跨文化传播是伴随着人类诞生就开始存在的——每个个体都带着与他人迥异的遗传密码来到这个世界，在不同的家庭、社区、学校、教会等初级群体的综合作用下①，个体特征（生理/心理）、集体记忆、时代进程和空间文化在个体主体性凝塑方面发挥着同构作用，这些要素和过程在与其他个体②交往过程中的分别呈现、梯次呈现和交替呈现，即可视为某种微观层面的跨文化。

从宏观层面重置文化定义和文化生态。个体用复数性群体和超验性主体的视野来观照，空间用历史、认知和物理（国家/地区）等多维层面来观照，话语用超乎一般句子/句群之上的文化话语来观照。在宏观层面的一个明显变化是，在汉语语境下，研究者一般倾向于用交流取代人际互动性的交际术语；同时，在宏观层面谈跨文化时的"文化"定义，也从英国人类学家泰勒最初所定义的诸多类别（知识、信仰、艺术、道德、法律、

---

① John Durham Peters, Peter Simonson. *Mass Communication and American Social Thought: Key Texts, 1919-1968*[M]. Oxford: Rowman & Littlefield Publishers, 2004: 16.
② 这样的个体包括文化他人和文化他者。文化他人（cultural other）特指均质文化背景下另外一个"我"；而文化他者（cultural Other）中的 Other 的首字母是大写的，特指异质文化背景（跨文化语境）下迥异于"我"和"我者文化"的，用集成性、历史性视角从意识上建构起来作为另外一个文化群体表征的个体。cultural other 指来自其他文化背景（种族）中的作为该种文化代表的主体，可能是一个人，也可能是一个组织。详见姜飞《走进跨文化传播研究的密林》（选自《中国跨文化传播研究年刊》，北京：中国社会科学出版社，2015 年）。

风俗及其他才能习惯等）行为习惯 ① 的总和的简单物理性并置的观察视角，转变为这些主体行为和价值观化合作用层面，意识形态或价值观的视角由此注入文化定义，进而将跨文化传播领域生成过程复杂化，构成跨文化传播的"五W"要素彼此之间连接逻辑进一步语境化。

从中观层面隐现大传播视角下一般信息和媒介视角理论探索。融汇个体跨文化交际经验和宏观跨文化交流思想维度，基于但不局限于偶发个体和特定主体性视角理论和知识，将观察视角超脱主体性建构过程和结果的文化边界阈限，用超验性主体概念、一般性媒介和信息视角重新建构相对客观的文化传播，"平衡过去、现在和未来的跨文化传播研究"。② 可从信息传播视角重新发现和建构跨文化传播领域。所谓一般性媒介和信息视角，首先需要突破的是特殊性媒介和信息概念，如大众传播媒体和经过编辑的信息，就是特殊性媒体和特殊性信息；突破更大程度上是人文意义上的，意思是保留这些社会属性，同时需要关注信息的一般性，如人际交往手机短信，以及需要机器辅助才可以发现逻辑性和关联性的数据，此外，还有诸如博物馆信息的传播——媒体的信息传播总体特征是偶然性并置以及动态传播性的，区别于此，博物馆的知识呈现是一种必然性并置和静态传播，将信息用多元传播媒介必然性并置且持续存在的静止性传播，亟须超越大众媒体传播信息规律，更需一种历史性和超验性视角来组织这些信息，方可在可以被反复推敲的前提下践行这些信息的传播功能，这些都需要在大传播的视角下纳入跨文化传播研究范畴。

从信息传播和媒体视角建构的跨文化传播，是对于微观和宏观视角研究跨文化的重新审视，其学理合法性建构在某种区隔性之上——区别于个体和教育视角下的跨文化交际，区别于利益主体和政治国际关系视角下的

---

① 他认为，人文、文化是"一个复合的整体"，"当个人为社会一分子时所得到的知识、信仰、艺术、道德、法律、风俗及其他才能习惯等，含有整个性的丛体"。详见爱德华·B.泰勒《原始文化》（浙江人民出版社，1988年，第1卷第1页）、乌格朋《社会变迁》（选自《费孝通全集》第18卷，内蒙古人民出版社，2009年，第5-6页）。

② Larry A Samovar, Richard E Rorter, Lisa A. Stefani. *Communication Between Cultures*[M]. Ware: Wadsworth: 1997: Preface.

跨文化交流，跨文化传播研究借由媒体和媒介重塑其自身的思想史脉络和理论视角。随着信息传播技术日新月异的发展，从传统媒体的大众传播时代，到社交媒体的"群众传播"①时代，借由媒介／渠道的特性，似乎开启、呈现了一个对既往跨文化交际、跨文化交流以及跨文化研究（比较文学和比较文化研究）立体重构的过程。

传播学视角下的受众概念，既是作为一级学科的新闻传播学具有领域特色的核心概念，也是有效补充进入比较文学和跨文化领域的读者概念；政治学领域的"市民""大众／民众""公民""人民"等概念对这些传统概念进行深度重构。同时，受众概念经历自身的演变——读者、观众、阅听人、受众、用户、集内容生产和消费于一体的产消者。政治学意义上的"民众"（选民）的养成／界定，包括文学文化领域读者内容战略投放、群体的分布，与特定媒体的选择和内容生产、受众消费偏好深度共谋。由此，作为跨文化研究对象的文化他者已随着媒体和传播技术的演进"悄然长成"，"女大十八变"，回过头来在传统意义上的跨文化交际、跨文化交流研究呈现出强大的主体性在场，建构了媒体／媒介视角下跨文化传播研究和实践的全息主体合法性。

从社会主体生态整体来看，基于信息传播技术的变迁，不同国别、种族和地区的主体生存形态增加了一个媒介化生存或数字化生存的叙事，形成新兴话语范式。不管你愿意与否，媒介就存在于你的五官旁边，触手可及；不管你意识到与否，你口中发出的话语几乎无一例外地源于各种媒介，包括你站立在去媒介化的立场为自己辩护的所有修辞，也无法从媒介海洋游离，因为你对面的听众耳朵的辨识和理解能力已经媒介化，除非你放弃任何辩论。迥异于海德格尔所说的"诗意栖居"，黑格尔曾将媒体衍生出一些被纳入艺术门类产品的出现视作"艺术的终结"，在"诗与远方"的巨大张力下，信息传播技术在多大程度上解构掉"诗"与"诗性"生存生态，在多大程度上将个体五官的频道调整到媒体和媒介，就在多大程度上建构

---

① 姜飞."互联网＋"推动"群众思想交通"（Mass Communication）时代真正到来 [EB/OL]. [2015-10-24]. http://smd.sjtu.edu.cn/news/d/id/79.

着某种被远方裹挟着的新话语、新生态，这就意味着跨文化的研究，已非以往跨文化交际和跨文化交流研究将媒介及其内容视作语境／环境的视角，媒介话语已具有了跨文化研究的主体合法性，架构着跨文化传播理论新话语。这种新话语的传播生态基本特征是，建基于信息传播新技术的快捷、高效和高速，但却在这些技术朝向基本全球化普及的基础上超越技术的阈限，实现信息和知识的充分偶然性并置，由之最大限度地消解内容自身以及话语设置的文化边界——局部和相对暂停的时点上，这些边界以及对边界探寻的努力还依然存在，如在课堂上，针对特定国家和地区的信息内容的讲解以及反复温习，还是会深刻奠基和延续文化的边界意识，但从宏观整体来看，从信息在全球的流动来看，这样的边界意识的认知空间被无限压缩，更多地被新信息和新知识无穷无尽、无时不在地覆盖，进而推动学界思考，既往的边界和结构意识该如何发挥作用，以及如何重构有关边界和结构的意识形态，值得探究。

从内容视角来看，基于信息传播技术的变迁，传统意义上的文化和知识的生产，无论是从形式、风格还是从内容、内容修辞呈现方式上，都最大限度地向媒体属性妥协，无论是微博限定的140个字上限，还是短视频留住眼球的前10秒规律建构的内在传播逻辑，以及微信单条语音发送59秒的上限时间，其他还有社交媒体上的"沙发"、点赞、即时互动对于内容生产的"倒摄抑制"[①]，基于不同国别传播政策导致传播内容在全球的"外溢""倒灌"等现象，都事实性重构了全球内容生态。换句话说，如果还有谁在说他／她的内容生产完全不考虑媒体形式、渠道和规制，完全忽视媒介化生存对内容生产"空气"和"水"的集约管理、精细管理，那么，在媒体和传播学者看来都可以归入"大言不惭"的范畴。从媒体视角看国别和地区的跨文化交流，就需要在以往的内容设计之初纳入传播属性和传播规律，考虑字词的媒体适配性（如"给力"这样一个网络术语被主流媒体采用），考虑内容与传播语境的适配性（如针对不同平台属性的内容调

---

① 笔者借用了心理学的倒摄抑制，用这个表面上非常"强悍"的字面意思，尝试表达互动符号和即时反馈对于内容生产的强大制约作用。

整），考虑内容与文化语境的传播适配性（如针对不同国别/地区历史记忆和文化禁忌的精准传播），这些从形式上似乎都是对于跨文化交际和跨文化交流研究的一种有效补充，但旧袋装不下新酒，新酒还需要一个新袋子，也就是跨文化传播的视角。

从文化视角来看，"二战"结束至今，信息技术、跨国资本和国际政治共同建构了国际传播的理论和实践，但引起全球生态同频共振的核心变量还是文化，文化决定了国际传播理论的内涵和外延；而信息传播技术带来的文化变迁从以前国际传播窄幅波动演变到当前发生着量变到质变的巨幅转型。信息传播如水银泻地，无孔不入；传统媒体作为"二战"后国际传播的传统舞台，被视为传统外交的延伸，即媒介外交或文化外交聚焦表层政治结构和利益焦点形成国际传播理论；跨文化传播研究聚焦信息传播新技术和文化内涵，其所诱发的国内文化价值形态巨幅变迁以及由之衍生出来的大国关系和世界秩序深度变迁，在以往政治结构、利益主体的博弈过程中，深入融汇传播过程性结构和文化深层结构的研究，尝试探讨传播过程性规律对于文化深层结构所进行的"水滴石穿"式影响，探讨文化窄幅/巨幅转型对于传播主体和过程的"风化"式影响。[①]

从政治视角来看，传播参与国内和国际治理，传播制度与政治制度并列进入治理核心体系。自《威斯特伐利亚和约》和《联合国宪章》奠定国与国的关系模式和世界格局，时间已经证明了一个道理，即军事和经济上的优势地位决定了文化思想在世界上的地位。而文化思想又绝非单纯的"诗与远方"，它又与特定的资本和利益主体深度媾和形成深层文化结构，并由之在经济政策、政治原则、社会生态上衍生出相对应的制度安排，从跨文化传播的视角来看，还增加了传播制度安排这样一个重大而又涵盖性、引领性比较强的视角。近百年来全球传播格局的博弈也证明了传播领域的基本道理，即法国学者贝尔纳·瓦耶纳所说的"新闻是政治的延伸，是经济的附属品"，"凡是有诚意的人都不会否认西方对第三世界国家负有重大

---

① 姜飞.从媒体（media）转向媒介（medium）：建构传播研究内生话语系统 [J].新闻与传播研究,2011,(4): 34-42, 109.

的责任，但是应当指出，同其他任何领域相比，有秩序的新闻更需要从本国做起"。[①] 于是，基于新闻跨越国家和地区边界在全球的流动，所谓国际传播就借助军事、经济和政治组织等，通过持续信息提供机制、特定修辞范式、话语和叙事模式建构不断强化着"二战"以来的国际关系模式和格局。与之形成镜像的，正是国际传播对面那些话语的客体（受体）——文化自卑、政治混乱、经济失衡、社会失序，其成为现代化文明的黑色底片，刺激着所有跨文化传播学术思考者。

四、跨文化传播学建设：叙事重建的机遇、基础与路径

百多年来的国际传播视角旁边，有无一种看待和处置国际问题的新视角？新兴国家崛起后基于特定的全球性文化抱负而不得不援用千疮百孔的、已经演变成一个特定称谓的国际传播理论，与其如此无奈，有秩序的国际、有思想的文化可能更需要从本国做起，从跨文化传播尝试推进。中国特定的发展历史和实践是否可以再明证一个道理，某种超越国际传播视角，从跨文化传播的、相对客观的治理模式和发展道路是否可以化解这样的历史性尴尬，为世界提供某种审慎客观的替代方案（视角）？

（一）信息传播技术革命为重置传播本身信用和跨文化传播信用结构创造了历史性机遇

从政治和利益主体来看，信息传播技术的变迁和广泛应用，已因为其强大的影响力和愈加有效的可控性被全球价值主体所青睐。传播学诞生，不客气地说，完全得益于电报、电缆以及在无线电技术基础上诞生的广播和电视媒体的巨大影响力。从两次世界大战实践中总结出来的宣传／军方经验演变成现在全球课堂传授的传播理论；从"冷战"实践中总结出来的

---

① ［法］贝尔纳·瓦耶纳. 当代新闻学［M］. 丁雪英，连燕堂，译. 北京：新华出版社，1986：38.

信息跨越国家和地区、文化的边界进行超越传统外交的媒介外交、文化外交经验到现在传播学理论分支的国际传播理论，后者甚至已对前者全覆盖。换句话说，传播理论和国际传播理论已充分媾和，从以往服务于战争状态到服务于特定国家内部的利益诉求，再到服从于国家和地区乃至全球的抱负/野心只有一层薄薄的窗户纸的距离，传播的叙事重构功能被流于字面和形式地看待、理解和使用。

从大历史观来看，媒体之成为今天的媒体，传播之成为今天的传播，本身是在特定的技术原点支撑下，在上述理论诞生的思想原点基础上，假以时日，辅之以军事、政治、社会、文化等广泛深入修辞运动的结果，是被建构起来的所谓媒体和传播领域信用。如今，特定的技术原点发生数字化转型和革命性更新，上述这一系列的修辞运动生态也发生转型，那么，媒体和媒介在全球范围内的信用建构和发挥作用过程势必面临重建。

媒体和媒介信用的建构，形式上类似银行商业信用建构和发挥作用的过程。一家银行诞生，个体愿意把自己辛劳所得的收入存入这家银行的前提，就是这家银行有信用保证，可以随时存也可以随时取，破产的风险非常小。而一个读者愿意把他一天中有限的获取信息的时间投入给一家媒体，前提是这家媒体此前持续且客观地传递了信息，最大限度地消除了读者对世界和自我语境认知的不确定性，甚至不仅仅是信息劳动搬运做得好，而且潜移默化中影响读者看待世界的视角，实现了从某种简单的信息消费到深刻的价值认同的惊险跳跃。

实现这个目标有两个阶段：首先是读者愿意消费你的信息，这是所有媒体机构获得信用的前提和基础，离开了这个条件，价值认同和从观点到认知到行动的链条无所依托；其次才是持续和稳定地使曝光于你的信息流聆听和领会你的观点，乃至践行。如果说传统媒体成就了美国甚至西方的信息传播结构并建构了全球话语权，那么基于5G、人工智能、大数据等产业领域在技术层面的突破，最大限度地释放了传播局限于媒体领域的潜能，而以大传播的视野开始在媒介平台甚至商业平台上发挥信息提供和文化生产功能的时候，传统意义上的传播信用结构，在技术支撑下发生联动效应，信息新技术释放的无边界传播潜能攻克文化边界壁垒，甚至绕过文化边界壁垒，用巨量信息和无边界传播颠覆既往借由传播建构的文化信用认知体系，为新兴国家进入传播领域提供端口，为新兴国家重构文化传播信用提供平台和机遇。对于这样来自实践领域的巨大机遇不可不知，不可不想。

（二）学科自觉：跨文化传播学有必要思考如何成为看待和解决世界性问题的有用视角

传播的基础结构带来传播流程和内在支撑信用结构巨幅变革，从而带来跨文化传播领域学科重构的自觉意识。传统媒体时代的传播学和国际传播学，迄今为止要么是社会学的分支，要么是政治学的属下。即便是基于信息传播新技术带来传播领域主体性的高扬，信息传播规律和国际传播实践总体来看还是既往社会治理半径和手臂的延伸，是政治利益主体的跨边界实践，依附和仆从的地位明显。

但是，诞生传播学理论和国际传播理论的表层国际社会结构已经转型，信息传播新技术已过程性地重构了国际政治深层结构，新的主体、新的议程、新的路径、新的空间观和时间观正在逐步形成，新的实践已经最大限度地呼啸着把霍尔那一代人的理论压缩到奠基的基本属性而非跨文化传播理论全部内涵和框架。这就意味着，既往的跨文化传播理论曾经被视为国际传播领域的有效补充的地位，已需要重新看待——综合了社会学、文化研究、传播学以及新型信息传播新技术之后，跨文化传播拓展了社会学、政治学的视角，延伸了观察的纵深，增益了治理和管控的效果，正在演变成看待和解决传播问题、看待和解决世界性问题的一种历史新视角，或可用跨文化传播学来冠名也不为过。

也就是说，从思想史脉络来梳理的结果是：文化蒙昧时期的人类利用手中不断升级的器具从敬畏自然、利用自然逐步演化到滥用自然——今天，《巴黎协定》见证了人类的集体反思和共识自觉，也就是新的自然观正在孵化；对于社会发展规律的观察和提炼从文明的"文化化"——将特定国家在物质文明层面的历史成功话语性提到价值观层面并借由国际传播关联到学理合法性，文化这个原本代表人与动物区别的显性标志，被用到了区隔不同的人群——文化的优劣观导致文化的冲突化，文化进而被滥用，这一切开始被认真反思和批判。文明相互借鉴、相互激荡、相互发明的视野为中国、印度和其他走向新发展阶段的国家探索新时代、新语境下介入、从事和建构符合各自国情和世界生态的跨文化传播思想和理论提供了历史新舞台和新框架。同时，介入全球传播生态，希冀通过新兴媒介下的跨文化传播为世界所了解、所理解的过程，也已通过诸多事实证伪了那个假设——"照直走，转弯处就是美国"的道理路径。那么，今天的你我，涛声依旧，如何不重复昨天的故事，不重复经验、理论和思想的"旧船票"，利用新机遇，开启新思考，以新兴主体精神打造"理想的客船"，这样的问题意识像游魂一样，目前就飘荡在世界的上空——这是一个近乎灵魂拷问的问题，绝非一篇文章所能覆盖，但却期待这样的呼唤能启发更多的人尝试探索人类文化间传播的思想史演进脉络，勾勒出"旧船票"之旧，进而朝向"理想的客船"进行理论上的全新探索。

（三）当前有效的可行性路径是文化解放、文化更新基础上的叙事重建

人从出生就被置放到一个基于血缘和社会关系双重路径的叙事海洋之中，每个个体也是在历史和现实形成的叙事框架下被叙事、接着叙事、创新叙事或重新叙事的，社会稳定限定的领域和结构由此形成。个体在叙事中成为某种主体或集体的一员，借由信息提供和知识传播延续历史叙事记忆，于是我们有了制度、规范、义务/责任等基本叙事概念和范畴。同时，从跨主体、跨文化的视角来看，有了现代国家/前现代国家、文明—野蛮、自由—专权等国际叙事框架。就像是个体经验所呈现的，在一个团队中如何发现并沿着团队认可的规范来行事才可以最大限度地获得安全感、认同感和利益最大化。同理，在全球交往经验中，国际叙事框架也发挥着规约国际主体的功能——在特定事件面前发声的关键词的选择、内容的选择、语气语调与哪些主体带节奏，既有着国际传播政治正确的形式，也有国家

利益最大化的实质，由此形成了跨文化传播叙事结构。

但是，任何叙事都是阻止叙事。一个新入职的个体面临着新岗位挑战，具体的工作似乎可以通过学习而克服，但横亘在他和群体（包括同事和社会）之间的话语叙事似乎不是一时半会儿或通过学习可以获得，还需要诸多的个体体验，也就是说自己亲自下河才知道深浅，不断跌倒才知道如何站立和体会站立的意义，经过这诸多的体悟之后才可以领悟所谓个体叙事与社会标准叙事之间的差异，这本身就是一个借助某种力学过程阻止个体叙事、延续社会叙事的过程。对于一个新走近世界舞台中央的主体来说，殖民历史是需要深度批判的，而批判的重点就在于文化自卑、文化高下之分的机制性生产历史。从文化自卑到文化自觉，从文化自强到文化自信再到文化伟大，最重要的，还是文化在认知层面的解放，有效规避文化自信之后自我伟大化。从外围去除导致今天这样的文化状态的篱笆和压力的同时，还要将一种文化自我升级的认识机制灌注到跨文化传播研究和实践的过程。

力学视野下的平衡点和相互制衡过程，体现在社会力学中，就是通过教育、传播等信息传递过程，逐步被建构、传递和传承下去的某种集体记忆、某种标准规范。从表象上来看，它代表着某种合理性或者合法性标准——出席集体活动无论是正装、商务套装，还是便装，这些修辞和术语背后本身就是确保一个人的言行符合标准，不被人歧视和议论，不被视为异端他者的基本逻辑和准则。[①]假以时日，这些逻辑就演化成一种社会力

[①] 之所以说是基本逻辑，是因为做到这些，还只是他者出现的最低标准，是一种初级传播规范；而一个着正装的猴子，无论如何也还是无法和其他人一样端着鸡尾酒穿梭在人群中而不被注意和叙事。所以，从这个角度来说，初级传播规范是一种初级认同，但是朝向认可却还有更抽象的距离概念需要跨越。一个完全符合宴会标准的出席者，不被放在聚光灯下通体审视已是认同的第一步；运用他者的语言和言语进行流利地传播而不被隔壁桌子转头凝视和议论，是朝向对话语境认同的第二步；在进一步的交换观点和信息的过程中运用语境通用的价值观与交谈者实现顺畅交流，甚至还饶有兴致，是跨越文化边界朝向认可的第三步；最后一步，涉及双方利益的谈判和协商，彼此能够在前三步进一步语境化和最大限度退隐的情况下进行沟通，无论结果如何，都已是跨文化传播的最高境界了，因为利益是不可以妥协的，在利益面前能够用通用的规范和小范围适当的叙事创新达成各自的目的，本身就是 G7 正在做的。国际传播的初级错误，似乎就是根据上述逻辑衍生出来的。

学的隐形准则而发挥着社会稳定器的功能。一旦个体体悟到这个隐性准则，熟练运用而获致个人目的的时候，他／她就已经将社会叙事进行了最简单的分层，即标准叙事和非标准叙事。标准叙事是一种平均叙事，是大众传播理论诞生的平均人假设的现实版。换句话说，没有人能够从社会中找到一个平均人，但却可以通过一群人叙事的平均性中折射平均人的影儿并为其画像。而在什么样的语境下采用什么样的叙事内容和叙事方式，本身就折射着文化的边界，折射出跨文化传播思想的影儿。

五、结语

跨文化传播的重新叙事，是一种文化力学理论，可以称为文化物理学理论。跨文化传播一直都是一种延续历史叙事，不断通过微创手段，修正着叙事的过程；甚至在特定的历史时段，还需要某种话语的更新，甚至是话语的革命，通过新知识的生产和新话语范式的建构重构叙事。简言之，跨文化传播就是跨文化叙事，或叙事的跨文化传播。对中国来说，需要一代甚至两代人的努力，从现在开始，带着理想主义的采风精神，重新设置跨文化传播研究的语境，重新发现在中国从事跨文化传播实践和理论研究的平均现象和平均人，深入中国的田间地头，以无论是个体、家庭、集体还是政府面对的文化冲突问题的化解经验为观察对象，运用新技术衍生出来的新思潮和新理论视野，提炼新的关键词，缔造新逻辑和新学理的合法性，在深度诠释历史的基础上进行新知识的生产。

对于当前中国的跨文化传播学者来说，跨文化传播的实践和理论研究都是新知识的生产。反之，没有新知识生产支撑的中国跨文化传播理论与实践，就没有思想性的支撑，其理论势必会演变成无源之水、无本之木；而没有深厚思想支撑的国际传播，轻则落入微观事务性沼泽，重则跌入中观话语陷阱，更严重的，是主体性在反复演算别人的数学题和用别人的大棚覆盖我们新土地（中国问题）的过程中彻底异化甚至丧失自我，以一种貌似极端清醒和镇定的样态做着自我解构的事。如此，就更推动着学者思考中国的跨文化传播学建设，这不仅仅是一个学术问题。

■ 作者简介

姜飞，北京外国语大学国际新闻与传播学院院长，教授，博士生导师。

■ 来　　源

本文原载于《编辑之友》2021 年第 11 期。